KB042398

경찰학의 이해

Introduction to Police Science

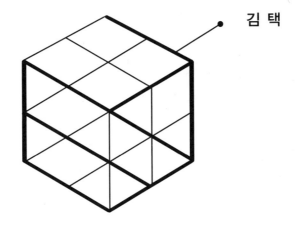

김 택

박영사

"이 저서는 중원대학교 교내학술비 지원에 의한 것임(과제관리번호 2015-002)"

이번에 「경찰학의 이해」란 책을 출간하게 되었다. 이 책은 다음과 같은 동기에서 만들어지게 되었다.

첫째, 경찰행정이 권위주의적 체제에서 민주적이고 다양한 개방체제가 되어 현대 경찰행정에 적절하게 대응할 수 있어야 한다는 시대정신을 반영하고 싶었다.

둘째, 경찰행정의 이론과 실제가 상이함에 따라 본고에서는 이러한 괴리를 줄이고 기초적 이해를 추구하고자 노력하였다.

셋째, 공무원은 청렴이 중요한 덕목으로 자리잡고 있는데 최근에 청렴윤리가 퇴색되는 느낌을 지울 수 없었다. 공직의 전문성·규제성·자유재량성에 따라 공직부패가 만연함으로 인해 이에 대처할 수 있는 가치와 윤리를 고려하지 않을 수 없었다.

넷째, 경찰관의 윤리의식이 무엇인지를 살펴보고 투명한 경찰행정의 존재목적을 적시하지 않으면 경찰행정은 비합리적이고 부패할 수밖에 없으므로 윤리적 가치와 처방의 중요성이 무엇인지 다루고자 하였다.

이와 같은 동기를 가지고 본 저자는 다음과 같은 틀로 경찰학의 기초이론을 서술하였다.

첫째, 경찰행정의 기본 개념과 문화, 이념을 논의하였고, 경찰행정학의 토대를 쌓고자 하였다.

둘째, 경찰조직과 인사행정의 주요이론을 살펴보고 문제점을 고찰하고자 하였다.

셋째, 미군정기 경찰태동의 역사적 논리를 고찰하고 경찰의 역할 기능 부작용을 규명하고자 하였다. 법의학의 원류인 조선시대 형사정책의 기초이론도 논의하였다.

넷째, 경찰부패와 경찰윤리를 분석하고 경찰부패의 대응논리는 무엇인지 상술하였다.

다섯째, 형사소송법에 규정된 수사의 이론을 고찰하였다.

기존 경찰학교과서와 차별적인 분석을 시도하고자 여러 번 노력하였지만 보완하고 보충해야 할 부분이 많아 부족함을 절실하게 느낀다. 다시 중보작업 시에는 내용을 강화할 계획이다. 경찰학의 이해를 통해 많은 질책과 비판을 받아 학문적 노력과 성숙을 하였으면 한다. 끝으로 이 책이 나오기 까지 박영사 안종만 사장님 및 김한유씨의 도움과 노고에 이 자리를 빌려 깊은 감사를 느낀다.

2017년 2월
중원대 연구실에서
김 택 識

목 차

제6장 공무원 책임과 윤리 / 177

제7장 공무원 부패 / 199

경찰의 기초개념

제1장 경찰의 기초개념

1. 경찰의 목적

경찰의 목적은 국가경찰의 민주적인 관리·운영과 효율적인 임무수행을 위하여 국가경찰의 기본조직 및 직무 범위와 그 밖에 필요한 사항을 규정함을 목적으로 한다고 밝혔다.

이를 위해 경찰법 제2조는 치안에 관한 사무를 관장하게 하기 위하여 행정안전부장관 소속으로 경찰청을 둔다고 하였고 또한 경찰청의 사무를 지역적으로 분담하여 수행하게 하기 위하여 특별시장·광역시장 및 도지사(이하 "시·도지사"라 한다) 소속으로 지방경찰청을 두고, 지방경찰청장 소속으로 경찰서를 둔다고 명시했다. 이 경우 인구, 행정구역, 면적, 지리적 특성, 교통 및 그 밖의 조건을 고려하여 시·도지사 소속으로 2개의 지방경찰청을 둘 수 있다.

국가경찰의 임무는 다음과 같다.
1) 국민의 생명·신체 및 재산의 보호
2) 범죄의 예방·진압 및 수사
3) 경비·요인경호 및 대간첩작전수행
4) 치안정보의 수집·작성 및 배포
5) 교통의 단속과 위해의 방지
6) 그 밖의 공공의 안녕과 질서유지

경찰은 권한남용의 금지규정도 두고 있는데 국가경찰은 그 직무를 수행할 때 헌법과 법률에 따라 국민의 자유와 권리를 존중하고, 국민 전체에 대한 봉사자로서 공정·중립을 지켜야 하며, 부여된 권한을 남용하여서는 아니 된다고 규정하고 있다.

2. 형식적·실질적 의미의 경찰

※ 형식적 의미의 경찰 : 실정법(경찰법 제3조와 경직법 제2조의 임무)
   ① 형식적 의미의 경찰이란 경찰청 권한에 속한 모든 작용이다.
   ② 조직을 중심으로 파악된 개념이다.
   ③ 형식적 의미의 경찰은 소극적 질서유지에 관한 사항뿐만 아니라 적극
      적 서비스도 포함하고 있다.

※ 실질적(내용→행위→작용) 의미의 경찰 : 일반통치권
   실질적 의미의 경찰은 사회 공공의 안녕과 질서유지라는 소극적 목적을
   위하여 발동되는 작용이며, 적극적으로 사회공공의 복리를 증진시키기
   위하여 발동될 수 없다는 경찰소목적의 원칙이 지배된다.[1]

3. 경찰의 분류 [2]

목적·임무에 의한 구분	행정경찰·사법경찰	독자성 구분	협의의 행정경찰·보 안경찰
경찰권 발동 기준	예방경찰·진압경찰	권한과 책임	국가경찰·자치경찰
서비스의 질과 내용	질서경찰·봉사경찰	담당기관 분류	평시경찰·비상경찰

4. 행정 이념

1) 행정의 이념

(1) 합법성
  · 법률적합성/합법성
  · 19C 입법국가의 소산
  · 모든 행정행위가 객관적인 법률에 의해 지배된다는 원칙

---

1) 보건복지부 직원의 마약단속(명령·강제 O) : 실질적 의미의 경찰
   불심검문 : 보안경찰·예방경찰·질서경찰 출처 공병인, 경찰학개론서브노트, 배움, 2010, 10쪽
2) 공병인 전게서 참조 10쪽

· 국민의 권리와 자유를 보장하려는 정치적 요청
· 민주행정이라는 역사적 요청
· 합법성 구현이 어려운 이유 – 행정입법의 증가
                        – 사법부 임무 과중
                        – 행정국가/복지국가화 현상

(2) 능률성

· 투입과 산출 사이의 합리적인 비율
· 계량화를 전제로 하는 개념
· 민주성과 상충의 위험
· 사회적 능률성 – 인간관계론이 대두된 이후 인간존엄성 구현 차원
              – 인간적 능률, 합목적적 능률
              – 상대적 능률, 장기적 능률

(3) 민주성

· 모든 시대에 걸쳐 강조된 개념
· 전체국민의 복리를 위해 국민의 의사를 충실히 행정에 반영
· 행정의 민주화 확립방안   – 공개행정을 통한 행정과정의 민주화
                       – 분권화를 통한 행정기구의 민주화
                       – 행정통제의 강화
                       – 행정구제 제도 및 행정윤리의 확립
· 민주성과 관료제와의 관계
· 민주성과 능률성과의 관계

(4) 효과성

· 목적과 수단의 연결 상태에서 제한된 자원과 중립적 수단을 사용
· 현실적 산출이 당초의 목적을 어느 정도 달성하였는가의 개념
· 동태적, 기계적, 사회학적 개념

(5) 정치적 중립성

· 헌법과 공무원법에 공무원의 정치적 중립이 명시
· 공무원의 정치적 중립이 없이는 행정의 민주화가 불가능

(6) 사회적 형평성

(7) 가외성

　　・중첩성 … 혼합적 수행

2) 경찰의 기본이념 [3]

1. 민주주의(국민이 주인 → 국민의 뜻 → 法 → 법치주의)

　　① 경찰은 국민 전체의 봉사자 역할

　　② 수단

　　　㉠ 통제 - 정보의 공개 : 경찰활동은 공개되어야 한다.

　　　　※ 비공개 대상 정보 : 국가안보관련, 기업비밀, 개인 프라이버시,

　　　　　법적 계류중인 사건 등등

　　　　　　- 정권한의 분산

　　　㉡ 의사결정 과정에서의 참여 (예) 경찰위원회

　　　㉢ 경찰 개개인의 민주의식 함양

2. 법치주의

　　① 국민의 뜻에 따라 통치

　　② 국민의 자유와 권리를 제한하고 의무를 과하는 모든 활동은 법률로써만

　　　가능하다.

　　　※ 명령·강제하는 권력적 작용 : 법적 근거 要 (예) 운전면허 취소

　　③ 비권력적 작용인 서비스의 경우에는 법적 근거는 필요 없다.

　　　(예) 서비스, 도로 교통 정보의 제공, 순찰, 어린이 교통교육

3. 인권존중주의

　　① 권한 남용 금지

　　② 필요 최소한도의 범위 내에서 경찰권 행사 : 가장 인권의 제한의 정도가

　　　낮은 수단을 선택하지 않으면 안된다.

　　③ 임의수사를 원칙으로 하고 「강제처분법정주의」를 택하고 있는 것

---

3) 공병인 전게서 참조 18-19쪽

4. 경영주의

① 이윤추구가 아닌, 효율성·생산성·능률성의 개념
② 내용 - ㉠ 생산성의 공유
         ㉡ 생산성의 극대화를 위한 적합한 조직
         ㉢ 인력과 예산 및 장비는 적정하게 배분
         ㉣ 경제성 있는 경찰력 동원

5. 정치적 중립

5. 경찰 각 기관

1) 경찰위원회

경찰행정에 관하여 제9조제1항 각 호의 사항을 심의·의결하기 위하여 행정안전부에 경찰위원회(이하 "위원회"라 한다)를 둔다.

위원회는 위원장 1명을 포함한 7명의 위원으로 구성하되, 위원장 및 5명의 위원은 비상임(非常任)으로 하고, 1명의 위원은 상임(常任)으로 한다.

제2항에 따른 위원 중 상임위원은 정무직으로 한다.

위원은 행정안전부장관의 제청으로 국무총리를 거쳐 대통령이 임명한다.

행정안전부장관은 위원 임명을 제청할 때 국가경찰의 정치적 중립이 보장되도록 하여야 한다.

위원의 자격과 결격사유

위원 중 2명은 법관의 자격이 있는 사람이어야 한다.

다음 각 호의 어느 하나에 해당하는 사람은 위원이 될 수 없다.

(1) 당적(黨籍)을 이탈한 날부터 3년이 지나지 아니한 사람
(2) 선거에 의하여 취임하는 공직에서 퇴직한 날부터 3년이 지나지 아니한 사람
(3) 경찰, 검찰, 국가정보원 직원 또는 군인의 직(職)에서 퇴직한 날부터 3년이 지나지 아니한 사람
(4) 「국가공무원법」 제33조 각 호의 어느 하나에 해당하는 사람

위원의 임기 및 신분보장

위원의 임기는 3년으로 하며, 연임(連任)할 수 없다. 이 경우 보궐위원의 임기는 전임자 임기의 남은 기간으로 한다.

위원은 정당에 가입하거나 제6조제4항제2호 또는 제3호의 직에 취임 또는 임용되거나 제4호에 해당하게 된 때에는 당연히 퇴직된다.

위원은 중대한 신체상 또는 정신상의 장애로 직무를 수행할 수 없게 된 경우를 제외하고는 그 의사에 반하여 면직되지 아니한다.

위원회의 심의·의결 사항

다음 각 호의 사항은 위원회의 심의·의결을 거쳐야 한다.

(1) 국가경찰의 인사, 예산, 장비, 통신 등에 관한 주요정책 및 국가경찰 업무 발전에 관한 사항

(2) 인권보호와 관련되는 국가경찰의 운영·개선에 관한 사항

(3) 국가경찰 임무 외에 다른 국가기관으로부터의 업무협조 요청에 관한 사항

(4) 제주특별자치도의 자치경찰에 대한 국가경찰의 지원·협조 및 협약체결의 조정 등에 관한 주요 정책사항

(5) 그 밖에 행정안전부장관 및 경찰청장이 중요하다고 인정하여 위원회의 회의에 부친 사항

② 행정안전부장관은 제1항에 따라 심의·의결된 내용이 적정하지 아니하다고 판단할 때에는 재의(再議)를 요구할 수 있다.

위원회의 운영 등

① 위원회의 사무는 경찰청에서 수행한다.

② 위원회의 회의는 재적위원 과반수의 출석과 출석위원 과반수의 찬성으로 의결한다.

③ 이 법에 규정된 것 외에 위원회의 운영 및 제9조제1항 각 호에 따른 심의·의결 사항의 구체적 범위, 재의 요구 등에 필요한 사항은 대통령령으로 정한다.

2) 경찰청

경찰청에 경찰청장을 두며, 경찰청장은 치안총감(治安總監)으로 보한다. 경찰청장은 경찰위원회의 동의를 받아 행정안전부장관의 제청으로 국무총리를 거쳐 대통령이 임명한다. 이 경우 국회의 인사청문을 거쳐야 한다. 경찰청장은 국가경찰에 관한 사무를 총괄하고 경찰청 업무를 관장하며 소속 공무원 및 각급 국가경찰기관의 장을 지휘·감독한다.

경찰청장의 임기는 2년으로 하고, 중임(重任)할 수 없다.

경찰청장이 직무를 집행하면서 헌법이나 법률을 위배하였을 때에는 국회는 탄핵 소추를 의결할 수 있다.

경찰청에 차장을 두며, 차장은 치안정감(治安正監)으로 보한다.

차장은 경찰청장을 보좌하며, 경찰청장이 부득이한 사유로 직무를 수행할 수 없을 때에는 그 직무를 대행한다.

경찰청의 하부조직은 국(局) 또는 부(部) 및 과(課)로 한다.

경찰청장·차장·국장 또는 부장 밑에 정책의 기획이나 계획의 입안(立案) 및 연구·조사를 통하여 그를 직접 보좌하는 담당관을 둘 수 있다.

경찰청의 하부조직의 명칭 및 분장 사무와 공무원의 정원은 「정부조직법」 제2조제4항 및 제5항을 준용하여 대통령령 또는 행정안전부령으로 정한다.

3) 지방경찰

지방경찰청에 지방경찰청장을 두며, 지방경찰청장은 치안정감·치안감(治安監) 또는 경무관(警務官)으로 보한다.

지방경찰청장은 경찰청장의 지휘·감독을 받아 관할구역의 국가경찰사무를 관장하고 소속 공무원 및 소속 국가경찰기관의 장을 지휘·감독한다.

지방경찰청에 차장을 둘 수 있다.

차장은 지방경찰청장을 보좌하여 소관 사무를 처리하고 지방경찰청장이 부득이한 사유로 직무를 수행할 수 없을 때에는 그 직무를 대행한다.

4) 치안행정협의회

지방행정과 치안행정의 업무조정과 그 밖에 필요한 사항을 협의·조정하기 위하여 시·도지사(제주특별자치도지사는 제외한다) 소속으로 치안행정협의회를 둔다.

치안행정협의회의 조직·운영과 그 밖에 필요한 사항은 대통령령으로 정한다.

5) 경찰서

경찰서에 경찰서장을 두며, 경찰서장은 경무관, 총경(總警) 또는 경정(警正)으로 보한다. 경찰서장은 지방경찰청장의 지휘·감독을 받아 관할구역의 소관사무를 관장하고 소속 공무원을 지휘·감독한다.

경찰서장 소속으로 지구대 또는 파출소를 두고, 그 설치기준은 치안수요·교통·지리 등 관할구역의 특성을 고려하여 행정안전부령으로 정한다. 다만, 필요한 경우에는 출장소를 둘 수 있다.

기타 지방경찰청 및 경찰서의 명칭, 위치, 관할구역, 하부조직, 공무원의 정원, 그 밖에 필요한 사항은 「정부조직법」 제2조제4항 및 제5항을 준용하여 대통령령 또는 행정안전부령으로 정한다.

6) 국가경찰공무원

국가경찰공무원의 계급은 치안총감·치안정감·치안감·경무관·총경·경정·경감(警監)·경위(警衛)·경사(警査)·경장(警長)·순경(巡警)으로 한다.

참고문헌

경찰법
공병인, 경찰학개론서브노트, 배움,2010, 10쪽

제 **2** 장

경찰사

제2장 경찰사

1. 연구의 목적

한국 경찰사는 한국사의 범주에 속하는 특수라고 볼 수 있으며 대한민국 성장과정 속에서 경찰제도의 발전과정을 학문적으로 추구함에 그 목적을 두고있다. 역사의 연구를 통하여 그 속에서 시대적인 각자성과 특수성을 보면서도 동시에 그 속에서 일관하여 흐르는 일반성과 법칙성을 발견하고 이를 반추하여 현재와 미래를 바라보고 그 시대의 모순과 불합리를 인식하고 발전적이고 개혁적인 정책을 수립하는데 기여하고자 하는데 그 목적이 있다고 본다. 일제강점기를 거쳐 미군정이 시작됨과 동시에 한국경찰은 민중을 위해 봉사하고 민주주의를 수호하는 역할을 하여야 함에도 이러한 경찰이념의 전통은 사라지고 또다시 강압적이고 수탈적인 이미지가 형성됐다는 사실이 경찰사의 오점으로 남는다고 볼 수 있다. 그러나 이런 오류와 성찰이 심리적 기저를 형성하였지만 정치적 예속화의 가중, 정치권력의 하부기능으로서 만족해야 하는 취약점을 노정하였다는데 문제점이라면 문제라고 볼 수 있다.(한국경찰사,2002:249) 역사의 고찰은 항상 시대구분의 문제가 대두된다. 이 시대 구분이 어떻게 되는가는 역사를 인식하는 태도 내지 방법을 의미하고 경찰사에서도 적용된다고 본다.(이기백,1990:6)

우리나라는 45년 해방과 더불어 제국주의적 일제 경찰제도를 벗어나는 계기를 맞이하는 시대였지만 미군정이 실시되면서 일제경찰의 잔재가 그대로 계수되었고 그 후 남북분단의 고착화, 냉전체제 등으로 인하여 현재까지 그 잔재가 투영되고 있다. 그와 반대로 일본의 미군정기에는 경찰뿐만 아니라 사법체제,정치체제까지 개혁되고 청산절차를 밝아나가는 것과는 대조된다는 점에서 한국경찰의 혁신은 요원하다고 본다.(한국경찰사,2002:191)

본 연구는 2차 대전 이후 한반도에 대한 미소의 군정기 동안 (1945-48) 통기기구 형성과 치안정책과 활동 기능 등을 고찰하고자 한다. 특히 남한의 미군정기 동안 경찰활동의 영향을 고찰함으로써 경찰기능의 공과를 살펴보고 국립경찰형성에 있어 과오를 반성하고 민주경찰로의 구축에 기여하고자 하는 측면이 있다고 본다.

본 논문의 목적은 미군정기 시 통치기구의 성립과 활동을 고찰하고자 하며 경찰의 활동 등을 평가하여 경찰사 정립에 기여하고자 한다. 이를 위해 다음과 같은 점을 고찰하고자 한다. 먼저 i) 미군정기 통치기구 성립과 활동을 고증하고 ii) 미군정의 경찰의 부정적 원인을 분석하고자 하며, iii) 경찰의 치안활동 및 정치적 예속화 문제점을 평가하고, iv) 오늘날 국립경찰, 민주경찰로서의 한국경찰의 방향과 평가가 무엇인지를 도출한다.

2. 선행연구

1) 국내연구

미 군정기 경찰연구는 여러 학자들이 분석하였는데 먼저 김영명(1998), 강혜경(2002) 등은 경찰정책과 역할을 중심으로 언급하였다. 안진(2005) 등은 해방 전후의 혼란속에서 경찰의 역기능적인 활동과 경찰의 정체성을 인식하고 그 방향과 비판을 제시하였다.

첫째, 안진(2005)은 군정경찰의 역할과 활동을 통해 군정경찰의 특징을 지적하였는데 먼저, 군정경찰은 최대의 물리적 강제력을 갖는 억압기구라는 점이고, 조직면에서 중앙집권화의 정도가 강하며 조직의 과정이 하향적이라는 점이다. 군정경찰은 해방 후 각 지역에서 조직된 자치적 치안조직을 흡수하는 방식으로 형성된 것이 아니라 오히려 그것을 파괴하고 위로부터 하향적으로 조직되었다고 한다. 안진은 군정경찰의 전투경찰로서의 군사적 특성과 함께 그것의 정치화가 주된 특징으로 지적될 수 있다고 보았다. 마지막으로 군정경찰기구의 대행자들의 내적 응집성과 동질성을 주된 특징으로 들 수 있다면서, 군정경찰은 단순한 기술관료 집단이 아니라 친일경력이라는 동일한 배경과 의식을 가진 집단으로 파벌이 많았던 군(조선경비대)과 매우 대조적이다고 주장하였다.(안진,2011:205－206)

둘째, 강혜경(2002)은 한국경찰의 형성과 성격에 대해 중점적으로 분석하였는데 경찰조직과 중앙집권화 정책과정을 중심으로 분석하였다. 그는 경찰통계연보를 통해 경찰형성 작업을 분석하였는데 미 국무성이 작성한 외교문서를 통해 당시의 경찰자료의 한계와 부정확성을 보충하였다. 특히 미군정 경찰의 좌익무력화와 우익주도 국가수립 정책을 분석하였다.

이것은 군정 경찰세력들이 자신들의 주요 역할을 정치 불안을 야기시키는 좌익세력의 제거에 둠으로써 자신들의 지위를 유지하고자 하는 거으로 보았다.(강혜경,2002:14)

셋째, 김창윤(2009)은 한국과 일본의 미군정 치안정책을 비교 연구하였다. 김창윤은 미군정기 한국과 연합국사령부의 일본강점기의 치안정책을 비교 고찰함으로써 양국간의 치안정책 결정요인을 분석하고 이에 따른 치안제도의 차이점을 비교하여 미군정의 장기적인 정치적 요인을 평가하였다.(김창윤, 2009:39면)

2) 해외연구

미군정기 경찰 성립 과정을 연구한 커밍스 교수는 미국정부의 해방 전후의 한국에 대한 방대한 자료를 분석하였는데 한국사라든지 경찰사에 심층적적으로 탐구하였다는데 놀라지 않을 수 없다. 브루스 커밍스는 한국전쟁의 기원(The Origins Of the Korean War)에서 1945년부터 1947년까지 한국전쟁의 반발전 내용, 혼란상황, 경찰수립, 남한의 단독정부 수립 등을 상세하게 분석하였다. 특히 법기구와 경찰기구의 재편을 설명하면서 한국국립경찰의 역기능적인 측면, 친일경찰의 등장을 지적하였다. 그는 남한에서 좌익 조직들이 쇠퇴하게 된 주된 요인은 국립경찰의 우월한 조직력 및 기술적 능력이라고 보았고 국립경찰이 전체주의적 시각에서 위압적이며 고도로 집결된 조직이 정치조직이나 각종의 중간기구들을 분쇄하는데 중점을 두고 대중을 꼼짝 못하게 하였다고 비판하였다.(브루스 커밍스,2001:225)

그러나 미군정기 경찰연구에 관한 수많은 연구에도 불구하고 경찰의 공과를 적확하게 직시한 종합적인 분석은 없다. 경찰의 치안정책 수행과 정치적 중립성의 윤리적 딜레마 상황에서 이 문제는 논란이 많을 수 있다. 미국 군정기 경찰작용 연구는 공과에 대한 종합적이고 체계적인 분석이 필요하지만, 역사적 해석은 양론이 있고 또 이를 연구하는 역사가의 임무라고 볼 수 있지만 행정학자들의 정책실패에 관한 진지한 판단도 중요하다고 본다.

3. 분석 틀

이 글에서 미군정 경찰의 작용에 대한 공과와 기능을 규명하고 평가하기 위한 분석틀은 다음과 같다.

먼저, 미군정의 사회적 상황과 환경을 분석한다. 국립경찰 수립 상황을 설명하고 일제경찰들이 이 과정에서 다시 수용되어가는 과정을 밝힌다. 미군정 당국의 치안유지기능을 위해 이들과 협력하는 수단은 무엇인지 분석한다.

두 번째는, 경찰이 해방 전후 미군정시 어떤 이유와 과정을 통해 정치적으로 예속하고 정치권력과 합작하였는지 분석하고자 한다. 대구 사건, 제주사건, 각종 선거개입의 통해 경찰은 어떤 대가를 노렸고 어떻게 대중에 투영되었는지 분석한다.

세 번째는, 이와 같은 경찰기능의 역기능과 순기능을 평가하고 한국경찰이 나아가야할 방향은 무엇인지 시사점을 도출한다. 이를 위해 경찰의 공과, 치안정책의 판단과 오류를 평가한다. 오늘날 한국 경찰 당국이 체화하여야 할 봉사 헌신 민주경찰상은 무엇인지를 분석한다.

4. 연구방법

본 연구는 역사적 사실을 검증하고 이에 대한 평가가 중요하다. 당시의 문서를 파악하는 것이 중요한데, 이를 위해서는 경찰청이나, 국가기록 관련서류를 파악하여 분석하여야 한다. 경찰통계 자료도 중요한 자료라고 본다. 또한 역사 관련 자료도 좌우의 이념적 논쟁의 소지를 넘어 냉철하고 중립적인 시각에서 경찰작용을 판단하여야 한다고 본다.

또한 해외학자들의 시각과 이론들을 분석하기 위해 문헌연구가 중요하다. 본 연구는 브루스 커밍스의 '한국전쟁의 기원'을 중심으로 분석하였다.

또한 해방 전후사의 인식과 상황을 분석하기 위해 '해방 전후사의 인식'이라든지, '한국사', '한국전쟁사' 등을 분석하고자 한다.

당시 해방정국은 이념대립, 좌우합작, 미소의 한반도 진출과 군정 등으로 사회 혼란과 체제 미확립 등 국가체제나 정체가 정립되질 못했다. 이런 상황 하에서 미군정기의 국립경찰의 정책과 정책수행을 분석하기 위해서는 당시의 문헌과 통계 그리고 해외학자들의 주장과 논리를 파악하는 것이 중요하다고 본다. 또한 국립 경찰이 태동할 시점에서 경찰의 기능과 활동이 왜 정치적으로 예속되고 정치권력의 도구로 이용되었는지 살펴보는 것도 중요하다고 본다. 그리고 당시 한반도 남한지역에서 발생한 민중봉기나 정치선거 등에 있어서 경찰의 과잉진압과 탄압이 당시 정치 상황이라든지 미 군정당국의 경찰정책과 어떤 관계가 있었는지도 문헌연구를 통해 논리적 추론도 가능하다고 본다. 그러나 경찰작용의 결과는 역사적 사실이 중요하므로 당시의 사건의 인과관계를 소홀히 해서는 안된다고 보아 언론보도 자료를 인용하고자 한다. 경찰의 치안정책과 법집행은 당시의 시대 상황에 따라 현재와 다르겠지만 봉사민주경찰로서의 기능과 역할은 오늘날 별반 다르지 않을 것이고 이와 같은 점에 비추어 시사점을 도출하고자 한다.

5. 미군정의 통치기구

1) 미군정 주둔과정

1945년에 일제의 식민통치로부터 해방된 한반도는 미국과 소련 양 강대국에 의해 한국민이 원치도 않고 또 관여하지도 못한 채 국토분단과 민족분열의 굴레를 강요당해야 했다.

1945년 9월 9일 조선총독이 미태평양지역 총사령관 맥아더(Douglas MacArthur) 장군의 대리로 조선주둔 미사령관 하지(John R. Hodge)중장에게 항복한 순간부터 남한지역은 미국의 군정하에 들어갔으며, 소련은 일본의 패망이 거의 확실해진 1945년 8월 9일에 일본에 대해서 선전포고를 하고 한·소 국경을 넘어 한반도로 진입하더니 일본이 항복을 한 뒤에도 계속 진군하여 평양·함흥 등 북한지역의 주요 도시들을 점령해 나갔다. 이로써 한반도는 미군정하의 남한지역과 소련군 점령하의 북한지역으로 분단되었다.

한편, 제2차 세계대전 이후에 한반도의 국토분단에 대한 국제적인 관심과 민족자주적인 국토통일의 시도가 있기는 하였으나 미국과 소련의 냉전이 심화됨에 따라 결국 결실을 보지 못한 채 유엔의 결의에 이해 남한만의 총선거를 통한 한반도의 유일한 합법정부로서 1948년 8월에 대한민국정부가 수립되었다.(유종해·김택,2008:331-340)

2) 해방과 미군정의 성립(총무처,1980:89-90)

1945년 8월 15일 일본이 연합국에 무조건 항복함으로써 한국은 36년간의 일본 제국주의의 학정으로부터 해방이 되었다. 우리 한민족은 이 해방이 곧 독립을 의미하는 것으로 믿어 의심치 않았다. 그러나 심한 압제로부터의 돌연한 해방은 우리 민족이 적절한 대책을 세우는 데 큰 혼란을 가져왔다. 즉 외부 세력에 의하여 조선총독부라는 식민지통치체제가 우리들에게서 일조에 벗겨졌으므로 사실상 하나의 무정부적 혼란을 가져왔다. 그것은 우리들 스스로가 식민지통치체제를 분쇄할 기회를 갖지 못하게 됨으로써 새로 이어진 통치체제에 대한 선택의 준비를 갖지 못한 데에서 연유한 것이다.

당시 우리에게도 두 가지의 길이 있었다. 그 하나는 1919년 이래 독립운동을 주도하여 오던 대한민국 임시정부가 총독부의 통치기구를 인수하는 길이며, 다른 하나는 국내에 거류하고 있던 독립투사들에게 총독부를 인수케 하여 과도정부를 형성케 하는 길이었다. 따라서 국내의 지도자들은 이 두 가지 견해로 갈라져 있었다. 즉, 임시정부가 곧 귀국하여 정권을 담당할 것을 기대하는 송진우 계통과 연합군이 진주할 때까지 민족대표기관을 설치할 필요가 있다고 생각하는 여운형 계통으로 행동이 갈라진 것이다.

송진우 계통이 임시정부의 귀국을 기다리며 침묵을 지키고 있는 사이에 여운형 계통에 의하여 조직된 것이 건국준비위원회였다. 당시 송진우 계통은 건준이 총독부로부터 직접 정권을 인수받으려 한 것과 임시정부를 반대하는 입장에 있었던 것에 대하여 건준의 협조 요청을 거부하였다. 즉 송진우는 정권 인수는 패망한 일제로부터 인수해서는 안 되고 일제를 패망케 한 연합군으로부터 인수받아야 하며 임시정부를 절대로 지지하여야 한다는 입장을 고수하여 건준과의 합작을 거부하였다.

건준에는 일부 민족주의자도 가담하였으나 공산주의자가 상당한 영향력을 갖고 있었다. 그리하여 처음 가담하였던 안재홍 등 민족주의자들이 건준에서 탈퇴하기에 이르렀으며, 남아 있던 좌익세력은 인민공화국이라는 일종의 정부 조직을 서둘러 만들어서 임시정부와 대립하려는 기세를 취하였다. 이에 민족주의자들은 임시정부를 지지하고 국민총의의 집결을 위하여 국민대회 준 지회를 개최하여 건준과 맞서게 되었다.

이와 같이 국내에서 민족주의자와 공산주의자의 대립이 날카로와져 가고 있을 때 미·소 양군이 각기 진주하였다. 먼저 진주한 것은 국경을 접하고 있는 소련군이었다. 소련은 일본의 패망이 거의 확실하여진 8월 9일 일본에 선전포고하여 한·소 국경을 넘어오더니 일본이 항복한 뒤에 계속 진군하여 평양, 함흥 등 북한의 주요 도시를 점령하였다. 미군은 9월 9일에야 비로소 인천에 상륙하여 서울에 들어오고 남한 일대에 주둔하였다. 북한 38도선을 경계로 삼아 남북으로 갈라서 점령한 미·소 양군은 점령지역에 군정을 실시하였다.

북한을 점령한 소련은 처음에 조만식 등 민족주의자까지 포함하는 독립운동자들을 중심으로 소위 5도 임시인민위원회를 조직하여 소련 군정하의 행정을 담당케 하였다. 그러나 곧이어 김일성을 위원장으로 하는 소위 북조선임시인민위원회를 조직하고 조만식을 위시한 많은 민족주의자들을 축출한 뒤 공산주의정치를 실시하였다.

한편 뒤늦게 남한으로 진주한 미군도 군정청을 설치하고 남한의 모든 행정을 담당하였다. 군정청은 소위 인민공화국은 물론 대한민국임시정부까지도 한국의 주권 행사기관으로 인정하지 않았다. 그러나 군정을 담당한 미군은 한국에 대한 이렇다 할 예비지식이 없었으므로 민족적인 요망에 부응하지 못하였다. 더욱이 북한과는 달리 정치적 자유가 허락되었으므로 정치적·경제적·사회적 혼란만이 야기되었다. 미군측이 한국의 진정한 주권 독립에 대하여 좀더 깊이 고려한 바가 있었다면 조선총독부 이후에 올 통치기구가 결코 단순한 서구적 통치기관의 모방에 그치지는 않았을 것이다.(유종해·김택,2008:331─340)

3) 미군정하의 행정기구와 기능

해방 후 9월 9일 한반도에 진출한 미국군은 한반도에 주둔하고 있던 약 12만 명의 일본군을 무장해제하였다. 정식 항복을 접수하자 한국민의 희망을 저버리고 다음과 같은 발표를 하였는데 그 내용은 다음과 같다.

① 대한민국은 현재 독립이 곤란하고,

② 한국사회의 혼란상태가 진정될 때까지 아베 노부유끼(하부신행) 총독을 비롯한 일본 식민관료를 당분간 잔류시킨다고 선언하였으며, 행정관리에 관한 기술이 없다는 이유를 들어 한국인의 충원을 거부하고 일제식민지 관리를 그대로 잔류시켰으며 또 행정기구도 총독부의 기구를 답습하였다. 그러다가 한국의 민심이 비등하여지고 총사령부의 압력을 받아 군정 실시가 결정되었다.

9월 12일 하지는 아베 총독을 해임하고 아놀드(Archbold B. Arnold) 소장을 군정장관에 임명하는 동시에 경무국장에 슈익크 대령을 임명하였다. 그리고 14일에는 총독부의 각 국, 과의 사무를 인수하였으며, 15일에는 미군의 각 국장이 임명 발표되었다. 최초의 군정부기구는 관방에 총무·외무·인사·기획·회계·지방·재무관리의 7과를 두었으며, 집행기관으로 경무·외무·광공·학무·농상공·법무·체신·교통의 8국을 두었다.(표 2-1 참조) 그 뒤 보건후생국·군무국·공무국이 신설됐다. 미군정은 미군정이 실시된 후에도 총독부 행정기구를 존치시켰다. 또한 한국의 일본인 직원을 해임하였다. 그리고 '행정고문'이라는 이름 아래 미군 장교들로 하여금 그 직무를 수행케 하고 각 행정기구 내에 한국인들을 임용하는 방법을 취하였다. 미군전은 10월 5일 군정청고문관으로 김성수·전용후·김동원 등 11명을 임명하고 자문을 구하였고 12월에는 일부 고문관들이 행정부처에 임명되어 고문관의 존재 의의를 잃었고 추후 이 제도는 폐지되고 말았다.

[그림 2-1] 해방후 미군정 조직도

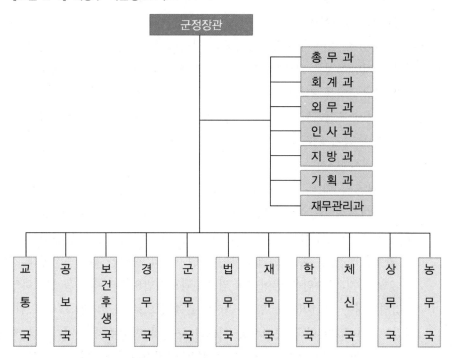

출처: 유종해·김택(2008), 한국행정사 참조

　1946년 3월 군정청은 중앙집행부서의 국제를 부제로 개정하였다. 즉 학무국을 문교부로, 법무부를 사법부로, 교통국을 운수부로, 군무국을 국방부로 개편하고, 경무국·농무국·상무국·재무국·체신국·보건후생국을 각각 부로 승격하였다. 그리고 토목부와 노동부를 신설하여 13부를 구성하였다. 또 관방의 7과를 인사행정처·지방행정처·식량행정처·물가행정처·관재처·외무처·서무처로 승격 개편되었다. 이에 앞서 동년 1월 14일 군무국 예하에 국방경비대를 창설하였으며, 군무국이 국방부로 개칭된 것에 대하여 그 당시 진행되고 있던 제일차 미소공동위원회의 소련측 대표가 정부가 수립되기도 전에 국방부란 명칭을 사용한 것에 항의함으로써 국방부를 국내경비부로 다시 개칭하였으나 한국측에서는 이를 통위부라고 불렀다.

　그 후 다시 기구가 변경되어 지방행정처가 폐지되고 재무부의 세제능력을 강화하는 한편 문교부의 기능 강화를 단행하였다. 그러나 이와 같은 기구의 변화는 결코 체제의 대변화를 뜻하는 것은 아니고, 다만 총독부의 기구를 다소 개조 혹은 확장을 하는 데 지나지 않았다. 그리고 통치수법에 있어서도 총독부의 그것과 별로 차이를 느끼지 못하는 것이었다. 다만 총독부가 점진적으로 독재를 강화하여 갔다면 군정은 반대로 독재를 약화시켜 갔다고 할 수 있다. 미군정에 있어서 지방행정기구는 대체로 총독부 기구를 확대시켜서 거의 미국식 지방행정을 모방한 것이다. 그러나 미국식 지방행정은 어디까지나 광대한 지방구역을 전제로 해서만 의미를 지니고 있는 것이지 결코 우리 같은 협소한 지방구역에는 맞지 않는 제도였다. 그런 연유로 군정의 지방행정 기구는 결코 우리에게 이익과 발전을 가져온 것이라고는 할 수 없는 것이다.(유종해·김택, 2008:331-340)

1946년 5월 제1차 미소공동위원회가 무기휴회로 들어간 이후 군정 당국은 김규식·여운형 등 온건한 좌우파의 지도자들로 하여금 좌우 합작운동을 시도케 하여 이를 알선하는 한편 동년 6월 러치(Lerch)군정장관은 한인이 요구하는 법령을 한인의 손으로 제정하는 입법기관의 창설을 하지중장에게 건의하고, 7월 하지의 승인을 얻어 8월 남조선과도입법의원의 창설을 발표하였다.

입법의원은 관선의원 45명과 민선의원 45명으로 구성되어 12월 12일 개원되었는데 이로써 한국 근대사상 최초의 근대적 민주주의 정치기구를 가지게 되었지만 이 입법의원에서 제정된 법령은 군정장관의 동의를 얻어야 그 효력이 발생하였기 때문에 정상적인 의회와는 그 성격에 차이가 있었던 것이다.

1946년 12월에 개원하여 1948년 5월 해원되기까지 입법의원에서 제정 공포된 법률이 11건, 심의한 법률이 50여건이었으며, 입의를 거치지 않고 군종법령으로 공포된 것이 80건에 달하고 있는 것을 보면 입법의원은 입법부로서의 준비 단계의 임무를 수행한 데 불과하다고 할 수 있다. 그러나 이 입법의원의 창설로 미군정은 입법·행정·사법의 삼권분립의 통치기관이 성립된 셈이었다.

1946년 9월 미군정하의 행정권을 한국인에게 이양하겠다는 러치(Lerch) 군정장관의 발표가 있었고, 1947년 6월 군정법령 제141호로 38선 이남의 입법·행정·사법의 미군정 한국인기관을 남조선과도정부라고 호칭하기로 하였다. 그러나 실권은 거부권을 갖고 있는 미국인 고문에게 있었다. 과도정부는 기구개혁위원회를 구성하고 현실적인 기구개혁안을 작성 실시하였다. 이 기구 개혁은 종래의 13부 6처를 13부 1특별국으로 폐합하고 인사위원회와 중앙경제위원회를 두고 중앙경제위원회 속에 물가·식량의 두 행정처를 두었다. 이 기구가 1948년 대한민국정부 수립까지 존속되었던 미군정의 최후의 기구였다.(유종해·김택, 2008:331-340)

6. 미군정기 경찰형성과정

한국 현대사에서 미 군정기는 미 육군 제24군단이 미국 태평양 방면 육군 총사령관 맥아더 장군의 포고에 따라 1945년 9월 8일 '재조선 미국 육군사령부 군정청'(미군정청)을 수립한 뒤 1948년 8월 15일 대한민국 정부 수립 때까지 남한을 통치했던 시기를 의미한다.

일본 오키나와에 주둔하고 있던 존 하지(John R. Hodge) 중장 휘하의 제24군단이 맥아더의 명령에 의해 38도선 이남의 점령군으로 결정됐다. 제24군단은 1945년 9월 8일 인천에 상륙하자 미국 태평양 방면 육군 총사령관 맥아더 장군의 9월 7일자 포고 제1호에 따라 '재조선 미국 육군사령부 군정청'(미군정청)을 수립했다.

미군정은 해방 이후 사실상 정부 역할을 하면서 대한민국 정부의 틀을 형성하는데 상당한 역할을 하였다. 그러나 친일파의 등용과 각종 제도의 수립, 이데올로기의 문제 등 미 군정기에 대한 평가는 다양하게 이루어지고 있다.(디지털제주시문화대전,2013)

1945년 8월 15일, 일본은 항복하고 한반도는 8·15광복을 맞았다. 여운형 등은 건국동맹을 건국준비위원회로 확대 개편하였으며, 8월 말까지 건국준비위원회는 지방 세력의 호응을 받으며 전국에 145개 지부를 두게 되었다. 9월 7일 인천항에 진주한 미군은 포고령을 통해 조선 인민 공화국, 대한민국 임시정부 등을 부정하였으며 이에 얼마 가지 않아 조선 인민 공화국은 와해되었다. 미군정은 9월 9일 서울로 진주하였으며, 조선총독부로부터 행정권을 이양받았다.(앤하위키미러,2013)

미군정에서 대한민국 정부로 이양될 일이 수없이 많지만, 그중 핵심이 경찰이었다. 미군정도 경찰력으로 지탱해 왔고, 대한민국 정부도 다른 무엇보다 경찰력에 의존할 것이기 때문이다. 8월 7일 대한민국 내무장관 윤치영과 과도정부 경무부장 조병옥이 공동 담화를 발표한 것도 경찰권 이양의 중요성 때문이었다.(김기협,2013)

"군정 이양을 계기로 하여 경찰권의 이양에 따르는, 그리고 대한민국 정부조직법에 의한 경찰 행정의 이속 및 경찰의 재편 문제가 박두한 사실 및 정부 수립 직후의 치안 유지의 완벽을 기할 필요성에 비추어 경찰권 이양 및 재편에 관한 경무부의 헌책을 내무부의 자료로 남조선 과도정부 경무부장 조병옥은 대한민국 대통령 이승만 박사에게 제출하기로 공식으로 요청하였던 바 이 대통령은 자기 자신, 내무부 장관 윤치영 및 법무부 장관 이인 양씨를 위원으로 하여 경무부장 및 경무부 차장과 6일 오후3시 대통령실에서 연석회의를 개최하고 경무부 개편안을 심사한 바 대체로 경무부 안을 채택하기로 동의하였으므로 앞으로 경찰의 기구 및 인사 문제에 있어서 급격한 변동이 없어야 할 것으로 결론을 보았다. 그리고 이 문제에 관한 결론은 내무부 장관 및 경무부장의 공동 담화로써 발표하기로 합의를 보았다."(경향신문,1948) 조병옥이 아직도 칼자루를 손에서 놓지 않고 있었던 것이다. 대한민국 경찰을 어떻게 조직하고 어떻게 운영할지 미군정 경무부장이 대한민국 정부에게 합의를 요구했고, 대통령 이하 대한민국 측은 이에 응해 내무부 장관이 공동 담화에 나섰다.

〈표 2-1〉 미군정기 경찰정책

	시기	치안정책 내용
미군정	치안제도 도입기 (미군정초기-1946.3)	직접통치체제 구축정책 중앙집권적 치안체제 구축정책
	치안제도 성장기 (1946.4-1947.8)	우익단체의 치안보조화 정책 공산당제거정책
	치안제도 확립기 (1947.9-1948.8)	치안기구 확대정책 치안보조세력 확대정책

출처: 김창윤,앞의책,63면

1948년 서울신문에는 과도 정부 요인들이 지금까지 맡아 온 역할을 회고하고 새 정부에 당부하는 말을 모아 실었다. 그중 조병옥의 새 정부에 대한 당부는 다음과 같다."신정부에 부탁하고 싶은 말은 이것이다. 대한민국의 일부 영토가 상실된 채 또는 천만에 가까운 동포가 총선거에 참가치 못한 채 대한민국 정부를 수립함은 결국 현 국제적 정세에 제약되어 남북 통일을 바랄 수 없는 비참한 민족적 운명에 직면한 조선 민족이 남북 통일을 꾀하고 주권을 완전히 회복하려는 초비상적 대치인 것을 인식하여야 된다. 이 조치의 결실은 안으로 국력을 육성하고 밖으로 국제 여론을 환기하여 조선의 자주독립을 방해하는 국제적 요소를 대한의 정의 앞에 굴복시키는데 달린 것이다. 그러므로 신정부는 반드시 강력한 정부라야 한다. 정부의 수립과 북한 공산 계열의 음모에 기한 소위 8·25 총선거를 계기로 하여 남조선의 치안은 극도로 우려되는 바이다. 요컨대 현 정부는 태평천하의 정부가 아니다 남조선의 사태는 정상적이 아닌 것을 철저히 인식하여야 한다. 그러므로 신정부는 강력한 경찰제도를 당분간 유지하는 데 착안하기를 바란다. 중앙 집권제의 현 국립경찰제도를 인계함에 있어서 그 조직 그 인사에 있어서 격변함이 없는 경찰 행정을 바란다."(서울신문,1948) 일제의 식민 정책으로 이루어진 일제의 경찰제도가 만 3년 전 8·15를 분수령으로 허물어져간 후 과도적이지만 우리 국립 경찰이 수립되어 혼란된 해방 3년의 치안유지의 업적은 소홀히 볼 수는 없을 것이다. 때로는 폭탄을 무릅쓰고 사선을 돌파하여 가며 혼란을 수습한 것은 약간 탈선은 있다 하더라도 그 공적은 무시할 수 없을 것이다. 그런데 해방 이래 국립 경찰이 수립된 후 1945년부터 작8월 15일 내무부에 이양할 때까지의 수도청에서 취급한 검거 통계를 살펴보면 포고령 위반이 수위를 점하고 있으며 검거자의 중요한 것만도 다음과 같다.

△내란죄 83명 △포고령 위반 1만3395명 △군정 법령 위반 2657명 △소요죄 10명 △선거법 위반 156명 △불법 체포 350명 △폭행죄 177명 △살인죄 345명 △방화죄 47명 △통화 위조 25명 △주거 침입죄 176명 △사기 공갈 93명 △절도 19명 △강도 15명 △행정령 제1호 위반 19명 △기타 1141명으로 총 인원 1만9000명의 불순분자를 검거하여 치안 유지의 공헌을 남기고 신정부에 이관하게 되었다.

'포고령 위반'과 '군정법령 위반' 중에도 경제 사범 등 일반 범죄가 어느 정도 포함되어 있기는 하겠지만 대부분은 치안범이다. 이 두 항목이 전체 검거자의 80퍼센트 이상을 점하는 데 주거 침입 176명, 사기 공갈 93명 등 민생사범 수가 너무 적은 것을 보며 남조선에 왜 그렇게 많은 경찰이 필요했는지, 그 많은 경찰이 어떤 일을 열심히 했는지 한 눈에 알아볼 수 있다.(김기협,2013)

7. 미군정 당시 경찰의 역할과 부패사

1) 긍정적 기능

(1) 경찰의 수사권

미군정을 실시하기 전에는 검찰은 기소와 수사권을 갖고 막강한 권력을 휘

둘렀다. 미군정 후 1945년 12월 29일 법무국 검사에 대한 훈령 제3호에 의해서 검사의 기본임무는 법원에 공소제기를 하는 것이다. 범죄조사는 검사의 직무가 아니고 경무국이 조사하여야 할 사항은 경무국에 의뢰하도록 규정되었다.(최신우,2013:164)

또한 서장의 즉결처분권이나 훈방권의 사법기관 이관 등을 통해 경찰 수사권을 조정하였다.

(2) 경찰체제의 확립

미군정하에서 민주주의 이념에 반하는 법규정은 폐지하였다. 미군정법 제11호에 의해 조선 총독부시대의 한국인의 정치개혁 시도를 금지하는 정치범처벌법, 공산당 활동 및 한국인의 독립운동을 금지하는 치안 유지법, 치안 유지법 위반자의 관찰과 한국독립운동혐의자를 감시하는 정치범 보호관찰령, 정치범의 감독 및 예비검속에 관한 예비검속법등이 폐지되었고 이들 법의 위반자를 다루는 고등경찰업무를 관장하는 경무국 보안과가 1945년 9월9일 폐지되었다.(최신우,2013:164) 일제 강점기 패검착용 등 위압적인 이미지를 상쇄하기 위해 1945년 11월 8일 이를 폐지하였고 경찰봉을 착용하게 하였다.(최선우,2008:165)

미군정당국은 남한의 경찰권을 접수한 이후 본래의 경찰영역을 넘어선 비정상적 권한을 경찰관서의 관할에서 회수하여 다른 관서로 이관시켜 이른바 비경찰화(Entpolizeilichung)를 단행하였다.(신상준,1997:204) 비경찰화 작용에는 즉, 위생업무의 이관, 경제경찰 업무의 이관, 소방업무의 이관, 출판물 등의 검열업무의 이관, 각종허가권의 이관 등을 타 기관에 이관시켰다.

(3) 경찰교육기관의 정비

1945년 9월 13일 미군정은 구 경찰관 강습소에서 신진경찰관 2000여명을 모집하였고 우리나라 최초로 순경을 배출하였다. 11월 15일에는 조선경찰학교에서 각도에서 선발된 경사급 관리를 입교하는 등 경찰 간부 교육기관으로서 태동하였다.

1946년 2월 1일에는 국립경찰학교를 개칭하여 간부급경찰관을 교육하였는데, 각 도 관구경찰청 소관하에 경찰학교를 병설하여 순경 및 경사교육을 실시하였다.

1946년 8월 15일에는 국립경찰전문학교를 승격하여 경부부내에 교육국을 신설하였다.(경찰전문학교,1956:43-47)

여자 경찰제도도 도입하였는데 1946년 5월 15일 최초로 여자경찰관을 채용하여 국립경찰학교에서 교육을 실시하여 배출하였다. 7월1일에는 공안국 여자경찰과를 신설하였고, 1947년 2월 17일에는 수도관구 경찰청에 여자경찰서를 신설하였다. 여자경찰관은 14세 미만의 여자나 일반 부녀자를 조사하는 임무가 있고 남자 경찰관은 부녀자들의 신체수색을 금지하였다.(서기영,1981:345)

2) 부정적 기능

(1) 일제경찰 재임용

강점기 경찰의 학정에 시달려 온 일반 국민들은 경찰관에 대하여 우호적일수 없었고 일제하의 한국경찰관들은 일제에 협력하여 민족을 탄압하여 민족의 반역자로 몰려 전국 각처에서 집단폭행 구타 심지어 살해까지 당하여, 대부분 다른 지방으로 은신하는가 하면 공포속에서 구명에 급급하였다고 한다(한국경찰사:192).

해방 당시 총독부 조선인 경찰관의 수는 <표 2-2>에 나타난 바와 같이총 2만명 중 대략 8천여 명이었는데 이들은 해방이 되자 대부분 도피하여-미군정의 기존 행정체제 인정(포고문 1호)으로 대부분 10월 중순까지 복귀하게되지만-출근율이 20퍼센트도 안되었다.(내무부 치안국,1971:951) 또 해방 직후 일본제국주의 지배의 최선봉에서 자기 민족을 억압하였던 친일경찰들에 대한 보복이 극심하였는바 피살과 폭행사건의 대부분이 친일경찰에 대한 것이었다.(브루스커밍스:357)

〈표 2-2〉 해방당시 총독부의 경찰규모

직 급	경 시	경 부	경 부 보	순 사	합 계
한 국 인	8	75	172	7,758	7,968
일 본 인	77	482	882	13,307	14,747

출처: 안진.(2011), "미군정기 국가기구의 형성과 성격", 해방전후사의 인식3, 한길사, 198면 재인용

총독부의 조선인 경찰관들은 식민지 지배의 직접적인 대행자로서 독립운동탄압의 제일선에서 민족의 독립을 방해한 반민족행위자들의 전형적인 집단이

었으며 경찰기술 관료로서 탁월한 통제능력을 가진 자들이었다. 군정경찰은 이들에게 생존의 길을 열어주었으며 냉전하의 반공이데올로기에 의해 자신들을 새로운 애국자로 변신시킬 수 있게 해주었다.

1946년 1월에는 군정청 각 국의 장이 한국인으로 대체되면서 한민당의 주요 창립인인 조병옥과 장책상이 경무국장과 수도경찰청장에 임명되었다. 이후 군정경찰의 새로운 간부 충원[1]은 이들에 의해 이루어지게 되었는데 여전히 악명 높은 친일경찰들을 핵심적인 위치에 앉혔다.

군정경찰의 이러한 충원방식에 대해 '경무국은 부패했으며 인민의 적'이라고 우려하고 독립운동가를 경무국에 등용할 것을 주장했던 경찰간부는 최능진 단 한 사람이었는데 그는 조병옥 경무부장에 의해 축출되었다.(브루스 커밍스:222)

〈표 2-3〉 1946년 현재 군정경찰에 재직중인 친일경찰의 분포

직 위	1946년 총수	식민경찰 출신	비율(%)
치 안 감	1	1	100
청 장	8	5	63
국 장	10	8	80
총 경	30	25	83
경 감	139	104	75
경 위	969	806	83

출처: 군정경찰의 책임자 윌리암 마글린이 1946년 10월26일 한미공동회담에서 발표한 자료. 한국 경찰사, 210면 재인용

이상에서 살펴본 바와 같이 군정경찰 간부의 충원은 전체 간부의 80퍼센트 이상이 친일경찰에 의해 이루어졌는데 이 때문에 군정경찰은 한국 민중의 공격의 표적이 되었다. 미 군정측에서도 10월 항쟁 후 친일경찰 및 친일관료의 등용이 군정에 대한 비난과 저항의 원인이 된다는 점을 인식하고 문제를 제기하지만 혁명세력 및 좌익세력에 대한 억압이라는 군정경찰의 본질적인 기능에 비추어볼 때 문제의 해결은 자가당착일 수밖에 없었다.(안진:201)

---

1) 1946년 1월 경찰간부들의 반탁운동으로 공석이 된 서울시내 8개 경찰서장도 전원 친일경찰들로 충원되었다.

3) 경찰의 과잉적 진압과 정치과오 사례

(1) 대구 10월 사건

미군정은 1946년 초부터 국방경비대, 경찰 등을 창설하거나 강화하였는데 이는 좌익층에 대한 압력으로 이어졌다. 이에 대한 반발로 조선공산당(후에 남조선노동당)은 쟁의 활동에 본격적으로 나서기 시작했는데, 대표적인 것이 1946년 9월의 총파업과 여기서 경찰의 민간인 발포로 우발적으로 터진 대구 10.1 사건이었다. 그러나 쟁의가 격해지면 격해질수록 탄압 또한 격화되었으며, '정책의 역전' 이후 좌익층은 지하로 들어가거나 월북하게 되었다.(앤하위키미러,2013)

1946년 미 군정은 식량난을 해결한다며 농촌의 쌀을 강제로 징수하는 '미곡수집령'을 발표했다. 그러나 헐값에 사들이는 것이어서 농민들의 불만이 컸다. 경찰은 쌀을 거두려 집을 뒤졌고, 이에 항의해 그해 10월 1일 7500여 명의 주민이 대구역 등지에서 시위를 벌였다. 시위는 곧 전국으로 번졌다. 경찰이 시위대에 직접 발포하거나 주동자를 조사하는 과정에서 대구·경북에서만 100여 명이 사망한 것으로 알려졌다.(중앙일보,2013)[2]

10월 항쟁은 미군정이 등용한 친일관료층에 대한 저항이 가장 대규모로 일어난 경우이다. 1946년 10월 1일 대구인민위원회와 대구시 공산당의 조직에 의해 일반시민들이 식량배급을 요구하는 시위를 벌였는데 여기에 파업노동자들이 합세하자 무장경찰이 동원된 것이 사건의 발단이 되었다. 경찰의 발포로 시위 군중들 가운데 1명이 사망하게 됨으로써 대구시의 파업과 식량배급을 요

---

[2] 대구지법 제11민사부(부장판사 이영숙)는 김모씨 등 '대구 10월 사건' 사망 희생자 5명의 유족들이 국가를 상대로 낸 손해배상청구 소송에서 "국가는 3명의 유족들에게 총 4억7800만원을 배상하라"고 판결했다고 3일 밝혔다. 구체적인 배상 내역은 희생자 1인당 8000만원, 그 배우자에게 4000만원, 부모·자녀에게 각 800만원, 형제·자매는 400만원씩이다. 나머지 희생자 2명의 유족에 대해서는 "사건 당시 경찰에 의해 살해됐다고 볼 증거가 부족하다"며 청구를 기각했다. 소송과 관련해 국가 변호인 측은 재판에서 "미 군정 때 일어난 일을 현 정부가 책임질 수 없다"는 논리를 폈다. 이에 대해 재판부는 "48년 8월 11일 체결된 '대한민국 정부와 미국 정부 간 미국점령군대 철수에 관한 협정' 등에 '대한민국 대통령은 과도기 정부 때 발생한 지휘 책임을 인수하는 것에 동의한다'는 조항이 있다"며 받아들이지 않았다. "정부 수립 후 미 군정의 모든 것을 이양받았기 때문에 배상 책임이 있다"는 것이었다. 재판부는 또 "충격을 가한 경찰은 여전히 현재도 같은 기구가 국가기관으로 존속하고 있는 만큼 현 국가가 책임을 져야 한다"고 덧붙였다 그간 경북 문경 양민학살(49년)이나 경남 거창 양민학살(51년)처럼 대한민국 정부 수립 후 일어난 사건을 놓고 배상 판결이 내려진 적은 있으나 정부 수립 전의 사안에 대해서는 이번이 처음이다.(중앙일보,2013)

구하던 대중시위는 친일경찰관료에 대한 반대투쟁으로 급전하게 되며, 경찰서의 습격, 무기탈취, 유치장개방, 경찰 및 경찰가족의 학살 등으로 확대되었다. 대구지구에 계엄령이 선포되고 미군과 중앙의 경찰력이 동원되어 경찰서 파출소를 탈환하지만, 반민족적 친일경찰에 대한 반대투쟁은 경북 각 지역 및 부산 인근지역으로 확산되며 10월 20일경에는 38선 주변지역, 전라도, 충청도 등 전국적으로 확산되었다. 10·1 대구사건을 계기로 전국적으로 확산된 시위와 폭동은 경찰관서와 각급 지방행정기관을 표적으로 하였는데, 10월 25일까지 75명의 경찰이 사망하고 200명 내지 300명이 실종되었음에도 불구하고 미국인 사망자가 없었다는 사실은 이 사건의 원인이 일제식민지시대부터 한국 민중을 직접 억압한 친일경찰관의 온존에 있었음을 입증해 주는 것이다.(안진:203)

(2) 제주 4·3 사건

제주 4·3 사건 또는 제주 4·3 항쟁은 1948년 4월 3일부터 1954년 9월 21일까지 제주도에서 발생한 민중봉기로서 미군정기때 군인과 경찰들(대한민국 정부수립 이후에는 국군), 극우 반공단체들의 유혈진압을 통해 3만여 명의 희생자를 낳았다. 제주 4·3 사건의 발생은 다양한 시각을 드러내는데 희생자측은 주민희생의 결과에 중점을 두고 있고, 정부측은 주민희생의 원인에 중점을 두고 있다는 사실이다. 희생자 주민측은 4·3 사건이야말로 당시 미군정 및 경찰공권력의 탄압에 저항한 민중항쟁이며 주민봉기이고, 양민학살이라는 주장이고, 정부측은 박헌영을 중심으로 한 남로당의 지령에 따라 정부수립을 반대하고 국가를 전복하려는 선전포고 행위의 반란이며, 과잉진압으로 희생자가 발생했다고 주장하고 있다.

1948년 당시 제주도 지역에는 식량난과 전염병 등의 열악한 경제 상황과, 일제 때보다 심각해진 미군정의 실정과 비리, 그리고 미군정과 우파 청년단, 경찰조직 등이 주도한 좌파 세력과 평범한 사람들에 대한 고문, 탄압 등이 있었다. 이런 배경에서 미군정이 식량난에 시달리던 제주도민들에게 쌀을 몰수하는 "미곡수집정책"을 실시하자 제주도 민중의 광범위한 저항과 투쟁이 벌어지기도 했다.

이후 1947년 3·1절 기념 행사에서 경찰에 의해 어린 참가자가 사망하면서 제주도민들의 분노는 극에 달했고, 쌓이고 쌓인 군경과 우파 세력에 대한 광범위한 반대는 경찰서를 습격하는 데까지 나아갔다. 경찰들은 이들 중 6명을 사살하는 것으로 대응했고 이를 "시위대에 의한 경찰서 습격 사건"으로 규정했다. 당시 남로당과 제주도 민중들은 한데 결합해서 이에 항의하는 민관총파업을 벌였고, 제주 경찰들 중 20퍼센트가 여기에 가담하는 등(이때 가담한 경찰들은 해임당하고 이후 이 자리를 서북청년회 등 극우 단체가 대체하기 시작했다) 지배자·우파 세력과 제주도 민중들 간의 갈등은 극심해지고 있었다.

이 후 남한만의 단독 선거를 저지하기 위해 1948년 4월 3일 무장 봉기로 4·3 항쟁은 시작됐다. 미군정은 "제주도가 필요하지 제주도민은 필요하지 않다. 제주도민을 다 죽이더라도 제주도는 확보해야 한다"고 하면서 한국인 군대와 경찰을 동원해 이 항쟁을 폭력적으로 진압했다.

'제주 4·3 사건 진상규명 및 희생자 명예회복 위원회'에 따르면, 공식적으로 신고된 희생자 수만 1만 4천여 명이라고 한다. 통계에 잡히지 않은 사람들까지 따지면 3만 명 정도로, 대략 제주도 인구의 10분의 1이 사망한 수준이었다.(홍원민,2013)

(3) 선거개입

1948년 8월 15일 이승만대통령은 대한민국 정부수립을 내외에 선포했다. 이에 앞서 남북협상의 실패로 남북한 총선거가 불가능해짐에 따라 5월 10일 유엔감시하에 남한 단독의 총선거가 실시돼 제헌국회를 구성했다. 이대통령은 7월20일 제헌국회에서 초대 대통령에 선출돼 24일 취임선서를 했다. 5·10총선은 김구 김규식씨등 한독당과 민련계가 불참하고 공산계열의 방해가 치열했으나 유권자의 95%가 투표에 참여했다.(연합뉴스,1995) 미군정과 연계된 이승만 -한민당 세력은 차후 권력을 장악하기 위해 경찰력을 필요로 하였고 경찰들도 자신들의 정치적 보호와 장래를 위해 이들과 유착 결탁하였다. 1946년 11월 과도입법의원 선거의 개입과 1948년 5월 10일 총선의 경찰개입은 한국 경찰사에 커다란 오점과 부정부패를 남긴 사건이라고 볼 수 있다.(안진:201)

당시 이승만은 관권, 경찰력을 동원하여 부정선거를 자행하였고 일제경찰출신은 자신들의 미래의 안전과 보호막을 위해 적극 개입하였다. 그 뒤 경찰은 3.15부정선거 등 각종 선거에 개입하게 되었는데 이는 대통령의 중앙경찰권을 오용한 대표적 사례라고 볼 수 있다.

지금까지 미군정기 정부조직과 경찰조직의 성립과 공과를 살펴보았다. 미군정기 당시 법·제도적 측면이나 경찰이념은 극히 초보적인 수준이지만 발전을 위한 초석을 다지려고 노력한 점은 긍정적이라고 본다. 먼저, 미군정시 경찰법이나 경찰관직무집행법 등 경찰활동을 위한 기초법제가 성립되어 있지 않고 친일 경찰의 잔재를 청산하지 못한 점 등 여러 가지 문제점이 나타난 것은 문제라고 하지 않을 수 없다. 그러나 당시 미군정 당국의 노력으로 고등경찰이나 경찰의 사법권을 폐지하고 여자경찰 신설, 서장의 즉결처분권이나 훈방권의 사법기관 이관, 위생사무 출판검열 등 비경찰화 작업을 하였다는데 큰 의의를 가진다. 또한 국가경찰권을 확립하려는 노력과 정비라든지 6인의 중앙경찰위원회 신설 같은 민주적 요소의 도입도 진일보한 발전이라고 볼 수 있다. 그러나 민주 봉사경찰로서의 경찰역할이라든지 국민의 권리와 인권존중의 치안정책을 수립하지 못한 점은 비난받을 수 있다.

그리고 미군정 공과를 바라보는 시각은 역사학자나 정치학자의 의견이 각기 다르기 때문에 이념적 화해가 되지 않는다고 보고 있다. 브루스 커밍스는 남한에서 좌익조직들이 쇠퇴하게 된 주된 요인을 국립경찰의 우월한 조직적 및 기술적 능력이라고 볼 수 있으며 한국경찰의 사명은 다른 민주 경찰국가들처럼 평화를 수호하고 소극적으로 치안을 유지하며 생명과 재산을 보호하는데 있는 것이 아니었다고 주장하고 있다. 한국의 정세하에서는 이런 소극적인 치안유지책으로는 공산분자들의 살인,파괴 및 게릴라전을 막을 수가 없었다. 그리하여 경찰은 무기를 들고 나라의 독립과 자유를 보존하기 위하여 적극적으로 싸웠다고 본다.(브루스커밍스:21-225)

미군정 경찰의 민중봉기 진압의 부정적 시각은 정부측보다는 사건을 일으키고 정부에 정면으로 도전한 남로당측에 더 큰 잘못이 있다는 시각도 있다. 그리고 남로당편에 있던 희생자측이 그 책임을 이어 받았다고 보고 있다. 당시 경찰은 질서 문란자와 공산주의자 등을 검거하고 심문을 하였는데, 민주주의와 공산주의가 대립하는 상황에서 민주주의를 지향했던 정부가 반대세력인 공산주의자를 검거하여 심문하는 것을 경찰의 정당한 공무집행이고 주민탄압이라고 볼 수는 없다는 시각이다.(나종삼,2013)

그러나 미군정의 좌익과 공산주의 확산을 막기 위한 경찰권 이용은 주민의 희생이 너무 컸다는 측면을 간과해서도 안 될 것이다. 앞으로 경찰이 국민과의 거리감을 줄이고 인권을 보장하고 주민에게 봉사하고 민주경찰로 환골탈태하는 방향으로 향하는 것만이 과거의 어두운 경찰 부패사를 치유하는 것이라고 본다.

참고문헌

강혜경(2002), 「한국경찰의 형성과 성격」, 숙명여자대학교 대학원박사학위논문, 14면.

경찰전문학교(1956), 「경찰교육사」, 청구출판사, 43면−47면.

경찰사편찬위원회(1995), 「경찰50년사」, 경찰청, 17−18면.

김기협(2013), 미군정이 물려준 최대의 유산, 경찰, 「해방일기 1948년」 8월 9일

김성수 외(2002), 「한국경찰사」, 경찰대학

김창윤(2009), 한국과 일본의 미군정기 치안정책 비교연구, 「경찰학연구」, 제9권 2호, 경
        찰대학, 39면.

내무부 치안국(1971), 「한국경찰사」, 951면.

나종삼(2013), 「제주4·3 화해와 상생 토론회 발제보고서」, 3.27

브루스 커밍스.김자동역(2001), 「한국전쟁의 기원」, 일월서각, 225면.

신상준(1997), 「미군정기 남한행정체제」, 한국복지행정연구소, 290면.

서주석(1996), 「한국의 국가체제 형성과정」, 서울대학교 박사학위논문

이기백(1990), 「한국사신론」, 일조각, 8면.

안진(2011), "미군정기 국가기구의 형성과 성격", 「해방전후사의 인식3」, 한길사, 205−
        206면.

유종해·김택(2008), 「한국행정사」, 한국학술정보, 331−340면.

최선우(2013), 「경찰학」, 그린출판사, 164면.

총무처(1980), 「대한민국 정부조직 변천사」, 89−90면.

한국어 위키백과.(2013), 한국의 군정기, 「백과사전 앤하위키미러」

홍원민(2013), 미군정과 한국 정부가 행한 끔찍한 학살과 저항, 「레프트21」 101호, 04−01

경향신문(1948), 8월 8일 "급격한 변동 없다−경찰권 이양에 경무부 안을 기초, 8월 8일

서울신문(1948), 8월 15일

중앙일보(2013), 11월 04일

연합뉴스(1995), 광복50년특집 : 50대뉴스, 8월 10일

Instructuions to Prosecutors No. 3, HQ USAFIK, Office of the Military Governor Bureau
        of Justice, 29, December 1945.

제**3**장

경찰조직론

제3장 **경찰조직론**

1. 조직의 기초이론

1) 과학적 관리론(고전이론)

(1) 발생배경 :

가. 산업의 발달로 효율적인 생산관리 및 인력관리의 필요

나. 경제공황 등에 따른 노사간 조정의 필요

다. 1930년대에 테일러(F.W. Taylor)의 영향을 받아 발전

(2) 특징

가. 인간을 경제적 이윤을 추구하는 합리적 존재로 파악

나. 능률과 절약을 강조

다. 원리의 발견을 중시

라 직업, 사람, 장소의 합리적 배분

마. 정치/행정 이원론과 공/사행정 일원론

바. 합리성의 추구

2) 인간 관계론

(1) 발생 배경

가. 과학적 관리론의 폐단 시정

나. 자본주의 경제체제의 위기에 따른 새로운 관리기법의 모색

다. 인간의 기계화 및 부품화에 대한 비판

라. E. Mayo의 호손(Hawthorne)실험 결과—독자적인 학파로 인정

(2) 특징

　　가. 인간중심의 조직관　　　　　　나. 논리실증주의

　　다. 사기에 대한 연구의 강조라. 사회적 인간관

　　마. 가치와 사실의 분리　　　　　　바. 행복의 추구

　　사. 정치/행정 일원론

3) 구조론

(1) 발생 배경

　　가. 고전이론<경제적 동물>과 인간관계론<사회적 존재>의 융합

　　나. 인간을 사회경제적 존재로 파악

　　다. 조직의 목적과 개인의 목적 간에 본질적인 갈등이 존재

　　라. 조직의 구조성을 다시 강조

(2) 특징

　　① 조직은 개방체계 즉, 외부와의 상호작용을 통해 능동적으로 적용

　　② 개방체계는 환경, 투입, 전환, 산출, 환류로 구성

　　③ 조직의 예견 가능성을 증대, 즉 불확실성을 감소

　　④ 사이먼(Herbert Simon)의 의사결정론

　　⑤ 의사결정의 이론적 접근 모형에는

　　　　가. 합리적/경제적 모형　　　　나. 만족 모형

　　　　다. 점증 모형　　　　　　　　　라. 혼합관조 모형

　　　　마. 최적 모형 등

　　⑥ 상황적응 접근법

2. 조직의 유형

(1) 파슨스(T. Parsons)의 분류 : 조직의 대사회적 목적 또는 기능 중심

　　가. 경제적 생산조직　　　　　　나. 정치 조직

　　다. 통합 조직　　　　　　　　　라. 현상유지 조직

(2) 카츠(D. Katz)와 칸(R. Kahn)의 분류: 조직 전체의 기본적 기능에 기초

가. 생산적 또는 경제적 조직

나. 유지기능적 조직

다. 적응적 조직

라. 관리 또는 정치적 조직

(3) 에치오니(A. Etzioni)의 분류 : 복종관계 중심

　　가. 강제적 조직　　　　　　　　나. 공리적 조직

　　다. 규범적 조직

(4) 블라우(P.M. Blau)와 스코트(W.R. Scott)의 분류 : 수혜자를 기준

　　가. 공익 단체　　　　　　　　　나. 사업 조직

　　다. 서비스 조직　　　　　　　　라. 공중복리 조직

(5) 기타의 분류

　　가. 하스와홀, 존스의 분류…귀납적 접근

　　나. 우드워드(J. Woodward)의 분류…기술을 근거

3. 조직의 목표

1) 조직 목표와 그 기능

(1) 조직목표의 개념 : 조직이 달성하고자 하는 미래의 바람직한 상태

(2) 목표의 기능

　　가. 조직 활동의 지향 노선 폐지

　　나. 정당성의 근거 제시

　　다. 효과성 측정의 기준

(3) 목표의 종류

　　가. 공식적 목표와 실질적 목표

　　나. 질서목표, 경제목표 및 문화적 목표…에치오니

　　다. 사회목표, 산출목표, 조직목표, 생산목표, 파생목표…페로우

　　라. 상위목표와 하위목표

　　마. 무형적 목표와 유형적 목표

2) 목표의 환경과 변화

(1) 목표의 환경

　　가. 경쟁

　　나. 협상

　　다. 적응적 흡수

　　라. 연합

(2) 목표의 변화

　　가. 목표의 대치

　　나. 목표의 승계

　　다. 목표의 비중 변동

　　라. 목표의 다원화 및 확대, 축소

4. 조직과 개인

(1) H.A. Maslow의 욕구 계층이론

　　인간의 행동은 욕구에 의하여 동기가 유발되며, 인간의 욕구는 계층적으로 배열할 수 있다는 이론

　　즉, 최하위의 ㉠ 생리적 욕구로부터 시작하여, ㉡ 안전에 대한 욕구, ㉢ 소속과 사랑의 욕구, ㉣ 존경의 욕구, 그리고 최상위의 ㉤ 자기실현의 욕구로 계층을 이룸.

(2) D. McGregor의 X, Y이론

　　① X이론…강압적, 권위적 관리

　　② Y이론…민주적인 관리

(3) S. Lundstedt의 Z이론 : 자유방임형 또는 비조직형

(4) C. Argyris의 성숙, 미성숙이론 : 미성숙에서 성숙단계로 인간성은 변화

　　㉠ 수동에서 능동

　　㉡ 의존에서 독립

　　㉢ 단순에서 다양

② 변덕, 우발에서 깊고 복잡

⑩ 단기적 시각에서 거시적 시각

⑭ 복종에서 평등

㉀ 자기인식과 자기통제의 상태로 성숙

(5) F. Herzberg의 동기…위생 이론

① 위생 요인…직무불만족을 예방하는 기능<사람의 환경>

② 동기부여 이론…직무 만족도에 관여하는 기능

(6) G.C. Homans의 인간집단 이론

① 비공식집단의 분석틀로 사회체계 모형을 전개

② 사회체계는 활동, 상호작용, 감정으로 구성

(7) R. Likert의 의사거래분석 이론

① 체제 1(착취적 권위주의)

② 체제 2(온정적 권위주의)

③ 체제 3(자문적 참여형)

④ 체제 4(집단적 참여형)

5. 관료제와 애드호크라시

1) 관료제의 개념과 유형

(1) 개념 : 대중국가의 출현과 더불어 행정기능이 질적으로 변화하고 양적으로 팽창함에 따라 직업적/기술적/전문적 및 공적관계에서 임명에 의하여 국가기관에 종사하는 다수의 관료들로 구성된 합리적/계층제적 조직

(2) 유형 : ㉠ 가산 관료제, 카리스마적 관료제, 합법적 관료제
ㄴ 색대 관료제, 정당 관료제, 실책 관료제

2) 관료제의 기능

(1) 순기능 : ㉠ 객관성과 합리성을 강조함으로써 사인주의의 폐단을 제거

　　　　　　ⓛ 인간 능력의 차이에 의한 권한과 업무의 배분

　　　　　　ⓒ 의사소통의 원활화에 기여

　　　　　　ⓔ 분업화된 노력을 통한 목표 달성

　　　　　　ⓜ 공익의 실현을 위한 제도적 장치

　　　　　　ⓗ 조직의 효율성 증대

　　　　　　ⓢ 보편성, 객관성, 공평성 보장

　　　　　　ⓞ 사회의 균형적 발전을 강조

　　(2) 역기능 : ㉠ 동조 과잉

　　　　　　　　ⓛ 서면주의, 형식주의

　　　　　　　　ⓒ 무사안일주의

　　　　　　　　ⓔ 전문화로 인한 무능

　　　　　　　　ⓜ 귀속주의에 입각한 분파주의

　　　　　　　　ⓗ 행정의 독선화

　　　　　　　　ⓢ 인간성의 상실

　　　　　　　　ⓞ 변동에 대한 저항

3) 애드호크라시의 개념

　　(1) 애드호크라시의 정의 : W.G. Bennis는 애드호크라시(adhocracy)를 '문제
　　　　해결을 위해 다양한 전문적 지식이나 기술을 가진 이질적 집단으로 조직
　　　　된, 변화가 심하고 적응력이 강한 임시적인 체제'라고 정의하고 있음.

　　(2) 애드호크라시의 특성 : ㉠ 구조가 복잡하지 않음.

　　　　　　　　　　　　　　ⓛ 형식주의나 공식성에 얽매이지 않음.

　　　　　　　　　　　　　　ⓒ 의사결정권이 분화되어 있음.

4) 애드호크라시의 장단점

　　(1) 애드호크라시의 장점 : ㉠ 높은 적응도와 창조성이 요구되는 조직의 경
　　　　　　　　　　　　　　　우에 적합함.

　　　　　　　　　　　　　　ⓛ 복잡한 문제를 해결하기에 적합함.

　　　　　　　　　　　　　　ⓒ 민주성·자율성이 강함.

(2) 애드호크라시의 단점 : ㉠ 조직내의 갈등과 긴장이 불가피함.

ㄴ 구성원들 간에 책임 한계가 불명확함.

ㄷ 비효율적인 구조를 취하고 있음.

6. 조직 편성의 원리

1) 조직 편성의 원리

㉠ 계층제의 원리　　　　ㄴ 통솔범위의 원리

ㄷ 명령 통일의 원리　　　ㄹ 전문화(분업)의 원리

ㅁ 조정의 원리

2) 조직 편성의 기준

(1) 목적기능적 편성

① 장점… ㉠ 업무의 종합적 해결

ㄴ 조직간 기능의 충돌이 없다.

ㄷ 책임의 한계 명확

ㄹ 국민의 이해 및 비판이 가능

② 단점… ㉠ 소수의 기능으로 인한 분화의 어려움

ㄴ 과정이나 기술의 무시

ㄷ 할거주의적 행정

(2) 과정·절차별 편성

① 장점… ㉠ 분업에 따른 최신 기술의 활용

ㄴ 대량 생산을 통한 절약, 능률화

ㄷ 기술업무의 조정과 발전

ㄹ 직업공무원제 발전

② 단점… ㉠ 모든 행정사무의 분류 기준으로는 부적합

ㄴ 통제와 조정의 어려움

ㄷ 목적보다는 수단의 중시

(3) 수익자 내지 자재별 편성

    ① 장점… ㉠ 수익자의 조직 간 접촉, 교섭 용이

               ㉡ 수익자 서비스 강화

               ㉢ 행정 기술의 향상

               ㉣ 업무 조정의 용이

    ② 단점… ㉠ 다양성으로 인한 현실적용의 어려움

               ㉡ 조직의 지나친 세분화

               ㉢ 기관간의 권한의 충돌

               ㉣ 수익자로부터의 압력

(4) 지역별 편성

    ① 장점… ㉠ 조정과 통제의 용이

               ㉡ 지역의 특수성에 적합

               ㉢ 권한의 위임으로 인한 절약과 사무량의 감소

    ② 단점… ㉠ 획일적 집행의 어려움

               ㉡ 지역 이익의 편중

               ㉢ 지역별 조직의 경계선 확정의 어려움

7. 집권과 분권

1) 집권과 분권의 개념

(1) 집권의 개념 : 의사결정이 권한이 중앙 또는 상급기관에 체계적으로 유보되어 있는 것

(2) 분권의 개념 : 의사결정의 권한이 지방 또는 하급기관에 위임되어 있는 것

2) 집권화와 분권화의 요인

(1) 집권화의 요인

    ㉠ 소규모 조직   ㉡ 신설 조직

    ㉢ 개인의 리더십   ㉣ 위기의 존재

    ◎ 획일성의 요구   ⓗ 하위층의 능력 부족

    ⓐ 전문화의 필요   ⓞ 특정 활동의 강조

    ⓩ 교통, 통신의 발달

(2) 분권화의 요인

    ㉠ 관리자의 부담 감소   ㉡ 신속한 업무처리의 필요

    ㉢ 지방 실정에의 적응   ㉣ 책임감의 강화

    ㉤ 관리자의 양성   ㉥ 사기 앙양

    ⓐ 민주적 통제의 강화

3) 집권화의 장단점

(1) 집권화의 장점

    ㉠ 강력한 행정   ㉡ 통일된 정책 수행

    ㉢ 전문화 촉진   ㉣ 업무의 대량처리로 인한 경비 절약

    ㉤ 위기에 신속한 대처   ㉥ 지역적 격차의 시정 및 통합적 조정

    ⓐ 기능의 중복과 혼란 회피 및 분열 억제

(2) 집권화의 단점

    ㉠ 관료주의화, 권위주의

    ㉡ 형식주의로 인한 행정의 실효서, 창의성, 적극성 저해

    ㉢ 특수성·지역성에 부적합, 적시의 효과적 업무수행의 어려움

4) 분권화의 장단점

(1) 분권화의 장점

    ㉠ 대규모 조직에 용이, 최고 관리층의 업무 감소

    ㉡ 의사결정 시간의 단축, 신속한 업무 처리

    ㉢ 참여의식의 앙양과 자발적 협조 유도

    ㉣ 실정에 맞는 행정

(2) 분권화의 단점

    ㉠ 중앙의 지휘·감독의 약화 ㉡ 행정력의 분산

    ㉢ 전문적 기술의 활용 곤란

5) 신중앙집권화

(1) **개념** : 지방정부에 대한 중앙정부의 기술적·재정적 지원의 확대로 인한 새로운 중앙집권화 경향을 의미

(2) **촉진 요인** : 행정 구역의 광역화, 행정 수요의 다양화, 지방재정의 부족, 종합적 경제 계획

(3) **형태** : 지방 기능의 이관, 중앙통제의 강화, 중앙정부에의 의존

(4) **한계** : 통일성과 자율성의 조화, 중앙공무원과 지방공무원의 차별 배제, 지역적 특성에 맞는 지방행정 사무의 장려

8. 계선과 막료

1) 계선 조직

(1) **계선 조직의 역할** : 행정 조직의 장으로부터 국장, 과장, 계장, 계원에 이르는 명령 복종의 관계를 가진 수직적인 조직 형태로서 명령적·집행적 기능을 가짐. 또한 명령 작성과 결정권을 가지며 명령 계통과 의사 전달의 역할

(2) **계선 조직의 장단점**
　① 장점… ㉠ 권한과 책임의 한계가 명확해 업무 수행이 능률
　　　　　　㉡ 단일 기관으로 구성되어 정책 결정이 신속
　　　　　　㉢ 업무가 단순해 비용이 적게 듦
　② 단점… ㉠ 대규모의 조직에는 계선만으로 부족해 업무량이 과다해짐.
　　　　　　㉡ 조직장이 주관적·독단적 조치를 취할 가능성
　　　　　　㉢ 전문가의 지식과 경험의 이용 불가능 ㉣ 조직의 경직성

2) 막료 조직

(1) **막료 조직의 역할** : 계선을 위하여 정책·목표에 관한 자문·권고·건의를 하며, 또한 협의·정보 및 조사 등의 활동을 함 − 조직에 간접적 기여

(2) 막료 기관의 장단점

　① 장점… ㉠ 기관장의 통솔범위를 확대

　　　　　㉡ 전문적 지식과 경험을 활용

　　　　　㉢ 수평적 업무의 조정과 협조, 조직의 신축성

　② 단점… ㉠ 복잡성 증가로 조직내 알력과 불화의 여지

　　　　　㉡ 경비의 증대

　　　　　㉢ 책임 전가의 우려

　　　　　㉣ 의사전달 경로의 혼란

3) 막료 기관의 유형과 분류

(1) 막료 기관의 유형 : 통제 기관, 서비스 기관, 조정 기관, 조언 기관

(2) 막료 기관의 분류

　① L. White의분류…서비스 막료<보조기관>와 자문 막료

　② W. Willoughby의 분류…화이트의 자문막료를 인정하지 않고 보조기관을 가정적 기관이라고 부름.

　③ Simon의 분류…보조기관과 막료기관의 구분은 불가능, 보조기관과 막료 기관을 합하여 간접기관 또는 상부관리기관이라 부름.

4) 계선과 막료의 불화와 해소

(1) 불화 문제

　㉠ 막료는 일반적으로 사회적 지위가 높고 우월감을 가지며, 개인적·이론적인 데 반하여 계선은 실증적·현실적인 행동이기 때문에 상호간에 충돌이 일어날 수 있음.

　㉡ 막료는 계선에 대하여 비판적이기 쉽다.

(2) 해소 방안

　㉠ 계선과 막료의 책임 한계를 분명히 한다.

　㉡ 회합, 비공식 집회를 통해 친밀 관계를 증진한다.

　㉢ 계선과 막료 사이의 인사교류를 통한 이해를 증진한다.

　㉣ 명령계통의 복수화를 통해 막료의 명령도 계선의 명령으로 간주한다.

◎ 기관장의 막료기능에 대한 올바른 인식이 필요

인간은 사회적 존재라고 볼 수 있다. 이 말은 인간은 일생동안 사회 속에서 활동하며 행복을 추구해 나간다는 뜻이다. 그런데 이 사회는 그 규모와 성질 여하를 막론하고 많은 조직으로 구성되어 있으며, 인간은 사회 속에서 일정한 형태의 조직체를 통하여 자신의 목적을 달성해 나가게 된다. 따라서 현대에 있어 인간은 태어나면서부터 어느 한 조직의 구성원이 되며, 계속적으로 조직과 관련을 맺고 생활해 나가게 되는 것이다.[1]

조직의 구성원인 각 개인은 조직을 통하여 자기 자신의 목표를 실현하고, 동시에 조직은 개인을 통하여 그 목표를 달성하는 관계에 있다. 즉 조직은 많은 인간의 협동행위 위에 형성되고, 그것을 통하여 목표를 달성해 가는 것이며, 인간 개개인의 생활은 조직을 통한 협동행위 속에서 의미있게 영위되는 것이다.

이와 같이 볼 때 조직과 인간은 상호공존관계에 있으며, 따라서 조직의 연구에 있어서 인간, 특히 인간의 행동에 관한 연구가 가장 중요한 과제로 대두되는 것이다. 그러면 본장에서는 우선 퍼스낼리티의 본질을 살펴보고, 인간형에 대한 여러 학자들의 연구를 통하여 조직인의 인간형을 고찰하기로 한다.

9. 퍼스낼리티(personality)의 본질

현대사회를 살아가는 인간이 조직의 범주에서 벗어날 수 없는 이상 조직 내에서 행동하는 인간이 어떻게 조직에 적응하면서 나름대로의 독특한 인간형을 형성해 가느냐 하는 점에 관심을 갖는 것은 당연하다 하겠다.

다시 말하면 인간이 조직 안에서 어떻게 하여 균형적인 인성체계(personality system)를 형성하고 동시에 조직에 적응하는 존재가 되느냐는 조직 내 행동의 주체로서 인간의 이해를 위해 필수적이라 하겠다.

인간의 행동은 각 개인이 지니고 있는 특질들이 종합적으로 연계되어 환경에 대한 적응현상으로 나타나는 것이다. 그러므로 우리가 퍼스낼리티를 이해한다는 것은 개체가 지니고 있는 특질들이 환경에 적응할 때 전체적으로 나타

---

1) 유종해, 「현대행정학」(서울: 박영사, 1985), 356면.

나는 각양각색의 심리현상을 체계적으로 파악하는 것이며, 이는 개인의 대인행동에 대한 올바른 이해를 보다 가능하게 하는 것이다.[2]

　퍼스낼리티는 매우 다의적인 말이어서 학자에 따라 그 정의도 다소 다르다. 퍼스낼리티란 '타인에게 어떤 인상이나 영향을 주는 것, 다시 말하면 타인에게 보여진 그 사람의 전체 통일적 특징'이라고 보는 사람도 있다. 또 '개인의 행동에 반영된 문화'라고 보는 사람도 있다.[3] 그러나 이들은 퍼스낼리티의 어떤 특수한 일면만을 지적하는 것으로서 일반적인 것이 되지 못한다. 퍼스낼리티의 정의로서 가장 많이 원용되는 것은 올포트(G.W. Allport)의 것이다. 그는 환경에 대한 그 사람의 독특한 적응방식을 결정지어 주는 정신심리상 (psychological)의 동태적 체계(dynamic system)라 하여 퍼스낼리티란 '상황에 따라서 그 작용도 달라질 수 있는 개인의 독특한 정신과 신체가 일체되어 균형이 잡힌 특성'이라 하였다.[4]

　또한 카스트(F.E. Kast)와 로센즈웨이그(J.E. Rosenzweig)는 퍼스낼리티를 '환경에 적응할 수 있는 총체적이고 복합적인 개인적 체계'[5]라고 규정하고 있는데, 이는 개인에 있어서 학습·지각·기억·동기·감정, 기타 여러 요인들이 포함되는 전인격적 개념(the whole person concept)을 나타내는 것으로 이해된다.

　이상을 토대로 심리학자들간의 일반적으로 널리 인정되고 있는 퍼스낼리티의 특성을 살펴보면 다음과 같다.[6]

　첫째, 퍼스낼리티는 개인의 독특한 개성을 나타내는 조직화된 총합이다.

　둘째, 퍼스낼리티는 개인마다 어느 정도 관찰과 측정이 가능한 일정한 유형을 형성하고 있다.

　셋째, 퍼스낼리티는 생리적 특성에 기초한 특정사회·문화적 환경의 산물이다.

　넷째, 퍼스낼리티는 권위와 같은 개인의 심리에 깊이 내재되어 있는 핵심적

---

2) 김명훈 「심리학」(서울: 박영사, 1981), 323면.
3) 송대현, 「사회심리학」(서울: 박영사, 1981), 20면.
4) G.W. Allport, *Personality: A Psychological Interpretation*(New York: Holt, Reinhart & Winston, 1937), p.48.
5) F.E. Kast & J.E. Rosenzweig, *Organization and Management*(New York: McGraw-Hill, 1970), p.214.
6) J.L. Gibson, J. M. Ivancevich and J. H. Donnelly, Jr., *Organizations*(Plano Texas: Business Publications, Inc., 1976), pp.56-57.

측면과 팀의 리더가 되고자 하는 것과 같은 개인의 일반적인 태도에서 나타나는 표면적인 측면으로 구성되어 있다.

다섯째, 퍼스낼리티는 일정한 사회환경 내에서 보편적으로 공통적인 특성과 개인마다 서로 다른 고유한 특성을 모두 포함하고 있다.

10. 조직의 인간형

1) 퍼스낼리티와 조직의 인간형과의 관계

퍼스낼리티는 문화적·유전적·가족과 사회집단 등 여러 요인에 의해 형성이 되는데, 행동을 일상적으로 유발해 나가는 인간은 항상 상황과의 복잡한 상호작용을 하게 된다. 따라서 퍼스낼리티는 상황에 의해서 크게 영향을 받게된다. 이를 도식화 하면 [그림 3-1]과 같다.

[그림 3-1] 퍼스낼리티에 영향을 미치는 주요요인

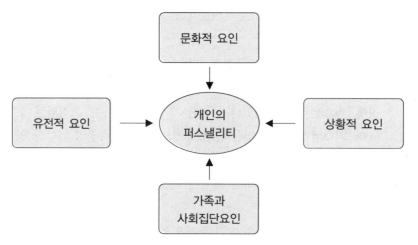

출처: J.L. Gibson, J. M. Ivancevich and J. H. Donnelly, Jr., *Organizations*(Plano Texas: Business Publications, Inc., 1976), p.99를 일부 수정, 「조직 행동론」(서울: 법문사, 1986), 28면을 재인용.

그런데 퍼스낼리티에 영향을 주는 상황을 조직의 차원에서 생각할 때, 인간은 조직에 반응하고 이에 적응하기 위해 각자의 독특한 퍼스낼리티의 유형을 형성하게 되는데 이를 우리는 조직에서의 인간형이라 규정할 수 있다. 조직성원의 행동반응은 인간형의 개념을 고려하지 않고서는 충분히 이해할 수 없기 때문에 인간형은 조직행동(organizational behavior)에 있어 중요한 요소라 하지 않을 수 없다.

2) 인간에 관한 여러 유형

(1) 과학적 관리론(scientific management)의 인간형

과학적 관리론에서는 인간은 원래부터 나태한 존재이기 때문에 일을 제대로 수행하도록 하기 위해서는 관리자는 감독과 통제를 엄격히 하여야 하며, 본질적으로 돈을 벌려는 욕망이 있는 합리적인 기계와 같은 존재이기 때문에 작업계획에 따라 일을 시키고 경제적 보상만 제대로 해 주면 능률적으로 관리할 수 있다고 가정하고 있다.[7] 따라서 테일러(F.W. Taylor)에 의해서 주창된 과학적 관리론은 뒤에 설명할 Theory X형의 인간형과 유사한 강압적이면서 경제적 목적인 인간형을 임시하고 있다고 볼 수 있다.

(2) 인간관계론(human relations)의 인간형

인간관계론의 창시자로 지칭되는 메이요(Elton Mayo)는 인간의 기초적 특성을 다음과 같이 설명하고 있다. 첫째로, 사회적인 욕구(social needs)는 인간행동의 가장 기본적인 동기요인이며, 대인관계는 자아상에 의미를 부여하는 주요 요인이다. 둘째로, 조직성원은 관리자에 의한 유인장치나 통제보다는 동료집단(peer group)의 사회적인 영향력에 더 민감하다. 셋째로, 조직성원들은 관리자가 소속감 일체감 등의 욕구를 충족시켜 주는 범위 내에서 반응하게 된다.

이렇게 볼 때 인간관계론이 전제하고 있는 인간형은 집단 내에서 감정, 분위기 본능의 집합체로서 무의식적인 요구에 의해 인도되는 유형의 인간을 제시하는 사회적 인간(social man)이라 할 수 있다.[8]

---

7) Ralph C. Chandler and Jack C. Plano, *The Public Administration Dictionary*(New York: John Wiley & Sons, Inc., 1982), pp.27-28 참조.
8) *Ibid.*, pp.205-210.

(3) 맥그리거(D. McGregor)의 X·Y 인간형 [9]

(1) X이론의 가정과 인간형

1) 인간은 일반적으로 본래 태만하다. 따라서 그는 가능한 한 적게 일하려 한다.
2) 인간은 보통 대망이 없고, 책임을 싫어하며, 지도받기를 원한다.
3) 인간은 선천적으로 이기적이며, 조직의 필요에는 무관심하다.
4) 인간은 본래 변화에 대해서 저항적으로 대응한다.
5) 이간은 속기 쉬우며 현명치 못하다. 또한 타인의 허풍이라든가 선동에 속기 쉬운 존재이다.
6) 대부분의 인간은 조직문제 해결에 창의력을 발휘하지 못한다.
7) 동기부여는 생리적 욕구나 안전욕구의 계층에서만 가능하다.
8) 따라서 조직의 목표를 달성하기 위해서는 강제, 통제, 명령, 처벌 등에 의해야 한다.

이와 같은 X이론적 가정을 권위주의적 인간형이라고 부르고, 이 형에 의하면 인간은 본래 게으르고 일하기 싫어하며, 책임의식이 약하고 오로지 안정을 추구하며, 변화에 대하여 저항하는 미성숙된 상태에 있다. 또한 상호협조도 하지 않고 명령에 따라서 움직이는 수동적인 존재이다. 따라서 X이론을 받아들이는 관리자는 그들의 종업원을 구조화하고 통제하며 엄격히 감독한다. 또 그들은 신뢰할 수 없고 무책임하며, 미성숙한 사람을 다루는 데는 외부적인 통제가 가장 적절한 방법이라고 생각한다. 맥그리거(D. McGregor)는 X이론을 위와 같이 기술한 다음, 인간성에 대한 이러한 X이론을 교육수준이나 생활수준이 향상된 현대사회에서는 적절하지 못하다고 결론짓고 이에 대조되는 Y이론을 전개했다.

(2) Y이론의 가정과 인간형

1) 작업조건이 잘 정비되었을 경우, 인간이 업무를 수행한다는 것은 놀거나 술에 취하는 것과 마찬가지로 극히 자연스러운 것이므로, 그들은 책임지고 업무를 수행하려고 한다.

---

9) Douglas McGregor, *The Human Side of Enterprise*(New York: Mcgraw-Hill Co., 1960); P. Hersey and K. Blanchard, *Management of Organization Behavior*, 3rd ed. (New Jersey: Prentice-Hall, Inc., 1977), pp.54-57.

2) 인간은 자기감독(self-direction)이나 자기통제(self-control)의 능력이 있다.

3) 인간은 조직문제를 해결하기 위한 창의력을 지니고 있다.

4) 동기부여에는 생리적 욕구나 안전욕구는 물론 사회적 욕구, 존경욕구, 자아실현욕구[10]도 크게 작용한다.

5) 인간은 적절한 동기부여가 되면 맡은 일에 자율적이고 창의적이 된다.

이와 같은 Y이론적 가정을 민주적 인간형이라고 부르고 이 형에 의하면 작업이란 고통스러운 것이 아니며, 일하는 것은 인간에게 자연스러운 현상이며, 인간은 스스로 책임감이 있다. 그리고 인간이 조직목표에 관여하는 경우, 그는 스스로 동기부여 되며, 자기행동의 방향을 정할 뿐만 아니라 그 과정에서 자아실현의 대가를 얻는 것이다. 이렇게 볼 때 사회적 욕구, 존중욕구, 자아실현적 욕구가 인간의 행동요인이 되며, 인간은 성숙된 상태에 있게 된다. 따라서 Y이론을 수용하는 관리자는 인간의 자율성에 입각한 성숙된 인간이라는 입장에서 인간성을 존중하고 인간의 자아발전에 바탕을 둔 관리를 말한다.

이와 같이 맥그리거는 X이론의 적용은 '당근과 채찍'에 의한 통제에 의존하고 있는 데 반하여, Y이론은 자율에 입각한 통제라는 점을 강조한다. 경영에 X이론이 적용된 결과 사람들은 '나태, 피동, 변화에 대한 저항, 책임감의 결여, 부화뇌동, 그리고 경제적 이득에 대한 부당한 요구'로 대응하게 된 반면, Y이론을 적용시킨 관리방법 하에서는 물질적 성과가 현저히 증진되었을 뿐만 아니라 '좋은 사회'로 나가는 중요한 기초가 이루어졌다고 맥그리거를 비롯한 인간관계론자들은 주장한다.

(4) 아지리스(C.Argyres)의 미성숙 · 성숙적 인간형[11]

아지리스는 대부분의 사람들이 미성숙한 인간으로 취급되고 있는 이유를 설명하기 위하여 X이론적 가정에 대응하는 관료적, 피라밋 모형의 가치체계(bureaucratic/pyramidal value system)와 Y이론적 가정에 대응하는 인간적, 민

---

10) Abraham H. Maslow, *Motivation and Personality*, 2nd ed.(New York: Harper & Row, Publishers, 1970).

11) Chris Argyris, *Personality and Organization*(New York: Harper & Low, 1957); Chris Argyris, *Interpersonal Competence and Organizations Effectiveness.*(Homewood, Ⅲ.: Irwin Posey Press, 1962).

주적 가치체계(humanistic/democratic value system)를 설정하였다.

　　인간은 성숙과정에서 퍼스낼리티가 형성되고 퍼스낼리티의 형성과정에서 일곱 가지의 변화가 일어나게 된다. 즉 인간의 퍼스낼리티는 <표 3-1>에서 보는 바와 같이 미성숙에서 성숙으로 발달해 간다. 인간은 이와 같은 미성숙에서 성숙에 이르는 과정의 어느 지점의 수준에 있게 되며, 성숙의 정도에 따라 관리방식에 차이가 생긴다고 볼 수 있다.

〈표 3-1〉 미성숙 → 성숙의 연속성

미성숙	→	성숙
① 수동적	→	능동적
② 의존적	→	독립적
③ 단순한 행동양식	→	다양한 행동양식
④ 변덕스럽고 얕은 관심	→	깊고 강한 관심
⑤ 단기적 전망	→	장기적 전망
⑥ 종속적 지위	→	평등하거나 우월한 지위
⑦ 자아의식의 결여	→	자아의식 및 자기통제

　　여기에서의 미성숙인의 특성은 Theory X와 일맥상통하는 것으로 수동적, 의존적 및 종속적 행동을 하며, 자아의식이 결여되어 있고 단기적 안목을 가지고 있다. 이에 대하여 성숙인은 Theory Y와 유사한 인간형으로 자기의 직무와 관련해서 성숙되기를 원하고 그와 같은 능력을 갖기 위해 노력하는 존재이다. 즉 인간은 자율성, 독립성 및 자기동기화를 가지고 장기적인 전망을 하며, 특별한 기술과 능력을 개발하고 환경에 적응하기 위해서 다양한 행동양식을 활용함으로써 성숙하게 된다고 본다.

　　인간은 조직이 활용하는 관리방식에 따라 그 개인성숙에 영향을 받는다. 그러므로 조직 내의 사람은 자기의 환경에 대해 최소한의 영향력만을 행사하게 되므로 자연히 수동적, 의존적 및 종속적 행동을 하게 되고, 이것이 조직인을 미성숙한 행동으로 유인하는 요인이 된다. 조직 내에는 이와 같은 미성숙한 행동을 유발하는 요인이 작용하는데, 특히 전통적 조직원리에서는 조직의 합리성을 지나치게 추구한 나머지 성숙한 퍼스낼리티의 욕구를 도외시하여 인간의 성숙을 방해하고 조직의 능률과 생산성을 저하시켰다. 이러한 관점에서 볼 때, 효과적인 관리방법은 자아의 성숙을 돕는 것이다. 아지리스는 이를 위한 현실적 방안으로서, 첫째는 직무의 확대(job enlargement), 둘째는 참가적 또는 근로자 중심의 리더십이 이루어져야 한다고 주장한다.

(5) 쉐인(E.H. Shein)의 인간형 [12]

쉐인은 조직 내의 인간성에 대한 가정과 이에 따르는 인간의 유형을 제시하였는바, 그의 인간에 대한 가정은 조직이론의 발달순서에 입각한 것이다. 즉 조직이론의 발달순서에 따라 (i) 합리적, 경제적 가정(rational-economic assumption), (ii) 사회적인 가정(social assumption), (iii) 자아실현적 가정(self-actualization assumption), (iv) 인간성의 복잡성(the complexity of human nature)을 설명하면서 인간의 모형을 논하였다.

(1) 합리적, 경제적 인간 [13]

조직 내의 인간은 자기의 쾌락을 추구하는 존재로서 자기의 이익을 최대화하려는 행동을 하는데, 이는 다음과 같은 가정하에 성립될 수 있다.

1) 인간은 경제적 유인에 의하여 동기부여되며, 최대의 경제적 이익을 얻을 수 있도록 행동할 것이다.
2) 조직의 통제 하에 경제적 유인이 이루어지기 때문에 인간은 조직에 의해서 동기부여되고 통제되는 수동적인 존재이다.
3) 인간의 감정은 비합리적이다. 따라서 이러한 감정은 자기이익의 합리적인 이해관계가 방해받지 않도록 통제되어야만 한다.
4) 조직은 인간의 감정과 같은 예측할 수 없는 것을 중화시키고 통제할 수 있도록 설계될 수 있고 또 설계되어야만 한다.
5) 인간은 원래 게으르다. 따라서 외적인 유인에 의해서만 동기부여 될 수 있다.
6) 인간의 자연적인 목적과 조직적인 목적은 대립된다. 그러므로 조직목표의 달성을 위해서는 외적인 힘에 의한 통제가 필요하다.
7) 비합리적 감정 때문에 인간은 자아통제나 자기훈련의 능력이 없다.
8) 모든 인간은 '(1)−7)'에서 묘사한 것과 같은 인간과 스스로의 동기부여

---

12) E.H. Shein, Organizational Psychology(New Jersey: Prentice-Hall, Inc., 1980), pp.50-101.
13) *Ibid*, pp. 52-55.

가 가능하고 자기통제가 되며 감정의 지배를 덜 받는 인간으로 구분된다. 따라서 모든 사람에 대한 관리책임은 후자가 져야만 한다.

(2) 사회적 인간[14]

여기에서 인간이란 사회적인 존재로서 사회적인 인간의 관계, 즉 집단에 대한 소속감(sense of belongingness)이나 일체감(sense of identity)을 중시한다. 인간성에 대한 사회적 가정은 다음과 같다.

1) 인간은 기본적으로 사회적인 욕구에 의하여 동기부여되며, 또 타인과의 일체감을 통해서 동기부여된다.
2) 산업혁명과 작업의 합리화의 결과로서 생긴 작업자체(work itself)의 의미는 사라졌다. 따라서 직무와 관련된 사회적인 관계에서 의미를 찾아야 한다.
3) 인간은 관리통제나 유인체제보다는 집단의 사회적인 힘에 민감하게 반응한다.
4) 인간은 사회적 욕구의 충족정도에 따라서 관리층의 요구에 반응하게 된다.

인간성에 대한 사회적 가정에 입각한 관리는 다음과 같은 전략에 의한다.

1) 관리자는 수행되는 과업에만 관심을 가질 것이 아니라, 과업을 수행하는 사람의 욕구에 더 많은 관심을 가져야 한다.
2) 부하에 대한 통제나 유인보다 소속감, 일체감과 같은 감정에 특별히 관심을 두어야 한다.
3) 개인적인 유인에 의한 것보다 집단적인 유인의 방법을 활용하여 집단의 존재를 현실로 받아들여야 한다.
4) 관리자는 기획하고 조정하며 동기를 부여하고 통제하는 것으로부터 부하의 감정이나 욕구를 이해하는 방향으로 그 자세를 전환해야 한다.

---

14) *Ibid*, pp.56-57.

(3) 자아실현적 인간[15]

여기에서 인간은 끊임없이 자기를 확장하며 강조하여 가는 주체로서 인식되는데, 다음과 같은 가정에 입각하고 있다.

1) 인간의 동기(motive)는 계층을 이루고 있으며, 하위의 동기가 충족되면 다음 단계의 동기를 추구하고 최종적인 자아실현적인 욕구에 이르게 된다.
2) 인간은 직무의 숙달을 위해 노력하며, 또한 그러한 능력을 갖고 있다. 이러한 과정을 통하여 자율성(autonomy)과 독립성이 증대되고, 장기적인 면에서는 환경에의 적응능력, 전문적인 능력과 기술의 발전을 가져올 수 있다.
3) 인간은 스스로에게 동기를 부여할 수 있고 자기통제를 할 수 있다. 외적인 유인과 통제는 오히려 동기부여를 방해하기 쉽다.
4) 자아실현과 효과적인 조직활동은 상호 모순되지 않는다.

이 같은 인간성에 대한 자아실현적 가정에 의한 관리는 내적인 동기부여에 의한 것이다. 즉 긍지와 자부심을 갖도록 하고 일의 의미를 발견하게 한다. 따라서 여기서의 관리자는 동기부여자나 통제자가 아니라 촉진자(facilitator)로서의 역할을 한다.

(4) 복잡한 존재로서의 인간[16]

위에서 언급한 세 가지 인간형은 인간을 지나치게 단순화하고 일반화시켰기 때문에 특정한 상황이나 조건에 맞지 않는 경우가 많다.

이에 따라 여기에서의 인간은 어떤 특정한 존재로서의 인간이 아니라 다양한 욕구와 잠재력을 지닌 존재로 규정하고 있다.

인간성에 대한 복잡성에 의하면, 인간은 다음과 같은 특성을 지니고 있다.

1) 인간은 복합적이고 다양한 속성을 가진 존재다. 인간의 동기는 계층성을 이루고 있으나, 이러한 계층은 상황에 따라 달라진다.
2) 인간은 조직의 경험을 통하여 새로운 동기를 습득할 수 있다. 그러므로

---

15) *ibid*, pp.68-71.
16) *ibid*, pp.93-101.

동기부여의 패턴이나 심리적인 갈등의 패턴은 인간의 내적인 욕구와 조직의 경험 등 양자의 복합적인 상호작용의 결과이다.

3) 서로 다른 조직 또는 동일한 조직 내의 서로 다른 하위조직단위에 있는 인간의 동기는 달라질 수 있다.

4) 인간은 상이한 동기에 의해서 조직의 생산성을 높일 수 있다. 조직 내의 인간의 성향, 직무를 수행하는 사람의 경험과 능력, 수행되는 과업의 성질 등에 따라서 일의 형태나 인간의 감정은 달라진다.

5) 인간은 상이한 관리전략에 반응하고, 자신의 동기나 능력 및 과업의 성질에 의존한다. 따라서 언제나 인간이 일을 하게 할 수 있는 정확하고 유일한 전략은 존재하지 않으며, 관리자는 상황에 따라 적절한 동기부여를 하고 관리하는 다양한 전략을 사용하여야 한다.

(6) 프레스터스(R. Presthus)와 라모스(A.G. Ramos)의 인간형 [17)

프레스터스는 오늘날 대부분의 조직은 계층제의 바탕 위에 관료제적 운영을 하는 조직이라 전제하면서 인간들이 이러한 조직에 적응하는 형태를 세 가지의 인간형, 즉 (i) 상승형(upward mobiles), (ii) 무관심형(indifferents), (iii) 애매모순형(ambivalents)으로 나누었다.

(1) 상승형[18)

전체적 계층체제에 있어서 평생경력직상의 승진은 단지 소수의 관심사인데, 이 부류에 속하는 사람들을 상승형자라 한다. 이들은 업무를 매우 중시하며, 조직의 목표와 규모에 잘 적응하고 또 개인적 영달과 출세에 극히 민감한 반응을 보이는 경향이 있다. 이러한 상승형자의 특성은 다음과 같다.

첫째, 이들은 대체로 실패를 인정하지 않는 낙관형이며, 조직 내 생활에 대하여 매우 만족하기 때문에 매우 사기가 높다.

둘째, 조직의 목표를 지향하여 행동함으로써 조직이 제공하는 정당성과 합리성을 잘 수용하며, 조직으로부터 생기는 보상의 분배에 있어서도 제일 많은 분량을 차지하려고 한다.

셋째, 권력욕과 지배욕이 높아 이를 얻기 위해서라면 어떠한 희생도 감수한다. 따라서 자신의 출세를 위한 승진의 방안에 대해서는 지극히 높은 관심을

---

17) Robert Presthus, The Organizational Society(New York: Vintage Books, 1978), pp.143-251.
18) ibid, pp.143-183.

보이며, 항상 지위불안(status anxiety)을 느끼고 있다. 이러한 가운데 자신의 직무는 출세를 위한 도구로 간주하는 경향이 있다.

넷째, 모든 일에 자신감을 보임으로써 스스로를 과시하는 반면, 대인관계에서는 긴장과 부적응을 초래하므로 조직 내의 갈등을 유발할 수 있다.

(2) 무관심형[19]

프레스터스에 의하면 계층제의 하위층에 있는 자들은 대개 무관심형자라 한다. 업무를 매우 중요시 여기는 상승형자와는 달리 이들은 업무상 경험과 개인적 생활영역을 구분한다. 업무는 개인생활과는 전혀 관련이 없는 만족을 얻는 수단이 되는 것이다. 그리하여 업무 외의 만족을 얻으려고 그들의 관심을 재조정한다. 이러한 사람들에게는 조직의 정상에 올라가는 것이 강한 동기가 되지 못하는 것이다.

이 형에 속하는 구성원들은 조직의 모든 일(예컨대 권한이라든가 지위, 그리고 각종의 자극요인)에 관해서 냉담한 반응을 나타내며, 조직으로부터 비교적 소외된 사람들이다. 이러한 유형의 인간형은 조직에서 비교적 많은 수를 차지한다. 무관심형자의 특성을 보면 다음과 같다.

첫째, 이들은 직업에 있어서의 안정을 가장 중시하는 가운데 무사 안일한 태도로써 조직생활을 영위한다. 따라서 이들은 변화와 도전을 배타시하며 최소한의 욕구충족이 보장되는 범위 안에서 조직이 규범이나 환경에 적당히 적응해 나간다.

둘째, 업무의 수행과정에서 내재적 보상(intrinsic rewards: 예컨대 업무의 만족, 보람 등)은 그렇게 중요한 것이 되지 못한다. 왜냐하면 일하기 위해서 근무하기보다는 오히려 근무를 통해서 생활에 필요한 재원을 획득하고 이것을 조직 외부에서 소비하면서 개인적인 생활에서 만족을 구하기 때문이다.

셋째, 권위의 수용에 있어서는 상관을 우호적인 존재로도 보지 않으며, 그렇다고 위협적인 존재로 보는 것도 아니기 때문에 상관이 요구하는 규율에 대하여 그다지 많은 관심을 보이지 않는다.

넷째, 이들은 상위직책에 부수되는 더 큰 책임을 지기 싫어하기 때문에 승진에는 관심이 없다. 또한 이들은 직업 내에서 비교적 인간관계가 원만한데, 그 이유는 이들은 아무에게도 잠재적으로 위협스러운 존재가 되지 않기 때문

---

19) *ibid*, pp.184-227.

이다.

(3) 애매모순형[20]

　이는 애매모순형이라고 하는 인간형으로서 이러한 부류에 속하는 사람들은 성공의 대가와 권력에 매혹을 느끼지만, 타인과 경쟁하는 데 필요한 역할은 행하지 않거나 할 능력이 없다. 이들은 높은 포부를 가졌으나 감독자와의 인간관계를 이루는 데 있어 승진이 되어야 할 사람이라는 인상을 쉽게 또는 분명하게 주지 못한다. 비록 적절한 대인관계의 유지는 관료로서 필요한 것이라고 인정하고는 있으나, 그가 지위에 대한 경쟁을 해야 할 때에는 그것을 거절한다. 인간은 지배와 복종 사이를 교묘하게 옮길 수 있어야 함에도 애매모순형자는 이와 같은 적응성이 부족하며, 또 그것을 원칙 없는 행동이라고 하여 가치 없게 여긴다. 더욱이 능력과 승진과의 모순점을 인식하여 환멸을 잘 느끼기도 한다. 이러한 애매모순형자가 갖는 특성은 다음과 같다.

　첫째, 이들은 높은 지적 관심과 제한된 대인관계를 유지하는 전형적인 내성적 인간이다. 행동, 객관성, 그리고 적극적인 대인관계를 강조하는 상승형자와는 달리 애매모순형자는 주관적이며 대인관계의 폭이 좁다.

　둘째, 이들은 대개 한 방면의 전문가들로 조직 내에서 매우 중요한 기능을 담당하고 있다. 이들은 조직의 쇄신을 위한 지식, 기법 등을 제공하며, 그런 의미에서 가장 창의적인 인간들이라 할 수 있다.

　셋째, 이들은 조직의 문제해결에 있어 '최선의 유일한 방법'(one best way)을 모색하는 경향을 싫어한다. 대신 의사결정의 대안은 항상 복수이며 잠정적이라고 생각한다.

　넷째, 이들은 권위를 왜곡시키기도 하고 또 한편으로 두려워하는데, 그 결과로 생기는 불안감 때문에 상관과의 관계에 있어 항상 지장을 받는다. 또한 의문을 많이 제기하는 유형이기 때문에 조직의 규율에 잘 따르지 않으며 충성심도 w가다. 요컨대 애매모순형자는 조직의 권위체계를 거부한다.

　한편 라모스(A.G. Ramos)는 이상과 같은 프레스터스의 인간형에 첨가하여 소위 괄호인 (parenthetical man)이라는 제4의 유형을 내세웠다.[21] 이와 같은 인간형의 소유자는 성공을 위해 무리한 노력을 하지 않으며 자아의식이 매우

---

20) bid, pp.184-227.
21) A.G. Ramos, "Models of Man and Administrative Theory," *Public Administration Review*(Vol. 32, No. 3, May-June 1972), pp.243-46.

강하다. 이들은 나름대로의 업무성취기준을 설정하며, 비판적 성향을 가지면서도 새로운 상황에서는 창의성이 돋보인다. 또한 환경에 적극적이고 유연하게 대처하여 그것으로부터 만족을 얻고자 노력한다. 요컨대 괄호인은 소극적태도와 무관심에서 탈피하여 적당한 절제 속에서 자기존중과 자율성을 바탕으로 자신의 이상을 실현하려 하는 인간유형이다.

11. 인간형의 평가

이상에서 우리는 조직에 있어서의 여러 가지 인간형에 대해 살펴보았다. 그런데 오늘날의 사회는 민주주의적 가치관에 입각한 사회임을 감안할 때, 조직의 인간에 대한 규정도 수동적이고 자아의식이 결여된 인간형에서 자율적이고 창의적이며 자아의식이 강한 인간형을 지향해야 할 것이다. 즉 조직의 관리자는 테일러의 기계적, 맥그리거의 X이론적, 아지리스의 미성숙적, 그리고 프레스터스의 무관심적, 모순적인 인간형에서 맥그리거의 Y이론적, 아지리스의 성숙적인 인간형, 그리고 라모스의 괄호인과 같은 인간형으로 유도하는 방안을 강구하여 이를 조직의 생산성 향상을 위한 목표의 수단에 부합되도록 해야 하는 것이다.

그러나 일률적으로 목표의 수단으로 적용될 수 있는 절대적인 인간형은 현실적으로 존재하기 어려우므로, 조직이 처해 있는 상황에 따라 그에 부합되는 작용(counter action)을 가해 주는 것이 보다 나은 인간형의 활용방안이 될 수 있다는 점을 강조하는 바이다.

동기부여이론

제4장 동기부여이론

1. 동기부여이론의 기초

조직과 조직 내의 개인과의 관계는 조직의 효과적 운영이나 개인적 발전이란 관점에서 볼 때 대단히 중요한 것이다. 그 이유는 개인은 조직활동을 통해서 자신의 욕구나 목적을 성취하게 되고, 또 조직은 개인의 자발적인 노력을 통하여 조직의 목표를 달성할 수 있기 때문이다. 따라서 이러한 조직구성원의 자발적 노력을 유도하기 위해서는 각 개인에 대한 동기부여가 중요한데, 이러한 문제를 다루는 이론이 바로 동기부여이론인 것이다.

하버드 대학의 제임스(W. James)교수는 동기부여에 관한 연구에서 동기부여활동이 없는 조직에서의 종업원은 자신의 능력을 20~30%밖에 발휘하지 않고도 해고당하지 않는 반면, 동기부여활동이 활발하여 강한 동기를 부여받는 종업원들은 자신의 능력의 80~90% 가까이까지 발휘한다고 지적하였다. 따라서 종업원의 능력의 약 60%는 동기부여에 의해 좌우되게 되며, 동기부여가 낮은 종업원의 실적은 능력이 낮은 종업원의 실적과 별 다를 게 없는 것이다.

여기서는 뒤에 설명할 여러 가지 동기부여이론들의 이해를 돕기 위해 동기부여의 기초개념 및 배경의 설명 등을 서술하고자 한다.

[그림 4-1] 동기부여의 잠재적 영향

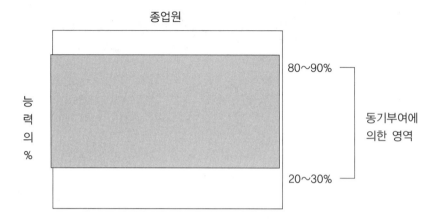

종업원

능
력
의
%

80~90%

동기부여에
의한 영역

20~30%

　　근래에 와서 조직행태에 대한 관심이 급증하였는바, 그 중에서도 동기부여
에 관한 연구는 경영자나 조직연구가들의 주목의 대상이 되었다. 이와 같은
상황의 배경에는 여러 가지 이유가 있는데, 여기서는 그 주된 요인들을 살펴
봄으로써 동기부여이론이 갖는 중요성[1]을 알아보기로 한다.

1) 관료적·권위적 조직구조에서 민주적 조직구조로의 전환

　　현대산업사회, 특히 선진산업사회에서는 조직구성원들 개개인의 자주적이
고 자발적인 능력을 구해야 하는 조직 내 민주주의가 강하게 요구되고 있다.
관료적 조직구조나 권위적 체제에 의거한 관리형태가 실효를 거두지 못하고
점차 한계에 이르게 되자 조직과 조직구성원간의 관계를 단순한 수직적 관계
에서 수평적 관계로 이해해야 할 필요가 생기고, 조직구성원 개개인의 자발적
노력을 점차 강조하게 된 것이다. 따라서 조직구성원 개개인이 조직 내에서
자발적으로 행동하게 되는 배경, 즉 동기부여에 대해 적극적으로 연구할 필요
가 생긴 것이다.

2) 조직의 효율성과 생산성에 대한 관심

　　근래에 들어 조직의 효율성이나 생산성과 관련해서 경영자나 조직연구가들
이 조직에서의 인간행태에 대해 큰 관심을 갖게 되었다. 즉 조직에 있어서 재

---

1) 한덕웅, 「조직행동의 동기이론」(서울: 법문사, 1985), p.20-24면 참조.

정적이거나 물질적 자원뿐만 아니라, 인적 자원의 활용도 중요시하게 된 것이다. 그런데 이러한 인적 자원의 활용과 관련된 문제들은 궁극적으로 동기부여의 문제로 귀착된다.

카츠(D. Katz)와 카안(R. Kahn)은 조직이 제기능을 발휘하기 위해서는 인적 요인과 관련해서 다음과 같은 세 가지 필요조건이 충족되어야 한다고 주장하는데, 이 세 요건이 모두 동기부여에 관한 것들이다.[2]

첫째, 유능한 인적 자원이 조직구성원으로 조직에 들어오도록 유도해야 할 뿐만 아니라, 일단 조직에 들어온 후에는 타조직으로 가지 않고 그 조직에 계속해서 남아 있도록 해야 한다. 즉 적정한 수의 조직구성원을 확보해야 하며, 그 후에는 이들의 이탈을 막아야 한다는 것이다.

둘째, 조직구성원은 조직에서 요구하는 과업을 수행하되, 수행방식은 조직에서 정해 놓은 데에 따라야 한다. 다시 말해서 업무를 수행할 때 조직에서 설정해 놓은 질적·양적 목표나 허용된 행동유형에 맞추기 위해서는 조직구성원이 각자의 행동에 가해지는 제약을 받아들이도록 해야 한다는 것이다.

셋째, 조직구성원은 조직에서 부여한 행동유형대로 성실하게 역할을 수행하는 데 그치지 않고, 나름대로의 창조적이고 자발적이며 혁신적인 행동을 보여야 한다. 만일 조직구성원이 규정된 행동유형에 의해서만 움직이게 된다면, 결국 그 조직은 급격히 변화하는 사회체제와 상호작용 과정을 견디어 내지 못하게 될 것이다.

이와 같은 조직의 요구에서 볼 때, 조직이 효율적으로 운영되기 위해서는 조직구성원들이 업무에 능동적으로 참여하고, 생산의욕을 갖도록 하는 동기부여의 문제가 해결되어야 하는 것이다. 특히 이 동기부여 문제는 조직의 생산성과 직결되어 있어서 다른 조건이 같다면, 조직의 효율성은 관리자가 조직구성원의 동기를 높이는 능력에 의해 좌우된다.

3) 조직이론의 구심점으로서의 동기부여이론

원래 동기란 개념은 여러 방면에서 다양하게 사용되는데, 조직에서 문제삼는 동기의 개념이란 조직환경의 자극으로부터 개인의 일정한 행동반응을 일으키게 하는 과정을 나타내기 위해서 사용되는 매개변수를 말한다. 따라서 조

---

2) Daniel Katz and Robert Kahn, *The Social Psychology of Organization*(New York: John Wiley & Sons, Inc., 1978), pp.402-404.

직구성원이 지니고 있는 조직행동의 동기란 조직체의 환경 내에 존재하는 많은 요인들에 의해서 영향을 받으면서, 한편으로는 이 요인들에 영향을 미치기도 하는 복잡한 현상을 나타내는 개념이다. 그러므로 조직의 기능을 포괄적으로 이해하기 위해 상호연관된 여러 변수들을 다룬다는 점에서 동기부여이론을 구심점으로 삼을 수 있다. 이처럼 조직구성원의 직무동기에 대한 연구를 구심점으로 삼는다면, 직무동기와 상호연관된 여러 조직요인들이 직무수행이나 직무만족 등에 어떠한 영향을 미치는가도 파악할 수 있을 것이다. 이러한 관점에서 볼 때, 조직의 기능과 조직구성원의 행태를 이해나는 데 있어서 상호과정을 포괄적으로 설명할 수 있는 동기부여이론은 중요한 위치를 차지하게 된다.

4) 장기적인 인력관리에 대한 관심

기술이 복잡해지고 그 수준이 고도화됨에 따라 이를 효과적이고도 능률적으로 운영할 수 있는 고급인력의 부족이 두드러진다. 따라서 현대에는 공학과 기술적 진보에 따라서 인적 노동력을 기계로 대체하는 일이나 기술혁신의 요구가 조직의 존립에 있어서 중요한 요소임에 틀림없다. 그러나 공학의 발전과 기술혁신을 경함하면서 역설적으로 이러한 변화가 인간적 요인을 고려하지 않고는 달성될 수 없다는 사실이 명백해졌다. 이에 따라 조직목표를 성취하기 위해서는 진보된 기술을 도입하는 일이 반드시 필요하지만, 이를 적극적으로 사용하려는 동기가 부여된 인적 자원을 개발하는 것이 더욱 근본적인 문제인 것이다.

그러나 조직에서 장기적인 전망으로 재정적이거나 물질적 자원을 다루어온 지는 오래되지만, 인적 자원을 장기적인 안목으로 진지하게 다루기 시작한 것은 비교적 최근의 일이다. 최근에는 장래 활용할 수 있는 자원으로서의 조직구성원의 개발에 집중적으로 관심을 쏟는 조직체들이 많아졌다. 이러한 경향은 경영 및 조직발전(OD)계획이 증가되는 추세라든가, 단편적으로 실시되는 산업훈련·직무설계 등에 큰 관심을 보이는 것으로도 나타나는데, 이는 높은 수준의 기술을 습득하려는 목적에 못지 않게 조직구성원들로 하여금 높은 수준의 동기를 유지토록 하려는 노력이라고 볼 수 있다.

2. 동기부여이론의 연구대상

한 개인이 행한 특정한 행동의 동기를 알고자 할 때에는 그 행동이 개인 내부의 어떤 힘에 의해서 유발되었으며, 무엇을 목적으로 하고 있고, 또 얼마나 지속적으로 나타나는가를 살펴보아야 한다. 이와 마찬가지로 개인이든 조직 내에서든 간에 동기부여된 행동을 이론적으로 해염하려는 동기부여이론은 다음과 같은 항목들을 연구대상으로 한다.

첫째, 인간의 행동을 활성화시키는 요인들은 어떤 것이며, 이 요인들이 어떠한 이유에서 활성화요인으로 작용하고 또 어떠한 과정을 거쳐서 최종적으로 인간의 행동을 활성화 시키는가 하는 문제이다.

둘째, 인간의 여러 가지 행동방향 중에서 일정한 행동을 하도록 하는 행동유형의 요인은 무엇이며, 이 요인들이 왜, 그리고 어떠한 과정을 거쳐서 행동으로 나타나게 되는가 하는 문제이다.

셋째, 개인의 행동유형을 지속하도록 만드는 요인은 무엇이며, 또 이 요인들은 어떠한 과정을 통해서 일정한 행동을 지속시키거나 중단시키는가 하는 문제이다.

따라서 조직 내에서 일어나는 여러 유형의 동기부여된 행동을 연구대상으로 삼는 동기부여이론이 다루는 과제는 다음과 같이 정의될 수 있을 것이다. 즉 켐벨(J.P. Campbell)의 프릿챠드(R.D. Pritchard)에 의하면, 동기부여이론이란 적성·기술·과업에 대한 이해정도 및 환경의 제약요인들이 미치는 영향이 일정하다고 보았을 때, 개인행동의 방향·강도, 그리고 지속정도와 같은 현상을 설명하는 독립변인 및 종속변인들 간의 관계를 다루는 것이라고 한다.[3]

이 정의에서 보는 바와 같이 행동의 유발, 목표의 지향, 그리고 유지라는 세 가지 속성을 지니지 않은 조직행동들은 동기부여된 행동이 아니기 때문에 조직 내에서 일어나는 행동이나, 혹은 좁게 말해서 업무수행과 관련된 행동이 모두 동기부여에 의해 일어나는 것이 아니라는 점을 인식해야 한다. 따라서 조직 내에서 일어나는 우발적이거나 일회적인 행동들까지 모두 동기부여이론에 의해 설명되고 예측될 수 있는 것은 아니다. 그럼에도 불구하고 흔히 동기

---

3) J.P. Campbell and R.D. Pritchard, "Motivation Theory in Industrial and Organizational Psychology," in M.D. Dunnette(ed.), *Handbook of Industrial and Organizational Psychology*(Chicago: Rand McNally Co., 1976) 참조.

의 개념을 이용해서 조직 내에서 일어나는 중요한 행동들을 설명할 수 있다고 잘못 생각하는 경우가 있는데, 이는 업무수행을 위해 의욕적으로 노력한다거나, 이와는 달리 결근이나 업무를 소홀히 하거나 방해하는 것과 같이 조직행동 중에서도 크게 문제가 되는 행동들이 바로 동기부여된 행동들이기 때문이다.

그런데 이러한 동기부여된 조직행동들은 조직 내에서 관찰될 수 있는 환경적인 요인과 조직행동과의 관계만으로 기계적으로 설명하기는 어렵다. 왜냐하면 행동에 영향을 미칠 수 있는 조직의 환경적 요인이 동일한 데도 불구하고, 개인에 따라서 서로 다른 행동을 보이는 경우가 많기 때문이다. 따라서 각 개인의 특성과 외적 요인들을 연관시켜서 이해하지 않고는 조직 내에서의 행동을 제대로 이해하고 설명할 수 없을 뿐만 아니라, 어떤 행동이 일어날 것인지를 예측하고 통제할 수 없다. 그러므로 동기부여의 과정을 이해하는 것은 개인의 조직행동을 이해하고 또한 영향을 미칠 수 있는 기초가 되는 것이다.

3. 동기부여의 과정

듀네트(M.D. Dunnette)와 커쉬너(W.K. Kirchner)는 동기부여의 과정을 포괄적이고도 간략하게 설명하기 위해서 간단한 모형을 제시하고 있는데,[4] 여기에는 뒤에 설명할 여러 가지 동기부여이론의 내용들이 포함되어 있다. 따라서 이러한 동기부여의 과정에 대한 이해는 제반 동기부여이론을 이해하는 데 도움이 될 것이다.

[그림 4-2]에서 보는 바와 같이 인간의 행동은 내적인 불균형 상태로부터 균형상태라는 목표를 추구하기 위해서 이루어지는 것이다. 이러한 행동이 적절하게 이루어져서 바라는 목표가 달성되면 차차 내적인 안정상태를 이루게 되는데, 이 안정된 상태는 일정한 시간이 경과되면 내적 욕구나 기대 혹은 외적 환경에 의해서 다시 깨어지게 된다. 이처럼 내적 균형상태가 불균형으로, 다시 불균형에서 균형으로 반복되는 과정이 바로 동기부여과정인데, 이를 각 단계별로 간단히 설명하면 다음과 같다.

---

4) M.D. Dunnette and W.K. Kirchner, *Psychology Applied to Industry*(New York: Applenton-Century-Croffs, 1965).

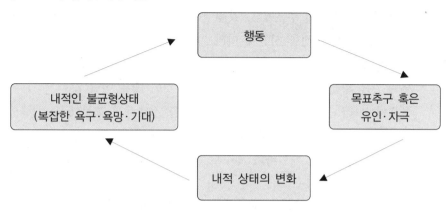

[그림 4-2] 동기부여의 과정

첫째, 각 개인이 갖고 있는 욕구·욕망 또는 기대가 서로 다른데, 이러한 요인들이 작용하게 되면 일반적으로 내적 불균형 상태가 조성되게 되며, 인간은 이 불균형 상태를 경감시키려고 노력하게 된다.

둘째, 이러한 욕구·욕망 또는 기대는 일반적으로 일정한 행동을 함으로써 이러한 불균형 상태를 감소시킬 수 있으리라는 예측과 결합되어 있다. 즉 일정한 행동을 하게 되면 불균형이 회복되리라는 예상을 개인마다 갖게 된다. 이것이 일정한 행동을 선택적으로 추구하는 동기의 목표지향적 측면이다.

셋째, 목표지향적 행동들이 일어나면, 목표를 달성하기 전까지는 이러한 행동이 지속된다. 따라서 목표달성과 관련된다고 생각하는 일정한 행동을 하게 되는데, 이러한 행동을 통해서 목표가 달성되면 불균형 상태였던 내적 상태가 균형을 이루게 된다.

넷째, 만일 설정한 목표가 잘못되었거나 목표를 달성하지 못했을 경우에는 새로운 목표와 방법이 강구된다. 즉 새로운 목표나 새로운 목표달성 방법이 설정됨으로써 동기부여과정이 변질된다. 뿐만 아니라 목표를 달성하기 위해서 행해진 행동에 대해서 각 개인이 성공과 실패의 원인을 분석하게 되는데, 이러한 원인분석의 결과에 따라서 개인의 내적 상태가 달라지며, 그 다음 행동에도 영향을 미치게 되는 것이다.

이상은 동기부여과정을 단순화해서 설명한 것인데, 실제에 있어서는 이처럼 단순하게 생각하기 어려운 복잡한 요인들이 기재되어 있다. 이처럼 동기부여

과정을 이해하기 어렵게 만드는 원인은 대체로 다음과 같이 정리할 수 있을 것이다.

첫째, 동기란 단지 추론될 수 있을 뿐이어서 외견상으로 볼 수 없다는 점이다.

둘째, 인간은 일정한 시간에 여러 가지 욕구·욕망 및 기대를 갖는 것이 보통이며, 또 이 동기들은 변화하거나 개인 간의 갈등을 일으키기도 한다. 따라서 동기를 확실하게 파악하거나 측정하는 것이 매우 어렵다.

셋째, 여러 동기들 중에서 일정한 동기를 선택해서 행동에 옮기는 방식뿐만 아니라, 선택된 동기들을 추구하는 강도에 있어서도 상당한 개인차가 있다는 점이다. 또 각 개인마다 욕구도 다양하고, 이러한 욕구의 추구방법도 다양하다.

넷째, 목표가 달성되었을 때, 이 충족된 욕구가 행동에 미치는 영향이 일정하지 않다는 점이다. 예를 들어 식욕의 경우는 일단 충족되면 다른 욕구로 발전하게 되는데, 승진이란 욕구가 달성되면 더 높은 지위로의 승진욕구가 또 생겨 그 다음 행동을 자극하게 되는 것이다.

4. 동기부여이론의 개괄적 설명

동기부여이론의 목적은 동기에 영향을 미치는 여러 관련 변수들 간의 관계를 체계화하기 위한 것이며, 또 이론의 유용성이란 관계변수들을 하나의 통일된 체계로 통합하고 있는가 하는 측면과, 다양한 변수들의 영향을 얼마나잘 설명하고 예측할 수 있는가에 달려있다. 따라서 조직행동을 설명하기 위해서 포괄적인 동기부여이론을 수립하려면, 조직구성원의 특징, 업무의 특징, 조직의 특성, 업무상의 작업조건, 그리고 조직의 외부환경 등과 같은 주요 관련변수들에 대해서 어떤 형태로든 설명할 수 있어야 하며, 또한 이런 여러 변수들 간의 상호작용도 파악되어야 한다. 그러나 현존하는 대부분의 동기부여이론들은 한 요인이나 몇 개의 요인들의 영향만을 강조하는 이론들뿐이며, 여러 변수들 간의 상호작용을 체계화한 포괄적 이론은 몇 개의 '과정이론'에 불과하다. 따라서 여기서는 다음 절에서 설명할 여러 개의 동기부여이론들이 내용상 어떻게 구분되며, 어떤 요인에 중점을 두고 있는가를 개괄적으로 살펴보도록 하겠다.

동기부여이론은 내용상 마슬로우(Maslow)의 욕구계층이론, 알더퍼(Alderfer)의 E·R·G 이론, 허쯔버그(Herzberg)의 동기-위생 두 요인이론, 그리고 맥클리랜드(McClelland)의 성취욕구이론 등을 중심으로 한 내용이론과 브롬(Vroom)의 기대이론, 포터-로울러(Porter-Lawler)의 모형 및 로울러(Lawler)의 모형 등을 주축으로 한 과정이론으로 구분된다. 그런데 직무동기의 주된 요인을 개인의 욕구에서 찾는다는 점에서 내용이론을 '욕구이론'으로, 개인, 업무의 특성, 그리고 작업환경 등과 같은 여러 변수들 간의 상호작용과정을 밝히려는 과정이론은 일반적으로 기대 X 합성력이론(expectancy X valence theory)이라고 불리는 까닭에 '기대이론'으로 부르기로 한다.

1) 내용이론의 설명

내용이론은 업무와 관련된 요인이나 조직 내의 작업환경과 같은 요인들을 고려하지 않는 것은 아니지만, 그보다는 개인이 갖는 여러 가지 개인적 요인에 중점을 둔다. 그리고 특히 개인적인 요인들 중에서도 개인이 지니고 있는 욕구강도의 역할에 대해서 체계화된 주장을 제시한다. 비록 내용이론들이 초기의 이론들이라 미숙한 점이 많았지만, 이 이론들은 개인의 욕구요인이 업무의 성질, 사회적 환경 및 작업조건 등을 포함하는 작업환경에 대처하는 데 중요한 기능을 수행한다는 점을 깨닫게 했다.

마슬로우·알더퍼, 그리고 맥클리랜드에 이르기까지 개인의 욕구가 직무동기의 중요한 요인이라고 보는 학자들은 조직구성원이 낮은 수준의 욕구들보다는 자기실현을 위한 강력한 욕구를 지니기 때문에, 이 욕구를 충족시켜 주기 위해서는 업무 자체의 성격이나 작업환경을 바꿔 주어야 한다고 주장한다. 이러한 주장을 참고로 할 때, 욕구이론들이 개인적 특징을 중요시하는 이론이라 하더라고 개인적 특징 이외에 업무나 작업환경요인의 중요성을 무시하는 것이 아니라는 점을 알 수 있다. 이와 같이 내용이론들에서는 업무나 작업환경요인이 개인의 욕구충족에 영향을 미칠 수 있다고 보기는 하지만, 상대적으로 개인외적 요인들을 비교적 경시하고 있는 것은 사실이다.

내용이론들은 동기부여이론으로서 상당히 오랫동안 주목을 받아 왔으며, 특히 직무동기의 연구에 활력을 불어넣는 계기를 마련한 것은 사실이다. 그러나 최근에는 이 내용이론들에 관한 연구가 활발히 진행되지도 않으며, 어떤 의미

에서는 동기부여이론으로서의 상대적인 비중이 극히 낮아진 실정에 있다 하
겠다.

　그리고 내용이론과 관련지어서 또 하나 주목해야 될 이론이 허쯔버그의 동
기－위생 두 요인이론이다. 이는 내용이론의 범주에 속하지만 업무 자체의 성
질을 중요시했다는 점에서 다른 이론들과 구별되는 특징을 지닌다. 특히 이
이론 중에서 동기요인을 근거로 해서 동기부여의 방안으로 제시한 직무확대
(job enlargement)기술은 직무의 성질을 인간의 고차원적인 욕구와 연관시켜
직무를 통한 동기부여의 배경을 이론적으로 분명히 제시했다는 점에서 큰 공
헌을 하였다.

2) 과정이론의 설명

　이 이론들은 브롬에 의해서 산업조직에 적용되기 이전에 이미 동기부여이
론으로서 기반을 구축한 이론들이다. 우선 이 이론은 개인적 요인의 차가 동
기에 중요한 영향을 미친다는 점을 분명히 설명하고 있다. 예를 들면 사람마
다 가치관이 다르기 때문에 같은 보상이라 하더라도 모든 사람들이 똑같은 가
치를 부여하지 않는다. 개인이 지니는 가치의 차이는 여러 방향으로 표현되는
데, 업무를 수행함으로써 얻어지는 성과들에 대해서도 서로 다른 선호도를 보
이기도 한다. 또한 개인마다 자신의 비교기준을 지니고 있기 때문에 일정한
수준의 보상들이 형평의 기준에 맞는지의 여부에 대해서도 서로 다른 지각을
지니게 마련이다. 뿐만 아니라 일정한 행동을 함으로써 바라는 기대수준도 사
람마다 다르다. 이처럼 과정이론들에서는 개인차가 있는 성과의 가치, 일정한
목표의 달성가능성, 그리고 목표달성에 의해서 성과를 얻을 가능성이라는 세
가지 요인에 의해서 개인의 동기수준이 결정된다고 주장함으로써 개인적 요
인의 중요성을 강조한다. 그리고 과정이론은 이러한 개인적 특성 이외에 업무
요인의 영향이라든지 보상체계를 포함하는 실무적 요인, 대인관계요인 등을
포괄함으로써 광범위한 이론적 범위를 지니고 있다.

　개괄적으로 볼 때 좁은 영역의 몇몇 요인들을 중심으로 해서 단편적으로 동
기부여의 과정을 이해하려고 시도한 여러 이론들과는 대조적으로 과정이론들
은 여러 요인들 간의 상호작용과정을 이해할 수 있을 만큼 폭넓은 관점을 지
녔다는 점에서 커다란 자극제가 되었다.

5. 동기부여의 내용이론

동기부여의 내용이론이란 조직행동에 있어서 업무를 수행하는 동기의 주된 요인을 개인의 욕구에 두는 이론으로서, 여기서는 마슬로우의 욕구계층이론, 알더퍼의 E·R·G이론, 허쯔버그의 동기-위생 두 요인이론, 그리고 맥클리랜드의 성취동기이론을 살펴보기로 한다.

1) 마슬로우(A.Maslow)의 욕구이론

마슬로우에 의하면 인간의 행동은 욕구에 의하여 동기가 유발되는 것이며, 이러한 인간의 욕구는 일련의 단계 내지 계층제로 배열할 수 있다고 한다. 즉 인간의 욕구는 최하위 단계의 생리적 욕구(the physiological need)로부터 안정 욕구(the safety need), 소속과 사랑의 욕구(the belongingness and love need), 존중의 욕구(the esteem need) 및 최상위단계인 자기실현의 욕구(the need for self-actualization)에 이르기까지 순차적인 계층제를 이루고 있다는 것이다. 하위단계의 욕구가 어느 정도 충족되면 다음 단계의 욕구를 추구하게 되는 것이며, 이미 충족된 욕구는 인간의 행동을 유발하는 동기가 아니라는 것이다. 이와 같은 각 단계별 욕구의 의의와 특성을 살펴보면 다음과 같다.[5]

(1) 생리적 욕구[6]

생리적 욕구는 인간의 생명을 유지하기 위한 가장 기본적인 욕구로서 동기부여의 출발점으로 여겨지는 욕구이다. 이는 혈액순환이 정상적으로 유지될 수 있게 하는 자동조절기능으로서의 항상성(homeostasis)과 인간의 신체유지에 실제 필요한 것이나 부족한 것을 표시해 주는 지표를 의미하는 식용(appetite)의 작용과 관계된다.

이러한 의미의 생리적 욕구는 욕구체계의 최하위에 위치하며, 이것이 어느 정도 충족될 때까지는 가장 강한 욕구로서 존재한다. 따라서 생리적 욕구는 의·식·주와 같은 인간의 생명을 유지하기 위한 항상성(homeostasis)의 기능과 관계되며, 동시에 필요한 것이나 부족한 것을 표시해 주는 지표를 나타내는

---

5) Abraham H. Maslow, *Motivation and Personality*, 2nd ed.(New York: Harper & Row, Publishers, 1970), pp.35-47.
6) *Ibid.*, pp.35-38.

식욕(appetite)의 작용에 따르는 욕구체계인 것이다.

인간생활에 가장 기본적인 생리적 욕구가 어느 정도 충족되고 난 다음에 그
보다 높은 다른 욕구, 즉 안전욕구를 추구하게 되며, 이러한 단계에서 행동을
지배하는 주된 요인은 안전욕구이다.

(2) 안전욕구[7]

안전욕구는 생리적 욕구가 만족되었을 때 바로 그 다음에 나타나는 욕구로
서 정신적·육체적 안전을 얻고 싶어 하는 욕구이다. 즉 육체적 위험으로부터
의 보호, 경제적 안정, 질서 있고 예측할 수 있는 환경의 선호 등으로 나타나
는 욕구이다. 안전욕구도 어느 정도 충족되면 다음 단계의 욕구를 추구하게
된다.

(3) 소속과 사랑의 욕구[8]

이는 생리적 욕구와 안전욕구가 어느 정도 충족되었을 때 나타나는 욕구로
서, 소외감이나 고독을 극복하고 어떤 집단에 가입하고자 하는 욕구를 말한다.
즉 동료집단에 소속되고 싶어 하고, 그들 동료들과 우의와 애정을 나누고자
하는 욕구이다. 소속과 사랑의 욕구가 충족되면 다음 단계의 욕구로서 존중의
욕구가 나타나게 된다.

(4) 존중욕구[9]

존중욕구란 다른 사람들로부터 높은 평가와 존경을 받고자 하는 욕구이다.
이는 본인이 스스로 중요하다고 느낄 뿐만 아니라 타인으로부터 인정을 받고
자 하는 욕구이다. 이러한 존중욕구에는 힘, 업적, 지배능력, 어려운 상황에서
요구되는 용기, 독립심이나 자유에 대한 욕구, 명성, 위신, 지위, 영광, 위엄 등
이 포함된다.

(5) 자기실현의 욕구[10]

자기실현의 욕구는 욕구단계의 최정상에 위치하는 욕구로서 인간이 할 수
있는 한 모든 것을 해 보려는 욕구이다. 이는 개인이 자신의 잠재력을 최대한
으로 발휘해 보려고 노력하여 계속적인 자기발전과 창조적인 생활을 꾀하려

---

7) *Ibid.*, pp.39-43.
8) *Ibid.*, pp.43-45.
9) *Ibid.*, pp.45-46.
10) *Ibid.*, pp.46-47.

는 욕구이다. 즉 자기발전과 창조성과 관계되며 성취감과 자기만족을 부여하는 욕구이다.[11]

2) 알더퍼(Alderfer)의 E·R·G 이론

이 이론은 전술한 마슬로우의 욕구계층이론을 수정한 이론이라고 할 수 있지만, 이론의 기반을 조직의 실제를 다룬 현장연구에 두었다는 점에서 중요한 의의를 가진다고 하겠다. 알더퍼는 주로 설문지 기법을 사용하여 직장이나 대학 등의 조직생활에 직결된 욕구체계를 상관연구 방법을 사용하여 실증적으로 연구했다.

이러한 연구결과를 기반으로 해서 그는 마슬로우의 5단계 욕구수준을 3단계로 수정한 E·R·G 이론을 제시했는데, 이 3단계 욕구란 생존욕구(existence need)·관계욕구(relatedness need)·성장욕구(growth need)를 말하는 것으로서, 각 욕구의 첫머리 글자를 따서 이를 E·R·G 이론이라고 부른다.[12]

마슬로우의 이론은 이미 다룬바 있으므로 여기서는 E·R·G 이론을 마슬로우의 이론과 비교함으로써 이에 대한 이해를 돕기로 하겠으며, 다음의 [표 4-1]은 두 이론에서의 욕구수준을 비교한 것이다.

첫째, 마슬로우의 이론에서는 한 수준의 욕구로부터 다음 수준의 욕구로 나아가기 위해서는 낮은 수준의 욕구가 충족되어야 한다고 주장한다. 즉 낮은 수준의 욕구충족에 이해서 다음 수준으로의 진전이 이루어진다고 봄으로써 낮은 수준의 욕구로부터 높은 수준의 욕구만족 진행과정이 욕구과정의 핵심이었다. 그러나 알더퍼는 이와 대조적으로 이러한 과정에 덧붙여서 욕구만족의 좌절 및 퇴행과정도 있다고 보는 것이다.

둘째, 마슬로우의 이론에서는 5가지 욕구 중에서 우세한 욕구가 지배적으로 활성화 된다고 주장한다. 물론 다른 욕구들이 전혀 영향을 미치지 못하는 것

---

11) 매슬로우의 5단계 기본욕구 (상권제여, 인간을 속이(귀)고)
   - 1단계 : 생리적 욕구 (가장 기본적·강력한 욕구·의식주·보수·휴양제도)
   - 2단계 : 안전의 욕구 (장래의 안전과 신분보장·연금제도)
   - 3단계 : 사회적 욕구 (인간관계 개선·소속감의 충족·귀속감·고충)
   - 4단계 : 존경의 욕구 (포상·권한의 위임·제안·제도·참여)
   - 5단계 : 자아실현 (승진·공무원 단체활동)※ 생리적 욕구 충족이 없이는 존경의 욕구의 충족이란 있을 수 없다. 상위 단계로 올라 갈수록 조직과 갈등은 커진다. 공병인 전게서 121쪽
12) C.P. Alderfer, "An Empirical Test of a New Theory of Human Needs," *Organizational Behavior and Human Performance*, Vol. 4(1969), pp.142-175.

은 아니지만 우세한 욕구의 기능을 강조했다. 그러나 알더퍼는 일정한 시점에서 세 욕구의 강도가 상이하긴 하지만, 하나 이상의 욕구가 동시에 작용되거나 활성화 될 수 있다고 본다.[13]

셋째, 욕구는 의식적으로 인식될 수 있는 것이다. 특히 우세한 욕구는 인간 자신에 의해서 잘 인식된다. 이러한 측면이 있기 때문에 알더퍼는 설문지나 면접 등을 통해서 욕구를 연구할 수 있다고 주장하였다. 이러한 주장을 배경으로 해서 알더퍼는 인간의 욕구를 무의식 수준에서 다루어야 한다는 마슬로우의 주장과는 달리 조직에서의 인간의 욕구를 의식수준에서 다루었다.

〈표 4-1〉 마슬로우와 알더퍼의 욕구수준비교

마슬로우	알더퍼
생리적 욕구	생 존 (existence)
물리적 안전욕구	
대인관계의 안전욕구	관 계 (relatedness)
소속 및 사람의 욕구	
대인관계의 자존심	
자기확신의 자존심	성 장 (growth)
자기실현	

3) 허쯔버그(Herzberg)의 두 요인이론 [14](위생요인과 동기부여요인)

인간에게는 상호독립된 두 종류의 상이한 욕구의 범주가 있으며, 이것은 각기 다른 방법으로 인간행동에 영향을 준다. 인간은 자신의 직무에 불만이 있을 경우 직무환경에 관심을 갖게 된다. 환경에 대한 욕구는 곧 직무에 대한 욕구불만을 예방하는 기능을 담당한다. 이와 같이 직무에 대한 불만을 예방하는 기능을 담당하는 요인을 위생요인 또는 불만요인이라고 하였다.

한편 인간이 자신의 직무에 만족할 경우, 그 만족도는 직무와 관련된다. 직무수행과 관련된 이 같은 욕구는 인간으로 하여금 보다 우수한 직무수행을 하

---

13) C.P. Alderfer, *Existence, Relatedness and Growth: Human Needs in Organizational Setting* (New York: The Free Press, 1972), p.12.
14) Fredrick Herzberg, *Work and the Nature of Man*(New York? World Publishing Co., 1966); Hersey & Blanchard, op, cit., pp.64-71; Herzberg, Manser and Synderman, *The Motivation to Work*(New York: John Wiley & Sons, Inc., 1959) p.ix.

도록 동기부여하는 데 효과적이므로 이것을 동기부여요인 또는 만족요인이라고 하였다.

위생요인에는 (i) 정책, (ii) 감독, (iii) 보수, (iv) 대인관계, (v) 작업조건 등이 있다. 이러한 제요인은 모두 직무 자체의 본질적인 것이 아니라, 직무수행상의 작업환경 및 작업조건에 관계되는 요인들이다. 그러므로 위생요인은 생산능력을 증대시킬 수 있는 것은 아니며, 단지 작업제약요인에 의한 작업수행상의 손실을 막을 수 있을 뿐이다. 만일 위생요인이 충족되지 못하면 불만이 생긴다. 그러나 위생요인이 충족되었다고 하더라고 그것은 불만이 없거나 직무의 수행에 중립적인 태도를 취할 뿐이지 그것이 곧 만족을 가져오지는 못한다.

동기부여요인에는 (i) 직무상의 성취감, (ii) 직무성취에 대한 인정감, (iii) 보람 있는 직무(직무내용), (iv) 책임감, (v) 성장 및 발전 등이 있다. 이러한 동기부여요인은 직무에 대한 만족감을 주고, 그 결과 생산능력의 증대에 기여한다. 즉 이러한 동기부여요인이 충족되면 만족감을 갖게 되고 동기부여를 하게 되어 생산성이 증대한다.

따라서 위생요인 또는 불만요인을 충족시켜 줌으로써 불만을 해소하고, 동기부여요인 또는 만족요인을 충족시켜 줌으로써 만족감을 부여하며, 사기를 높여 생산성을 높일 수 있도록 하여야 할 것이다.

4) 맥클리랜드(McClelland)의 성취동기이론

맥클리랜드는 학습개념(learning concept)에 기초한 동기부여이론을 제시했다. 그는 개인이 갖는 욕구들은 사회문화적인 환경에서 학습을 통해 습득되는 것이라 하면서, 이들 욕구를 (i) 성취욕구(need for achievement: nAch), (ii) 친교욕구(need for affiliation: nAff), 그리고 권력욕구(need for power: nPow)의 3가지로 구분하였다.[15]

(1) 성취욕구[16]

성취욕구란 해결하기 어려운 도전적인 일을 성취하려는 욕구, 물자와 인간,

---

15) David D. McClelland, "Business Drive and National Achievement," *Harvard Business Review* 40, July–August 1962, pp.99–112.: David D. McClelland, *The Achieving Society*(New York: van Nostrand, 1961), pp.7–8.
16) J.L. Gibson, J.M. Ivancevich and J.H. Donnelly, Jr., *Organizations*(Plano Texas: Business Publications, Inc., 1976), p.126.

그리고 사상을 지배하고 관리하려는 욕구, 이와 같은 욕구를 신속히 수행하려는 욕구, 모든 장애요인을 스스로 극복함으로써 높은 수준을 달성하려는 욕구, 능력을 개발하고 발휘함으로써 자신을 탁월한 존재로 만들고 싶은 욕구를 말하는 것으로, 이러한 욕구를 가진자는 이를 위해 일정한 표준(standards)을 설정, 달성하고 나아가 표준을 능가하려는 성향을 보인다.

맥클리랜드는 그의 연구결과를 토대로 다음과 같은 가정에 입각할 경우, 인간은 높은 성취욕구를 보인다고 하였다. 첫째로, 인간은 문제해결을 위해 적극적으로 책임지기를 원한다. 둘째로, 인간은 적당한 성취목표를 설정하며, 한편으로 계산된 모험(calculated risks)을 추구하는 경향이 있다. 셋째로, 인간은 자기가 달성한 업적에 대해 명확한 피드백(feedback)이 있기를 원한다.

(2) 친교욕구[17]

친교욕구란 다른 사람들과 사회적으로 친근하고 밀접한 관계를 맺고자 하는 욕구를 말하는 것으로 높은 친교욕구를 가진 사람들은 인간관계의 질에 관해 많은 관심을 보인다. 따라서 이들에게 사회적 관계는 업무의 성취보다 우선적인 것이다.

(3) 권력욕구[18]

권력욕구란 타인에게 영향력과 통제력을 행사하고자 하는 욕구를 말하는 것으로 높은 권력욕구를 가진 사람은 권력과 권위를 취득하고 행사하는 데 초점을 두고 있다. 맥클리랜드에 의하면 권력은 두 가지 상이한 정향성을 갖는 바, 즉 그것을 행사하는 인간이 우월성과 복종을 강조한다는 점에서는 부정적이며, 설득력 있고 고무적인 행태를 반영한다는 점에서는 긍정적이라 한다.

맥클리랜드의 주장은 이상과 같은 욕구들은 개인의 환경에 대처하는 가운데 학습되어진다는 것으로, 즉 욕구는 학습을 통해 형성되는 것이기 때문에 보상이 따르는 행위는 그 발생수가 매우 빈번하며, 업적에 대해 보상을 받는 관리자들은 어느 정도의 위험성을 감내하고 목표성취에 매진하게 된다 한다. 이렇게 볼 때 개개인은 학습과정의 결과로서 그들의 행태와 업무성취에 영향을 주는 고유한 욕구의 형태를 형성하게 되는 것이다.[19]

---

17) *Ibid.*, p.126.
18) *Ibid.*, pp.126-127.
19) *Ibid.*, p.127.

6. 동기부여의 과정이론

앞에서 설명한 동기부여의 내용이론은 작업에서 동기부여를 하는 것이 무엇인지를 밝히려고 하였다. 그러나 동기부여의 가정이론은 동기부여 되는 변수를 밝히고, 나아가서 이들 변수 상호간에 어떻게 관계되고 있는가를 밝히고자 하였다.[20] 이와 같은 동기부여의 과정이론에는 브룸의 기대이론, 포터-로울러(Porter-Lawler)의 모형 및 로울러(Lawler)의 모형 등이 대표적인 것이라고 할 수 있다.

1) 브룸(Victor Vroom)의 기대이론 [21]

동기부여의 기대이론은 레윈(Kurt Lewin)과 툴만(Deward Tolman)의 인지개념(cognitive concept)에 근거를 두고 있으며, 동시에 고전적 경제이론인 선택행동과 효용개념에 근거를 두고 있다. 그러나 동기를 부여하는 데 목표를 두고 기대이론을 처음으로 형성한 사람은 브룸이었다.

브룸의 모형은 합성력(valence), 수단(instrumentality), 기대(expectancy)의 개념으로 형성되었으며, 이에 따라 VIE모형으로 알려져 있다. 이 이론의 기본적인 가정은 "행동의 과정 중에서 선택된 행동은 행동을 일으키는 심리적 사건과 관련 된다"는 것이다.[22]

1) VIE 이론을 형성하는 변수들의 의미와 VIE 이론의 내용

합성력(valence)이란 특정한 산출에 대한 개인의 선호도를 의미한다. 합성력에는 가치(value), 유인(incentive), 태도(attitude) 및 기대되는 효용(expected utility)이 포함된다. 합성력은 산출을 얻고자 하는 태도와 마음에서 나타난다. 즉 산출을 얻고자 할 때 합성력이 일어난다. 반면 합성력의 전무상태(a valence of zero)는 산출에 대하여 무관심할 때, 즉 개인이 산출을 얻지 않는 것을 좋아할 때 일어난다.

합성력에 투입되는 또 다른 주요한 것은 수단(instrumentality)이다. 수단이란 1차수준의 산출과 2차수준의 산출 간의 관계에 대한 개인의 지각을 의미한

---

20) Fred Luthans, *Organizational Behavior*, 3rd ed.(New York: McGraw-Hill Co., 1981), p.186.
21) *Ibid.*, pp.189-190.
22) Victor Vroom, *Work and Motivation*(New York: John Wiley and Sons, 1965), pp.14-15.

다. 예컨대 개인은 승진을 원하며 우수한 업적이 목표달성에 대한 중요한 요인이라고 가정하면, 1차수준의 산출(우수한, 평균의 또는 낮은)은 업적이고, 2차수준의 산출은 승진이다. 1차수준의 높은 업적의 산출은 승진을 원하는 2차수준의 산출에 대한 기대된 관계에 의하여 합성력을 얻게 된다.[23] 이 경우 개인은 승진되고 싶은 희망 때문에 더 우수한 업적을 향하여 동기부여 될 것이며, 더 우수한 업적(1차수준의 산출)은 승진(2차수준의 산출)을 얻는 수단이 되는 것이다.

[그림 4-3] Vroom의 VIE 모형

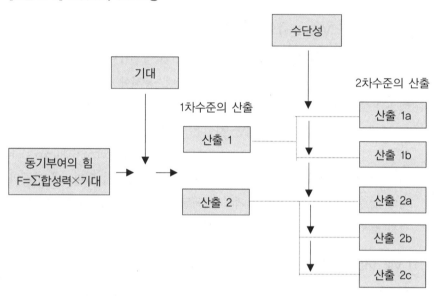

브룸의 동기부여의 과정이론에서 또 다른 중요한 변수는 기대(expectancy)이다. 얼핏 보기에는 기대의 개념이 합성력에 대한 수단적 투입과 동일하게 보일는지도 모르지만 전혀 다른 개념이다. 즉 수단은 1차수준의 산출과 2차수준의 산출 간의 상호관계에 관련되는 데 반하여, 기대는 1차수준의 산출을 향한 노력과 관계된다는 점에서 기대와 수단은 서로 다르다.[24] 다시 말하자면 기대는 특정한 행동이나 협력, 특정한 1차수준의 산출을 끌어낼 수 있는 가능

23) J.G. Hunt and J.W. Hill, "The New Look in Motivation Theory for Organizational Research," *Human Organization*(Summer 1969), p.104.
24) *Ibid.*,p104–110

성이다. 이 때 그 가능성은 0에서 1까지로 나타난다. 반면에 수단은 1차수준의 산출이 2차수준의 산출을 끌어낼 수 있는 정도를 말한다. 요컨대 인간에게 어떤 행동을 하도록 하는 힘은 모든 1차적 결과에 대한 합성력의 대수적 총합과 그 행위가 그 결과를 얻게 할 것이라는 그 사람이 기대하는 강도의 기능, 즉 동기부여의 힘(F) = $\sum$합성력(V) × (E)이다.

2) 조직행태에서 브룸 모형이 시사하는 것

브룸의 이론은 동기부여에 개인적인 차이를 반영하는 인지적 변수의 과정을 묘사하고 있다는 점에서 내용이론과 다르다. 브룸의 이론은 내용이 무엇인지 또는 개인차가 무엇인지를 밝히지 아니한다. 다만 모든 사람은 합성력, 수단, 기대의 독특한 결합을 통해 행동한다는 것이다. 그리하여 브룸의 이론은 동기부여의 개념적 결정인자와 그들 간의 상호관계만을 지적하고 있다. 따라서 마슬로우, 허쯔버그, 알더퍼, 그리고 맥클리랜드 등의 모형에서 제시했던 바와 같이 조직구성원들에게 동기부여 하는 것이 무엇인지에 관해서는 제시하지 못했다. 이와 같은 브룸의 모형은 조직 내의 개인에게 동기를 부여하는 데는 직접적으로 기여하지 못하였지만, 조직행태를 이해하는 데는 매우 가치 있는 모형이다.

예컨대 개인목표와 조직목표 간의 관계를 명백히 할 수 있다. 즉 특정한 욕구의 만족은 조직목표에 영향을 주기 쉽다는 가정을 하는 대신, 다양한 '2차수준의 산출'(노동자의 목표), 2차수준의 산출을 획득하기 위한 다양한 '1차수준의 산출'(조직의 목표) 및 1차수준의 산출에 영향을 줄 수 있는 종업원의 능력에 대한 존경에 결부되는 '기대' 등이 얼마나 중요한지를 발견할 수 있게 해 준다는 것이다.[25] 만약 생산표준이 정해져 있다면, 노동자의 산출을 측정함으로써 다양한 개인목표(돈, 안정, 인정과 같은 2차수준의 산출)와 개인목표를 성취하기 이한 조직목표(생산표준과 같은 1차수준의 산출)의 수단 및 개인의 능력과 협력이 조직목표를 성취할 수 있다는 노동자의 기대가 관리상에 얼마나 중요한지를 결정할 수 있다. 만약 생산기준이 낮다면 2차 산출을 높이 평가하지 않거나 1차수준의 산출일 2차수준의 산출을 획득하는 수단이라고 보지 않을지도 모른다. 또는 그들의 노력이 1차수준의 산출을 획득, 성취할 수 없다고 생각할지도 모른다.

---

25) *Ibid.,* p.105.

브룸의 이 같은 모형은 관리상 노동자의 동기를 이해하고 분석하는 데 도움을 주고, 변수들 간의 관계를 밝히는 데 도움을 주도록 설계된 것이다. 따라서 브룸의 모형은 동기부여문제에 관한 특별한 해결책을 제공하지 못하였으며, 적용상의 한계와 더불어 인간이 합리적이고 논리적이라는 가정하에 설계되었다는 점에서 그 한계가 있는 것 같다.

2) 포터-로울러(Porter-Lawler)의 모형 [26)]

내용이론은 만족은 향상된 업적을 낳고, 불만족은 업적을 손상시킨다는 가정을 하고 있다. 허쯔버그의 모형도 직무만족이론이지만, 만족과 업적과의 관계를 취급하고 있지 않다. 반면 브룸의 모형은 만족과 업적 간의 관계를 꾀하고 있다. 그런데 만족이 합성력의 개념에 투입을 넣고 출산이 업적의 뜻을 지니고 있기는 하지만, 출산과 업적 간의 관계가 취급된 것은 포터와 로울러가 브룸의 모형을 확인하고 확장시킨 이후부터이다. 포터와 로울러는 동기부여(노력 또는 힘)가 만족과 업적에 일치하지 않는다는 전제에서 출발하였다. 동기부여, 만족, 그리고 업적은 모두 분리된 변수이며, 전통적인 방법의 과정과는 다르게 관련되어 있다. 포터-로울러 모형에서 더 중요한 것은 업적 후에 무엇이 일어나는가이다. 업적에 다른 보상과 이에 대한 지각은 만족을 결정할 것이다. 즉 포터-로울러 모형은 전통적 사고와는 달리 업적이 만족을 유인한다는 것을 제시하였다.

1) 포터-로울러 모형에서의 변수

포터와 로울러의 모형은 노력, 업적, 보상, 만족 등의 변수와 상호관계에 관하여 설명함으로써 이해할 수 있다.

(1) 노력(effort)

노력이란 주어진 과업에 대하여 종업원이 쏟는 에너지의 총량을 의미한다. 그러나 노력은 업적과 동일한 것은 아니며, 오히려 업적보다 동기부여와 더욱 밀접히 관련되어 있다. 노력의 총량은 보상의 가치(the value of the reward)와 지각된 노력에 대한 보상확률 간의 상호작용에 달려 있다. 이것은 브룸이 사용한 힘과 비슷하다. 보상에 주어지는 가치는 유인력(attractiveness)

---

26) *Ibid.*,p106

과 욕망(desirability)의 정도에 달려 있다. 우정, 승진, 임금, 인정, 칭찬 등은 사람에 따라 다르게 평가되고 있다. 예를 들면 어떤 사람은 승진에 대해서 위협과 불안정의 기분을 느낄 수도 있다. 지각된 노력에 대한 보상가능성은 노력에 대한 또 다른 주요한 투입이다. 이러한 변수는 상이한 노력은 상이한 보상을 가져오게 된다는 가능성을 종업원이 지각하게 되는 것을 말한다. 보상의 가치와 노력에 대한 보상가능성의 지각은 상호결합 되어서 노력의 양을 결정하게 될 것이다. 만약 종업원들이 보상에 높은 가치를 두고 노력에 대한 보상이 높다는 것을 지각한다면, 그들은 굉장한 노력을 할 것이다.

(2) 업적(performance)

업적은 조직이 객관적으로 측정할 수 있는 실질적인 결과를 나타낸다. 노력은 업적을 전제로 한다. 그러나 이들이 반드시 일치되는 것은 아니다. 노력과 업적 간의 불일치(discrepancy)는 종업원의 능력과 자질 및 그들의 역할지각에서부터 출발한다. 업적은 노력은 물론 개인의 능력(지식, 기술 등), 담당한 역할을 지각하는 방식에도 의존한다. 직무가 정해지는 방식, 노력의 방향, 효과적 업적을 위해 필요하다고 생각된 노력의 수준 등은 모두 역할지각으로 통한다. 즉 종업원이 많은 노력을 기울일지라도 역할을 지각할 능력이 없거나 부정확하면 업적은 비효과적으로 나타날 것이다. 예컨대 대단한 노력을 기울였지만, 능력의 부족 또는 부정확한 상황판단으로 나쁜 결과를 초래하는 경우를 볼 수 있는 것이다.

(3) 보상(reward)

포터와 로울러는 처음에는 단일한 보상변수만을 포함시켰다. 그러나 경험적 검증의 결과는 내적 보상(intrinsic reward)과 외적 보상(extrinsic reward)으로 정확하게 구분되어야 함을 나타내 주었다. 포터와 로울러는 내적 보상이 업적과 관계된 만족의 태도를 낳기 쉽다고 생각하였다. 더욱이 지각된 보상은 업적과 만족의 관계에 중요한 영향을 미친다. 이는 주어진 수준의 업적에 당연히 느끼는 보상의 수준을 반영하는 것이다.

(4) 만족(satisfaction)

지적한 바와 같이 만족은 동기부여와 일치되지 아니하며, 그것은 하나의 태도이고 내적인 인식상태이다. 동기부여는 하나의 과정이며, 이러한 점에서 과정이론의 모형이 내용이론보다 만족과 더욱 관련된다고 하겠다. 포터-로울러 모형에서의 만족은 단지 하나의 변수이며, 내용이론(Herzberg)에서와 같은 다양한 내용의 통합을 의미하는 것이 아니다. 만족은 보상이 부족하다든지, 적당하다든지, 또는 초과한다든지 하는 보상의 정도에서 나타나는 것이다. 따라서 그 보상이 적당하거나 지각했던 보상을 초과했다면 만족할 것이고, 반대로 예상했던 것보다 보상이 부족하다면 불만족할 것이다. 포터-로올러 모형은 만족에 관하여 두 가지 점에서 전통적인 사고와 다르게 설명하고 있다. 첫째로, 만족은 지각된 보상에 의해서 결정된다는 것이고, 둘째로, 보상이 만족에 의하여 결정되는 것이 아니라 만족이 업적에 의하여 결정된다는 것이다. 즉 업적의 정도가 만족에 영향을 미치게 된다는 것이다. 이러한 관점은 만족과 업적의 관계에 대한 전통적 분석을 180도 바꾸어 놓은 것이다.

2) 포터-로올러 모형의 평가

포터-로올러 모형은 브룸의 VIE 모형에 비해 적용가능성을 더 고려한 것이지만, 그것은 여전히 복잡하며 실제의 관리실제에 대한 괴리(gap)를 메꾸기에는 매우 복잡하고 어려운 방법이다. 물론 포터와 로올러는 그들의 이론과 연구결과를 실천에 옮기는 데 관심을 가졌다. 그들은 관리자를 훈련시킬 때 전통적 태도를 측정하는 정도를 얻어서 보상의 가치, 노력에 대한 보상가능성의 지각, 역할지각 등과 같은 변수들을 관리자들이 이해하는 데 도움을 준다. 업적의 결과에 주의를 기울이면서 그들의 보상정책을 재평가하도록 권했다. 만족의 수준이 업적의 수준과 얼마나 밀접히 관련되어 있는가에 노력을 기울여 줄 것을 강조하였다.[27] 물론 이러한 변수들은 종업원의 노력과 업적을 관리자들이 이해하는 데 도움을 준다. 업적의 결과에 주의를 기울이면서 그들의 보상정책을 재평가하도록 권했다. 만족의 수준이 업적의 수준과 얼마나 밀접히 관련되어 있는가에 노력을 기울여 줄 것을 강조하였다.[28] 이러한 권유는 그 효과성이 몇몇 연구에 의하여 입증되었다. 실제로 성과별 책임 노동자를 대상으로 한 연구에 의하면, 노력에 대한 업적의 가능성을 지각한 노동자들은 그 가능성을 낮게 지각한 노동자보다 더 높은 생산성을 나타내고 있음을 발견하였다.[29] 이와 같은 발견은 관리상에 직접적인 도움을 줄 수 있었다. 포터-

---

27) Luthans, op. cit., pp.190-195.
28) Lyman W. Porter and Edward E. Lawler, Ⅳ, *Managerial Attitudes and Performance*(Irwin, Homewood, Ⅲ.: 1968), p.183.
29) *Ibid.*, pp.183-184.

로울러 모형은 동기부여와 업적과 만족간의 관계를 이해하는 데 도움을 주었다. 그러나 실제적인 실천에 옮겨 적용시키는 데는 그리 큰 영향을 주지 못하고 있다.

3) 로울러(Lawler)의 기대모형

최초의 포터−로울러 모형 이래로 로울러는 자신의 모형에 관하여 여러 번 그 효용을 재확인하여 왔다. 특히 그는 두 개의 기대형(two types of expectancy), 즉 E→P와 P→O의 기대가 있다고 생각하였다. 이들은 둘 다 동기부여의 투입물이 된다. 기대요인들 간에는 배수(倍數)적인 관계가 있다. 동기부여에 관한 Lawler의 공식은 다음과 같다. 즉 Effort=(E→P) × ∑[(P→O)(V)]이다. 이를 해설하면 노력(E)에 대한 업적(P)의 기대가 모든 업적(P)에 대한 산출(O)의 기대와 합성력(V)의 곱의 합과 곱해진 것이 노력이다.

[그림 4−4] Lawler의 동기부여의 기대모형[30]

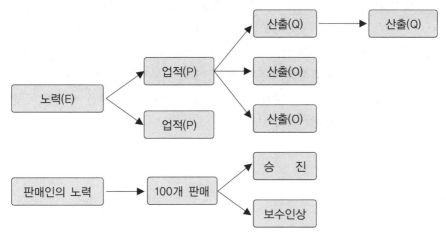

[그림 4−4]에서 알 수 있는 바와 같이, 첫 번째의 기대, 즉 노력에 대한 업적(E→P)은 의도된 업적을 성취할 가능성(그 가능성은 0−1까지로 평가된다)에 대한 개인의 평가이다. 두 번째의 기대, 즉 업적에 대한 산출(P→O)은 업

30) Donald P.Schwab and Lee D. Dyer, "The Motivational Impact of a Compensation System on Employee Performance," *Organization Behavior and Human Performance*(April 1973), pp.315–335.

적이 특정한 산출을 유인할 것이라는 가능성(그 가능성은 0-1까지로 평가된다)에 대한 개인의 평가이다. E→P 기대의 한 예는 [그림 3-4]에서 볼 수 있는 바와 같이 100개의 전기부품을 팔 수 있을 것이라는 가능성을 평가하는 판매원의 경우이다. 이 업적수준의 산출(P→O의 기대)은 승진가능성 0.4, 임금인상가능성 0.6이 될지도 모른다.

로울러는 E→P 기대에 있어서 유일하고도 가장 중요한 결정은 객관적 상황이라고 생각하였다. 더 나아가서 자기 자신의 평가(자존심), 유사한 상황에 대한 과거의 경험, 타인과의 의사소통 등이 개인의 상황지각에 주요한 투입물이 된다. 개인의 P→O 기대의 지각은 E→P 기대와 같은 많은 유사한 것에 의하여 영향을 받는다. 더욱이 산출의 유인, 산출을 통제하는 사람의 신념, E→O의 기대 등은 모두 개인의 P→O 기대에 영향을 미친다.

동기부여에 관한 더욱 복잡한 기대모형은 이를 이해하는 데에 있어 한 단계 발전한 것이지만, 무엇보다도 실천으로 전환시키는 데 한 걸음 진전시킨 것이다. 이와 같이 로울러의 모형은 행동의 동기를 이해하는 데 도움을 주었지만 실천에는 역시 그 한계가 있는 듯하다.

만약 우리가 개인의 행동을 예측하는 데 이 모형을 사용한다면, 또 행동에 관련된 자료를 수집하려고 한다면 이 모형이 너무 복잡하여 타당한 예측을 할 수 없기 때문에 정확한 행동에 대한 예측이 부정확할지도 모를 것이다.[31] 그러나 로울러의 이러한 자기 비판에도 불구하고, 이 모형은 상당한 가치가 있는 것으로 평가되고 있다.[32]

---

31) Luthans, op. cit., pp.195-196.
32) Lawler, op. cit., p.60.

참고문헌

1. 국내서적

김영종(1996), 부패학, 숭실대학교 출판부

김해동 외(1994), 관료부패와 통제, 서울 : 집문당

백완기(1995), 행정학, 서울 : 박영사

정영석(1987), 형법총론, 서울:법문사

이은영(1997), 부정부패의 사회학, 서울:나남출판

유종해·김택(2006), 행정의 윤리, 박영사

김택(2013), 경찰인사행정론, 청목출판사

유종해·김택(2011), 행정조직론, 한국학술정보

유종해·김택(2011), 객관식 행정학, 박영사

유종해(1995), 현대행정학,박영사

유종해(2005), 현대조직관리,박영사

유재천(1988), 한국언론과 언론문화, 서울:나남

윤덕중(1984), 범죄사회학 서울:박영사

한상진(1988), 한국사회와 관료적 권위주의, 서울 : 문학과 지성사

한국행정학회편(1988), 한국민주행정론, 서울 : 고시원

2. 국내논문

김영종(1985), "개발도상국가들의 관료 부패 모형정립", 「한국행정학보」19권 2호

 (1988), "한국관료 부패와 부패방지", 「계간경향」, 봄호

 (1988), "부패의 실체발견과 통제전략", 「민주사회의 성숙을 위한 공공행정」, 한국행정
        학회

김해동(1990), "관료부패의 유형", 「행정논총」, 제28권 제1호

김 택(1998), "한국사회의 부패유착구조"<한국부패학보>, 제2호

안병영(1989), "국가 관료제 그리고 국민, <사상>, 제1권1호

양승목(1993), "문민시대의 한국언론, <신한국의정책과제>

윤우곤(1988), "현대 한국관료의 의식구조", 계간경향,봄호

조용효(1988), "한국 행정의 민주화 정착을 위한 모색", 「한국민주행정론」서울:고시원
정헌영(1990), "행정윤리의 성립가능성 및 확립방안", 「한국행정학보」, 제24권, 제 2호
최봉기(1990), "행정오류의 진단과 시정에 관한 언론의 역할, <한국행정학보> 제24권 1호
허범(1988), "새로운 공공행정의 모색", 한국민주행정론, 서울:고시원

3. 기타
<기타자료>
경찰청(2003-2010) 경찰백서, 경찰대(1985)치안논총 제2집, 고시연구 1994년 8월호
부정방지대책위원회(1993,10) 공무원 부패방지를 위한 처우개선 기본방안
<일간지>
서울신문, 1998년 5월 6일 10월 22일, 조선일보, 1995년 12월 1일. 1995년 10월 29일.
        1998년 9월 24일, 동아일보, 1999년 1월 16일
중앙일보, 1996년 1월 1일. 1998년 5월 6일 한겨레신문, 1994년 11월 28일

4. 外國書籍및 論文

Abramson, Robert, *An Integrated Approach to Organization Development and Improvement Planning*, West Hartfond: Kumarian Press, 1978.

Albrecht, K., *Organization Development: A Total Systems Approach to Positive Change in Any Business Organization*, Englewood Cliffs, New Jersey Prentice-Hall, Inc., 1983.

Alderfer, C. P., *Existence, Relatedness and Growth: Human Needs is Organizational Setting*, New York: The Free Press, 1972.

Aldrich, H.' E., *Organizations and Environments*, Englewood Cliffs, New Jersey: Prentice-Hall, 1979.

Argyris, Chris, *Integrating the Individual and the Organization*, New York: John Wiley and Sons, Inc., 1964.

Argyris, Chris, *Personality and Organization*, New York: Harper, 1957.

Argyris, Chris, *Understanding Organizational Behavior*, Homewood, Ⅲ.: Dorsey Press, 1960.

Arrow, K. J., *The Limits of Organizations*, New York: Norton, 1974.

Bayley, H.D(1966), "The Effects of Corruption in a Developing Nation", Western Political Quarterly, Vol. 19, No. 4

Becker W. Selwyn and Neuhauser, Duncan, *The Efficient Organization*, New York: Elsevier, 1975.

Beckhard, Richard, *Organizational Development*, Readings: Addison−Wesley, 1967.

Bennis, Warren G., *Changing Organizations, Bombay*, New Delhi: TATA, McGraw−Hill Pub.Co., 1966.

Bennis, Warren G., *Organizational Development: It's Nature, Origins and Prospects*, Readings: Addison−Wesley, 1969.

Bennis, Warren G., Schein, E. H. and Berlew, D. E. and Steele, F. I., *Interpersonal Dynamics: Essays and Reading on Human Interaction*, Homewood, Ill.: The Dorsey Press, 1965.

Blau, Peter M., *Bureaucracy in Modern Society*, New York: Random House, 1956.

Blau, Peter M., *The Dynamics of Bureaucracy*, Chicago: University of Chicago Press, 1963.

Blau, Peter M. and Scott, W. Richard, *Formal Organizations*, San Francisco: Chandler, 1962.

Bowditch, J. L. & Buono, A. F., *A Primer on Organizational Behavior*, New York: John Wiley & Sons, 1985.

Bradford, Leland P., Gibb, J. R. and Benne, K. D., *T−Group Theory and Laboratory Method*, New York: John Wiley & Sons, Inc., 1964.

Brown, Richard E., The GAO: *Untapped Source of Congressional Power*, Knoxville: University of Tennessee Press, 1970.

Caiden, Gerald, *Administrative Reform*, Chicago: Aldine Publishing Co., 1969.

Caplow, Theodore, *Principles of Organization*, New York: Harcourt, Brace and World, Inc., 1964.

Clegg, Stewart & Dunkerly, David, *Organization, Class, Control*, Thetford, Norfolk: Lowe & Brydone Printers Ltd., 1980.

Cohen, Harry, *The Dynamics of Bureaucracy*, Ames: Iowa University Press, 1965.

Costello, T. and Zalkind S., *Psychology in Administration*, Englewood Cliffs, New Jersey: Prentice−Hall, 1963.

Crozier, Mihael, *The Bureaucratic Phenomenon*, Chicago University of Chicago Press, 1964.

Dahl, Robert A., *Pluralist Democracy in the United States*, Chicago: Rand McNally,

1966.

Davis, James W., Jr., *The National Executive Brancin*, New York: Free Press, 1970.

Denhardt, R. B., *In the Shadow of Organization*, Lawrence: University of Kansas Press, 1981.

Downs, Anthony, *Inside Bureaucracy*, Boston: Little Brown, 1967.

Dunnete, M. D. and Kirchner, W. K., *Psychology Applind to Industry*, New York: Appleton−Century−Croffs, 1965.

Etzioni, Amitai, *A Comparative Analysis of Complex Organizations*, New York: Free Press of Glencoe, 1961.

Etzioni, A., *Modern Organizations*, Englewood Cliffs, New Jersey: Prentice−Hall, 1964.

Etzioni, Amitai, *Complex Organization: A Sociological Reader*, New York: Holt, Rinehart and Winston, 1961.

Fiedler, Fred E., *A theory of Leadership Effectiveness*, New York: McGraw−Hill Book Company, 1967.

Finer, Herman, *The British Civil*(revised ed.), London: Fabian Society, 1937.

French, W. L., *The Personal Management Process*, Boston: Hughton Mifflin Co., 1978.

French, W. L. and Bell, Co., *Organization Development*, Englewood Cliffs, New Jersey: Prentice−Hall, Inc., 1973.

Gibson, J. L., Ivancevich, J. M. & Donnelly, J. H. Jr., *Organizations: Behavior, Structure, Precess*, 4th ed., Plano Texas: Business Publications, Inc., 1982.

Golembiewski, Robert T., *Humanizing Public Organizations*, Maryland: Comond Pub. Inc., 1985.

Golembiewski, Robert T., *Organizing Men and Power: Patterns of Behavior and Line−Staff Models, Chicago*: Rand McNally, 1967.

Goembiewski, Robert T., *Renewing Organizations*, Itasca: Peacock, 1972.

Greiner, J. M., *et al.*, *Productivity and Motivation*, Washington, D. C.: Urban Institute, 1981.

Guest, Robert H., *Organization Change*, Homewood, Ⅲ.: Dorsey Press, 1962.

Hage, J., *Theories of Organization*, New York: John Wiley and Sons Inc., 1980.

Hall, R. H., *Organizations: Structure and Process*, Englewood Cliffs, New Jersey: Prentice−Hall, Inc., 1972.

Hare, A. Paul, *Handbook of Small Group Research*, New York: Free Press, 1962.

Heidenheimer,Ardld J.(1970), "Political Corruption :Readings in Corruptive Analysis, New Brunswick :Transaction

Henderson,Gregory(1968), Korea: The politics of the Vortex, Cambridge: Harvard University Press

Hersey, Paul and Blanchard, Kenneth H., *Management of Organizational Behavior*, Englewood Cliffs, New Jersey: Prentice−Hall, Inc., 1977.

Hicks, H. G. & Gullett, C. R., Organizations: *Theory and Behavior*, McGraw−Hill International Book Co., 1975.

Hollander, E. P., Leadership Dynamics: *A Practical Guide to Effective Relationship*, New York: The Free Press, A Division of Macmillan, Inc., 1978.

Huntington, Samuel P., *The Soldier and the States: The Theory and Politics of Civil−Military Relations*, New York: Vintage, 1964.

Huse, E., *Organization Development and Change*, St. Paul, Minnesota: West Pub. Co., 1975.

Huse, E. F. & Bowditch, J. L., *Behavior in Organizations*, 2nd ed., Addison−Wesley Pub. Co., Inc., 1977.

Hyneman, Charles S., *Bureaucracy in a Democracy*, New York: Harper, 1950.

Karl, Barry, *Executive Reorganization and Reform in the New Deal*, Cambridge, Mass.: Harvard University Press, 1963.

Katz, Daniel and Kahn, Robert, *The Social Psychology of Organization*, New York: Wiley, 1966.

Kaufman, Herbert, *The Limits of Organizational Change*, The University of Alabama Press, 1975.

Kaufman, Gerbert, *Are Government Organization Immortal?*, Washington, D. C.: The Brookings Institution, 1976.

Kimberly, J. R., et al., *The Organizational Life Cycle*, San Francisco: Jossey−Bass, 1980.

Learned, E. F. and Sproat, A. T., *Organization Theory and Policy: Note for Analysis*, Homewood, Ⅲ.: Richard D. Irwin, Inc., 1966.

Likert, R., *The Human Organization: Its Management and Value*, New York: MaGraw−Hill Book Company, 1967.

Litterer, J. A., *The Analysis of Organizations*, New York: John Wiley & Sons, 1965.

Luthans, F., *Organizational Behavior: A Modern Behavioral Approach to Management*, New York: McGraw—Hill Book Company, 1973.

March, J. G.(ed), *Handbook of Organization*, Chicago: Rand McNally, 1975.

Margulies N. and Raia A. P., *Organizational Development: Values, Process and Technology*, New York: McGraw—Hill Book Company, 1972.

McClelland, D. C., *The Achievement Motive*, Appleton—Century Crofts, 1953.

McFarland, A. S., *Power and Leadership in Pluralist Systems*, Stanford, California: Stanford University Press, 1969.

McGregor, D., *The Human Side of Enterprise*, New York: McGraw—Hill, 1960.

Millett, John D., *The Process and Organization of Government Planning*, New York: Columbia University Press, 1947.

Mintzberg, Henry, *Power In and Around Organizations*, Englewood Cliffs, New Jersey: Prentice—Hall, Inc., 1983.

Mintzberg, Henry, *The Structuring of Organizations*, Englewood Cliffs, New Jersey: Prentice—Hall, Inc., 1979.

Mooney, James D., *The Principles of Organization*, revised ed., New York: Harper, 1947.

Moshers, Frederick, *Governmental Reorganization*, Indianapolis: Bobbs Merrill, 1967.

Myrdal G.(1971), "Corruption : Its Cause and Effects" in G. Myral, Asian Drama. N.Y. : Pantheon Books

Naisbitt, John, *Megatrends: The New Directions Transforming Our Lives*, New York: Warner Books, Inc., 1984.

Natemeyer, W. E.(ed.), *Classics of Organizational Behavior*, Moore Pub. Co. Inc., 1978.

Nystroom, P. C. and Starbuck, W. H.(eds.) *Handbook of Organizatioal Design*, New York: Oxford University Press, 1981.

Parsons, T., *Structure and Process in Modern Societies*, New York: Free Press, 1960.

Parter, Lyman, Lawler, Edward and Hackman, J. Richard, *Behavior in Organizations*, New York: McGraw—Hill, 1975.

Pfifiner, J. M. and Sherwood, F. P., *Administrative Organization*, Englewood Cliffs, New Jersey: Prentice—Hall, 1960.

Porter, L. W., Lawler, E. E. III and Hackman, J. R., *Behavior in Organization*, Tokyo:

McGraw—Hill, kogakusa, 1975.

Presthus, R., *The Organizational Society*, New York: Vintage Books, 1965.

Ramos, A. G., *The New Science of Organizations*, Toronto: University of Toronto Press, 1981.

Robbins, Stephen P., *Organizational Theory: The Structure and Design of Organizations*, Englewood Cliffs, New York: Prentice—Hall, 1983.

Rothman, Jack, Erlich L. John, Terusa G. Joseph, *Promoting Innovation and Change in Organizations and Communities: A Planning Manual*, New York: John Wiley & Sons, 1976.

Sanford, F. H., *Authoritarianism and Leadership*, Philadelphia: Institute for Research in Human Relations, 1950.

Schein, E. H., *Organizational Psychology*, 2nd ed., Englewood Cliffs, New Jersey: Prentice—Hall, 1970.

Schein, E. H. and Bennis, W. G., *Personal and Organization Change Through Group Methods: The Laboratory Approach*, New York: John Wiley & Sons, 1965.

Schumacher, B. G., *Computer Dynamics in Public Administration*, New York Spartan Books, 1967.

Shrode, W. A. and Voich, Dan, Jr., *Organization and Management: Basic Systems Concepts*, Homewood, Ⅲ.: Richard D. Irwin, Inc., 1974.

Sichel, Werner and Gies, Thomas G., *Public Utility Regulation*, Lexington, Mass.: D. C. Heath and Company, 1975.

Simon, Herbert A., *Administrative Behavior: A Study of Decision Making Processes in Administrative Organization*, New York: Macmillan, 1945.

Smith, Bruce L. R., *The Rand Corporation*, Cambridge, Mass.: Harvard University Press, 1966.

Stanley, D. T., *Changing Administrations*, Washington, D. C.: Brookings Institution, 1965.

Stewart, D. W. & Garson, G. D., *Organizational Behavior and Public Management*, New York: Marcel Dekker, Inc., 1983.

Suojaned, Waino W., *The Dynamic of Management*, New York: Holt, Rinegart & Winston, Inc., 1966.

Szilagyi, A. D., Jr. and Wallace, M. J., Jr., *Organizational Behavior and Performance*,

Glenview, Ⅲ.: Scott Foresman & Co., 1983.

Tausky, Curt, *Work Organizations, Major Theoretical Perspectives*, Itasca, Ⅲ.: F. E. Peacock Pub. Co., 1970.

Thompson, Victor A., *Modern Organization*, New York: Alfred A. Knopf, 1961.

Tompson, James D., *Organization in Action*, New York: McGraw−Hill, 1967.

Tosi, H. L. & Hamner, W. C., *Organizational Behavior and Mangement: A Contingency Approach*, 3re ed., New York: John Wiley & Sons, 1974.

Urwick, Lyndall F., *Committees in Organization*, London: British Institute of Management, 1950.

Verba, Sidney, *Small Groups and Political Behavior: A Study of Leadership*, Princeton: Princeton University Press, 1961.

Vroom, V. H., *Some, Personality Determinants of the Effects of Participation*, Englewood Cliffs, New Jersey: Prentice−Hall, Inc., 1960.

Weare, K. C., *Government by Committee*, London: Oxford University Press, 1955.

Weber, Max[Talcott Parsons(ed.): A. M. Henderson and T. Parsons(trans.)], *The Theory of Social and Economic Organization*, New York: Oxford University Press, 1947.

White, Michael J., Randnor, Michael and Tansik, David A., *Management and Policy Science in American Government*, Lexington, Mass.: D. C. Heath and Company, 1975.

Wilensky, H. D., *Organizational Intelligence: knowledge and Policy in Government and Industry*, New York: Basic Books, Inc., 1967.

Woodward, Joan, *Industrial Organization: Theory and Practice*, New York: Oxford University Press, 1965.

Zwerman, W. L., *New Perspectives on Organization Theory*, Westport, Conn.: Greenwood Publishing Company, 1970.

제**5**장

경찰인사론

제5장 경찰인사론

1. 인사행정의 발전

현대적인 인사행정관이 성립되기까지에는 많은 관념적인 변화가 있었다. 그러나 여기서는 근대자유주의국가 이후에 나타났던 몇 가지 인사행정관을 시대순으로 살펴보기로 한다.

1) 엽관주의(정실주의)

(1) 의의

엽관주의와 정실주의는 거의 같은 뜻으로 사용되는 것으로,[1] 공직의 임면을 개인의 능력에 두는 것이 아니고 정단관계 내지 인사권자와의 개인적 충성(personal royalty), 혈연, 지연 및 학벌관계 등을 기준으로 하는 제도를 말한다.[2]

엽관(spoils)이란 미국에서 나온 말로서 본래 전리품을 의미한다. 즉 선거에서 승리한 정당은 모든 관직을 마음대로 처분할 수 있는 전리품으로 본다는 것이다. 따라서 승리한 정당은 선거에 패배한 정당의 소속원을 행정부에서 몰아내고 자기정당의 당원 등을 임명할 수 있다는 것이다. 엽관제는 정당정치가

---

1) 엽관주의(spoils system)와 정실주의(patronage)는 공직의 임용이 실적 이외의 요소에 의하여 행해졌다는 점에서는 다를 바가 없다. 그러나 엽관주의가 잭슨(Jackson) 대통령 이후 주로 미국에서, 정실주의는 1688년의 명예혁명 이후 주로 영국에서 각기 다른 문화적 배경을 가지고 성숙되었다는 점과, 또 하나는 전자는 순전히 당파적인 관계로 임면되는 대량 송제인데 비하여, 정실주의는 당파적 이외의 다른 요소까지 포함하는 폭넓은 개념이라는 데 차이가 있다. O. Glenn Stahl, Publish Personnel Administration(Harper & Row, 1962), p.26 참조.
2) Pual P. Van Riper, History of The United States Civil Service(Evanston, Ill. : Row Peterson and Co., 1958), p.8.

시작됨에 따라 종래에는 국왕의 사용자(royal servants)였던 관리에 대하여 새로 대두한 의회가 지배권을 행사하려는 민주적 목적을 위하여 전개되었다. 그러나 시간이 흐름에 따라 엽관주의를 정상화시켰던 여건도 달라져 엽관주의는 당초의 참신한 민주적 의의를 잃게 되었다.

(2) 성립요건

19세기 초에 영·미에서 자유주의시대가 열리자 종래에는 군주의 사용인이었던 관료가 이제는 국민의 대표기관인 의회의 지배하에 놓이게 되어 관료는 정당의 사용인(party servant)으로 전환하게 되었다.[3] 이와 같이 엽관주의가 지배적인 인사행정 원리로 성립하게 된 중요한 이유는 다음과 같다.

가. 민주정치의 발전

민주정치의 발전에 따른 평등적(equalitarian) 사조는 공직을 새로운 대중에게 개방하는 것이 행정을 민주화한다고 믿었던 것이다.

나. 정당정치의 발달

엽관주의와 정당정치의 관계는 국가마다 그 관련성의 정도에 따라 의견이 다르나, 새로 집권하는 사람들은 그들의 추종자 등에게 봉사의 대가로 관직을 제공해야 할 필요에 쫓기게 되어 엽관주의는 정당제도의 유지에 기여하게 되었다.

다. 행정사무의 단순성

당시의 정부의 기능은 법질서의 유지에 국한된 단순한 것이었다. 따라서 이러한 기능을 담당하는 공무원의 자격은 전문가가 아닌 아마추어로서 충분하였던 것이다.

(3) 폐해

민주주의의 승리로 찬양되고 행정의 민주화로서 파악되었던 엽관제도는 국가의 기능이 행정국가화함에 따라 많은 폐단이 노정되기에 이르렀다.

---

3) 관료의 이와 같은 위치를 가리켜 파이너(Herman Finer)는 "관직은 입법부와 군주 사이의 싸움에 낀 물건과 같다."라고 표현하고 있다. Herman Finer, The British Civil Service(London:The Fabian Society, 1927), p.15.

가. 행정능률의 저하

정권이 교차될 때마다 이에 따른 공무원의 대량경질과 무능한 자의 임명은 행정사무의 계속성과 능률을 침해한다.

나. 공평한 임무수행의 저해

관료들이 국민을 위하여 봉사하는 것이 아니라 정당을 위하여 봉사하며, 공익보다는 개인적인 일에 몰두하는 경우가 많게 되었다.

다. 불필요한 직위의 남발과 예산의 낭비

정당의 추종자들을 임용하기 위하여 불필요한 관직을 많이 증설하였으며, 이것은 결국 정부재정의 낭비를 초래하게 되었다.

라. 불확실한 신분보장

공무원의 신분이 보장되지 않기 때문에 공무원이 직무에 전념할 수 없으며, 장기적인 안목의 행정이 이루어지지 못한다.

2) 실적주의

(1) 의의

실적주의(merit system)는 공무원을 임용함에 있어서 개인의 자격·능력·실적을 기준으로 하는 제도를 말한다. 이 용어는 처음에는 엽관주의에 대한 반대의 의미로서 객관적인 공채, 공무원의 신분보장, 정치적 중립 등의 소극적인 견해이었으나, 세월이 경과함에 따라 실적기준의 상용 확대와 이를 뒷받침하는 인사행정의 적극성 및 기능 확대를 의미하게 되어 내용확대를 겪어온 개념이라고 할 수 있다.[4]

(2) 성립요인

가. 행정국가의 성립

자유주의(자본주의)의 폐단에 19세기 후반부터 국가의 기능은 행정국가로 변질되어 시민생활의 모든 부분에 개입하게 되었다. 이러한 행정기능의 질적 전환과 양적 증대는 전문적인 능력을 갖춘 관료를 불가피하게 요청하게

---

4) O. Glenn Stahl, Public Personnel Administration, 6th ed. (Harper & Publishers, 1971), p.28 참조.

되었다.

나. 정당의 변질

정당의 규모가 커지고 국민의 정치의식수준이 향상됨에 따라 금권 또는 정당의 구속으로부터 공무원의 지위보장을 요구하게 되었다.

다. 엽관주의의 폐해

전술한 엽관주의로 인한 폐단을 극복하기 위해서 실적주의의 채택은 불가피하였다.

(3) 내용

가. 임용상의 기회균등

공직은 모든 사람에게 개방되어야 하며, 성별·종교·사회적 신분 등을 이유로 어떠한 차별도 받을 수 없다는 것이다.

나. 능력·자격·실적에 의한 인사관리

인사행정의 기준은 실정이나 인연에 의하지 않고 개인의 능력·자격 및 실적에 기인되어야 한다.

다. 정치적 중립

어떠한 정당이 집권하더라도 공무원은 당파성을 떠나서 공평히 공익을 위하여 봉사해야 한다.

라. 공무원의 신분보장

공무원은 법령의 규정에 의하지 아니하고서는 신분을 위협받는 일이 없어야 한다.

(4) 실적제의 한계

실적주의는 본래 엽관주의에 대한 반동으로 주장되었던 것이나, 지나친 실적주의의 강조는 공무원들로 하여금 의무나 권리나 물질적 보수에 더 관심을 가지게 하며 적극적으로 창의성을 발휘하려는 의욕을 저해한다는 데 비판이 가해지게 되었다.

따라서 실적주의는 공무원의 당파적 편향을 방지한다는 소극적 기능이 아니라, 공무원의 능력을 최대로 발휘할 수 있도록 동기를 부여하고 적극적인 유인을 제공해야한다는 적극적·발전적 인사행정으로 변모하게 되었다. 이를 위한 인사행정의 중요한 내용으로는 적극적 모집, 재직자훈련의 강화, 합리적인 승진 및 전직제도의 수립, 근무환경의 개선 등이 있다.

한편 현대의 인사행정에서도 엽관주의를 완전히 배제한 철저한 실적주의보다는 실적주의가 부적합한 경우에 엽관주의를 적절히 활용함으로써 조화적 발달을 모색하고 있음을 주의해야 한다.[5]

3) 적극적 인사행정

(1) 의의

실적주의인사행정은 엽관주의의 제동에만 역점을 둔 까닭에 인사행정의 비융통성·소극성·경직성·집권성·독립성 등의 폐단을 노출시켰다.

이러한 실적주의인사행정의 원칙을 적극적·분권적·신축성 있는 인사원칙을 확대·발전시켜 나가기 위하여 실적주의와 능률주의 인사행정으로부터 엽관주의적 요소의 신축성 있는 가미와 인간관계론적 인사행정의 상호보완적 균형에 의해 인사행정의 인간화를 기하려는 것이 적극적(발전적) 인사행정(positive <developmental> personnel administration)이다.

(2) 실적주의의 비판

실적주의 인사행정은 다음과 같은 결점을 내포하고 있다고 비판되었다.

(1) 소극성, 즉 실적의 배제에만 몰두한 나머지 유능한 인재를 확보하고 근무케하기 위한 적극적인 방법으로 고려하지 않았다.

(2) 독립성, 즉 관료제 외부에 대하여 항상 방어적이었으므로 불신과 비협조의 분위기가 조장되었다.

(3) 경직성, 즉 능률적이고 합리적인 인사행정을 요구함으로써 융통성이 없으며, 표준화된 서식과 경직한 법규의 준수는 인사행정을 형식화·경직화시켰다.

(4) 집권화 즉, 인사행정의 실질적인 권한이 중앙인사기관에 집중되어 하부

---

5) 오석홍, 교수는 현대의 바람직한 인사행정관을 균형주의(balanced approach)라 부르고 있다. 그 내용은 다원적 접근방법으로 반엽관주의·능률주의·인간관계주의 등이 상호보완적으로 포함되어 있는 것을 말하며, 조직론의 구조적 접근방법과 유사하다. 오석홍, 인사행정(서울 : 박영사, 1975), 28~37面 참조.

기관의 실정에 접합하지 않은 인사행정이 시행되었다.

(5) 비인간화, 즉 실적주의 인사행정의 소극성을 수정·보완하고 실적주의의 내용을 확대·발전시키려는 능률주의는 인간에게 기계적 능률을 강요함으로써 인간적 요인을 무시한 인사행정의 비인간화를 초래하였다.

(3) 적극적 인사행정의 방안[6]

적극적 인사행정을 실현하는 방안은 다음과 같다.

가. 적극적 모집, 즉 가장 유능하고 의욕적인 인재를 공직에 확보하여 오랫동안 근무할 수 있도록 하는 적극적인 모집활동이 의도적으로 실시되어야 한다.

나. 능력발전, 즉 행정능력과 기술의 발전과 잠재력의 개발을 위하여 재직자의 교육·훈련이 강화되고 합리적인 승진·전직·근무평정제도를 확립하여 능력발전과 공동의식을 고취하여야 한다.

다. 인간관계의 개선, 즉 공직의 안정감을 확보하고 의욕적인 근무를 하기 위하여 근무환경의 개선·고정처리제도·인사상담제도·제안제도·동기유발·커뮤니케이션관리 등을 개선하여 행정의 인간화를 발전시킨다.

라. 공무원단체를 인정하고 그의 건전한 활동을 조장한다.

마. 인사권의 공권화, 즉 중앙인사기관의 인사권을 분권화하여 각 부처의 인사기능을 강화한다.

바. 정실주의 요소의 가미, 즉 고위정책결정권자와 행정수반과의 정치적 이념이 일치하게 됨으로써 정책구현의 실효를 거둘 수 있으므로 고위직위의 정치적 임명이 가능하도록 신축성을 부여한다.

4) 엽관주의의 확립기

미국의 인사행정의 엽관주의의 확립기와 실적주의의 확립기, 그리고 실적주의의 확대기로 구분하여 고찰할 수 있다.[7]

---

6) 유종해 외 공저, 현대행정학연습(서울 : 박영사, 1979), 222면.

7) 나이그로(F.A.Nigro)는 미국인사행정의 근간을 이루는 사실들로 ① 반엽관주의운동, ② 능률접근법, ③ 인간관계접근법을 들고 있으며, 이 중 능률접근법과 인간관계접근법은 실적주의의 확대에 해당된다고 볼 수 있다. F.A.Nigro,Public personnel Administration(Henry Hort and Co.,

(1) 엽관주의의 확립기

미국의 초대대통령 워싱턴(George Washington)은 적재적소의 원칙을 천명하였으나 시간이 지날수록 당파적 색채를 띠지 않을 수 없게 되었고, 제 3대 대통령에 제퍼슨(Thomas Jefferson)이 당선되면서 공직자 중에서 대통령 임명관직(persidential office)의 25%를 파면하였다. 이후 잭슨(Andrew Jackson)에 의해 본격화된 엽관주의는 폴크(James Polk)가 대통령에 취임한 1845년부터 남북전쟁이 끝나는 1865년까지 그 절정을 이루었다.

(2) 실적주의의 확립기

미국에 있어서 반엽관주의운동이 전개된 것은 1860년대 후반부터이며, 1883년 팬들턴법(Pendleton Act)이 제정됨으로써 실적주의는 일단 확립되었다. 그러나 그 이전의 엽관주의의 개혁과정을 살펴보면 다음과 같다.

1871년에 미국역사상 최초의 인사위원회인 그랜트위원회(Grant Commission)가 구성되어 공무원제도의 개혁을 담당하였다. 그러나 이 위원회는 제대로 기능을 발휘하지 못하고 엽관제도 옹호자들의 압력에 의해 1875년에 해체되었다.[8] 그 후 1880년에는 영국의 공무원제도를 연구한 이튼(Dorman B.Eaton) 보고서가 출판되어 실적제의 수립에 광범한 영향을 미쳤다. 1881년에는 공무원제도개혁론자인 커티스(G.W.curits)를 총재로 하는 전국공무원제도개혁연맹(National Civil Service Reform League)이 조직되어 강력한 힘을 발휘하였다. 같은 해에 가필드(James A.Garfield) 대통령이 엽관운동에 실패한 청년에게 암살당한 사건은 공무원제도의 개혁에 직접적인 계기를 마련해 주어 의회는 펜들턴법을 통과시켰고, 동법은 1883년 1월 16일에 공표되기에 이르렀다.

5) 실적주의의 확대기

과학적 관리론의 영향으로 行政에 도입된 능률주의는 이후 인사행정분야에도 큰 영향을 미쳤으나, 이는 지나친 비인간화를 초래하게 되어 인간관계론의 입장을 받아들이면서 인사행정의 적극화를 추진하게 되었다.

Inc., 1959),pp.1~36.
8) Paul P.Van Riper, History of The United States Civil Service(Evanton, Row, Peterson and Co., 1958), pp.68~71

6) 최근의 인사제도의 개혁 [9]

그 동안 미국은 280만명의 연방정부공무원의 인사문제를 전담하는 기관으로 인사위원회(civil service commission)가 존재하여 실적제에 입각한 인사관리를 맡아왔으나, 인사위원회는 여러 가지 사유로[10] 존속시키기가 곤란하다는 판단하에 1978년의 인사제도개혁법(The Civil Reform Act-1978)에 따라 인사위원회를 폐지하고 대신 중앙인사행정기능을 인사관리처(OPM; Office of Personnel Management)와 실적제도보호위원회(MSPB; Merit System Protection Board) 그리고 연방노사관계청(Federal Labor Relations Authority)을 분리하여 수행하게 되었다.[11]

동법은 이외에도 새로운 성과평가제도(new performance appraisal systems)를 도입하는 등의 몇 가지 인사제도의 개혁을 마련하였다.

2. 외국인사제도 발달

1) 영국인사행정의 발달

(1) 정실주의의 성립기

전통적으로 영국의 국왕은 자기가 좋아하는 총신이나 자기편이 되는 의원에게 높은 관직과 하급관리의 임명권을 은혜적으로 부여하는 정실주의를 사용하였다. 특히 스튜어트(Stuwart)왕조시대에는 정실주의가 철저하던 시기였다.

1688년 명예혁명(Glorious Revolution)의 결과 국왕에 대한 의회의 우위성이 확고해지고, 1714년 의원내각제가 발전됨에 따라 공직에 대한 실권은 의회와 그 다수당이 장악하게 되었다. 이후부터 유력한 정치가들이 선거운동이나 선거자금의 조달방법으로 공직을 제공하는 정치적 정실주의가 확립되기 시작하였다.

---

9) James W.Fesler, Public Administration: Theory and Practice(Englewood Cliffs, New Jersey: Prentice-Hall, 1980), p.91
10) 네 가지 이유는 ① 방대한 업무량, ② 공평성의 유지, ③ 의회와 대통령의 요구, ④ 인사제도개혁운동의 일환이다. James Fesler, ibid, pp.89~90
11) Nicholas Henry, Public Administration and Public Affairs, 2nd ed.(Englewood Cliffs, New Jersey: Prentice-Hall, 1980), p.291.

(2) 실적주의의 확립기

영국의 실적주의는 1870년의 추밀원령이 제정됨으로써 확립되었지만, 1850년대부터 정실주의의 폐해를 극복하려는 움직임이 있었다. 1853년에 트리블리안(Charles E.Trevelyan)과 노오스코트(Stafford Northcote)의 보고서를 토대로 1855년에 추밀원령에 의해 인사위원회가 구성되었으며,[12] 1870년에 글래드스턴(Gladstone) 수상에 의해 추밀원령이 제정·공포됨으로써 실적주의가 확립되기에 이르렀다.

(3) 최근의 인사개혁

최근 풀톤(Fulton)위원회에 의해 인사행정이 전면적으로 재검토되어지고 있는데, 그 주요내용은 인사부의 설치, 계급제의 폐지 및 적극적 인사행정의 모색[13]등이다.

<표 5-1>은 영국의 인사기구 변천 내용이다.

〈표 5-1〉 영국의 중앙인사기구 변천

18C~19C 초	1855	1870	1968	1981	1987
재무성	① 재무성 ② 인사위원회 　: 시험관리	재무성 권한 강화	① 재무성 ② 인사부	① 재무성 ② 인사관리청	① 재무성 ② 공무원장관실

자료: 이원희 열린행정학, p452 재인용

2) 일본

일본의 중앙인사기관은 제2차 세계대전 후 연합군 최고사령부의 지도하에 1948년 제정된 국가공무원법상의 인사원과 1965년 국가공무원법의 일부 개정으로 설치된 내각총리대신 소속의 인사국이 개편되어 1984년에 설치된 내각총리대신 소속 총무청의 인사국으로 이원화되어 있다.

일본의 인사원은 내각의 관할 하에 있으면서도 실질적으로 내각과 각 성

---

12) Hiram M. Stout, Public Service in Great Britain(University of North Carolina Press, 1938), pp. 39~43.
13) Richard A. Chapman, "The Fulton Report : A Summary", Public Administration(UK), Vol. 46 (Winter 1968), pp.443~51 ; 박동, "최근의 행정개혁," 행정논(서울대학교 행정대학원) 제10권 제2호(1972), 16~29면 참조.

(省)에서 독립되어 있는 합의제 집행기관이다. 그리하여, 인사원의 인사관은 국가공무원법이 규정하는 특별한 경우를 제외하고 강력한 신분 보장을 받을 뿐만 아니라, 회계의 독립 및 국가 행정조직과 정원에 관한 법률의 적용을 받지 않는다.[14]

3) 우리나라 인사행정의 발달

(1) 미군정시대

해방 이후 들어선 미군정은 한국사회에 대한 예비지식의 부족, 문화적 공통성의 결여, 유능한 한국인 고위관리의 부족 등으로 혼란과 비능률만 초래하였다. 이 시대에는 직위구분제(직위분류제)를 비롯한 미국의 인사제도를 도입·적용하였으나 실패하였다. 또한 한국인이 민정장관으로 임명되어 있으면서도 결정권은 미군정장관이 행사함으로써 인사조직이 이중적 구조를 띠고 있었다.

(2) 대한민국의 공무원제

가. 제 1기 (1948~1952)

제 1기에 있어서는 1948년의 헌법과 1949년의 국가공무원법에 의하여, ① 독립된 고시위원회가 설치되었고, ② 임용상의 기회균등이 보장되었으며, ③ 공무원의 정치적 중립성과 신분이 보장되었다. 즉 법제면으로는 실적주의가 확립되어 있었지만, 별로 실효성이 없었으며, 오히려 정실임용이 자행되었다.

나. 제 2기(1952~1961)

자유당과 민주당의 집권시기로 공무원의 정당관료로서 엽관주의화현상이 나타났다. 그러나 우리나라의 엽관주의는 미국의 그것과 다르며, 정권연장을 위한 방편으로 기도되었다.

다. 제 3기(1961~1972)

5.16혁명 이후 대폭적인 사회개혁과 더불어 다음과 같은 광범한 인사제도가 채택되었다. 즉 ① 국가공무원법의 대폭적인 개정, ② 직위분류제의 채택. ③ 연금제도의 개선, ④ 교육훈련의 강화 등이다.

---

14) 이원희 전게서, p452 참조

라. 제 4기(1972~현재)

70년대에 들어와서 비교적 적극적인 인사제도가 모색되고 있다. 중요한 내용으로는 ① 공무원임용의 학력제한 철폐, ② 자격증 소지자·학위소유자의 특별요건의 완화, ③ 계약공무원제의 도입, ④ 계급구분제로의 환원, ⑤ 승진에 있어서의 교육·훈련의 비중강화 등이 있다.

그러나 아직도 인사행정전문가의 부족, 보수의 비현실정, 공무원단체에 대한 소극적 인식, 고급공무원의 지나친 외부인사의 등용, 공무원의 정치적 중립성 등 많은 문제점이 있으며, 앞으로의 계속적인 발전이 요망된다.

3. 인사행정기구

1) 인사행정의 기구

인사행정을 수행하기 위해서는 그것을 전문적으로 담당할 기관을 필요로 한다. 인사행정기관이란 인사행정을 실제로 주관하는 정부기구를 말하며, 중앙인사기관과 각부처 인사행정기관으로 대별된다.

(1) 중앙인사기관

중앙인사기관은 정부의 인사행정을 전문적으로 연구하고 정책을 수립하며 그 집행을 총괄하는 중앙관리기관을 말한다. 중앙인사관리의 설치는 행정기능이 확대·강화되고 공무원수가 증가함에 따라 오늘날 대부분의 국가에서 공통적으로 볼 수 있는 경향이다. 일반적으로 중앙인사기관은 각 부처에서 의적으로 인사처리를 할 경우에 일어나는 폐단과 할거주의(parochialism)를 제거하고 인사행정의 공정성·중립성을 확보할 수 있다는 데 그 필요성이 있다.

1999년 5월 국가공무원법 개정을 통해 중앙인사기관은 중앙인사위원회와 행정자치부로 이원화되었다. 중앙인사위원회는 인사정책 및 인사행정운영의 기본 방침, 공무원 인사 관련 법령의 제정 또는 개폐, 3급 이상 공무원의 채용과 승진에 있어서의 기준·절차 등에 관한 사항을 심의·의결하는 기능을 담당하도록 하였으며, 부서로는 기획총괄과, 인사정책과, 급여정책과, 직무분석과를 두도록 하였다.[15]

---

15) 이원희 전게서 p453

현재 중앙인사위원회는 소청심사위원회와 중앙공무원교육원의 이관을 통해 명실상부한 중앙인사기관으로서 그 역할을 다하고 있다.

(2) 각 부처인사행정기관

각 부처인사행정기관은 관료성격을 띤 기관으로 부처의 장을 보좌하여 인사상의 반집행기능을 담당함이 보통이다.[16] 각 부처인사행정기관의 역사는 비교적 짧아 실적주의가 일찍이 확립된 국가에서도 이에 해당되는 기관이 별도로 없었다. 인사행정이 양적으로 확대되고 엽관주의의 위험성이 해소됨에 따라 중앙인사기관의 기능이 분화됨으로써 각 부처에 인사행정기관을 설치하게 되었다.

(3) 경찰인사기관

<표 5-2>는 경찰의 인사권 내용을 살펴보았는데 현재 총경이상과 경정의 신규채용 등은 대통령이 하고 있으며 경정이하는 경찰청장이 하고 있다.

〈표 5-2〉 경찰청 소속 경찰공무원의 인사권자

인사권자	내용
대통령	• 총경 이상의 임용 • 경정에의 신규채용, 승진임용 및 면직
경찰청장	• 경정 이하 임용 • 총경의 전보, 휴직, 직위해제, 정직, 복직
지방경찰청장 경찰대학장 경찰교육원장 중앙경찰학교장 경찰수사연수원장 경찰병원장 운전면허시험관리단장	경찰청장의 권한을 위임받아 소속경찰관 중 • 경정의 전보, 파견, 휴직, 직위해제 및 복직에 대한 권한 • 경감 이하의 임용권
경찰서장	지방경찰청장의 권한을 위임받아 소속경찰관 중 경감 이하의 승급, 전보

출처: 강용길, 「경찰학개론」(서울: 경찰공제회, 2009), p.270.

---

16) 우리나라의 경우에는 총무과가 이에 해당된다고 하겠다.

4. 인사행정기관의 조직유형

중앙인사기관의 기능과 유형은 나라와 시대에 따라 다르나, 독립성, 합의제와 단독제, 집권화와 분권화를 기존으로 대체로 다음과 같이 분류되어질 수 있다.

(1) 독립성과 합의성이 있는 경우 : 미국(연방인사관리처와 실적제보호위원회)·일본(인사원)·필리핀(인사위원회)이 좋은 예이다.

(2) 독립성은 있으나 합의성이 없는 경우 : 영국(인사성 : Civil Service Department)과 같이 중앙인사기관이 없는 경우도 있다. 영국의 경우, 인사위원회는 공무원의 선발에 관한 한정된 권한을 가지며, 대부분의 중요한 기능을 대장성인사부에서 수행한다.[17]

(3) 독립성과 합의성이 없는 단독제인사기관인 경우 ; 프랑스(인사국 : Direction du personnel)·소련(재무성)·한국(총무처) 등을 들 수 있다.

일반적으로 중앙인사기관의 조직에 있어서는 독립성, 합의제와 단독제, 집권화와 분권화의 문제가 제기되고 있으며, 이를 간추려 보면 다음과 같다.

(1) 독립성

중앙인사관리의 독립성은 임원의 신분보장이 되어 있고 자주적인 조직권이 있으며, 예산의 자주성이 확보되어 있는 기관을 말한다. 그러나 이 경우 독립성은 보통 입법부 또는 사법부에 대한 것이 아니라 정치적 기초를 가지고 있는 행정부에 대한 상대적인 독립성을 말한다. 대체로 일찍이 엽관주의가 발달했던 나라에서는 독립성이 있는 중앙인사기관을 수립하였다. 독립성의 장점에 관해서는 보호주의의 입장과 관리주의의 견해가 있는데, 전자는 엽관주의에 따른 위험을 예방한다고 하여 옹호하는 입장을 취하며, 후자는 중앙인사기관의 독립성이 적극적 인사행정에 방해가 된다는 부정적인 견해를 보이고 있다.[18]

---

17) 그러나 영국도 최근에 Civil Service Department를 신설하고 종래의 대장성의 인사기능을 통합하고 있다. B.C.Smith and J.Stanyer, "Administrative in 1968,"Public Administration, Vol.47(Autumn 1969),p.333.

18) L.W.Koening, "Regulating,"in L.I.Salmon(ed.),The Independent Federal Regulatory Agencies (New York : H.W.Wilson, 1959),pp.47~48.

(2) 합의성

합의제인사기관은 인사위원이 다수로 구성되고 정치적 중립성을 보장하기 위한 여러 가지 조치가 강구된다. 인사위원은 비전문가인 경우가 많으며, 능률보다는 민주성에 중점을 둔 조직형태이다. 합의제는 신중한 결정을 내리 수 있고 여러 利害關 인의 의사를 골고루 반영시킬 수 있는 장점이 있으나, 행정사무의 지연, 책임소재의 불분명, 효율적인 통제의 곤란 등의 결점도 있다.

[그림 5-1] 경찰위원회 조직도

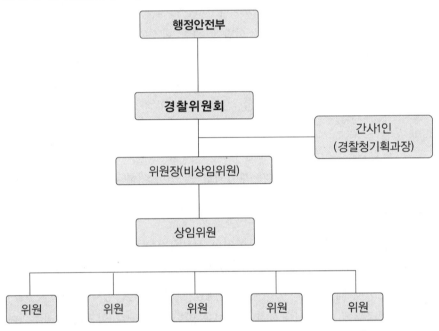

출처: 신현기 외, 「새경찰학개론」(서울: 우공출판사, 2011), p.127; 이영남·신현기, 「경찰조직관리론」
(서울: 법문사, 2003), p.290.

[그림 5-1]은 경찰위원회 조직도를 나타내고 있는데 행정안전부소속으로 위원장, 상임위원, 위원으로 구성되었다.

(3) 집권화와 분권화

대체로 중앙인사기관이 처음 수립되었을 때에는 실적주의의 확립과 인사행정의 통일성을 기하기 위하여 인사권을 중앙인사기관에 집권화하였다. 그러나 집권화함으로써 적극적 인사관리를 할 수 없고 능률의 저하를 가져온다는 비판이 나오게 되었다. 원래 집권화는 반엽관주의사상에 그 근거를 두고 있으므로 실적주의의 확립과 행정능률의 향상을 위해서는 점차 분권화가 요청된다. 그러나 지나친 분권화는 중앙인사기관의 무용론을 불러일으킬 우려가 있다.

5. 중앙인사기관의 기능

일반적으로 중앙인사기관의 기능으로는 준입법기능, 준사법기능, 집행기능 및 감사기능을 들고 있다.

1) 준입법기능

의회에서 제정한 법률의 범위 안에서 인사에 관한 기준·규칙을 제정하는 기능으로 일종의 위임입법이다.

2) 준사법기능

공무원에 대하여 부당한 처분이 행하여진 경우, 처분받은 공무원이 소청을 하면 이에 대한 판결을 할 수 있다.

3) 집행기능

인사행정에 관한 구체적 사무의 처리를 말하며, 임용·훈련·승임·직위구분 등이 바로 그것이다.

4) 감사기능

인사업무에 대해서 관련된 기관을 감사하는 기능을 말하며, 중앙인사기능의 설립목적에 따라 당연히 요청되고 인사행정이 분권화됨에 따라 그 중요성이 더욱 증대되고 있다.

6. 인사위원회

우리나라의 중앙인사기관은 1948년 정부수립 당시에는 비교적 합리성 있는 조직체로 출발하였으나, 1955년의 기구개혁으로 그 권한이 크게 약화되었다. 그러다가 1960년 이후부터 다시 강화되고 있다. 현재 우리나라의 인사행정업무를 담당하는 기관으로는 중앙인사위원회와 소청심사위원회, 그리고 중앙징계위원회가 있다.

1) 중앙인사위원회

(1) 독립성이 없는 합의제중앙인사기관으로서 역할을 한다.
(2) 중앙인사위원회는 준입법기능과 집행기능, 그리고 감사기능을 담당한다.
(3) 중앙인사위원회는 다음 사항에 대한 심의·의결한다.[19]
  • 공무원 인사정책 및 인사행정운영의 기본방침
  • 공무원의 임용 및 보수 등 인사관계법령의 제정 또는 개폐
  • 3급 이상 공무원 중 계약직 공무원(재계약을 포함)의 채용과 3급 이상 공무원으로의 승진임용에 있어서의 기준 및 절차 등에 관한 사항

중앙인사위원회는 김대중정부에서 제정됐는데 이명박정부에서는 폐지되고 행정안전부에서 인사업무를 하고 있다.

2) 소청심사위원회

(1) 인사행정의 공정을 기하고 공무원의 신문 및 권익을 보장하며 정치적 중립성을 기하기 위하여 설치된 상설합의제의결기관이다.
(2) 위원회의 결정은 처분행정청을 기속하며, 공무원의 징계처분 기타 의사에 반하는 불리한 처분에 대한 소청을 심사한다.

---

19) 이원희 전계서 p453

3) 중앙징계위원회

(1) 5급 이상의 공무원의 징계처분을 의결하기 위하여 구성된 합의제의결기관이다.

(2) 징계의 종류는 파면·감봉·유책으로 구분되며, 의결은 구체적으로 잘못의 정도에 따라야 한다.

7. 공직의 분류

1) 경력직과 특수경력직

종래에는 공무원을 분류하기 위한 기준으로서 국가공무원법의 적용을 받는지의 여부에 따라 일반직과 별정직의 구분이 행해지고 있었는데, 1981년 4월에 개정된 국가공무원법에 의하면 경력직공무원과 특수경력직공무원의 구분이 채택되고 있다. 그 구체적인 내용을 살펴보면 다음과 같다.[20]

(1) 경력직

경력직이란 실적과 자격에 의하여 임용되고 그 신분이 보장되는 공무원으로서 평생토록 공무원으로 근무할 것이 예정되는 공무원을 말하며 그 종류는 다음과 같다.

가. 일반직공무원

일반공무원이란 종래 사용되었던 구분으로 기술연구 또는 행정일반에 대한 업무를 담당하는 공무원으로서 직군·직렬별로 분류되는 공무원을 말한다.

나. 특정직공무원

법관·검사·외무공무원·경찰공무원·소방공무원·교육공무원·군인·군무원 및 국가안전기획부의 직원과 특수분야의 업무를 담당하는 공무원으로서 다른 법률에 의하여 특정공무원으로 지정하는 공무원을 특정직공무원이라고 부른다. <표 5-3>은 경찰계급 구성도이다.

---

20) 총무처, 국가공무원법 중 개정법률안(1981.3), 7~9면 참조.

〈표 5-3〉 경찰계급별 인력구성(2010년)

치안총감	1	0.5%
치안정감	4	
치안감	27	
경무관	31	
총 경	469	
경 정	1,574	99.5%
경 감	3,668	
경 위	11,531	
경 사	20,431	
경 장	29,568	
순 경	33,804	

출처: 경찰청, 「2011 경찰백서」, 2011, p.362. 신현기 경찰인사행정론 재인용, p.277

다. 기능직공무원

기능직공무원은 경력직공무원으로 향후 일반직과의 통합을 앞두고 있다. <표 5-4>는 기능직공무원이 경력직소속으로 분류되어 있다.

〈표 5-4〉 경력직분류

경력직	일반직	1급–9급으로 구분, 연구·지도직은 계급구분 없음
	특정직	① 국가공무원법 이외의 다른 법률이 지정하는 공무원: 법관, 검사, 외무·경찰·소방·교육공무원, 군인, 국가정보원 ② 실적과 자격에 의해 임용되고, 신분이 보장 ③ 현재 우리나라에서 가장 숫자가 많은 것은 특정직임
	기능직	철도현업·체신현업·토목·전신·기계·화공·선박·사무보조·방호 1급에서 10급으로 구분(1999년부터 등급을 계급으로 바꿈)

기능직공무원이란 기능적인 업무를 담당하며 그 기능별로 분류되는 공무원을 말한다.

2) 특수경력직공무원

특수경력직공무원이라 함은 경력직공무원 이외의 공무원을 말하며, 그 종류는 다음과 같다.(<표 5-5> 참조)

(1) 정무직공무원

가. 선거에 의하여 취임하거나, 임명에 있어서 국회의 동의를 요하는 공무원

나. 감사원의 원장·감사위원 및 사무총장, 국회의 사무총장 및 次長, 헌법 위원회의 상임위원 및 사무처장

다. 국무총리, 국무위원, 처의 처장, 각원·장·처의 차관·청장(중앙행정기관 이 아닌 청을 제외), 기획조정실장, 행정조정실장, 행정개혁위원회의 위 원장, 부위원장 및 상임위원, 서울특별시장, 부산시장, 도지사, 차관급 상당 이상의 보수를 받는 비서관

라. 국가안전기획부의 부장 및 차장

마. 기타 다른 법령이 정무직으로 지정하는 공무원

(2) 별정직공무원

가. 국가전문위원

나. 감사원 사무처장 및 서울특별시·부산시·도선거관리위원회 상임위원

다. 국가안전기획부 기획조정실장, 원자력위원회 상임위원, 과학기술심의실 장, 각급노동위원회 상임위원, 해난심판원의 원장 및 판관

라. 비서관, 비서, 기타 다른 법령이 별정직으로 지정하는 공무원

〈표 5-5〉 특수경력직

특 수 경력직	정무직	정치적 판단이나 정책결정을 요함; ㉠ 선거에 의해 취임, ㉡ 감사원장·위원·사무총장, 국회사무총장·차장, 헌법재판소의 재판관, 선관위 사무총장, ㉢ 국무총리, 국무위원, ㉣ 국가정보원 원장 및 차장, ㉤ 특별시 부시장, ㉥ 처의 처장, 각부 차관, 청장(통계청, 기상청, 경찰청, 해양경찰청 제외), ㉦ 국무조정실장
	별정직	일반직 공무원과는 다른 절차에 의해 임용 ㉠ 국회 수석전문위원, ㉡ 감사의 사무차장, ㉢ 국가정보원 기획조정실장, ㉣ 노동위원회 상임위원, ㉤ 비서관·비서, ㉥ 차관보는 1급상당의 별정직, ㉦ 광역시의 정무부시장과 도의 정무부시장
	계약직	① 채용계약에 의해 일정기간 연구 또는 기술업무 담당 ② 채용기간은 3년기준. ③ 종전의 전문직을 1998년에 계약직으로 명칭을 변경하고 확대함
	고용직	단순노무종사; 신규채용은 14~20세, 43세 정년

출처: 이원희, 열린행정학 재인용

(3) 전문직공무원(계약직)

국가와 채용계약에 의하여 일정한 기간 연구 또는 기술업무에 종사하는 과학자, 기술자 및 특수분야의 전문가를 말한다.

(4) 고용직공무원

단순한 노무에 종사하는 공무원을 고용직공무원이라 부른다.

(5) 국가공무원과 지방공무원

<표 5-6>은 국가공무원과 지방공무원의 분류도이다.

〈표 5-6〉 국가공무원과 지방공무원

구 분	국가공무원		지방공무원	
법적 근거	국가공무원법, 정부조직법 등		지방공무원법, 지방자치법, 조례	
임용권자	· 3급 이상-대통령 · 4급 이하-소속장관 또는 · 6급 이하-소속장관 또는 위임된 자		지방자치단체의 장	
보수재원	국비		지방비	
공무원 구분	일반직 국가공무원	1~9계급(고위공무원단 제외), 2직군 31직렬	일반직 지방공무원	1~9급 2직군 21직렬
				연구·지도직: 2계급
		연구·지도직: 2계급		38직렬
				73직류
	특정직 국가공무원	**경찰공무원**, 법관, 검사, 소방공무원, 군인, 군무원, 헌법재판소 헌법연구관, 국가정보원 직원 등	특정직 지방공무원	**자치경찰공무원**, 공립 · 전문대학에 근무하는 교육공무원, 지방소방 공무원
	정무직 국가공무원	· 국회의 동의 · 법률이나 대통령령에서 지정	정무직 지방공무원	· 지방의회의 동의 · 법령 또는 조례에서 지정
	계약직 국가공무원	국가와 채용계약	계약직 지방공무원	지방자치단체와의 채용계약
채용시험	· 5급 이상 행정직렬 등 16개 직렬은 행자부 장관 · 기타 시험은 소속 장관		· 5급 이상은 행자부 장관 · 6급 이하는 시·도 인사위원회	

인사교류	· 국가기관간 교류 · 지방자치단체와의 교류	· 지방자치단체간 교류 · 국가기관과의 교류 · 특별채용

승진심사	· 보통승진심의위원회(임용권자 내지
	  임용제청권자별)
	· 중앙인사위원회(1~3급 일반직·별정직
	  ·계약직 공무원)
		인사위원회

출처: 강성철 외, 「새인사행정론(개정3판)」(서울: 대영문화사, 2011), p.137; 강성철 외, 「새인사행 정론(개정3판)」(서울: 대영문화사, 2002), p.148 참조. 신현기 경찰인사행정론,법문사, p.41

8. 직위분류제

1) 직위분류제의 의의

인사행정에 있어서 다수의 공무원을 개별적으로 다룬다면, 혼란과 무질서를 초래하게 된다. 따라서 어떠한 일정한 기준이 필요하게 되는데, 이 기준으로는 직위(position)에 기초를 둔 직위분류제(position classification)와 계급(rank)에 기초를 둔 계급제가 있다.

직위분류제는 공직을 각 직위에 존재하는 직무의 종류와 곤란성, 책임도의 차이에 따라 횡적으로는 직종별로 종적으로는 등급별로 구분·정리하는 제도를 말한다. 반면에 계급제는 사람을 중심으로 개개 공무원의 신분상의 자격·학력·능력을 기준해서 계급으로 분류하는 제도를 말한다. 직위분류제는 1909년 미국의 시카고 시에서 처음으로 시작되었으며, 1949년에 새로운 분류법이 제정됨으로써 연방정부수준에서도 널리 사용하게 되었다.[21] 직위분류제의 올바른 수립을 위해서는 직위와 점(재)직자를 구별하여 생각해야 한다. 즉 직위분류제에서 말하는 직위는 의무와 책임의 단위이며, 그것을 담당하는 사람과는 관념적으로 구별된다.

각국의 공무원분류제도를 보면, 계급제의 원리와 직위분류제의 원리를 약간씩 절충하고 있다. 직위분류제는 주로 미국의 영향을 많이 받은 캐나다·파나마·필리핀 등에서 채택하고 있으며, 계급제는 구라파 제국의 영향을 많이 받

---

21) Daniel F.Halloran, "Why Position Classification?" Public Personnel Review, Vol.28,No.2 (April 1967), p.89.

았고 농업사회의 전통이 강한 국가에서 채택하고 있다.

계급제의 역사는 매우 오래 되었으며, 오늘날 대다수의 공무원제도는 계급제를 주축으로 하고 있다. 우리나라는 양제도가 절충·혼합된 상태라고 할 수 있다.

2) 직위분류제의 효용과 장·단점

(1) 장점

가. 보수체제의 합리화

직위분류제는 동일한 직급의 직위에 대해 공통된 보수표를 적용할 수 있게 함으로써 보수제도의 합리적 기준을 제공한다.

나. 인사행정의 기준제공

직위가 요구하는 직무의 성질이나 내용에 따라 공무원을 임용·배치함으로써 그 직위가 알맞은 사람을 선발할 수 있게 한다.

다. 근무성적평정의 기준제공

공무원의 직무수행능력에 대한 정확한 평가를 위해서는 직무의 내용이 구체적으로 명시되어 있어야 하므로 직위분류제는 공무원의 근무능력을 정확히 파악하는 데 도움이 된다.

라. 권한 책임한계의 명백화

직위분류제는 모든 직위을 분석·평가함으로써 권한과 책임의 한계를 명백히 하여 행정능률의 합리화에 공헌한다.

마. 행정의 전문화

공무원의 승진이 동일한 직종에 따라 이루어지므로 특정분야에 관한 전문가를 양성하게 한다.

바. 예산절차의 간소화

직위분류제에 있어서는 필요한 직위를 예산상의 과정에서 파악할 수 있으므로 능률적인 예산편성을 할 수 있으며, 국민은 정부의 인건비에 관한 예산을 통제하기 쉽다.

사. 정원관리·작업연구

직무분석을 통해 계속적인 작업연구가 가능하며, 직원의 업무분담은 합리화
하여 효율적인 정원관리를 할 수 있다.

(2) 단점

직위분류제의 단점은 계급제의 장점이 되기도 한다.

가. 일반적 교양과 능력 있는 자를 채용하지 못하며, 직위가 요구하는 특수
한 능력을 가진 자에 치중한다.

나. 직급별로 인사배치를 하므로 배치상의 융통성이 없어진다.

다. 직위분류제에서는 행정의 전문화가 이루어져 있으므로 다른 직원이나
기관과의 협조와 조정이 어려울 수 있다.

라. 융통성이 적은 인사상의 경직성은 직업공무원제의 확립을 저해한다.

바. 공무원의 신분이 직책에 따라 영향을 받으므로 기구개편의 영향을 크게
받아 행정의 안정성이 저해된다.

3) 직위분류제의 구조

직위분류제는 다음과 같은 요소가 종·횡적으로 얽혀서 구성되어 있다.

(1) 직위

한 사람의 공무원에게 부여할 수 있는 직위와 책임을 말하며, 그것을 담당
하는 사람과는 엄격히 구분된다. 원칙적으로 행정조직의 구성원수는 직위의
수와 일치한다.

(2) 직급

직위가 내포하는 직무의 종류·곤란성·책임성·자격요건 등이 상당히 유사
하여 채용·보수 등 인사행정상 동일하게 다룰 수 있는 직위의 집단을 말한다.

(3) 직렬

직무의 종류는 유사하지만 곤란도·책임도가 상이한 직급의 군을 말한다.
이 직급들은 그 곤란성·책임도에 따라 종적으로 배열된다.

(4) 직군

직무의 종류가 광범하게 유사한 직렬의 군을 말한다.

(5) 등급

직무의 종류는 상이하지만 직무의 곤란성·책임도와 자격요건이 유사하여 동일한 보수를 줄 수 있는 모든 직위를 말한다.

4) 직위분류제의 수립절차

직위분류제를 수립하는 절차는 복잡하며, 거기에 사용되는 기법도 다양하다. 기획은 인사기관이 단독으로 행하기도 하고 외부기관의 도움을 얻는 경우도 있지만, 위원회를 조직하는 것이 효과적이다.

(1) 준비작업

분류작업을 시작하기에 앞서 그 기초를 마련하는 준비단계이며 기본정책의 결정, 필요한 법령의 제정, 주관할 기관의 결정, 분류기술자의 확보와 작업절차의 입안, 분류될 직위의 범위결정, 공보활동 등이 이 단계의 주요내용이 된다.

(2) 직무조사

분류대상이 된 직위들의 직무에 관한 자료수집단계이다. 여기서 필요로 하는 중요한 자료는 직위에 배정된 일의 내용, 책임과 권한 및 직무수행에 필요한 자격요건 등이다. 이 단계에서는 먼저 조직구성의 전반적인 관계와 해당 조직단위의 업무관계 등 일반적인 사항을 예비적으로 조사해야 한다. 자료수집의 가장 중요한 수단은 직무에 관한 조사표인 직무기술자이며, 주무기관이 직무기술자를 점직자들에게 배포하면 점직자들은 자기가 담당하고 있는 일에 관하여 기입한다.

(3) 직무분석과 평가

직무분석은 각 직위의 직무종류를 구별하여 직군과 직렬을 종적으로 구분하는 작업이다. 직무분석에서는 직군·직렬의 수를 몇 개로 할 것인가가 문제된다. 직무평가는 각 직위의 상대적 가치 또는 비중을 측정하여 횡적으로 등급을 결정하는 작업이다. 따라서 직무평가는 보수수준의 결정과 깊은 관련을 가지고 있다.[22) 이 두가지 작업이 끝나면, 직급이 규정되고 직급의 배열에 의한 분류구조가 형성된다.

가. 서열법

개별 직무의 공헌도를 총체적으로 판단하여 순위를 매기는 방법이다.

나. 분류법

등급 분류 기준을 상세히 정의한 후 개별 직무가 어느 등급에 속하는지 판단하는 방법이다.(<표 5-7> 참조)

〈표 5-7〉 **등급기준표**

1 급	단순 보조업무
2 급	약간의 훈련을 요하는 정규적 업무
3 급	컴퓨터·회계 등 전문적 훈련을 요하는 업무
4 급	전문적 지식을 요하는 업무
5 급	감독을 요하는 업무
6 급	전문적이며 비밀을 요하는 업무

출처: 이원희, p789 재인용

다. 점수법

공통적인 평가 요소를 도출하고, 각 직무의 평가요소별 평가결과를 직무값으로 환산하는 방법이다.

라. 요소비교법

기준 직무의 요소별 평가결과를 기준으로 요소비교표를 만들어 이를 해당 개별직무에 적용하는 방법이다.

<표 5-8>은 직무평가법을 나타내고 있다.

---

22) Paul Pigors and Charles A. Myers, Personnel Administration(New York : McGraw - Hill, 1956), p. 278.

〈표 5-8〉 직무평가방법

비교 기준	직무 평가의 방법			
	서열법	분류법	점수법	요소비교법
사용 빈도	가장 적음	둘째나 셋째	가장 많음	둘째나 셋째
비교 방법	직무와 직무	직무와 기준표	직무와 기준표	직무와 직무
요소의 수(數)	없 음	없 음	평균 11개	5~7개
척도의 형태	서 열	등 급	점수, 요소	점수, 대표직위
다른 방법과의 관 계	요소비교법의 조잡한 형태	점수법의 조잡한 형태	분류법의 발전된 형태	서열법의 발전된 형태
평가 방법	비계량적방법	비계량적 방법	계량적 방법	계량적 방법
평가 대상	직무 전체	직무 전체	직무 구성요소	직무 구성요소

출처: 이원희 전게서, p 490 재인용

〈표 5-9〉 직무평가기법 비교

기법	장점	단점	비고
서열법	단순하고 실시 용이하여 여력이 없거나 대상직위가 동질적인 경우 활용	순위 판단의 근거가 불명확하여 공정성 시비 우려	
분류법	점수법에 비하여 실시가 용이	상이한 직군 간의 직무 비교 불가능	직무등급과 직무기술서가 잘 정비되어 있어야 가능
점수법	가장 보편적으로 사용 편견 최소화	척도 개발의 어려움	– Hay Method – Watson Wyatt의 EPFC Method – Towers Perrin
요소비교법	점수법의 발달된 형태	과정이 복잡하고 보편성 부족	

출처: 중앙인사위원회, 2006

<표 5-9>은 직무평가기법을 비교한 것이다. 위 도표에서 1950년대 미국의 Edward Hay가 개발 만든 헤이기법은 기법은 점수법의 척도에 해당하는 것

으로 계량적인 척도의 활용과 이로 인한 평가의 명료성 등으로 세계적으로 가장 많이 사용되는 기법이라고 할 수 있다.

헤이기법의 특징은 투입 – 과정 – 산출의 8가지 평가요소를 적용한다. <표 5-10>은 평가요소도이다.

〈표 5-10〉 평가 요소

평가요소			구체적 내용
투입 요소	노하우	기술적 노하우	직무담당자에게 사전적으로 요구되는 전문적 기술과 실무적 지식
		관리적 노하우	직무담당자 자신이 직접적으로 관리하는 조직, 부하직원의 특성과 규모, 담당기능의 범위에 따라 달라지는 관리 지식 혹은 기술
		대인관계기술	타인과의 관계 속에서 실제 경험함으로써 습득되는 인간특성과 행태에 관한 지식
과정 요소	문제 해결	사고의 환경	직무수행과정에서 요구되는 판단 준거의 명확성
		사고의 도전도	직무와 관련된 문제를 해결하기 위해 요구되는 창조성과 독창성의 정도
산출 요소	책임	행동의 자유도	직무담당자가 독자적으로 결정을 할 수 있는 수준. 직무수행과정에 이루어지는 개인적·절차적 통제와 감독의 정도 → 재량권
		직무의 규모	구체적으로 직무수행을 통해 나타나는 효과가 미치는 범위와 강도
		영향력의 특성	직무의 성과가 조직 부문에 미치는 영향력의 직접성과 책임성 수준

출처: 중앙인사위원회 2006

현재 헤이 기법을 활용하는 국가는 캐나다·호주·뉴질랜드 정부 등에서 활용하고 있고, 또한 각 국의 사정에 맞게 평가기법의 일부를 수정하여 사용하고 있으며 세계적으로 5,000여개 민간기업, 미국 500대 기업중 130개 기업이 적용하고 있는 실정이다. 우리나라도 2000년에 외교통상부가 직무분석으로 사용하여 직무등급제를 도입하였으며, 2000부터 2002년까지 기상청, 국세청, 건설교통부, 중앙인사위원회가 직무분석으로 사용하였지만 법적 기반 미비로 직무등급제로 도입을 못하고 있다.

지난 2003년 정부는 고위직 직무분석으로 고위공무원단에 직무등급제를 도입하여 시행하고 있다.

(4) 직급명세서의 작성

직급·직렬·등급이 결정되면 직급렬로 직급명세서를 작성한다. 직급명세서는 직위분규의 기본이 되는 문서이며, 여기에는 직급의 명칭, 직무의 내용, 책임의 범위, 자격요건, 채용방법, 보수액 등을 명시해야 한다.

(5) 채택과 관리

직급명세서의 작성이 끝나면 완성된 분류안을 채택하여 운영하는 단계로 넘어간다. 이 과정은 일시적으로 끝나는 일이 아니며 계속적인 과정이 된다. 여기서는 직위의 신설·개폐 등과 같이 변동에 대응하여 분류구조를 수정하는 일이 주된 과제가 된다.

5) 직위분류제의 도입상의 문제점

우리나라는 계급분류제도에 의하여 공직분류가 되어 있으며, 거기에 직위분류제는 보완적 지위에 있다. 1960년대에 급격히 고조되었던 직위분류제의 도입은 우리나라의 실질적인 사정에 의하여 크게 후퇴하여 1973년의 법개정은 "일반직에 대한 직위분류제의 실시는 대통령령이 정하는 바에 의하여 그 실시가 용이한 것부터 단계적으로 실시할 수 있다."고 규정하여 제도의 점진적 개혁의 방향을 제시하고 있다.

우리나라에 있어서 직위분류제도입상의 문제점을 요약하여 보면 다음과 같다.

(1) 가치관의 차이

행정기능이 고도로 전문화하고 기술화되어 있는 미국의 경우와 달리 우리나라의 행정에 있어서는 직위분류의 정도를 어느 정도로 하여야 할 것인가의 문제가 있다. 또한 전통적인 계급제의 기반을 가지고 있는 우리나라 공무원사회의 환경에서 충분한 성과를 기대하기 어려운 현실이다.

(2) 분류대상직위의 범위

직위분류제에 따라 직무를 지나치게 세분화·전문화하였을 경우에는 일반행정관리자의 양성과 인사행정상의 융통성을 저해하므로 직위분류의 정도를 어떻게 하느냐의 문제가 있다.

(3) 혼합직의 처리

하나의 직위에서 현저하게 다른 직무를 혼합하여 수행하고 있는 현실에서 직위의 세분이 곤란하다.

(4) 기술의 미숙

분류경험의 미숙 또는 분류기술의 부족으로 인한 점직자의 기피현상은 객관성 있는 직무분석과 평가를 곤란하게 한다.

(5) 직무급의 곤란성

직업분류제의 이점의 하나는 동일직무에 대한 동일급여의 실현에 있다. 그러나 우리나라의 현실은 이러한 직무급의 실현이 곤란한 상태이므로 실익이 적다.

9. 계급제

1) 의의

계급제란 이미 언급한 바와 같이 사람의 자격·능력을 기준으로 하여 계을 만드는 것으로서, 우리나라의 경우만 보더라도 타국(독·일)의 농업사회하의 관료제와 마찬가지로 계급제의 전통을 고대로부터 가지고 왔던 것이다.

이러한 여러 나라의 계급제가 가지고 있는 주요 특징을 고찰하면 다음과 같다.

(1) 4대계급제

계급제를 가지고 있는 여러 나라의 경우를 비교고찰하면 그 중 대부분(영·독·불·전전일본)의 나라가 4대계급으로 분류하고 있다. 이의 주요 원인은 교육제의 계층과 일치시키려는데 있다. <표 5-11>은 경찰의 계급제 형태의 변천과정을 보여주고 있다.

〈표 5-11〉 우리나라 경찰계급의 변천도

45.10.21	46.1.16	46.4.11	46.9.17	49.1.7	50.7.27	66	69.1.7	74.8.22	80.9	83	91.7.31이후
										의경	의경
순사	순경	순경	순경	순경	순경	순경	순경	순경	순경	순경	순경
순사부장							경장	경장	경장	경장	경장
경무보	경사	경사	경사	경사	경사	경사	경사	경사	경사	경사	경사
경무	경위	경위	경위	경위	경위	경위	경위	경위	경위	경위	경위
경사	경감	경감	경감	경감	경감	경감	경감	경감	경감	경감	경감
	감찰관	감찰관	감찰관				경정	경정	경정	경정	경정
	총경	총경	총경	총경	총경	총경	총경	총경	총경	총경	총경
도경찰부장	도경찰부청장	(관구)경찰부청장	(관구)경찰부청장	경무관	경무관	경무관	경무관	경무관	경무관	경무관	경무관
		(관구)경찰청장	(관구)경찰청장		치안부국장	치안감					
			경무부총감				치안감	치안감	치안감	치안감	치안감
	경무부차장	경무부차장	경무부차장						치안정감	치안정감	치안정감
경무부장(장관)	경무부장(장관)	경무부장(장관)	경무부장(장관)	치안국장(치안이사관)	치안국장(치안이사관)	치안국장(치안이사관)	치안국장(치안이사관)	치안본부장 치안정감(차관급)	치안본부장 치안총감(치안감급)	치안본부장 치안총감(치안감급)	경찰청장(차관급)

출처: 신현기, "경찰계급단계의 개선방안인에 관한 연구", 한·독 사회과학회, 「한·독 사회과학논총」, 제14권, 제3호, 2004, p.253; 경찰청, 박물관 역사자료 참고, 2006.

(2) 계급간의 차별

보통 계급제를 채택하고 있는 나라는 각 계급공무원의 사회적 평가·보수·성분·교육상의 차이가 크며, 따라서 계급간의 승진을 특별히 어렵게 하고 있어 원칙적으로 일단 어떤 하나의 계급에 임용되면 일생 동일계급에 머물거나, 또는 일계급 밖에 승진 못하는 것이 통례이다. 그런데 우리나라의 경우는 해방 후 계급제를 채택하여 왔지만 유럽의 제국과 달리 계급 간의 차이가 별로 큰 것 같지 않다.

(3) 고급계급의 엘리트(elite)화

계급간의 차이가 심한 국가에서는 고급공무원의 수는 적게 하고 있으나 이들에 대해서는 교육·대우면에서 특별한 고려를 하고 있으며, 마치 군대장교급 중의 정규사관학교 출신의 위치와 유사한 성격을 가지고 있다. 종래 이러한 데 반대하여 오던 미국에서도 점차적으로 전환하여 특별히 우수한 고급공무원의 양성에 주력하고 있다. 그러나 우리의 경우에는 이러한 면을 찾아볼 수 없는 것 같다.

(4) 폐쇄형(closed career)

계급제를 채택하고 있는 나라는 대체로 폐쇄형을 쓰고 있다. 여기의 폐쇄형이란 신규임용되는 자는 누구나 원칙적으로 당해 계급의 최하위로부터 승진하여 올라가야 하며, 따라서 동일계급 내의 중간위치에 외부로부터 뛰어드는 것이 금지되어 있다. 폐쇄형의 장점은 공무원의 사기앙양과 행정의 안정을 기할 수 있는 데 비하여, 질의 저하와 신기풍을 불어넣는 것이 부족하여 자칫하면 관료주의화할 우려성이 있다.

2) 장·단점

계급제란 일반적으로 산업이 별로 발달하지 못하고 분업화가 많이 이루어지지 못한 농업사회에서 발달한 것이며, 사회생활이 점차적으로 산업화와 분업화의 영향을 받게 됨에 따라 직위분류제를 도입하는 경향을 볼 수 있다. 이러한 사회에서는 으레 계급제의 결점만을 지적하는 데에 바빠 이것이 지니고 있는 장점을 등한시하는 수가 많으며, 직위분류제를 수립하고 행정의 과학화와 능률화를 과신하는 데서 지나칠 정도로 이의 효과를 믿는 미국 같은 나라에서도 역설같이 들리지만 계급제의 장점이 논의되고 있다는 것이다.

(1) 공무원을 채용하는 데 있어서 직위분류제하에 있어서는 바로 공석이 되어 있는 직위가 요구하는 특수한 능력을 가진 인물을 물색하게 된다. 그러나 계급제하에서는 직급의 분류가 그렇게 되어 있지 않으므로 보다 넓은 일반적 교양·능력을 가진 사람을 채용할 수 있다고 하는 것이다.

(2) 이러한 공무원을 채용한 후 장기간에 걸쳐 계급제하에서는 능력이 넓게 키워지므로 공무원의 능력이 보다 신축성·적응성을 가질 수 있고, 따라서 직업분류 제의 수립에 큰 공헌을 하게 된다.

(3) 이러한 성격·능력을 가지고 있으므로 어떠한 하나의 특수직책에만 종사하게 되는 직위분류제하의 공무원은 시야와 이해력이 좁아 타직원·타기관과의 횡적 협조가 어려운 데 반하여 계급제하의 공무원은 이것이 용이하다는 것이다.

(4) 직위가 있음으로써 공무원이 임용되고 그것에 따라 직책을 배당받는 직위분류제하의 경우보다 계급제하에서는 사람이 직책과 관계 없이 신분을 유지하므로 공무원의 신분보장에 있어 더 강하고 안정감을 줄 수 있다. 즉 조직체의 기구변혁에 직위분류제하에서와 같은 영향을 받지 않기 때문이다.

(5) 직위분류제하는 승진·전직·전보 등에 있어서 동일직례·직급에 따라서만 움직이게 되어 있기 때문에 인사배치상의 기회가 제약되어 있는데 반하여, 계급제하에서는 이러한 심한 제약을 받지 않으므로 인사권자는 물론 대상이 되는 당사자도 배치될 수 있는 기회가 증대하여 적재적소 배치상의 편의를 볼 수 있다. 그러나 이것은 어디까지나 인사권자나 당사자가 올바른 주관적 판단을 한다는 것을 전제로 하는 경우에만 가능한 것이다. 단점은 직위분류제의 장점의 반대이므로 재론을 한다.

3) 직위분류제와 계급제의 관계

얼마 전까지만 해도 양제도는 별로 상대방의 성격·장점에 대하여 고려를 하지 않았으나 사회의 분화와 이에 따른 인사행정상의 새로운 요구로 인하여 우선 계급제국가에서 직위분류제의 장점을 인식하고 이를 도입해 나가기 시작했으며, 다음 직위분류제국가에서도 이것만으로는 행정국가가 요구하는 행정의 수요(예 : 공무원능력의 신축성)를 충족시킬 수 없음을 깨닫고 점차적으로 계급제의 도입이 논의·건의되고 있는 실정이다. 이와 같이 양제도는 처음에는 각자 평행의 길을 걸어 왔으나 점차 상대방의 장점을 받아들여 채용·보수·훈련·전보 등의 인사행정상의 여러 부문에서 서로 혼합타협된 제도를 제각기 나라마다 꾸며 나가고 있다.

(1) 미국은 1978년 공무원제도개혁법에 의거 고급관리자단(Senior Executive Service)을 설치·시행함으로써 직위분류제에 계급제적인 요소를 도입하고 있다. 고급관리자단(SES)은 일반직(general schedule)개 등급중 GS 16~18에 해당하는 고급공무원과 고위직(executive level)의 5개 레벨 중 레벨 Ⅳ와 Ⅴ에 해당하는 고급공무원들로 구성된다. 고급관리자단제도의 고급관리자를 육성·개발하기 위한 것이라고 할 수 있다. 이 제도내의 공무원은 실적에 따라 보상을 받을 수 있고, 실적이 저조한 경우에는 제재를 가할 수 있도록 했다. 또한 기관간의 공무원전보도 가능하게 되었다.[23]

(2) 계급제의 전통이 강했던 영국에서도 직위분류제적인 요소를 도입하려는 노력이 있다. 1968년 풀턴(Fulton) 보고서는 계급제의 폐지와 직무평가제의 도입 등을 건의하였다. 이러한 건의에 따라 1971년 행정·집행·서기 계급이 단일 행정그룹(administrative group)으로 통합되었고 외부로부터의 임용(late entry)이 보다 확대되었다.[24]

(3) 한국의 경우 아직 계급제가 공무원제도의 근간을 이루고 있다. 1973년 직위 분류법이 폐지되었으나 아직도 직위분류제적인 요소가 많이 남아 있다.[25] 또한 1981년 4월 국가공무원법 개정에서 직군에 대한 정의를 신설하고 직류를 신설한 것 등은 직위분류제 도입을 위한 노력의 일환으로 생각된다.

23) Felix A. Nigro and Lloyd G. Nigro, The New Public Personnel Administration, 2nd ed. (Itasca : F. E. Peacock, 1981), pp.128~30 ; O. Glen Stahl, Public Personnel Administration. 8th ed.(New York : Harper & Row, 1983), pp.59~62.
24) Nigro and Nigro, op. cit.,pp.116~17.
25) 국가공무원법 제3 제21조~제14조 참조.

1) 모집

(1) 의의

모집은 공직에의 임용을 위하여 적절한 지원자를 공직에 임명하기 위한 경쟁에 유치하는 과정을 말한다. 인사행정의 성공 여부는 효율적인 모집방법에 달려 있으며, 처음부터 유능하고 적절한 인재가 응시해 오게 함으로써 수준 높은 공무원제도의 확립을 기하려는 것이다.

현대정부의 공무원모집은 공직지원자 중에서 단순히 무자격자를 제거하는 소극적인 과정이 아니라 보다 유능한 인재를 민간기업이나 다른 조직에 빼앗기지 않고 적극적으로 공직에 유치하려는 행정활동이다. 이와 같은 모집방법을 적극적 모집(positive recruitment)이라고 한다.

(2) 모집방법

적극적 모집방법은 크게 두 가지로 나누어 생각할 수 있다. 그 하나는 적극적인 모집을 위한 여건의 조성이며, 다른 하나는 모집활동을 확대·강화하는 방법이다. 그 구체적인 요건으로는 다음과 같은 것이 있다.

가. 공직의 사회적 신망의 제고

국민일반이 가지고 있는 공직에의 평가를 제고시키는 일은 적극적 모집의 기본적인 요건이다. 공직신망의 정도는 국가마다 상이할 것이나 전통적 사회로부터 산업사회로 변천함에 따라 공직에 대한 평가가 저하되고 있다. 따라서 공직신망의 제고를 위해서는 공무원의 신분보장, 공공적 공직관의 확립, 처우의 개선, 적극적인 공보활동, 임용절차의 개선 등이 이루어져야 한다.

나. 수험절차의 간소화

시험의 주기적 시행, 시험방법의 개선, 제출서류의 간소화, 시험실시 기능의 분산화, 임용절차의 신속화 등이 이루어져야 한다.

다. 인재육성계획의 수립

장기적인 관점에서 인력수급계획이 세워져 인재육성에 노력해야 한다. 인력수급계획은 모집의 전제조건이다.

라. 모집결과에 대한 사후평가

보다 효과적인 모집계획을 수립하기 위하여 모집결과에 대한 사후평가가 필요하며 직업선택의 요인을 분석할 필요가 있다.

마. 모집방법의 적극화

모집방법의 적극화란 적격한 인재를 가급적 많이 끌어들이는 활동이다. 무능력하거나 부적격자의 수적 확대는 도리어 노력과 경비의 낭비를 가져올 뿐이다. 모집방법의 적극화방법으로는 다음과 같은 것이 있다.

먼저 정부는 유관인재양성기관과의 지속적 관계를 맺음으로써 능동적으로 유능한 인재의 양성과 확보를 위한 방법을 강구하여야 한다. 다음으로는 모집공고의 방법이 적극적으로 공무취임을 희망하는 모든 사람에게 효과적으로 전달될 수 있도록 창의적으로 개발되어야 한다. 동원가능한 대중전달매체가 효과적으로 활용되어야 함은 물론 모집대상자의 개별접촉이나 양성기관(교육기관)의 교육지도방법도 동원되어야 한다.

2) 모집요건

공직에의 취임은 원칙적으로 모든 국민에게 개방되어야 한다. 그러나 적극적 모집방법은 유능한 적격자를 공직에 유지하는 것을 목적으로 하므로 지망자의 자격을 일정하게 제한하고 있다.

현대국가에서 일반적으로 제한의 기준으로 문제가 되고 있는 것에는 국적·교육·연령·성별·거주지·경력·가치관·기술 등이 있다.

(1) 국적요건

거의 모든 국가에서 외국인은 공직에 임용하지 않고 있다. 국적은 모집제한의 일반적 기준이 되고 있다.

(2) 교육요건

넓은 뜻의 교육요건이라 함은 공직의 수행에 필요한 지식과 기술에 대한 교육훈련이나 경력의 수준을 말하고 있으나, 좁은 의미에서는 정규학교교육의 학력요건을 의미한다. 일반적으로 계급제의 공무원 제도에 있어서는 공무원모집에 학력요건을 엄격하게 규정하고 있으나, 직위분류제의 경우에는 획일적인 규정을 하고 있지 않다. 우리나라의 경우는 공무원의 모집에 학력요건을 철폐할 방침으로 1971년에는 7·9급 공채에, 1972년에는 5급 이상의 공채에 학력요건을 폐지하였다. <표 5-12>은 경찰관의 학력분포를 나타내고 있다.

〈표 5-12〉 공채순경 학력분포

연 도	4년제 대졸	2년제 전문대졸	기타
1995	36.2%	21%	42.8%
1996	20.8%	35.4%	43.8%
1997	21.7%	35.2%	43.1%
1998	66.1%	24.9%	9%
1999	57%	29%	14%
2000	53.2%	37.2%	9.6%
2001	55.4%	36.1%	8.5%
2002	66.2%	21%	12.8%
2006	97.8%		

출처: 조선일보, 2006. 3. 10; 2003. 1. 25, p.23.

〈표 5-13〉 경찰공무원의 응시연령 기준

경찰공무원 채용시험 응시연령(제39조제1항 관련)

계급별	공개경쟁채용시험	특별채용시험
경정 이상	25세 이상 40세 이하	27세 이상 40세 이하
경감·경위		23세 이상 40세 이하(정보통신 및 항공 분야는 23세 이상 45세 이하)
경사·경장		20세 이상 40세 이하
순경	18세 이상 40세 이하	20세 이상 40세 이하(함정요원은 18세 이상 40세 이하, 전투경찰순경으로 임용되어 정해진 복무를 마친 것을 요건으로 특별채용하는 경우에는 21세 이상 30세 이하)

출처: 경찰청.

(3) 연령요건

구체적인 연령요건을 어떻게 규정하느냐 하는 것은 나라마다 상이하나 어느 국가이든 공무원의 선발에 연령적 제한을 하지 않는 나라는 거의 없다. 우리 나라도 연령을 자격요건으로 하고 있으며 계급제로 획일적인 규정을 하고 있 다. 각급공무원의 모집연령은 9급이 18세부터 28세까지, 7급이 18세부터 39세 까지, 5급은 20세부터 40세까지로 규제하고 있다. (<표 5-13> 참조)

(4) 성별 및 거주지요건

현대국가의 공무원모집에 있어서 남녀의 차별이나 거주지에 대한 제한을 법제화하고 있는 일은 거의 없다. 성별에 의한 모집상의 차별은 사실상의 이 유로 실제로 나타나는 경우가 있다. 직무의 성질 또는 관행상 여성만이 할 수 있는 직무의 남성모집은 사실상 규제되며, 반대로 사회통념상 남성만이 할 수 있다고 생각되는 직무분야에 여성의 응모가 제한되는 수가 있다. 주거지요건 은 원래 지방자치제도에서 유래한 것이나 인구의 지역적 교류나 직무의 전문 화경향에 따라 그 중요성이 희박해졌으며 법규도 이를 제한하지 않고 있다.

(5) 기타의 요건

가. 가치관과 충성도

모집상의 형식적 자격요건은 아니지만 현대인사행정에 있어서 직무수행의 지식과 기술뿐만 아니라 공무원의 가치관이나 충성도 등에 의하여 행정목표 달성 여부가 좌우된다는 것을 인식하게 됨에 따라 이러한 행동성향을 구비한 인재가 응모되기를 바라고 있음은 물론이다. 그러나 가치관이나 충성도의 측 정은 객관적인 방법이 불비하므로 임용요건으로서의 정도는 매우 낮다.

나. 제대군인우대제도

제대군인을 비롯해 군사원호대상자에게 모집상의 우대를 하는 것은 인도적 내지 정치적 요청에 의한 것이나, 우리나라의 경우 7·9급 공채의 필기시험에 그 시험만점의 5%~10%의 가산을 하여 우대하고 있다.

(6) 결격사유

법률에 의하여 공직에 취임할 수 없는 사유를 따로 정하고 있는 것이 일반 적인 예이다. 이른바 결격사유로서 이에 해당되는 자는 공무원이 될 수 없다.

우리나라의 국가공무원법이 정한 결격사유는 다음과 같다.

가. 금치산 또는 한정치산자

나. 파산자로서 복권되지 아니한 자

다. 금고 이상의 형을 받고 그 집행이 종료되거나 집행을 받지 아니하기로 확정된 후 5년을 경과하지 아니한 자

라. 금고 이상의 형을 받고 그 집행유예의 기간이 완료된 날로부터 2년을 경과하지 아니한 자

마. 금고 이상의 형의 선고유예를 받고 그 유예기간 중에 있는 자

바. 법원의 판결에 의하여 자격이 상실 또는 정지된 자

사. 징계에 의하여 파면처분을 받은 때로부터 5년을 경과하지 아니한 자

이와 같은 일반적 결격사유에 이외에 외무직에 대하여는 다음의 사유를 추가하고 외무부장관의 승인을 받아야 임용될 수 있도록 하였다. 즉 ① 귀화자, ② 한국교육기관에서 6년 이상의 교육을 이수하지 아니하였거나 한국어를 해득할 수 있는 능력이 없는 자, ③ 배후자가 외국인이었거나 외국인인 자 등이다.[26]

3) 시험

(1) 효용성과 한계

모집을 해서 지원자들이 모이면 이들 중 적격자를 선발해야 하는데, 선발의 도구가 되는 것이 시험(test)이다. 실적제하에서의 공개경쟁시험은 공직에의 기회균등이라는 민주주의이념과 행정능률을 동시에 실현시킨다는 의미가 깊다.(<표 5-14> 참조)

시험의 목적은 응시자가 직위에 대한 직무수행능력을 자기고 있는가의 여부를 판단하는 데 있다. 따라서 시험은 응시자의 잠재력 능력을 측정할 수 있어야 하고, 시험에 합격한 후의 응시자의 행동을 예측하여야 하며, 장래에 있어서는 근무능력의 발전가능성도 알아낼 수 있어야 한다. 그러나 대부분의 시

---

26) 유경해 외, 현대행정학연습(서울 : 박영사, 1979), 240~43 참조.

험이란 절대적인 것이 못되며, 판단을 보충하는데 불과하다. 시험의 효용성에
는 한계가 있는 것이며, 아무리 시험기술이 고도로 발달했다 하더라도 그 목
적을 완전히 달성할 수는 없다.

〈표 5-14〉 순경 경찰공무원의 시험과목 변경과정

연　도	필기시험과목		비고
	2차	3차	
1969.01.09	국어, 국사, 일반상식	법제대의, 경찰법규, 경제대의	
1972.10.30	국사, 일반상식	법제대의	
1976.06.11	국사, 법제대의	논문	
1981.07.18	국어(한문포함)	정치경제 및 국민윤리	
1987.12.31	국어Ⅰ·Ⅱ(한문포함), 국사, 영어	국민윤리, 사회Ⅰ·Ⅱ	
1993.08.23		국어, 국사, 영어, 전자계산 일반 4차-국민윤리, 사회	
1994.12.31		국어, 국사, 영어, 국민윤리, 사회	
1998.12.31		국어, 국사, 영어, 형법, 형사소송법	
2000.05.25		경찰학개론, 수사Ⅰ, 영어, 형법, 형사소송법	
2010.10.25 개편안		경찰학개론, 한국사(2012년 시행예정), 영어, 형법, 형사소송법	순경급 영어시험은 국가인증영어 시험 (교과부, 2012년 시행)

출처: 석청호, "경찰채용시험의 개선방안". 「한국경찰학회보」, 12(1), pp.71-115; 신현기, "경찰시험제도의
　　　개편에 대한 고찰," 한국치안행정학회, 「한국치안행정논집」, 제8권 제1호, 2011, pp.35-46.

(2) 효용성의 측정기준

가. 타당성

　타당도(validity)란 그 시험이 측정하려고 하는 것을 얼마나 정확하게 측정할
수 있는가 하는 것이다. 이러한 측정은 채용시험성적과 채용 후의 근무성적을

비교해 봄으로써 알 수 있다.

나. 신뢰성

신뢰도(reliability)란 시험측정수단의 일관성을 의미하며, 동일한 시험을 동일한 사람이 시간을 달리해서 치루어도 동일한 결과가 나타나는 것을 말한다.

다. 객관도

채점기준의 객관화를 의미하며, 성적이 채점자에 따라 심한 차이가 없는 것을 말한다. 일반적으로 주관식시험보다는 객관식시험이 객관도(objectivity)가 높으며, 객관도가 낮으면 신뢰도도 낮게 된다.

라. 난이도

시험을 실시하는 목적의 하나가 응시자를 적절히 분별하는 데 있으므로 너무 어렵다거나 쉬우면 안 되고 응시자의 득점이 적절히 분포되어야 한다. 난이도(difficulty)가 적당한 시험은 응시자의 득점차가 적당히 분포된 것이다.

마. 실용도

실용도(availability)는 그 시험이 현실적으로 얼마만한 실용성을 지니고 있는가를 말하는 것이다. 여기서 고려되는 사항으로는 시험의 간결성, 비용의 효과, 노동시장의 상태, 이용가치의 고도성 등이 있다.

(3) 시험의 종류

시험의 종류는 상당히 많으며 그 구분의 기준도 일정하지 않지만, 보통 형식에 의한 구분과 목적에 따른 구분으로 설명하고 있다.

① 형식에 의한 구분

가. 필기시험

필기시험은 가장 오래되고 보편적인 시험방법이다. 필기시험의 이점은 ① 시험을 관리하기가 쉬우며 일시에 다수의 응시자에게 실시할 수 있으며, ② 시간과 경비가 절약되고, ③ 비교적 객관적인 평가가 용이하며, ④ 다른 시험에 비하여 공정히 다루어진다는 인상을 주므로 공공관계에도 유리하다. 필기시험은 문제의 형식 또는 답안작성방법에 따라 주관식과 객관식으로 구분된다.(<표 5-15>, <표 5-16> 참조)

〈표 5-15〉 순경과 경정의 시험과목

[별표 2] 〈개정 2012.12.28〉

경찰공무원 공개경쟁채용시험의 필기시험 과목(제41조 관련)

분야	분야별 시험별		일반(보안)경찰	항공경찰	전산·정보 통신경찰
경정 공개 경쟁 채용 시험	제3차		한국사, 영어, 민법개론	한국사, 영어, 행정법, 항공법규	한국사, 영어, 전기통론
	제 4 차	필수	행정법, 형법, 형사소송법	비행이론, 관제이론	행정법, 형법, 형사소송법
		선택	범죄학, 국제법, 민사소송법 중 1과목	항공역학, 기관학, 형법 중 1과목	전자공학, 통신이론, 프로그래밍언어론 중 1과목
순경 공개 경쟁 채용 시험	제 3 차	필수	한국사, 영어	한국사, 항공영어, 항공법규, 비행이론	한국사, 영어, 컴퓨터일반
		선택	형법, 형사소송법, 경찰학개론, 국어, 수학, 사회, 과학 중 3과목	– –	통신이론, 정보관리론 중 1과목

출처: 경찰공무원임용령, 경찰청

〈표 5-16〉 경찰간부후보생 공개경쟁시험의 분야별 과목

〈개정 2011.8.30〉

경찰간부후보생 공개경쟁선발시험의 필기시험 과목(제41조 관련)

시험별	경과별 / 분야별	일 반 경 찰			전산·정보 통신경찰
		일반(보안)	세무·회계	외사(外事)	
제3차 시험	필수	한국사, 영어, 형법, 행정학, 경찰학개론	한국사, 영어, 형법, 형사소송법 세법개론	한국사, 형법, 형사소송법, 국제법	한국사, 영어, 형법, 형사소송법, 디지털공학
	선택	–	–	영어, 일어, 중국어, 불어, 독어, 러시아어, 스페인어, 아랍어 중 1과목 (읽기, 듣기)	–
제4차 시험	필수	형사소송법	회계학	영어, 일어, 중국어, 불어, 독어, 러시아어, 스페인어, 아랍어 중 1과목(쓰기, 말하기)	통신이론
	선택	행정법, 경제학, 민법총칙, 형사정책 중 1과목	상법총칙, 경제학, 통계학, 재정학 중 1과목		데이터베이스론, 자료구조론, 소프트 웨어공학 중 1과목

비고
1. 일반경찰(외사 분야는 제외한다), 해양경찰, 전산·정보통신경찰의 제3차시험 필수과목인 "영어"는 별표 5의 기준 점수 이상인 경우 합격한 것으로 보되, 필기시험 성적 산정에는 반영하지 않는다.
2. 일반경찰의 외사 분야 제3차시험 선택과목인 외국어 과목은 경찰청장이 지정하는 국내외 외국어 시험전문기관에서 실시하는 외국어 시험으로 대체할 수 있다. 이 경우 "아랍어"에 대해서는 시험 실시권자가 필기시험을 실시할 수 있다.
3. 일반경찰의 외사 분야 제4차시험 과목인 외국어 과목은 실기시험 방식으로 실시할 수 있다.

출처: 경찰청자료

<표 5-17>은 경찰공무원시험의 모집인원과 경쟁률을 나타내고 있다.

〈표 5-17〉 최근 경찰공무원 채용

연 도	계	공채(여경포함)		특 채		여 경	
		모집인원	경쟁률	모집인원	경쟁률	모집인원	경쟁률
2010	2,865	2,320	35,7:1	423	21,5:1	380	45,3:1
2009	2,865	2,200	33,9:1	665	27,4:1	87	182,2:1
2008	3,784	3,611	31,6:1	173	11,2:1	681	36,1:1

출처: 경찰청, 「2011 경찰백서」, 2011, p.385.

나. 면접시험

면접시험은 필기시험이나 기타 시험방법에 의하여 측정하기 어려운 사람의 창의성·협조성·지도성·성격 등을 알아보려는 데 목적이 있다. 그러나 면접시험에는 시험관의 편견이 개입될 가능성이 크다. 따라서 수시험관제도, 질문의 사전준비의 훈련 등을 통하여 가능한 한 효용도를 높일 필요가 있다. 면접시험에는 개인면접과 집단면접이 있는데, 집단면접이 보다 효과적인 것으로 알려져 있다.

다. 실기시험

실기시험은 직무수행에 필요한 지식과 기술을 말이나 글이 아닌 실기의 방법에 의하여 평가하는 시험이다. 따라서 어떤 시험방법보다 높은 타당성을 기대할 수 있지만, 비용이 많이 들며 객관도가 떨어질 우려가 있고 또 한꺼번에 많은 사람을 다루기 곤란하다.

〈표 5-18〉 체력검사의 평가기준표-경찰공무원임용령시행규칙 제34조

구 분		10점	9점	8점	7점	6점	5점	4점	3점	2점	1점
남 자	100m 달리기(초)	13,0 이내	13,1~ 13,5	13,6~ 14,0	14,1~ 14,5	14,6~ 15,0	15,1~ 15,5	15,6~ 16,0	16,1~ 16,5	16,6~ 16,9	17,0 이후
	1,000m 달리기(초)	230 이내	231~ 236	237~ 242	243~ 248	249~ 254	255~ 260	261~ 266	267~ 272	273~ 279	280 이후
	윗몸일으키기 (회/1분)	58 이상	57~ 55	54~ 51	50~ 46	45~ 40	39~ 36	35~ 31	30~ 25	24~ 22	21 이하
	좌우 악력 (kg)	61 이상	60~ 59	58~ 56	55~ 54	53~ 51	50~ 48	47~ 45	44~ 42	41~ 38	37 이하
	팔굽혀펴기 (회/1분)	58 이상	57~ 52	51~ 46	45~ 40	39~ 34	33~ 28	27~ 23	22~ 18	17~ 13	12 이하

여 자	100m 달리기(초)	15.5 이내	15.6~ 16.3	16.4~ 17.1	17.2~ 17.9	18.0~ 18.7	18.8~ 19.4	19.5~ 20.1	20.2~ 20.8	20.9~ 21.5	21.6 이후
	1,000m 달리기(초)	290 이내	291~ 297	298~ 304	305~ 311	312~ 318	319~ 325	326~ 332	333~ 339	340~ 347	348 이후
	윗몸일으키기 (회/1분)	55 이상	54~ 50	49~ 45	44~ 40	39~ 35	34~ 30	29~ 25	24~ 19	18~ 13	12 이하
	좌우악력(kg)	40 이상	39~ 38	37~ 36	35~ 34	33~ 31	30~ 29	28~ 27	26~ 25	24~ 22	21 이하
	팔굽혀펴기 (회/1분)	50 이상	49~ 45	44~ 40	39~ 35	34~ 30	29~ 26	25~ 21	20~ 16	15~ 11	10 이하

라. 서류심사

응시자가 제출한 서류에 의하여 적용성을 심사하는 방법이다. 서류심사는 다른 시험방법에 비하여 간소하고 용이한 방법이며, 응시자에 관한 상세한 정보를 얻을 수 있는 이점이 있지만, 평정의 표준화가 곤란하다.

② 목적에 의한 구분

가. 일반지능검사

일반지능검사는 인간의 일반적인 지능이나 정신적인 능력을 측정하는 시험방법이다. 이 방법은 심리검사(psychological test)의 일종으로, 알아보고자 하는 내용은 대체로 새로운 상황에 대처하는 능력·습득능력·사고력 등으로 집약된다.

나. 적성검사

적성이란 어떤 지식이나 기술을 현재는 가지고 있지는 않지만 앞으로의 훈련과 경험을 통해서 발전시킬 수 있는 소질을 말하며, 적성검사는 이러한 잠재능력을 측정하는 방법이다.

다. 업적검사

업적검사는 응시자가 후천적으로 교육이나 경험을 통하여 얻은 지능·기술 등을 알아보는 방법이다. 대체로 학력검사·기술검사·실기검사 등으로 구분된다. 업적검사는 응시자의 잠재능력을 알아보는 방법이 아니므로 주로 하급직으로 채용에 유용성을 보이고 있다.

4) 우리나라의 시험제도

일반직공무원의 신규채용이나 승진·전직에 있어서는 일정한 시험을 거치도록 되어 있는 것이 우리나라의 시험제도이다. 시험의 방법으로서는 필기시험·면접시험·실기시험·서류심사 등이 있으나, 필기시험 위주로 실시되고 있다.

우리나라의 시험제도는 다음 몇 가지 점에서 개선의 필요성이 있다.

(1) 시험과목이 지나치게 법률과목 위주로 되어 있으므로 국가목표인 개발행정을 담당해야 할 공무원을 선발하는 데 부적합하다.

(2) 행정환경의 변화와 이에 대한 적응능력을 필요로 하는 현대공무원의 특질상 가치관과 태도를 측정할 수 있는 방법이 강구되어야 한다.

(3) 합리적인 인사계획에 의한 시험운영이 되도록 하여야 한다.

11. 신규임명

1) 공개경쟁채용

(1) 임용후보자명부

시험의 합격자가 결정되면 임명되기 전에 시험시행기관은 임용후보자명부(eligible list)에 등록하게 되어 있다. 임용후보자명부는 직급별로 따로 만들며, 시험성적·훈련성적·기타 필요한 사항이 기재된다. 여기에는 제대군인에 대한 우대 등 성적 이외의 요인들도 고려된다.

임용후보자명부의 작성은 시험의 공고로부터 명부의 확정까지 시간이 너무 길면 안되며, 또 명부의 확정에서 후보자의 임명도 너무 길면 안 된다. 또한 정부의 업무와 개인의 능력은 시간이 지남에 따라 변하기 마련이므로 명부의 유효기간을 정하는 것이 보통이며, 유효기간은 1년 정도인 것이 대체적인 관례이다.

(2) 임용후보자의 추천

임용후보자명부가 작성되며, 시험시행기관은 이를 토대로 하여 임용권자의 요구기 있으면 후보자를 추천하게 된다. 후보자를 추천할 때에는 시험성적 등 참고자료를 함께 보내며, 추천을 받은 기관에서는 이를 검토하고 후보자를 면접하여 임명하거나 임용을 거부하는 결정을 한다.[27] 1인의 임용에는 보통 3인을 추천하는 것이 당례(3배수)이며, 추천을 의뢰한 임용제청권자는 그 결과를 신속히 시험시행기관의 장에게 통보해야 한다.

2) 특별채용

(1) 특별채용의 의의

공무원의 채용은 원칙상 공개경쟁에 의해서 채용되어야 한다. 그러나 이러한 원칙에 대한 예외가 현실적으로 불가피하다. 특별채용은 일반적으로 공개경쟁시험에 의한 채용이 부적당하거나 곤란한 경우, 그리고 특별한 자격을 가지고 있는 사람을 채용하고자 하는 경우에 한하게 된다.

우리나라의 경우에도 신규채용은 원칙상으로 공개경쟁시험에 의하며, 위와 같은 특수한 경우에 한하여 특별채용을 인정하고 있다.(<표 5-19>, <표 5-20> 참조)

〈표 5-19〉 특별채용 요건 및 시험방법

특별채용 요건 (법 제 28조 제2항)		시험방법
직권면직자는 3년 이내 원직급에 재임용 다른 종류의 공무원이 되기 위해 퇴직한 경력직 공무원의 원직급 재임용	1호	서류전형, 면접시험
임용예정직에 관련된 자격증 소지자	2호	서류전형, 면접시험, 제한경쟁채용시험
근무 실적 또는 연구경력이 3년 이상인 자 * 동일 직급 경력자의 경우 2년 이상	3호	필기·면접시험, * 3년 이내 원직급 임용, 서류전형, 면접시험
철도전문대학. 세무대학 등 특수학교 졸업자	4호	서류전형, 면접시험
1급 공무원 임용(중앙승진심사위원회 심사)	5호	서류전형
특수직무분야, 특수환경, 도서·벽지 근무 등 필기·면접시험 특수지역 근무예정자	6호	필기·면접시험 제한경쟁채용시험
지방직 → 국가직, 기능직 ↔ 일반직	7호	필기·면접시험

---

27) 우리나라에서는 추천요구 없이 총무처에서 후보자들을 임의로 배정하는 것이 보통이며, 임용의 거부도 후보자의 불적격성보다는 당해 기관의 결원 등 내부사정에 의한 것이 대부분이다.

외국어 능통자	8호	필기·면접시험 제한경쟁채용시험
실업계, 예능계, 사학계의 학교 졸업자	9호	필기·면접시험 제한경쟁채용시험
과학기술 및 특수전문분야 연구, 근무경력자	10호	서류전형, 면접시험 제한경쟁채용시험
국비장학생	11호	필기·면접시험
연고지 및 일정 지역 거주자의 한지채용	12호	필기시험, 면접시험, 제한경쟁채용시험

출처: 국가공무원법

〈표 5-20〉 2004년도 국가공무원 채용 현황(일반직 공무원)

구 분		계	채용방법	
			공 채	특 채
계		4,180	3,081	1,099
4급 이상		62	-	62
5급	행정직군	244	232	12
	기술직군	215	50	165
6급		68	-	68
7급		822	648	174
8급		260	5	255
9급		2,509	2,146	363

〈* 5급 특채인원은 직군별로 분류자료 : 중앙인사위원회 내부자료〉

(2) 특별채용의 이점

특별채용은 인력조달에 융통성을 주는 채용제도이다. 즉 일반 공개경쟁채용으로는 채용하기 어려운 직위 및 지역에의 채용을 가능케 하고, 또한 공개경재채용으로는 얻기 어려운 인재를 조달할 수 있게 한다.

(3) 특별채용의 문제점

특별채용은 그 운용에 따라서는 악용되어 정실에 채용이 되기 쉬운 면도 많이 있다. 공개채용으로 하는 것보다 더 유능한 인재를 얻을 수 있는 데도 이것을 특별채용으로 하여 임명권자와 연고가 있는 사람을 채용하게 되는 사례가 많다. 악용되는 경우에는, ① 공직취임의 기회균등을 파괴하는 계기가 된다. 임명권자와 개인적으로나 정치적으로 이해관계가 있는 사람은 공직취임에 유리하게 된다. ② 유능한 인재의 등용이 어렵게 된다. ③ 정실주의의 온상이 된다.

따라서 특별채용이라는 특수 경우가 악용되지 못하게끔 응시자격, 임용직위, 시험의 실시, 그리고 특수채용된 자의 승진과 전직 등에 관하여 엄격한 규제가 필요하다.(<표 5-21> 참조)

〈표 5-21〉 특별채용 활성화의 장애요인에 대한 인식

- 전문자격증 소지자의 특기나 전문성이 공직생활에서 활용되지 못함
- 민간경력 인정에 대한 부처의 소극적 자세
- 특채에 대한 공무원들의 비우호적 태도와 반대
- 일회성이 아닌 장기적 특별채용 계획의 부재
- 채용 요건의 엄격성과 복잡한 임용 절차
- 경력관리 차원에서 특채를 활용함으로써 직무에 대한 소명감 또는 공무원으로서의 국가관 미흡
- 특별채용직위 부족과 특별채용 의지 결여
- 특별채용의 범주가 너무 편향(기술 등 특수직종에 초점)되어 있기 때문에 상대적으로 선호도 저하
- 특채인력이 승진분야 제한 등으로 성취 동기 부족
- 특채 대상의 직렬과 직급의 한정
- 특채에 대한 홍보 부족
- 선발 절차의 공정성과 투명성에 대한 불신
- 특채 인재의 공직 기여도가 낮음
- 전문성 업무의 경우 아웃소싱 등으로 해결 가능하여 특채의 필요성 적음
- 중앙인사위원회의 5급 이상 특채 권한 집중

추천을 받은 사람 중에서 선발되었다고 바로 정규공무원으로 임명되는 것이 아니고, 시보로 임용하여 일정한 기간을 거치게 하며, 이를 시보임용(probation)이라 한다. 시보임용의 목적은 정규공무원으로 임명하기 전에 시험으로 알아내지 못하였던 점을 검토해 보고 직무를 감당할 능력이 있는가를 알아보는 데 있다. 따라서 시보임용기간 중에 있는 공무원은 신분보장이 없으며, 임명권자는 언제든지 인사조치를 취할 수 있다.

시보기간은 국가에 따라 혹은 직종·직급에 따라 차이가 있다. 미국의 경우는 주정부나 지방자치단체에서는 대개 6개월~1년이며, 연방정부는 1년이다.[28] 영국의 경우는 1년에서 2년이며, 우리나라는 5급 공무원의 경우에는 1년, 6급 이하 공무원 및 기술직공무원의 경우에는 6개월로 하고 있다.

12. 교육훈련

1) 교육훈련의 의의

교육(education)이란 특정직책과는 직접 관련되어 있지 않은 각 개인의 일반적인 능력을 종합적으로 개발하는 것을 말하며, 훈련(training)은 전문지식이나 기술 등을 포함하여 직무와 관계된 능력을 발전시키는 것을 가리킨다. 따라서 인사행정에서 말하는 공무원의 교육훈련이란 공무원의 일반능력을 개발하고 직무수행에 필요한 지식과 기술을 연마하며 태도의 발전적 변화를 촉진하는 활동이라고 할 수 있겠다.

2) 교육훈련의 목적

훈련의 필요는 현재 가지고 있는 직무수행능력이 직책이 요구하는 자격조건(job requirement)에 미달할 때 나타나며, 다음과 같은 목적을 가지고 있다.[29] (<표 5-22>)

〈표 5-22〉 교육을 받는 이유에 대한 설문조사 결과

항 목	빈 도	백분율
승진에 대비하기 위해서	83	33.9%
나 자신의 능력개발을 위해서	114	46.5%
부서에서 내가 받을 순서가 되어서	10	4.1%
업무나 직급과 관련해 자동적으로	29	11.8%
기타	9	3.7%
합 계	245	100.0%

출처: 홍길표·공선표·임효창(2003)

---

28) F.A.Nigro, Public Personnel Administration(Henry Holt and Co., Inc., 1959), p. 223.
29) Edwin B. Flippo, Principles of Personnel Management(McGraw-Hill Book CO., 1971), P.197.

(1) 생산성의 향상

훈련을 통하여 공무원의 지식과 기술이 향상되면 직무수행의 생산성(능률)도 올라간다.

(2) 사기제고

훈련은 공무원을 직무에 자신을 갖게 만들며, 근무의욕이 향상된다.

(3) 통제와 조정에 대한 필요의 감소

훈련을 잘 받은 공무원은 스스로의 일을 잘 담당하므로 통제와 조정의 필요가 감소된다.

(4) 행정발전

훈련의 가장 포괄적인 목적이며, 훈련은 행정의 침체를 막고 개혁을 가져오는 수단이 된다.

(5) 유능한 국민의 양성

정부에서 공무원에게 실시하는 훈련은 모든 국민을 인재로 성장시켜 인간다운 생활을 영위하게 해야 한다는 사회적 요청에 부합된다.

(6) 조직의 안정성과 융통성 향상

훈련된 인력이 있으면 직원의 상실과 소모에도 불구하고 어느 정도 안정성과 융통성이 확보된다.

3) 교육훈련의 종류

중요한 교육훈련의 종류로는 다음과 같은 것이 있다.

(1) 신규채용자훈련

이 훈련(orientation training)은 신규채용된 공무원이 어떤 직책을 담당하기 전에 앞으로 담당할 직무에 적극하기 위해서 하는 훈련이다.

(2) 일반직훈련

이 훈련(refresher and extension course)은 재직공무원을 대상으로 새로운 지식 또는 규칙이나 법령의 내용을 습득시키기 위하여 정기적으로나 수시로 실시하는 훈련을 말한다.

(3) 감독자훈련

감독자훈련(supervisory training)은 한 사람 이상의 부하의 직무수행을 지휘하고 이에 대한 책임을 지는 감독자의 감독능력의 향상을 위한 훈련이다. 이 방법에서는 인간관계개선에 관한 기법이 강조된다.

(4) 관리자훈련

관리자는 전술한 감독자보다 계층이 높고 주로 정책결정과 지휘를 하는 공무원을 말한다. 오늘날 고위직행정관료의 정책결정역할이 점차 강조됨에 따라 이 훈련은 매우 중요한 것으로 여겨지고 있다. 관리자훈련(executive training)의 내용은 주로 정책결정과 관련된 전체관리를 위하여 필요한 광범한 것이 보통이다.

4) 교육훈련의 방법

훈련의 방법은 여러 가지가 있으나, 이 중 ① 훈련의 목적, ② 피훈련자의 특징, ③ 훈련에 요구되는 시설 및 기재 등을 고려하여 적당한 방법이 사용되어야 한다.

(1) 강의

피훈련자를 일정한 장소에 모아놓고 훈련관이 일방적으로 강의(lecture)를 하며, 피훈련자는 이것을 듣는 방법이다. 강의는 가장 많이 쓰이고 있는 훈련방법인데, 충분한 효과를 거두기 위해서는 가끔 시험을 실시하고 수강자로 하여금 질문을 하도록 유도해야 한다.

(2) 사례연구

이것은 토론방법의 하나이지만, 구체적인 사례를 가지고 토론하는데 특징이 있다. 사례연구(case study)는 보통 집단적으로 실시되며, 피훈련자들은 사례의 내용을 먼저 파악한 후 토론집단에 참가하여 자유스럽게 토론한다.

(3) 토론방법

대집단을 대상으로 1인 혹은 수인의 연사가 발표·토론을 하거나 청중의 참여를 허용하는 방법으로 피훈련자의 아이디어와 정보를 교환하는 데 가장 좋다. 이러한 토론방법으로는 포럼(forum)과 패널(panel), 대담(dialogue), 심포지엄(symposium)이 있다.

(4) 연기방법

이 방법에서는 어떤 사례를 피훈련자들이 여러 사람 앞에서 실제의 행동으로 연기하는 방법(role playing)을 쓴다. 주로 인간관계 혹은 상하관계의 경우에 자주 사용된다.

(5) 현장훈련

현장훈련(on the job training)은 피훈련자가 일정한 직위에 앉아 일을 보면서 상관으로부터 새로운 훈련을 받는 방법이다. 이 방법은 특히 기술의 연습에 주목적이 있으며, 영국에서 많이 사용되었다.

(6) 감수성훈련

감수성훈련(sensitivity training)은 10명 내외의 피훈련자들이 이전의 모든 집단귀 관계를 차단하고 인간관계를 매개로 하여 자유로운 토론을 함으로써 자기 자신과 다른 사람의 태도에 대한 자각과 감수성을 기르는 훈련방법이다.[30] 이 방법의 특징은 피훈련자에게 집단형성과 집단기능의 본질을 깨닫게 하여 인격의 재구성을 통한 관리능력의 향상을 기하는 데 있다.[31]

(7) 분임연구

분임연구(syndicate)란 피훈련자를 몇 개의 균형잡힌 분단으로 편성한 것을

---

30) 감수성훈련은 Laboratory Training, T-Groups, Encounter Groups, Diagnostic Training Group 등의 명칭으로 불리어지며, 이른바 조직발전(OD)에서 자주 사용되는 방법이다. Warren G. Bennis, Organization Development(Addison − Wesley Pub. Co., 1969) 참조.
31) 감수성훈련에 관해서는, Alfred J. Marrow, Behind the Executive Mask : Greater Managerial Competence through Deeper Self-Understanding(New York : American Management Association, 1964) 참조.

말하며, 신디케이트를 중심으로 연구·훈련시키는 방법이다. 이는 피훈련자 사이의 개인적 접촉을 극대화하며, 관리자훈련의 효과적인 방법으로 높이 평가되고 있다. 신디케이트 방법은 미국의 국방대학원(National War College)과 영국의 행정관리자학교(The Administrative Staff College)에서 전형적으로 사용하고 있다.[32]

(8) 전직·순환보직

전직(transfer)과 순환보직(rotation)은 일정한 시일을 두고 피훈련자의 근무처를 옮기면서 훈련시키는 방법이다. 따라서 피훈련자의 경험과 시야를 넓혀 주므로 고급공무원이나 일반행정가의 훈련에 매우 효과적이다.

5) 훈련계획의 운영

(1) 훈련계획의 절차

훈련계획의 주도적 역할은 중앙인사기관이 담당해야 한다. 그러나 현실적으로 중앙인사기관이 모든 정부부처의 재직자훈련까지 담당해야 한다는 것은 불합리하므로 중앙인사기관은 훈련에 관한 기본정책을 수립하고 각 부처의 훈련기관이 소관업무의 특성에 따라 필요한 훈련을 담당한다.

훈련계획의 수립절차는 다음과 같다.

제 1단계 : 훈련계획수립의 준비

제 2단계 : 훈련계획의 입안

제 3단계 : 훈련의 실시

제 4단계 : 훈련의 평가

(2) 훈련에 대한 저항

훈련의 효과를 부인하기는 어렵지만 실제로 훈련을 시행하는 데는 많은 저항과 반대가 있다. 이러한 저항은 외부로부터 오는 경우도 있고 훈련을 받게 된 집단 내부에서 올 때가 있다. 외부의 저항은 훈련이 국비의 손실이라는 이유로 주로 일반국민이나 입법기관 등으로부터 온다.

---

32) Marshall E, Dimock, "The Administrative Staff College : Executive Development in Government and Industry," American Political Science Review, Vol.1, No.1(March 1956),pp.166~76

공무원집단 내의 저항은 일반관리자나 감독자가 부하들이 훈련받는 것을 꺼려하는 경우도 있으며, 피훈련자의 훈련에 대한 그릇된 인식에서 나오는 경우도 있다. 특히 피훈련자로부터의 저항은 훈련계획에 가장 큰 장애가 된다.

저항과 반대를 극복하고 훈련을 성공적인 것으로 이끄는 방법으로는 다음을 지적할 수 있다.

가. 훈련에 관한 공공관계를 강화한다.
나. 가능한 한 훈련의 성과를 객관적으로 제시한다.
다. 공무원들이 훈련의 중요성과 필요성으로 수용할 수 있는 환경을 조성한다.
라. 훈련계획의 입안과 수립에 피훈련자나 그들의 상관의 의견을 반영한다.
마. 훈련을 받으려는 유인을 제공하고 훈련의 결과, 습득된 피훈련자의 능력을 활용할 수 있는 절차가 마련되어야 한다.
바. 훈련의 목적과 결과가 피훈련자에게 도움이 된다는 것을 스스로 깨닫도록 한다. '

6) 교육훈련의 사후평가

(1) 훈련평가의 의의

훈련이 끝난 후 훈련의 목적과 비교하여 어느 정도 달성되었는가를 분석·평가함을 뜻한다. 평가의 결과는 새로운 훈련계획의 입안에 반영되어야 하며 훈련업무개선의 자료로 활용되어야 한다.

(2) 훈련평가의 기준

훈련성과를 평가하는 기준으로는 ① 훈련목적의 인식, ② 훈련동기의 부여, ③ 훈련수요의 조사, ④ 교과내용, ⑤ 훈련방법, ⑥ 훈련의 효용성, ⑦ 피훈련자의 변화도 등이 있다.

(3) 훈련평가의 방법

훈련평가의 일반적인 방법은 ① 시험의 실시, ② 감독자나 훈련관으로 평가위원회를 구성하여 평가하는 방법, ③ 훈련수료자의 의견을 질문하는 방법 등이 있다. 상술한 방법은 각기의 장·단점이 있으므로 한 가지의 방법만에 의하여 평가할 것이 아니라 복수의 방법을 활용하는 것이 효과적이다.

13. 근무성적평정

1) 의의

근무성적평정이란 공무원의 근무성적, 근무수행능력, 태도, 성격 및 적성 등을 체계적·정기적·객관적으로 파악·평가하는 것을 말한다. 이와 같은 근무성적평정에서 얻어지는 자료는 피훈련자의 발전은 물론 조직운영상의 문제해결과 조직계획의 개선에 쓰이게 되므로 인사관리의 합리화와 객관화를 기하게 된다. 과거에는 근무성적평정이 주된 목적이 공무원에 대한 직무수행의 통제와 행정의 표준화를 위한 장치로 이해되었다. 그러나 오늘날에는 종래의 징벌적 측면이 아닌 공무원의 능력발전과 업무능률의 향상이라는 임상적 측면이 더욱 강조되고 있다.

2) 근무성적평정의 용도 및 효용 [33]

(1) 상벌의 목적

근무성적의 여하는 공무원의 승진·승급 및 면직·강임·감원의 기준이 된다. 그러나 평정의 결과를 공무원에 대한 불이익처분의 기준으로 이용하는 경향은 점차 없어지고 있다.

또한 근무성적평정은 공무원이 현재 담당하고 있는 직무에 대한 성적을 평정하는 데 지나지 않으므로 아무리 평정이 공정히 이루어진다 하더라도 현직에서의 근무성적의 결과만 가지고는 앞으로 담당하게 될 직책도 성공적으로 수행하리라는 보장은 없다. 따라서 근무성적평정이 승진 등에 큰 영향을 미치는 것은 바람직하지 못하며, 승진결정에 참고로 할 정도에 그쳐야 한다는 주장도 나오고 있다.

---

33) Felix A. Nigro, Public Personnel Administration(New York : Holt, Rinehart and Winston, 1959), pp.295~97

(2) 인사기술의 평가기준제공

근무성적평정은 시험의 타당성측정, 배치, 훈련수요의 측정 등 각종 인사기술의 타당성평가에 필요한 자료를 제공한다. 예컨대 채용시험의 타당성을 측정하려면 시험성적과 임용 후의 근무성적의 상관관계가 비교의 기준이 된다.

(3) 공무원의 능력발전과 능률향상

근무성적평정은 공무원 개인의 근무능률을 향상시키고 발전가능성을 측정하는 데 이용된다. 평정의 과정에서 밝혀지고 평가되는 장단점은 이를 시정하고 극복하는 방법의 길잡이가 된다.

근무성적평정이 공무원의 능력발전과 능률향상에 가장 잘 기여하려면 평정의 전과정이 평정자나 피평정자에게 다같이 만족스럽도록 원만하게 유지되어야 한다.

3) 평정의 대상

근무성적평정제도가 평정의 대상으로 하고 있는 요인들은 근무실적과 개인적 특성으로 대별된다.[34]

(1) 근무실적

근무실적은 공무원이 직무를 수행한 과거의 실적을 말하며, 직무수행의 성과, 직무수행의 방법, 직무수행의 태도 등이 포함된다.

근무실적은 과거의 사실과 행동이 집적된 것이기 때문에 평정자에 따라 평정의 판단이 크게 달라질 가능성이 적으므로 비교적 안정성이 높은 평정 대상이라 할 수 있다.

(2) 개인의 잠재적 특성

개인의 잠재적 특성(potential traits)은 근무실적과 직접적인 관계 없이 파악될 수도 있는 개인의 잠재적 특성을 말한다. 주요평정대상으로 삼는 개인적 특성은 능력·성격·적성 등이 있으며, 대체로 이러한 특성은 근무실적에 직접·간접으로 영향을 미칠 경우가 많다.

---

34) 오석홍, 인사행정론(서울 : 박영사, 1975), 326~28면

그러나 개인적 특성은 파악이 매우 어렵고 근무실적에 비하여 평정대상으로서의 안정성이 비교적 약하므로 평정의 구체적인 목적에 따른 고도의 평정기술이 요구된다.

4) 평정의 방법

지금까지 알려진 근무성적평정의 방법은 대단히 많으며 또 앞으로도 새로운 방법이 개발되겠지만, 그 중 주요한 몇 가지를 소개하면 다음과 같다.

(1) 도표식(Graphic Rating Scale)

이 방법은 가장 오래 되었으며 공무원성적평정에 가장 널리 사용되어지고 있는 방법으로서 평가요소마다 주어진 척도에 따라 피평정자의 특성 및 평가를 표시하는 방법이다. 척도는 보통 3~5단계로 이루어지며, 척도에 점수를 배정하여 결과를 수치로 표시할 수 있기 때문에 평정요소와 척도단계에 대한 평가자의 공통된 이해를 증진시킴으로써 평정결과의 정확도와 신뢰도를 높일 수 있다.

(2) 강제배분식(Forced Distribution)

근무성적평정에 있어서 흔히 나타나는 집중화·관대화경향을 배제하기 위하여 근무성적을 강제로 배분하는 방법이다. 예를 들면 等級의 수가 5개인 경우 10, 20, 40, 20, 10퍼센트의 비율로 성적을 배분하는 것이며, 정상분포제 혹은 제한분포제이라고도 한다.

우리나라에서도 이 방법을 사용하고 있으며, 그 분포비율은 직급제로 수(1), 우(3), 양(5), 가(1)로 되어 있다.

강제배분식은 피평정자의 수가 많을 때에는 관대화경향에 따른 평정오차를 방지할 수 있는 이점이 있으나, 피평정자의 수가 적거나 특별히 우수하거나 열등한 자로 구성된 집단에 대해서는 불합리한 단점을 지니고 있다.

(3) 산출기록법(Production Records)

공무원이 단위시간에 달성한 일의 양, 또는 일정한 일을 달성하는 데 소요된 시간을 기준으로 평가하는 방법이다.

(4) 대인비교법(Man - to - Man Comparsion Method)

이 방법은 모든 피평정자 중에서 지식·능력·태도 등의 특성 중 가장 우수한 자, 가장 뒤떨어진 사람, 보통인 사람 등 몇 단계의 피평정자를 선정하고 이 중 표준적 인물을 각 특성의 평정기준으로 삼는 방법이다.

(5) 순위법(Ranking Scales Methodes)

가장 초보적인 방법으로 등급법이라고도 부르며, 평정자가 자기 감독하에 있는 직원을 그 업적에 따라 순위를 매겨 평정하는 방법이다.

(6) 체크리스트법(Check - list Method)

평정자가 직접 평정점수를 산출하지 않고, 다만 피평정자의 일상직무 수행 상태를 보고 체크하는 방법이다. 평정은 평정자가 체크한 자료에 의하여 중앙 인사기관에서 하게 된다.

(7) 성과보고법(Performance Report Method)

평정자가 피평정자의 근무성적을 서술적인 문장으로 기록하는 방법이다. 이 방법은 엄격하게 짜인 평정표를 사용할 때에 간과하게 되는 요소를 포착하는 데는 유용하지만, 여러 사람을 비교하는 방법으로는 부적당하다.[35] (<표 5-23> 참조)

〈표 5-23〉 근무성적 평정방법의 선택 기준

평가기준	도표식 평정 척도법	강제 배분법	서열법	MBO	가중 체크리 스트법	강제 선택법	중요 사건 기록법	BARS	BOS
승진결정의 기준	○	○	○	○		○		○	○
보상의 결정 기준	○	○	×	○				○	○
상대평가	○	○	○	×	○	○	×	○	○

---

35) O. Glenn Stahl, Public Personnel Administration(Harper & Row, 1962), p. 270

능력개발	△	×	×	○			○	○	○
개발비용	M	L	L	M	M	H	M	H	H
운영비용	L	L	L	H	L	L	H	L	L
평정자 활용 용이성	쉽다	쉽다	쉽다	중간	쉽다	중간	어렵다	쉽다	쉽다

범례: ○= 양호, ×= 불량, △= 중간, H= 높음, M= 중간, L=낮음.
출처: 유민봉, 인사행정론, 문영사, 1997, p.532.

5) 운영상의 유의점

근무성적평정제도는 실적주의인사행정에서는 꼭 필요한 것이기는 하지만, 작성기술상의 문제와 평정의 주관화로 인하여 비판을 받는다.

(1) 작성상의 주의점

가. 평정요소의 선택

평정요소는 평정제의 용도와 피평정자의 직급에 따라 달라져야 하며, 각 요소 사이의 중첩이 없어야 하며, 또한 추상적·일반적인 문구보다는 구체적인 업적·결과를 표현하도록 해야 하며, 평정표는 가능한 한 분권화할수록 좋다.

나. 평정요소의 수

평정요소의 수는 될 수 있는 대로 많지 않은 것이 좋다.[36] 이 수는 직종·직급에 따라 다르겠지만 대체로 말단노무직의 경우가 8개, 일반사무직·서기직 9개, 감독자·행정관 12개가 평균치라고 한다.

다. 평정요소의 비중

각 평정요소는 요소 사이의 중요성을 고려하여 비중을 달리하여 웨이트를 붙이는 것이 효과적이다. 평정요소의 웨이트(weight)는 직무의 상대적 중요성에 따라 신중히 결정해야 한다.

---

36) W.R.Mahler, "Some Common Errers in Employee Merit Rating," Personnel Journal, Vol. 20, No. 2(June 1947),p.69.

(2) 이용상의 주의점

가. 평정계열

평정에는 수직적 평정과 수평적 평정이 있다. 전자는 감독자가 부하를 평정하는 방법이고, 후자는 부하직원 상호간 혹은 감독자 상호간에 서로 평정하는 방법이다. 공무원의 근무성적평정은 전자의 방법에 의해야 한다.

나. 평정자의 수

평정자가 한 사람인 경우보다는 수인이 평정하여 평균치를 구하는 것이 평정의 공정을 기하는 데 유리하다.

다. 평정결과의 공개

평정결과의 공개는 평정결과를 본인에게만 알려주는 것을 의미한다. 여기에는 찬반양론이 있지만, 평정의 목적이 상벌에만 있는 것이 아니라 개인의 능력발전에도 있으므로 공개주의의 원칙이 점차 강조되고 있다. 우리나라에서는 비공개주의로 하고 있다.

라. 소청

공무원이 자기의 근무성적평정을 부당하다고 여기는 경우 이에 대한 소청을 할 수 있는가의 문제는 평정결과의 공개를 전제로 한다. 소청을 인정하는 경우, 평정자는 공정한 평정을 해야 한다는 심리적 압박을 받게 되지만, 평정의 관대화경향이 촉진될 우려도 있다.

6) 비판과 개선방향

(1) 비판

가. 평정자의 주관을 배제하기 어렵다.

나. 과거의 평정에만 치우치며 미래의 평가를 소홀히 할 가능성이 있다.

다. 여러 가지 목적에 적합하다는 단일한 평정방법이 없다.

라. 평정의 타당도와 신뢰도가 낮으며 자격 있는 평정자를 확보하기가 어렵다.

마. 평정을 위한 평정이 되는 경우가 많다.

바. 형식적이고 통제위주의 평정이 잦으면 평정대상에만 치중하는 목표왜곡

의 현상과 저항이 일어난다.

(2) 개선방향

가. 평정자나 피평정자가 이 제도의 중요성을 충분히 인식하여 원활한 운영을 할 수 있도록 납득시킨다.

나. 근무실적에만 치중하지 말고 개인적 특성도 정확히 측정하여 장래예측 기술을 발전시킨다.

다. 평정의 결과가 한 사람의 전체를 설명해 주는 것은 아니므로 결과의 활용에 치중해야 한다.

라. 평정의 구체적 목적에 따라 평정방법을 달리하는 것이 좋다.

마. 근무성적평정은 피평정자에 대한 징벌적 목적이 아닌 능력발전과 공직의 능률향상에 기여하도록 이용되어야 한다.

14. 승진

1) 의의

승진은 직위분류제에 있어서는 하위계급에서 상위직급으로, 계급제에 있어서는 하위계급에서 상위계급으로 종적·수직적인 이동을 하는 것을 의미하며, 이에 따라 보수가 올라가고 직무의 곤란성 및 책임의 증대를 수반한다.

승진은 동일한 등급 내에서 보수만 증액되는 승급(salary increment)과는 구별되며, 횡적인 인사이동을 의미하는 전직이나 전보와도 구별된다. 전직은 직렬이 달라지는 것이며, 전보란 동일한 직렬·직급 내에서의 보직변경을 말한다.

공무원은 승진에 의하여 높은 지위와 위신을 누리게 되고 심리적인 만족감을 얻으므로 승진은 사기제고와 행정의 능률화를 위한 가장 중요한 요소가 된다. 또한 승진제도는 유능한 인재를 공직에 확보하여 계속 유치할 수 있는 수단이 되기도 한다.[37] 따라서 합리적인 승진제도가 확립되어 있지 아니하면, 실적주의의 확립이나 직업공무원제도의 발전은 어렵게 된다.(표 <5-24>, <5-25> 참조)

---

37) Leonard D. White, Introduction to the Study of Public Administration, 4th ed.(New York : Macmillan, 1955), p. 379.

〈표 5-24〉 경찰공무원의 승진방법 현황

구 분	승진	경찰공무원 승진제도 현황			
	최저소요년수	심사승진	시험승진	특별승진	근속승진
경무관	4년	○			
총경	3년	○			
경정		○	○		
경감		○	○	○	
경위	2년	○	○	○	
경사·경장	경사 2년, 경장 1년	○	○	○	○

출처: 경찰청, 전게서, p.327. 신현기 전게서 재인용, p.234

〈표 5-25〉 경찰공무원 승진시험 과목표(2010년)

분야별	시험별	일반경찰(수사경과 및 보안경과 포함) 과목	배점비율	정보통신경찰 과목	배점비율	항공경찰 과목	배점비율	일반경찰(교관) 과목	배점비율	경비경찰(특공대, 전투경찰, 기동경찰) 과목	배점비율
경정	제1차 시험	헌법 경찰행정학	30 30	헌법 경찰행정학	30 30	헌법 경찰행정학	30 30	경찰실무(종합) 경찰행정학	30 30	경찰실무(종합) 경찰행정학	30 30
	제2차 시험	형사소송법	40	정보체계론	40	항공법	40	형사소송법	40	형사소송법	40
경감	제1차 시험	경찰실무(종합) 형법	30 30	경찰실무(종합) 형법	30 30	경찰실무(종합) 형법	30 30	경찰실무(종합) 형법	30 30	경찰실무(종합) 형법	30 30
	제2차 시험	경찰행정법	40	정보통신시스템	40	항공법	40	경찰행정법	40	경찰행정법	40
경위	제1차 시험	형법 형사소송법 실무종합	35 35	형법 형사소송법	35 35	형법 형사소송법	35 35	형법 형사소송법	35 35	체력검정 사격	70 30
	선택			정보통신기기론 컴퓨터일반 중 택1	30	항공법 항공역학일반 중 택1	30	경찰실무(1) 경찰실무(2) 경찰실무(3) 중 택1	30	체력검정 사격	70 30

출처: 경찰청, 「경찰백서」, 2006, p.491.

분야별	시험별	일반경찰(수사경과 및 보안경과 포함)		정보통신경찰		항공경찰		일반경찰(교관)		경비경찰(특공대, 전투경찰, 기동경찰)	
		과목	배점비율	과목	배점비율	과목	배점비율	과목	배점비율	과목	배점비율
경사	제1차시험	형법 형사소송법	35 35	형법 형사소송법	35 35	형법 형사소송법	35 35			형법 형사소송법 경찰실무	35 35 30
	선택	경찰실무(1) 경찰실무(2) 경찰실무(3) 중 택1	40	정보통신기기론 컴퓨터일반 중 택1	30	항공기체 항공발동기 중 택1	30			체력검정 사격	70 30
경장	제1차시험	형사 형사소송법	35 35	형법 형사소송법	35 35	형법 형사소송법	35 35			형법 형사소송법 경찰실무 1	35 35 30
	선택	경찰실무(1) 경찰실무(2) 경찰실무(3) 중 택1	30	정보통신기기론 컴퓨터일반 중 택1	30	항공기체 항공발동기 중 택1	30			체력검정 사격	70 30

※ 경찰청, 「2011 경찰백서」, 2011, p.387. 신현기 저계서 재인용, p.253

2) 승진의 범위

(1) 승진의 한계

일반공무원은 승진할 수 있는 한계가 있다. 그 한계는 각국에 따라 일정하지 않으며, 주로 ① 각국의 직업공무원제도의 발전 정도, ② 공무원의 채용정책, ③ 고급공무원의 능력, ④ 민주통제의 수준과 전통 등에 의존하고 있다. 대체로 영국과 독일·일본·공산제국은 일반직공무원의 승진한계가 높으며, 그 다음이 우리나라·프랑스 등이고, 승진한계가 가장 낮은 나라는 미국이다.

승진의 한계가 높으면 공무원의 사기앙양, 행정능률 및 기술의 향상, 직업공무원제의 확립 등을 기할 수 있는 반면, 민주통제가 곤란해지며 관료주의화할 우려가 있다.

(2) 신규채용과의 관계

행정기관에 사람을 충원하는 데는 주로 신규채용과 승진임용의 방법이 사용된다. 승진임용에 있어서는 공무원의 사기와 직을 물론 행정능률의 문제까지 검토하고 신규채용과의 비율을 조정하여 결정할 것이 요구된다.

일반적으로 폐쇄체제의 공무원제에서는 승진임용을 높이고 있으며, 개방제에서는 신규채용을 위주로 한다. 전자의 경우에는 유능한 인재의 등용이 곤란하고 행정의 질이 저하되며 관료주의화할 우려가 있는데 반하여, 후자의 경우에는 승진기회의 감소로 인하여 사기가 저하되고 행정능률이 낮아지며 직업공무원제를 확립하기 어려운 단점이 있다.

(3) 재직자 사이의 경쟁

승진임용의 또 하나의 단점은 경쟁범위를 동일부처 내에 한정할 것인지 아니면 다른 부처의 공무원도 포함시킬 것인지 하는 문제이다. 대부분의 국가에서는 경쟁대상자의 범위를 동일부처에 한정하고 있으며, 우리나라의 경우도 7급에서 5급으로의 공개경쟁승진을 제외하고는 이 방법에 따르고 있다. 이러한 이유로는 행정능률과 사기앙양, 승진에 대한 당해 부처공무원의 기득권존중 등으로 해석할 수 있다.

3) 승진의 기준

승진의 기준에는 실적과 경력이 있다. 일반적으로 선진국에 있어서는 경력보다 실적이 중시되고 있으나 후진국에서는 경력에 보다 큰 비중을 두고 있다. 그러나 정도의 차이는 있으나 대부분의 국가는 경력보다는 실적에 중점을 두고 있다. 대체로 승진을 결정함에 있어서는 단일한 기준을 사용하는 경우가 드물며 여러 개의 기준을 동시에 적용한다. 보수의 기준을 사용하는 경우에는 기준의 선택과 배합비율을 어떻게 할 것인가의 문제가 제기되며, 각 기준의 성격과 일반적인 용도를 충분히 검토하여 결정해야 할 것이다.(<표 5-26> 참조)

〈표 5-26〉 승진소용연수

	1급	2급	3급	4급	5급	6급	7급	8급
법정 최저 승진 소요 연수	3	3	5	5	4	3	2	2
실제 평균 승진소요 연수	4.01	3.09	7.05	9.01	9.05	6.11	6.05	4.02
	동결	3.77	7.35	9.26	10.15	7.66	6.91	3.84

출처: 이원희 전게서 참조

(1) 경력

경력은 객관적 성격을 지니는 근무연한·학력·경험 등을 의미하며, 이것을 승진의 기준으로 할 때에는 계급과 직책에 따라 비중을 다르게 할 필요가 있다.

경력을 평정하는 데 있어서 고려해야 할 원칙은 다음과 같다.

가. 근시성의 원칙

과거의 경력보다는 최근의 경력을 중요시한다.

나. 친근성의 원칙

승진예정직무와 친근성 또는 유사성이 있는 경력은 보다 높은 가치를 부여할 수 있다.

다. 숙련성의 원칙

숙련도와 곤란도와 책임도가 높은 직무의 경력에는 가벼운 직무경력보다 높은 가치를 부여해야 하며, 직무수행능력은 경험연수에 비례하여 증대되므로 경력연수가 적은 자보다는 오랜 연수가 유효하다. 그러나 경력연수와 직무수행능력의 향상은 한계가 있다.

라. 발전성의 원칙

발전성 있는 잠재능력을 평가할 수 있는 학력이나 교육훈련의 경력을 참작해야 한다.

경력평정의 장점은 ① 고도의 객관성을 유지할 수 있으며, ② 정실을 배제하고, ③ 행정의 안정성을 유지할 수 있다. 반면 단점으로서는 ① 경력이 짧은 유능한 인재의 등용이 어렵고, ② 행정이 침체되어 비능률적이며, ③ 유능한 인재의 이직률이 높다는 점이다.

(2) 실적

실적이란 주관적인 것으로 인사권자의 판단, 승진심사위원회의 결정, 근무성적평정 등의 방법과 시험 등이 있다.

객관적 방법인 시험을 제외하고는 일반적으로 인사권자의 주관적 판단에 의하므로 정실개입의 가능성이 강하므로 합리적인 운영이 요청되는 바이나, 침체성을 방지하고 적응력·근면성·협동성·충성심 등을 평가하는 데 유용하다.

4) 우리나라의 승진제도 [38]

동일직렬의 바로 하위직에 재직하는 공무원 중에서 근무성적평정과 훈련평정·경력평정에 따라 임용제청토록 되어 있으며 다음의 승진임용방법에 의한다.

(1) 특별승진임용

6급공무원을 5급공무원으로 승진임용할 경우에 승진후보자염단순위에 따라 임용제청권자의 5배수의 추천범위 안에서 비공개경쟁시험을 치루고 승진임용되는 방법이다.

---

38) 유종해 외, 현대행정학연습(서울 : 박영사, 1979), 251면 참조.

(2) 공개경쟁승진임용

소속부처의 구분 없이 동일직무범위 안에서 일정한 최저경력자를 대상으로 공개경쟁시험을 치르게 하는 방법이다.

(3) 승진기준의 배점비율

우리나라의 승진임용에 있어서 승진기준의 배점비율은 근무성적평정점 40%, 경력평정점 35%, 훈련평정점 25%의 비율로 하고 있다.

15. 전직 및 전보

1) 전직·전보의 의의

전직(transfer)이라는 것은 직종을 서로 달리하는 직급의 직위로 횡적 이동하는 경우를 말한다. 우리나라의 국가공무원법에 의하면 전직은 직렬을 달리하는 임명이라고 규정되고 있다. 직렬을 달리하는 임명이므로 직종이 서로 상이한 직위로 옮겨가는 것이다. 행정의 능률화와 전문화를 위해선 전직의 경우 그 자격을 고려하는 것이 필요하다.

전보(reassignment)라는 것은 동일한 직급에 속하는 직위에서 직위로 횡적 이동하는 경우이다.

전직과 전보는 다같이 동일한 계급 또는 등급 내에서 단지 횡적으로만 이동하는 것이기 때문에 이동의 전과 후에 직무의 난이도에 있어서 변동이 없고, 따라서 보수상 변화가 없다. 전직과 전보는 부처간의 이동일 수도 있고, 같은 부처 내에서 한 조직단위에서 다른 조직단위로의 이동일 수도 있다.

2) 전직·전보의 용도

(1) 적극적 용도

가. 직원 간의 마찰의 해소

조직에서는 감독자와 부하, 그리고 동료간에 감정 및 성격이 서로 맞지 않아 상호관계가 악화되는 경우가 있다. 이 문제를 해결하는 하나의 방법은 문제의 공무원을 다른 곳으로 이동시키는 것이다.

나. 긴급사태의 발생 및 조직상의 변동으로 인한 인원보충

긴급사태가 발생하여 어떤 부처가 갑자기 인원을 필요로 하는 경우, 다른 부처의 공무원을 보직·전보를 통하여 충원할 수 있다.

다. 교육훈련의 수단

전직과 보직은 재직자의 훈련계획, 특히 간부급 공무원의 훈련(executive development)에 유용한 방편이 된다.

라. 직원의 적정배치(adjustment development)

배치가 적정하지 못한 경우에는 그들의 성격·능력에 알맞은 직무에 재배치하는 전직·전보가 필요하다.

마. 근무의욕의 자극

자기 직무에 대한 권태감과 단조로움을 느껴 직무에 대한 의욕을 상실하게 되는 경우, 직무를 적절히 변경시켜 공무원의 의욕과 흥미를 자극할 수 있다.

바. 부처간 협력의 조성과 행정의 활력화

전직과 전보는 인적 교류의 폐쇄에서 오는 폐단을 제거하고 부처 간의 협력을 위한 기반을 조성하며 행정에 활력을 불어넣어 준다.

사. 개인적 욕구의 충족

공무원의 생활근거지와 근무지가 멀리 떨어져 통근이 불편할 경우 가까운 곳으로의 전출 등 공무원의 개인적 요구를 충족시켜 주는 방편으로 이용할 수 있다.

(2) 소극적 용도

가. 징계의 수단

공무원이 규칙을 위반하거나 또는 취업상 필요한 규율을 준수하지 않을 때 공식적인 징계절차에 의하여 징계하는 것이 원칙이다. 그러나 지금까지 같이 있었다는 정리를 생각하거나 또는 본인의 체면을 생각하여 공식적 징계절차에 의하는 것이 곤란하여 대신에 탐탁하지 못한 자리, 즉 한직이나 지방으로 좌천시킨다.

나. 고용의 방편

전직과 보직이 때로는 사직을 강요하기 위한 방편으로 이용되는 경우가 있다.

다. 개인적 특혜의 제공

인사권자가 특정한 공무원에게 혜택을 주기 위하여 소위 '좋은 자리'로 전출케 하는 경우이다.

16. 해직

1) 해직의 의의

실적주의의 공무원제하에서는 공무원의 신분을 보장하고 있다. 그러나 공무원의 신분을 보장하는 목적은 공무원으로 하여금 직무를 보다 충실히 수행하여 국가와 국민에게 봉사하도록 하는 것이지 막연한 보장이 아니다. 오히려 부패하고 무능하거나 불필요한 사람을 공직에서 제거시킬 제도가 마련되어야 한다. 또한 정부운영의 과정에서 불가피하게 과오가 없는 공무원의 수를 줄여야 할 경우도 있다.

해직은 이와 같은 공무원을 그의 의사와 무관하게 공직에서 제거하는 제반 절차와 제도를 말하며, 임용과 함께 인력의 수급과 관리의 주요 방편이 된다. 해직제도의 활용은 공무원의 신분보장을 해야 할 필요와 이를 규제해야 할 필요의 적정한 선에서 조화되어야 한다. 해직의 지나친 남용은 실적주의와 공무원의 신분보장을 위협하고 사기의 침체와 행정능률의 저하를 가져올 우려가 있으며, 반대로 지나친 신분보장은 부정과 부패·행정의 무사안일주의·관료주의화를 초래하기 쉽다.

해직에는 의원면직, 사망으로 인한 퇴직과 같은 자발적·자연적인 것도 포함되지만, 여기서는 공무원의 신분보장을 제한하는 제도를 중심으로 살펴보기로 한다.

파면은 징계를 받은 자의 교정을 목적으로 하는 처분이라기보다는 문제된 공무원을 공직에서 제거함으로써 공직 내의 교란상태를 교정하는 것이라고 할 수 있다.

파면의 효과는 강제퇴직에만 국한된 것이 아니라 파면된 사람은 일정한 기간에는 다시 공직에 임용되지 못하며, 연금급여의 전부 또는 일부를 지급하지 않을 수도 있다.

2) 강제퇴직(파면)

보통 파면이라고 불리는 강제퇴직은 공무원에 대한 징계처분 중에서 가장 강력한 것으로 공무원의 의사에 반하여 강제로 공직에서 퇴직시키는 처분이다.

현대국가에서 쓰고 있는 징계처분의 종류는 다양하며, 유책·배치전환(전보)·감봉·정직·강임·파면 등이 있는데, 우리나라의 국가공무원법에서 규정하는 징계처분은 파면·감봉·유책·사임 및 정직이다. 이 중 파면과 비슷한 인사처분에는 직위해제와 권고사직이 있다. 직위해제는 흔히 대기발령이라고 불리며, 공무원에게 일정기간 직위를 부여하지 않고 처분으로 그 기간 중 별다른 조치가 없을 때에는 징계위원회의 동의를 얻어 퇴직된다.[39] 권고사직은 실정법상의 제도는 아니며, 자발적 형식을 갖춘 사실상의 강제퇴직이다. 이는 파면시켜야 할 사람의 체면보호나 파면처분에서 생기는 가혹한 결과를 방지하려는 의도로 자주 사용된다.

파면 등의 징계처분을 받은 자가 처분에 불만이 있을 때에는 소청을 제기할 수 있으며, 소청심사위원회의 결정은 패속적인 것이 보통이다.

3) 경찰의 징계 [40]

(1) 징계사유의 발생

국가공무원법·경찰공무원법상 의무·명령위반, 직무태만, 체면손상 또는 위신손상

(2) 직위해제 사유

직무수행능력부족 근무성적이 극히 나쁜 자, 파면 해임 강등 또는 정직에 해당하는 징계의결이 요구 중인자, 형사사건으로 기소된 자

---

39) 국가공무원법(법률 제 2447호. 198   ㅔ장) 참조
40) 이상훈,경찰학개론 ㅐ스   ㄱ, 2016, 147-148면

(3) 직권면직 사유

직제와 정원의 개폐 또는 예산의 감소 등에 따라 폐직 또는 과원이 되었을 때, 휴직기간이 끝나거나 휴직사유가 소멸된 후에도 직무에 복귀하지 아니하거나 직무를 감당할 수 없을 때, 해당 경과에서 직무를 수행하는 데 필요한 자격증의 효력이 상실되거나 면허가 취소되어 담당직무를 수행할 수 없게 되었을 때, 대기명령을 받은 자가 그 기간에 능력 또는 근무성적의 향상을 기대하기 어렵다고 인정된 때, 경찰공무원으로서 부적합한 정도로 직무 수행능력이나 성실성이 현저하게 결여된 사람으로서 대통령으로 정하는 사유에 해당된다고 인정된 때, 직무를 수행하는 데에 위험을 일으킬 우려가 있을 정도의 성격적 또는 도덕적 결함이 있는 사람으로서 대통령으로 정하는 사유에 해당된다고 인정된 때

(4) 징계의 종류

파면·해임·강등·정직·감봉·견책으로서 중징계는 파면·해임·강등·정직을 말하고 경징계는 감봉·견책을 말한다.

(5) 징계효력

- 파면 : 신분박탈, 파면된 자는 재직기간이 5년 이상인 경우 퇴직급여의 2분의 1을, 재직기간이 5년 미만인 경우에는 퇴직급여 4분의 1을 감액, 재직기간에 관계없이 퇴직수당의 2분이 1을 감액한다. 파면을 당한 자는 5년간 공무원에 임용될 수 없다.
- 해임 : 신분박탈. 원칙적으로 퇴직금은 전혀 제한을 받지 않고 전액 지급한다.
  해임된 자는 3년간 공무원에 임용될 수 없다.
- 강등 : 1계급 아래로 직급을 내린다. 3개월간 직무에 종사하지 못하고 그 기간 중 보수의 3분의 2를 감한다. 강등처분을 받은 경우 강등 기간 이후 18개월 동안 승진 및 호봉승급이 제한된다.
- 정직 : 공무원신분은 보유하되 그 직무에 종사하지 못하게 하는 징계이다. 1월 이상 3월 이하의 기간으로 한다. 정직 기간 중에는 보수의 3분의 2를 감한다. 18개월 동안 승진과 호봉 승급이 제한된다.
- 감봉 : 1월 이상 3월 이하기간으로 하며 보수의 3분의 1을 감한다. 감봉

이후 12개월간 승진과 호봉승급이 제한된다.

- 견책 : 전과에 대하여 훈계하고 회개하는 것으로 6개월간 승진 및 호봉승급이 제한된다.

(6) 징계위원회

경무관이상의 경찰공무원에 대한 징계의결은 국무총리 소속으로 설치된 징계위원회에서 한다. 총경이하의 경찰공무원에 대한 징계의결은 대통령으로 정하는 경찰기관 및 해양안전경비관서에 경찰공무원 징계위원회를 둔다.

경찰공무원징계위원회는 중앙징계위원회와 보통징계위원회를 둔다. 경무관이상은 국무총리소속징계위원회, 총경 경정은 경찰청에 설치된 경찰공무원 중앙징계위원회에서, 경감이하는 경찰청, 지방청을 비롯한 전체 경찰기관에 설치된 경찰공무원 보통징계위원회를 둔다.[41]

<표 5-27>은 경찰의 징계자 현황을 나타내고 있는데 해마다 줄어들고 있지 않다는 것을 보여준다.

〈표 6-27〉 경찰계급별 징계자 현황

(단위: 명)

연도	계	계 급 별							조 치 별							유 형 별			
		총경이상	경정	경감	경위	경사	경장	순경	파면	해임	강등	정직	감봉	견책	금품수수	부당처리	직무태만	품위손상	규율위반
08년	801	5	18	37	201	387	117	36	67	127	–	165	168	274	72	8	251	140	330
09년	1,169	6	32	44	384	511	155	37	150	174	–	209	237	397	178	12	236	282	461
10년	1,154	7	15	56	339	500	181	56	104	101	7	171	246	525	94	5	319	256	480

출처: 경찰청, 「경찰백서」, 2011, p.436; 신현기·신인봉 외 18인, 상게서, p.289. 신현기 전게서 재인용, p.330

4) 정년퇴직

정년제도는 공무원이 재직중 범법행위나 특별한 과오는 없지만, 노령이나 장기근속으로 인하여 직무수행능력이 저하가 추정되는 사람들을 객관적으로

---

41) 경찰공무원법26조 징계위원회, 경찰공무원징계령 3조 참조

정한 연한에 따라 공직에서 물러나게 하는 제도이다. 정년제도의 목적은 발전 없는 사람을 공직에서 도태시킴으로써 행정의 능률을 도모하고 인력의 유동성과 신진대사를 가져오며, 그 결과 공무원의 사기를 높이는 데 있다.

정년제도에는 연령정년제도와 근속정년, 그리고 계급정년의 세 가지 유형이 있다. 연령정년제도는 노령정년 혹은 은퇴라고 부르는 것으로 일정한 연령에 이르면 법령에 정한 연령에 따라 일률적으로 퇴직시키는 제도이며, 근속정년은 공직에 들어간 이후의 연수를 통산하여 일정한 기간이 지나면 자발적으로 퇴직시키는 제도를 말한다. 그러므로 근속제도는 공직의 유동성을 높이는 것 이외에는 정당성의 근거가 약하다고 할 수 있다. 계급정년제도는 공무원이 일정기간 승진하지 못하고 동일한 계급에 머물러 있으면, 그 기간이 만료된 때에 그 사람을 자동적으로 퇴직시키는 제도이다.

우리나라의 경우, 일반직공무원에게는 연령정년제만을 적용하고 있으며,[42] 경찰공무원에게는 연령정년제와 계급정년제, 그리고 군인에게는 세 가지를 모두 적용하고 있다.

5) 감원제도

고용주로서의 정부는 정부운영의 과정에서 불가피하게 공무원의 수를 줄이지 않으면 안 될 때가 있다. 감원은 이와 같이 정부조직의 사정 때문에 공무원을 퇴직시키는 제도를 말한다. 대부분의 국가에서는 대규모의 정부조직의 운영상 감원제도를 인정하고 있으며, 우리나라에서도 임명권자의 직권으로 불필요한 인원을 감원시킬 수 있는 제도를 인정하고 있다.[43]

감원은 해직의 사유가 정부측에 있다는 점에서 전술한 파면과 구별된다. 따라서 공무원의 신분보장에 정면으로 대립되는 제도이므로 정부는 감원의 발생을 최소한으로 줄여야 한다. 불가피하게 감원을 하는 경우에는 감원된 공무원의 이익을 보장하기 위한 제반방안을 마련해야 한다. 이러한 방안으로는 감원된 자는 우선적으로 복직(재임용), 일정기간 보수액의 일부를 지급하는 방법, 다른 직장에의 알선과 실업보험금의 지급 등을 생각할 수 있다. 우리나라의 경우는 이러한 감원된 공무원의 이익보호를 위한 방안을 채택하지 않고 있다.

---

42) 국가공무원법 제 74조는 일반직공무원의 정년퇴직연령을 7급 및 9급은 55세, 5급 이상은 61세로 정하고 있다.
43) 국가공무원법 제 70조 참조.

17. 고충제도

공무원은 근무조건, 인사관리 신상문제 등에 고충심사제도를 실시하고 있으며 이를 인사전보 등에 반영하고 있다. <표 5-28>와 <표 5-29>은 고충심사 내용과 고충심사기관을 보여주고 있다.

〈표 5-28〉 고충심사의 대상

구 분	심사 내용
근무조건	·봉급, 수당 등 보수에 관한 사항 ·근무시간, 휴식, 휴가에 관한 사항 ·업무량, 작업도구, 시설안전, 보건위생 등 근무환경에 관한 사항 ·주거, 교통 및 식사편의 제공 등 후생복지에 관한 사항
인사관리	·승진, 전직, 전보 등 임용에 관한 사항으로 재량권자의 재량행위에 속하는 사항 ·근무성적평정, 경력평정, 교육훈련, 복무 등 인사행정의 기준에 관한 사항 ·상훈, 제안 등 업적성취에 관한 사항
신상문제	·성별, 종교별, 연령별 등에 관한 차별 대우 ·기타 개인의 정신적, 심리적, 신체적 장애로 인하여 발생되는 직무수행과 관련된 사항

출처: 강용길, 「경찰학개론」(서울: 경찰공제회, 2009), p.274.

〈표 5-29〉 고충심사 설치기관

위원회별	설치기관	관할내용
중앙고충 심사위원회	중앙인사관장기관(행정안전부 소청심사위원회에서 기능을 관장	·보통 고충심사위원회의 심사를 거친 재심청구 ·경정 이상의 경찰공무원
경찰공무원 고충심사위원회	경찰청, 지방경찰청 및 대통령령이 정하는 경찰기관	·경감 이하의 경찰공무원 불복 경우: 중앙고충심사위원회에 재심 청구

출처: 강용길, 「경찰학개론」(서울: 경찰공제회, 2009), p.274., 신현기 전게서 재인용, p26

참고문헌

강용길(2009), 경찰학개론, 경찰공제회, p.274.

강성철 외 공저(1999), 인사행정론, 대영문화사

김번웅(1991), "행정부조리, 조직의 민주화 및 간접유도형 행정", 조직과 복지사회-유종
　　　해교수 화갑기념논문집, 박영사

김중양(2005), 참여정부 인사개혁의 현황과 과제, 나남출판

김중양(2002), 한국인사행정론, 법문사

김판석 외(2000), "인적자원관리의 전문성 제고방안", CSC 정책연구보고서, 인사행정연구회

김해동(1990), "관료부패의 유형", 서울대학교 행정대학원 행정논총, Vol.28, No. 1, p.146.

김해동(1976), "서정쇄신과 사회병리." 「한국행정학보」, 제10집, 20-22면.

김해동(1991), "체제부패와 공공정책의 관계에 대한 연구", 서울대 행정대학원, 「행정논총」,
　　　제29권 제1호, pp.69-70.

김해동(1990), "관료부패의 유형", 서울대 행정대학원, 행정논총, 제28권 1호, pp.146~
　　　147.

김　택(2003), 관료부패이론, 한국학술정보

박종두(1991), "행정윤리에 관한연구", 현대사회와 行政, 제2집, 연세행정연구회, p 67.

박응격,공무원 "윤리관 확립과 의식개혁", 행정문제논집 제3집, 한양대학교

박천오(2004), 인사행정의 이해, 법문사

이상훈(2016), 경찰학개론, 서울고시각, 147-148면

이원희(2001), 열린행정학, 고시연구사

오석홍(2005), 인사행정론, 박영사

유민봉·임도빈(2003) 인사행정론, 박영사

유종해·김택(2006), 행정의 윤리, 박영사

유종해(1995), 현대행정학, 박영사

유종해(2005), 현대조직관리, 박영사

윤우곤(1988), "현대 한국관료의 의식구조", 계간 경향, 봄호, 1988, pp. 210~218. 허 범,
　　　"새로운 공공행정의 모색", 「민주사회의 성숙을 위한 공공행정」, 한국행정학회편,
　　　고시원, pp. 103~105.

전종섭(1987), 「행정학 : 구상과 문제해결」, 박영사, p. 230.

진종순(2005), 정부인력규모의 국제비교분석, 한국행정연구원

중앙인사위원회(2003), 공무원인사실무

중앙인사위원회(2004), 공무원인사개혁백서

중앙인사위원회(2006), 정책자료집

황성돈(1994), "유교사상과 한국관료문화", 「한국관료제와 정책과정」, 안해균 외 공저, 다산출판사, p. 27.

행정자치부(2004), 공무원통계

행정자치부(2004), 정부인력규모 예측모델개선

행정자치부(2005), 정부인력운영계획

행정자치부(2005), 2005-2008 중장기 정부인력운영계획

홍길표(2004),공무원중앙교육 훈련기관의 발전방안연구,중앙인사위원회 정책보고서

홍길표·서원석·이종수(2003), "참여정부 인사개혁 로드맵의 실천방안" CSC 정책연구보고서, 인사행정연구회

총무처직무분석기획단(1988), 신정부혁신론

기타
국가공무원법
중앙인사위원회
국제투명성협회

Abraham,H.Maslow(1954), Motivation and Personnel,New York

Caiden(1997), "Administrative Corruption," Public Administration Review, Vol.37, No.3, pp.306-308.

David H. Bayley(1966) "The Effects of corruption in a Developing Nations," Western political Quarterly, Vol.12 N.4, p. 719.

Decenzo, David A.&Robbins,Stephen P.(1999), Human Resource Management, John Wiley &Sons

Flippo, Edwin B(1971).,Principle of personnel Management,Mcgraw-Hill Book Co.1971

Gerald E. Caiden & Naomi J. Susan Rose Ackerman(1978), Corruption : A Study in Political Economy (New York : Acdamic Press Inc.), pp.60-73.

Gunar Myrdal(1971), "Corruption : It's Cause and effect", in Myrdal, Asian Drama, (N. Y

: Pantheon)

Golembies,Robert T. and Cohen, Michael(eds.)(1970), People in Public Service:A Reader in Public Personnel Administration, Itasca,Ill.:ILL:Peacock,

Henry,Nicholas(1980),Public Administration and Public Affairs, Englewood Cliffs,New Jersey:Prentice－Hall

James C. Scott(1972), Comparative political Corruption (Englewood Cliffs, N.T. : Prentice －Hall), p. 3

Klinger,Donald E. & Nalbandian,John(2003),Public Presonnel Management,New Jersey: Prentice Hall

Michael Johnston(1982), Political Corruption and Public Policy in America, (Belmont, Calif : Brooks / Cole), pp.12－16.

Michael Johnston(1986), "The Political Consequences of Corruption : A Reassessment," Comparative Politics (July), pp.463－473.

Mosher, Frederic C.(1968),Democracy and the Public Service, New York:Oxford University Press

Nigro,Felix A., and Nigro, Lloyd G.(1981), The New public Personnel Administration, Itasca:F.E.Peacok

Samuel G. Fine, The man on Horse Back : The Role of the Military in Politics, (New York : Proeger, 1962),

Simcha B. Werner(1983), "New Directions in the Study of Administrative Corruption", PAR, Vol. 43, No. 2, p.146.28.

OECD(2002), OECD Public Management Service

O, Glen Stall(1962), Public Personnel Administration, New York: Harper &Row

제**6**장

공무원 책임과 윤리

제6장 공무원 책임과 윤리

1. 서론

행정책임과 윤리가 지향하는 점은 행정의 가치 선악을 내포하고 있다는 점에서 행정인이 지켜야 할 의무라고 본다. 문제는 행정이라는 것이 가치지향적인 면보다는 가치배제적인 사실행위에 중점을 두기 때문에 행정윤리의 정립이나 제고를 쉽게 논의하기가 힘들다고 본다. 그러나 행정인이 국민의 대리인적 업무를 수행하기 때문에 그 윤리적 책임과 의무는 매우 중요하다고 본다.

인간은 본성적으로 이상가치의 실현을 추구한다. 구체적인 행동의 기획에서 인간은 의식적·무의식적으로 이상과 실제를 연관시킴으로써 구체적인 행동의 형성과 집행을 통하여 계획한 목표의 달성, 상위목적의 실현, 그리고 궁극적으로 이상가치의 구현을 지향한다.

그런데 공공정책을 형성·집행하는 공공행정가는 자신의 업무가 공익을 추구하므로 자기의 이익욕구를 억제하여야 한다. 그리고 공무원들이 형성·집행하는 정책은 개념상 행동의 지침이지만, 그것이 포함하는 행동은 결코 우연히 봉착하거나 단순히 반복되는 행동이 아니라, 어떤 주체가 바람직한 소망을 의도적으로 탐색하고 이것을 실현시키기 위하여 강구하는 행동이다. 이런 관점에서 볼 때, 정책결정은 미래의 탐색과 행동의 설계를 통합하는 지침이지만, 그 행동은 단순히 경험적 분석을 통하여 설계된 행동이 아니라 바람직한 미래를 탐색하려는 철학적 사고와 윤리적 분석을 거쳐서 모색하는 행동이다.

이런 의미에서 정책결정은 철학과 행동의 통합이고, 공공행정은 행동하는 철학이다.[1] 즉 공공행정가(공무원)는 공익을 추구하며, 또한 국민 전체에 대한 봉사자이며, 국민 전체에 영향을 주는 정책을 결정하기 때문에 공공행정에서

---

1) Christopher Hodgkinson, Towards a Philosophy of Administration(New York: St. Martin's Press, 1978), p.3.

의 윤리성에 대한 요구는 다른 일반조직에 비해 높은 편이다. 그리고 공공행정은 공권력을 토대로 해서 가치배분의 기능까지 수행하기 때문에 윤리성을 더욱 더 강조하는 것이다.

우리나라의 행정도 과거의 권위주의적 행정문화에서 다원화된 문화로 변화하는 마당에 다양한 요구와 시민대응서비스가 개발하여 응답적 책무의 윤리의식을 고양하여야 한다고 본다.

과거 미국에서 유행했던 신행정론시대의 윤리적 책무는 행정의 민주주의나 행정의 서비스가 원숙했던 시기였기에 가능했다고 본다. 최근 우리나라도 행정의 민주성이나 서비스는 상당히 높아졌지만 이에 걸맞은 행정인의 윤리성 책임성은 뒤따르지 못하는 행정의 문화적 지체 현상이 만연하고 있다는 것이 문제라면 문제라고 본다.

참여정부가 혁신행정을 강조하는 것도 행정의 변화에 능동적으로 대처하지 못하고 있는 것이며 이것은 행정인의 윤리적 가치관이 무장되지 못했다는 것을 반증한다. 결국 혁신은 윤리적 변화 가치관을 수용하라는 의미라고 본다면, 참여정부 출범 후 수년 동안 외쳤던 혁신문화는 윤리적 사고와 가치관 함양에 얼마나 성공이었는가 하는 회의가 든다.

행정인의 윤리관이 제도적으로 어떻게 형성할 수 있을까 하는 물음을 가지면서 이러한 행정책임과 윤리의 제고를 위한 방편으로 문제점과 전략을 중심으로 고찰하기로 한다.

2. 윤리실태

공무원 부패의 양태는 상당하게 조직화, 구조화되어 있다고 본다. 공무원 부패가 발전과정상의 부산물, 공무원의 의식구조, 미분화된 권력문화, 행정통제의 미비, 정치문화의 미성숙, 건전한 시민문화의 미비, 정경유착의 문제 등과 연계되어 있어 공무원 윤리의 저해요인으로 나타나고 있는데,[2] 한국 사회가 윤리적이기 위해서는 무엇보다 공직윤리가 확립되어야 한다.

현재 한국의 공직 사회의 윤리 현황에 대하여는 <표 6-1>의 조사결과가 설명해준다. 2002년 2월에 행정자치부 공무원 직장협의회가 4급이하 행자부

---

2) 김영종, 부패학,(1996)p 39-42

직원을 대상으로 설문조사를 실시하여 308명이 응답한 내용을 분석한 결과에 따르면 응답자의 84.7%는 '공직사회에 부패가 존재한다'고 답하였다. 그리고 그 원인에 있어서는 공무원들의 넓은 재량권(28.6%) 등의 구조적 요인을 지적하고 있다.

〈표 6-1〉 공무원직장협의회 설문조사분석

• 질문 : 우리 공직사회에 부패가 존재한다고 보는가 ? 　존재한다　　　84.7% 　존재하지 않는다 15.3% • 질문 : 공직사회의 부패원인은 ? 　개인의 욕심　　11.1% 　부정을 용인하는 사회적 풍토　　13.8% 　공무원의 넓은 재량권　　28.6% 　편의를 바라는 구조적 모순점　　20.0% 　공직사회의 구조적 모순점 17.5% 　불필요한 행정규제　　8.9%

자료 : 행정자치부 공무원직장협의회, 『2002 설문조사 결과 분석현황』 (2002년 3월)

그리고 2002년 9월 전국공무원노조와 여론조사전문기관인 한길리서치가 전국 성인 남녀 20세 이상 남녀 1,000명과 공무원 3,176명을 대상으로 실시한 여론조사결과 국민의 88.6%가 공직사회의 부정부패가 심각하다고 생각하는 것으로 나타났다. 또한 80.6%는 금품·향응 제공이 민원처리에 영향을 준다고 생각하는 것으로 나타났다. 한편 공무원노조 조합원들은 「상급자의 부당한 업무지시 명령에 대하여 어떻게 하는가?」는 질문에 대하여 「상급자 명령대로 처리한다」는 응답이 전체의 67.9%를 차지하고 있어 대다수의 공무원이 자신의 가치판단에 따라 행동할 수 없는 관료조직의 풍토가 형성되어 있는 것으로 나타났다. 공무원의 신분이 보장되어 있다는 점을 고려할 때, 한국 사회에서 일반인이 주관에 충실하게 행동하기는 어려운 현실이며, 이는 한국 문화에 자리잡고 있는 어두운 측면이다.

우리나라의 부패인식도 지수를 보더라도 1998년 이후 40위에서 50위 사이를 맴돌고 있는데, 이와 같은 순위는 OECD에 가입한 다른 선진국에 비해서 매우 낮은 수준이다. <표 6-2>

국제비교에 있어서 2003년 기준으로 우리나라의 경제규모는 세계 13위권이나, 부패인식도 지수는 50위로 일반적으로 부패수준과 경제수준이 높은 상관관계가 있는 점을 감안한다면 우리나라의 경우 경제수준에 비해 부패인식도 지수가 매우 낮게 평가되고 있는 상황이다. 우리나라의 경제수준을 고려할 때 구매력평가기준(ppp) 1인당 GDP $15,000에 상응하는 부패인식도 지수는 25위 수준이다.

〈표 6-2〉 국제투명성기구(TI)의 우리나라 부패인식도 지수 순위추이

연도	1997	1998	1999	2000	2001	2002	2003	2004	2006	2007	2008	2009	2010	2011
부패지수	4.29점	4.2점	3.8점	4.0점	4.2점	4.5점	4.3점	4.5점	5.83점	5.1점	5.6	5.5	5.4	5.4
국별순위	34위	43위	50위	48위	42위	40위	50위	47위	21위	43위	40위	39위	39위	43위
조사대상국가수	52개	85개	99개	90개	91개	102개	133개	146개	30개	180개	180개	180개	178개	183개

출처: TI가 발표한 지수, http://www.transparency.org/surveys/index.html#cpi.

이처럼 공무원 부패나 정치부패가 심각하여 별로 개선되지 않고 있으며 이와 같은 상황에서 공무원의 윤리나 책임성을 기대한다는 것은 나무에서 물고기를 찾는 격이라고 생각하지 않을 수 없다.

3. 행정책임과 윤리성의 저해요인

행정책임과 윤리가 추상화되고 형식화되어서 행정윤리를 확립하기보다는 오히려 행정윤리의 내용을 흐리게 하거나 행정윤리에 대한 불신을 조성하는 결과를 초래한 것이 행정윤리의 근본적인 문제라고 볼 수 있다.

행정이 양적으로 성장하고 질적으로 고도화된 오늘날의 행정 국가 혹은 복지국가에 있어서 정치·경제·사회·문화의 모든 영역에 걸쳐서 행정의 역할과 책임이 강화될수록 행정윤리를 확립하기 위한 지속적인 노력이 다각적으로

이루어져 온 것이다. 그럼에도 불구하고 적극적으로 행정윤리를 확립하는 것은 말할 것도 없고 소극적으로 행정의 비윤리를 제거하지도 못한 이유는 무엇인가? 근본적인 이유는 행정과 환경의 두 가지 차원을 염두에 두면서 그 주요한 이유를 살펴보면 다음과 같다.

첫째, 공직충원의 비윤리성과 무원칙성을 들 수 있다. 건국 초기에 반민족적 친일협력자를 대거 공직에 등용한 것으로부터, 4공화국에서 노태우 정부까지 존속해 왔던 소위 '維新事務官'제도와 행정고시 선발인원이 사법고시의 선발인원보다도 상당하게 적은 것은 이를 단적으로 말해 주는 것이다. 현재 시행하고 있는 9−7급 공채나 행정고시 등도 암기위주로 선발하기 때문에 가치관이나 인성 도덕성을 평가하기에는 무리라고 볼 수 있다. 작금 중앙인사위원회에서 공직자 적격시험으로 전환하여 인성과 윤리관을 검사하는 방향으로 나아가는 것은 바람직한 측면이라고 보지만 시험제도에 의존하다보니 행정윤리성을 수용하기에는 매우 어렵다고 본다.

둘째, 행정부나 행정인에 대한 의회나 언론 등의 외부통제기능의 약화를 들 수 있다. 최근까지의 사정은 행정이 의회나 언론의 통제를 받는 것이 아니라 오히려 의회나 언론을 통제를 하는 상황이었다. 국회의 국정감사나 국정조사는 행정감사가 아니라 오히려 건수 위주의 적발이나 개개 국회의원의 인시위주의 폭로에 그치고 있으며 언론도 사회적 환경감시기능을 충실하게 하지 못하는 측면이 있다.

셋째, 전통문화의 해체와 새로운 가치관의 미정립 및 혼재를 들 수 있다. 전통문화 속에 서구문화가 밀려오면서 일어나고 있는 가치관의 혼돈 중에서 이중적인 가치구조와 행동양식이 보편화되고 이것이 행정윤리에도 그대로 반영되어 민주적인 형식에 권위주의적인 내용을 담고 있는가 하면 권위주의적인 가치가 합리적인 행동으로 위장되기도 한다. 오랫동안의 군사문화가 한국의 행정문화와 결합하여 이질적인 혼동의 행정문화가 재생산되고 있다고 본다.

넷째, 공무원의 낮은 보수수준이 행정윤리확립의 저해요인으로 흔히 지적되고 있다. 부정부패추방 또는 부패척결 등의 노력은 늘 공무원의 처우개선과 함께 논의되어 왔다. 그러나 낮은 보수가 비윤리를 정당화하는 근거가 될 수는 없다. 역대정부가 부패척결을 외치면서 공직자처우개선을 약속하였지만 성사되지 못한 점은 말단 행정인들이 부패와 뇌물에 쉽사리 물들게 하는 한 요인이 되고 있다는 사실이 이를 대변한다.

다섯째, 정부 및 사회전체의 도덕적인 분위기의 타락을 들 수 있다. 정치 분야에서 근본적인 정권의 정당성과 도덕성이 의심되는 상황하에서는 행정도, 경제도 그리고 기타 사회문화의 문제도 타락의 연장선상에서만 존속할 수 있을 뿐이기 때문이다. 그리하여 급기야는 도덕의 최후의 보루인 종교집단에서도 비도덕적인 현상을 나타내게 되었던 것이다. 정치지도자나 행정부 리더 등의 권력부패와 비리가 판치는 마당에 행정인들만 자정하라고 요구하는 것은 무리라고 볼 수 있다.

오늘날 우리는 정치·경제·사회·문화 등 모든 영역에서 대규모조직의 지도자들이 비윤리적인 행위를 하는 것을 너무 많이 목격하고 있다. 이러한 비윤리의 세계에서 오직 행정에만 윤리를 강조하는 것은 이중적인 기준을 적용하는 것과 같은 것이다. 그러나 행정이 국가발전을 주도하여 온 우리나라에서는 이러한 비리가 모두 다 행정의 문제라고 해도 과언이 아닐 것이다. 회사가 상품을 제조하면서 공해를 배출하듯이 행정도 발전을 제조하면서 비리를 배출하였던 것이다.[3]

행정의 차원에서 윤리를 확립하는 방안을 살펴보면, 이는 근본적으로 바람직한 행동을 유도하기 위한 제도와 교육의 문제가 된다. 그런데 제도에 관해서는 앞에서 살펴본 바대로 불비가 문제가 아니라 형식화가 더욱 문제가 되고 있다. 따라서 새로운 제도의 도입이나 개선보다는 제도의 축소 조정을 통하여 형식과 실제를 일치해 나가는 방향이 강구되어야 할 것이다. 윤리교육도 부족한 것이 문제가 아니라, 문제는 오히려 형식적인 정신교육이나 윤리교육이 많은 데 있다. 따라서 기존의 형식적인 교육을 폐지하고 행동에 일치하는 실질적인 교육을 강화시켜 나아가야 할 것이다.

이와 같은 행정윤리의 문제들은 이미 그 자체가 해결책을 암시하고 있거니와 이를 다음에서 살펴보겠다.

---

3) 유종해 김택,행정의 윤리,2006

4. 행정책임과 윤리의 확립방안

1) 행정책임

책임 있는 행위, 특히 행정책임성은 개인이 갖고 있는 태도·속성·가치들, 행위규범으로 구성된 조직문화, 참여수준, 회답성 수준에 따른 조직구조와 사회적 기대 등에 의해 책임성 수준이 영향을 받게 된다. 이를 그림으로 나타내면 [그림 6-1]과 같다.

[그림 6-1] 행정책임성에 영향을 미치는 요소들

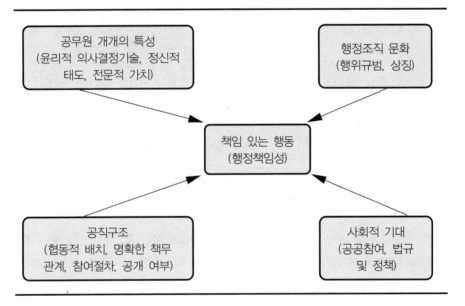

자료:Terry L.Cooper, 책임행정가 참조

따라서 책임 있는 행위를 구성하는 요소 내지 개별적 수준에서 윤리적 자율성을 구성하는 요소들은 구체적으로 책임 있는 행정행위들을 제시하면서 살펴보겠다.

<표 6-3>을 통해서도 알 수 있듯이 개인적 및 조직적 수준에서의 책임성을 확보하는 데는 개인, 조직 그리고 이를 둘러싼 환경 간의 상호영향성을 고려하면서 고찰해야 될 것이다.

〈표 6-3〉 책임 있는 행위를 구성하는 요소

책임 있는 행위의 구정요소	개인적인 윤리적 자율성의 구성요소
• 개인적 특성 • 조직구조 • 조직문화 • 사회적 기대	• 조직경계결정과 초월 • 조직력을 제약하기 위한 법적·제도적 기제 • 자의식
〈책임 있는 행정행위〉	
• 현 법전 및 윤리법규의 규정 내에서 실행 • 전문분야체계의 지식을 관리, 고양 • 조직·조직목표·정책분야에 대한 지식을 관리 및 개발 • 조직의 업무와 목적을 위해 노력 • 법적으로 위임받은 조직사명과 일관된 결정 • 조직의 위계 구조에 회답성을 인정 • 최상의 기술적 판단을 실행 • 조직의 비공식적 규범과 절차 • 특수화된 조직구조 내에서 작업	• 정치적 공동체 및 개인적 양심의 가치 내에서 행위 • 현 사회·정치·경제체제에 대한 지식을 관리 및 고양 • 자신의 가치, 신념, 확신, 세계관 그리고 삶의 우위권에 대한 지식을 관리 및 개발·가족, 사회, 공동체관계를 관리 및 개발 • 공적 선호, 수요 및 이익에 근거하여 조직사명 내 법적 변화에 대한 제안제공 • 조직가치, 정치적 양심의 가치와 일관되지 않은 법규에 의문, 저항, 도전 • 규칙적이고 접근 가능한 공적 참여제공 • 공적 선호, 요구 및 이익에 기초한 절차 규범, 규칙, 규율에서의 변화를 제안 • 다른 조직들, 선출된 관료 및 공공과의 단위들 사이에 협동을 고양

공공조직 내에서 책임 있는 행동을 하도록 하는 두 가지 일반적인 접근에는 외적 통제와 내적 통제가 있다. 그런데 이 두 가지 접근은 프리드리히(Carl Friedrich)와 파이너(Herman Finer)의 역사적 논쟁과 연관되어 아직도 행정실무자는 물론 학자들에 의해서도 논의되어 오고 있다.

프리드리히[4]는 책임성은 객관적인 외부적 책임성 차원뿐만 아니라 심리적 요인이 있다고 하면서 내적 통제의 중요성을 주장하였다. 그리고 그 이후의 글에서 프리드리히는 여전히 내적 통제의 중요성에 부가하여 행정가의 전통적인 정치적 책임성의 중요성을 강조함으로써, 책임 있는 공공정책에는 '二重的 基準'이 필요하다고 주장한다. 즉 행정책임성은 결코 완벽한 정도로 달성될 수 없으므로, 정치적 통제가 기술적 수준과 대중의 여론의 영향을 보충해야만

---

4) Carl Friedrich, "Problem of the American Public Service," *Commision Inquiry on Public Service Personnel,*유종해김택 행정의 윤리에서 재인용.

한다는 것이다.

이러한 견해는 가우스(John M. Gaus)에게서도 발견할 수 있는데, 그는 1930년 중반 미국의 정부체계에서 책임성 확보의 중요한 수단의 하나로 그의 직업적 기준에 기인한 것으로서 개별적 공무원들이 인지하는 것이 있다고 하면서, 그것이 바로 내적 제재라고 하였다. 이후 비슷한 시기에 마르크스(Fritz Morstein Marx) 또한 프리드리히와 유사한 견해를 피력하였다.[5] 그리고 이러한 프리드리히의 주장은 1960년 후반부터 행정학에 대두된 신행정학 운동에 의해 새로운 자극을 받게 되었다. 이에 따라 신행정학에서는 사회적 형평성 가치를 획득하기 위해 행정가는 고객지향성이어야 한다는 것을 중요한 행정 책임성이 내포된 철학으로 여겼다.

이상의 논의와 대조적인 흐름의 시작으로 1936년 파이너(H. Finer)의 주장을 들 수 있다. 즉 책임성의 주관적 요소를 강조하는 프리드리히에 대항해 파이너는 "윤리법전, 내부규율 그리고 이러한 것들을 효과적이게 하는 장치들이 내실 있는 행정을 확보하게 하는 길이며, 오늘날 정치적 통제 또는 정치적 책임성의 근본 가능성보다 더 중요한 것은 없다"[6]고 하면서 법적·제도적 통제체계만이 책임성 확보의 유일한 방법이라고 주장하였다. 이상의 행정책임성 확보를 위한 방법으로 프리드리히와 파이너의 주된 논쟁을 통해, 이들을 근간으로 한 수단들을 범주화하여 살펴보면 다음과 같다. 내부적·공식적, 내부적·비공식적, 외부적·공식적 그리고 외부적·비공식적인 확보방안으로 나눌 수 있다. 그런데 이러한 네 가지 범주 중 어느 하나 혹은 각 범주에 속하는 하나하나의 요소만을 고집하는 학자는 없다. 아래의 표는 길버트(Gilbert)[7]의 견해를 약간 수정하여 적용한 것이다.

물론 위와 같은 네 가지 서술적인 범주를 사용하는 데에는 규정상·분류상의 어려움이 따르겠지만 각 요소 간의 균형을 유지한다고 했을 때, 이는 행정 책임성을 강화하기 위한 다양한 제도적 접근들과 견해들을 분석하는 유용한 수단이 될 것이다. 공식적 범주와 비공식적 범주를 구분하기는 쉽지 않으나, 비공식적 관계들은 헌법에 명시되고 있지 않다는 점에서 대강의 구분이 가능하다. 내부적인 확보방안과 외부적인 확보방안 간의 차이는 전자가 정부의 집

---

5) F.M. Marx, *Public Management in the New Democracy*(1940), p.237.
6) 파이너는 막스 베버에 뿌리를 두고 있는 행정역할의 전통적 관점을 재확인하였다.
7) C. E. Gilbert, The Framework of administrative responsibility,, p.382.

행체계와 그것을 책임지는 최고집행가를 의미하는 반면 후자는 그것을 제외한 사회적 요소와 정치적 장치들이라는 점에서 구분된다. 여기서는 이들 범주들 중에서 사법부, 시민참여, 공무원 윤리 강령, 대표관료제, 공익 그리고 윤리 분석 등을 다루겠다.(<표 6-4> 참조)

〈표 6-4〉 행정책임 확보방안

	내 부 적	외 부 적
공 식 적	행정수반	입법부, 사법부
비공식적	직업윤리강령 대표관료제 공공이익 윤리분석	이익집단 대표 시민참여 여론

자유민주주의 실천의 전제가 되는 행정부의 민주성 확립은 행정환경, 조직구조, 관리기법 등의 개혁을 필요로 한다. 그러나 이에 못지않게 행정부를 구성하고 이를 움직이는 공무원의 태도 변화가 중요한데, 이는 행정국가화 현상으로 더욱 강화되었다.[8]

2) 행정윤리

(1) 행정문화의 쇄신

한 국가의 일반문화는 민족성이나 국민성으로 그 유형을 설명하게 되는데 구체적 관점에서 보면 한 국가의 고유한 민족성이나 국민성은 상위체제인 전체사회의 문화이고, 사회구성원 개개인에 의해서 소속되어 있는 하위체제 속으로 침투되어 그 체제의 활동과 현상 속에서 표출되어 존재하게 된다. 따라서 일반문화가 행정체제 또는 행정조직에 투영되어 행정현장과 행정행태에 내재 되어 있는 문화가 독자적인 행정문화인 것이다. 또 반대로 행정조직 자체가 문화의 개체로서 일반문화의 일부로서 존재하게 된다.

---

8) 표시열, "공무원의 윤리적 의무와 법적 의무-헌법정신의 준수를 중심으로," 「작은 정부를 위한 관료제-소정 이문영 교수 정년기념논문집」 (서울: 법문사, 1990), 409면; 행정국가에서 개인의 지위는 자아가 침해받는 사회 속의 개인, 정책결정에 속수무책인 정치체제속의 개인, 경제생활이 더욱 정부에 의존하는 경제 속의 개인으로 특징지어진다.

이러한 행정문화에 대해서 행정인들이 지니고 있는 지배적이고 보편화된 가치관 또는 행정 관료들의 의식구조, 사고방식, 가치관, 태도와 일반국민의 행정에 대한 가치의식의 총합으로 규정하거나[9] 행정체제 속에서 활동하고 있는 모든 사람들 사이에 바람직스럽고 적절하며 요구되고 허용되거나 금지된 행위로[10] 정의하기도 한다.

관료제의 병리중의 하나가 번문욕례(red tape)를 들고 있듯이 행정절차의 복잡화로 인한 불만은 누구에 의해서도 지적되고 있는 문제이다. 따라서 행정절차를 전산화 및 편리화 함으로써 시민들의 불편을 없애 주고 공무원들은 보다 건전한 행정기능수행에 좀 더 할애되었으면 한다. 그리고 이를 통해 업무의 신속한 처리를 '급행료', '기름치기' 등에 의한 뇌물수수 및 부정부패행위를 근절시킬 소지를 줄여 나가는 조직관리의 개혁이 요구된다.

이외에도 각종 관료제의 병폐들 - 선례의 맹목적 답습, 구태의연, 법규만능, 창의력 결여, 비밀주의, 무사안일, 태만, 책임전가, 아첨, 획일주의 - 도 행정절차의 간소화를 통해 어느 정도 해결될 수 있을 것으로 생각된다.

위의 정의 모두를 포괄하여 행정문화를 정의했을 때, 행정윤리의 확립을 위해서는 민주적이고 합리적인 행정문화로의 변화에 힘써야 한다.

3) 제도적 방안

(1) 행정제도

인사행정은 환경적 여건의 변화에 대응하여 개선되어야 한다. 현재 우리 사회는 정치적·경제적·사회적 제 측면에 있어서 변화를 하고 있다. 따라서 이에 적절한 인사관리가 마련되어야 할 것이다. 따라서 적절한 인사관리가 이루어지고 신분보장을 확립시킴으로써 공무원의 소신 있는 행정을 기대할 수 있을 것이다.

우리나라 공무원의 보수는 민간기업체는 물론 국영기업체에 비하여도 현저히 낮은 수준이다. 그리고 이는 공무원들을 대상으로 설문조사한 바에 의해서도 여실히 드러나고 있다. 과거 하급 공무원의 부정부패의 원인을 묻는 응답

---

9) 조석준, 「한국행정학」(서울: 박영사, 1980), 130면.
10) Jose V. Abueva, "Administrative Culture and Behavior and Middle Civil Servants in the Philippines," in Edward W. Weidner(ed.), *Development Adminstration in Asia*(Durham, North Carolina: Duke University Press, 1970), p.135.

으로 가장 많은 비율을 차지한 것이 기본생계비의 부족 때문이라는 것이다. 따라서 보수의 현실화 없이는 건전한 공직윤리의 확립은 불가능하다. 따라서 정부는 과감하게 인식을 전환하여 공무원의 보수수준을 민간수준에 의거하여 결정하여야 하며, 정치적 고려에 의한 흥정대상으로 삼아서는 안 될 것이다.

공무원이 자신들의 이익을 옹호하기 위하여 단체를 결정하는 것이 부분적으로 위법으로 인정되고 있는 상황에서 이들에 대한 객관적인 보건마저 제대로 되어 있지 않고 그 이상의 산출을 기대하고 있는 것이 현재의 우리나라의 공직현실이다. 공무원의 전문직업인으로서의 윤리의식을 담보하기 위해서는 공무원단체를 인정하여 자율적인 통제를 도모하는 방안이 긍정적으로 고려되어야 할 것이다. 바람직하지 못한 행정윤리의 원천인 관료제의 병폐를 해결하는 또 다른 방법으로 규제중심의 행정탈피를 들 수 있다. 행정기능의 하부기관 또는 지역간 서로의 과감한 이양, 행정업무의 처리 방식은 대면접촉방식에서 벗어난 우편 등의 간접접촉방식의 사용 등이 세부사항이 될 수 있는데, 행정업무상의 認·許可 등 행정규제의 수준과 행정의 부패·부조리는 높은 상관관계를 지니고 있는 것으로 연구·발표되어지고 있다.[11] 즉 국민의 사회경제생활에 대한 행정규제의 영향 및 파급효과에 대한 분석은 間接誘導型體制[12]로의 전환뿐만 아니라, 하위직공무원의 생계형부조리 적결 및 감소를 위해서도 절실히 요청된다. 그리고 우리나라도 이러한 역할을 담당할 "규제개혁청"의 신설 및 운영할 필요가 있다.[13]

(2) 사법적 제재

미국의 3대 대통령 토마스 제퍼슨은 "공공 서비스는 공공의 신뢰를 전제로 한다"는 말을 하였는데 이는 공무원은 국민의 세금을 징수하고 사용하며 국민으로부터 위임받은 권력을 사용하기 때문에 그들에게 보다 높은 윤리적 기준이 요구된다고 볼 수 있다.

1992년 미 연방정부의 윤리국에 의해서 제정된 '공무원윤리규범'에서는 "행

---

11) 김번웅, "행정부조리, 조직의 민주화 및 간접유도형행정," 「조직과 복지사회-유종해 교수 화갑기념논문집」 (서울: 박영사, 1991), 70면.
12) 간접유도형이란 행정이 만능적 규제자도 아니고 독점적 가치창조자도 아닌 봉사자 또는 유도자의 기능·역할을 수행하는 입장을 말한다. 따라서 김번웅 교수는 공무원의 대민부조리감소 및 적결문제와 관련하여 정부의 사회경제적 개입은 직접규제방식 에서 탈피하여 간접유도형방식으로의 과감한 전환이 절실히 요청된다고 주장한다. 상게서, 70면.
13) 상게서, 72면.

정서비스는 공공의 신뢰에 대한 책임으로써 공무원에게 헌법과 법률과 윤리적 원칙에 대한 충성을 요구한다"라고 규정하고 있다.

하나는 공공서비스를 수행함에 있어서 최상의 윤리적기준의 설정과 다른 하나는 최소한의 윤리적 기준을 충족시킬 수 있는 책임성을 보장할 수 있는 제도적인 통제 메커니즘이다. 먼저 윤리성 제고를 위해서는 법의 지배원칙이 필요하다고 볼 수 있다. 공무원이 그들의 직위를 남용하지 않고 법에 순응하는 것은 그들의 권력을 통제하는 수단이 된다. 윤리적 의무로써 법률에의 순응은 공무원들에게 진실을 밝히며 약속을 지키며 직무에 충실하도록 한다. 자연의 법칙이 자체 질서의 유지와 만유의 충돌을 소통시키기 위해서 있다면 인간이 만든 법률도 국가사회가 존립하고 거기에 담긴 모든 것들의 의지활동이 순기능을 하도록 만들어진 것이라고 본다. 자연법칙이 박후(博厚) 고명(高明) 유구(悠久)를 상도로 한다면 사회법칙은 신의 공명 정대를 생명으로 한다. 공무원 부패를 저지를 사람에게 관대한 처벌을 하는 것은 공무원 범죄가 계속해서 발생할 여지가 된다는 점에서 경계해야 한다. 법을 엄정하게 구현하여 아무도 면제받을 수 없도록 법의 형량이나 양형의 준수가 필요하고 공무원부패의 잘못을 인식할 수 있도록 하여야 한다. 공무원 부패를 절대해악으로 보지 않고 상대적 치부대상 정도로 인식한다면 사법적 단죄와 처벌이 갖는 예방과 교정의 의미는 구할 수 없다고 본다. 빚은 갚으면 없어지지만 죄는 벌을 받아도 지워지지 않는 절대악이라는 인식의 전환이 필요하다.[14] 최근 대법원장이나 법무장관 등 법조계수뇌부가 화이트칼라범죄에 대하여 엄중한 심판을 요구한 것은 공무원부패를 줄이려는 하나의 계기가 될 수 있다고 본다.

(3) 공무원 행동강령의 실효성

우리나라 사회에서 높은 기대감과 더불어 강한 상징성이 부여되는 공무원들에게는 사회적 영향력이 매우 크다는 점에서 공직윤리의 중요성과 공무원 행동강령의 필요성이 대두된다.[15] 또한, 우리사회는 현재 급격한 변동의 시대를 살고 있고 다양한 가치관이 상호충돌하며 혼재해 있다. 더 나아가 공공부

---

14) 김충렬,동양윤리의 인간학적회귀,50−51면
15) 일반국민들에게는 보편적으로 '균등한 사생활의 원칙'이 적용된다. 즉, 국민들은 신분이나 경제적 능력의 고하 등을 불문하고 사생활이 균등하게 보장된다는 원칙이다. 그러나 공직자들에게는 이들의 가치관, 의사결정 등이 국민에게 큰 반향효과를 가져 올 것으로 기대됨에 따라 '축소된 사생활의 원칙(a principle of diminished privacy)'이 적용된다(Thompson, 1987: 125).

분과 민간부분 간 접촉이 늘어나면서 기존 공적가치의 중요성이 크게 흔들리는 등 문제가 표출되고 있다. 따라서 바람직한 공적가치의 유지와 공직윤리의 확립을 위해서는 공무원에게 기대되는 바람직한 행동의 방향과 원칙에 대한 명확한 기준이 제시되어야 하겠다.[16] 비록 강령자체가 공직윤리와 정부의 신뢰성을 직접적으로 확보해주는 것은 아니지만, 이것의 확보를 위한 필요조건 중의 하나라 할 수 있다.

'공무원 행동강령'은 국무총리 지시사항으로 발령된 '공직자 10대 준수사항'이 유명무실해짐에 따라 기존의 윤리규정과 달리 부패방지법 제8조에 근거한 대통령령으로 제정하여 법적 구속력을 갖추도록 하였다.(<표 6-5> 참조)

〈표 6-5〉 공직자 10대 준수사항과 공무원 행동강령

구분	공직자 10대 준수사항	공무원 행동강령
선물, 향응 수수	·직무관련자로부터 향응, 골프접대 받는 행위 금지 ·직무관련 선물 수수금지 및 5만원 초과 직무관련 없는 선물수수 금지	·직무관련자로부터 금전, 선물, 향응을 받는 행위금지(영 14조 1항) ·직무관련 없는 자로부터는 제한 없음
경조사 통지, 경조금품 접수	·직위를 이용한 경조사 고지, 축조 의금 접수금지 ·직무관련자에게는 일체 통지금지 ·직무관련자로부터 경조금품 접수 금지 ·공무원간에는 3만원초과 수수금지	·직무관련성 유무 및 직급에 관계 없이 ·중앙행정기관장이 정하는 기준을 초과한 경조금품 수수금지(영 17조)
화환, 화분 수수	·경조사, 이취임시 화환, 화분 수수 금지	·별도의 규정이 없이 금품 수수 제한 규정 또는 경조금품 수수 제한 규 정을 적용

---

16) 공무원은 다양한 이해관계와 사회적 갈등의 조정자 내지는 해결자로서 자신의 위상에 대한 갈등을 경험하게 된다. '더러운 손(dirty hands)'은 부도덕한 의사결정이라도 공리주의적 관점에서 다수의 이익을 위한 것이라면 책임이 면제되어야 한다는 관점으로, 공무원은 '선'의 목적을 위하여 '악'의 수단을 선택할 수밖에 없다는 것이다(Thompson, 1987: 11-39; Walzer, 1973: 161). 이러한 논리가 수용된다면 도덕적 비판은 물론 법적 책임성 부과에 어려움을 겪을 것이다. 따라서 공정한 조정자로서 공정성, 청렴성 면에서 엄격한 윤리적 기준이 요구된다. 행동강령은 부도덕한 행위나 부패문제를 야기할 가능성이 있는 특정한 문제의 상황이나 영역을 미리 제시해 준다.

전별금, 촌지 수수	• 퇴직, 전근시 전별금, 촌지 접수 금지	• 직무관련공무원으로부터 금품 등 접수금지(영 14조 2항)
공용물 사용	• 본인의 가족 등의 관용차 사용 금지	• 관용차량, 선박, 항공기의 사적 사 용금지(영 13조)
품위유지	• 호화시설이용 결혼금지 • 호화유흥업소 출입금지 • 공직자 부인모임 해체 • 정당 등에 후원금 기부금지	• 별도규정 없음 • 정치관련법 적용

출처: 부패방지위원회, 2003: 9.

공무원 행동강령은 단순한 지시가 아니라 부패방지법에 행동강령을 대통령령으로 정하도록 의무화하고 있다. 행동강령에는 구체적이며 종합적인 내용을 담고 있음은 물론 위반사항에 대하여 징계 등 실효성 확보장치도 포함되어 있다.

4) 환경적 측면

행정윤리를 확보하는 데는 행정 못지않게 행정환경도 중요하다. 즉 행정은 진공상태에서는 존재하지 않으며 개방체계로서 환경과 밀접한 관련성을 지니고 있으므로 행정을 둘러싸고 있는 환경의 특성은 행정윤리의 제고에 중요한 역할을 할 것이다.

정치가 부패하면 행정은 정치의 시녀로 전락하고 공무원의 신분불안과 정치적 중립을 저해한다. 따라서 정치의 민주화는 행정풍토의 쇄신과 공직윤리 확립의 전제조건이 된다.

사회 전체의 도덕적 분위기의 타락이나 가치관의 혼란은 각계의 협력으로 극복되어야 할 우리 전체사회의 과제이다. 즉 공무원의 궤도이탈에 대한 최후 보루는 국민의 눈밝은 감시기능이다. 따라서 국민들과 사회 전체의 윤리의식이 제고되어야 한다.

이에 행정은 교육·언론·문화·종교 등의 자율적인 국민윤리의 향상을 위해 노력을 해야 할 것이며, 종래와 같이 행정이 국민윤리를 일방적으로 주도하는 방법을 지양해야 할 것이다. 그리고 정치·경제 등 각 분야의 발전이 자율적으로 이루어지도록 종래와 같은 간섭을 배재하여 이들 사회 각 분야가 책임있게 자율성 확보를 기하도록 하여야 한다.

헌법을 비롯한 기타 법규를 통한 공식적 통제도 중요하지만 추상적이고 형식적일 우려가 있으므로, 행정기관에 예속되지 않은 이익집단과 시민의 참여를 확보할 제도적 경로를 갖추어야 한다. 따라서 행정이 항시 유리병 안의 행태들로 외부에서 항시 감시 가능하게 하는 장치가 고려되어야 할 것이다.

민원인을 포함한 시민들로 하여금 공무원의 부정부패의 사례를 전화, 팩시밀리를 비롯한 빠른 통신수단을 이용하여 고발하도록 하는 시스템이다. 한 예로 미국의 회계감사원(GAO)이 1979년 부정조사특명반을 설치하고 운영한 부정고발 핫라인제도는 성공적인 모형으로 평가되고 있다.

이 핫라인은 첫째 공무원의 권한남용 및 오용, 부정에 대한 전신전화신고를 접수하고, 둘째 이를 관계기관의 자체감사관이나 연방수사국 등에 조사를 의뢰하며, 셋째 의회는 물론 중앙정부와 지방정부가 의뢰해 온 공무원의 부정과 예산낭비 등에 관하여 의견을 제시하고 자문하며, 넷째 신고내용에 관한 관계기관의 조사 결과를 확인 또는 분석하는 기능을 지닌다. 이 고발시스템은 상당히 효과적으로 운영되었으며 예산을 낭비한 사실이 밝혀지고 당 해 공무원들에게 징계 등의 인사조치가 가해지고 범죄사실이 드러난 관계자들에게 벌금형의 사법적인 조치가 내려진 바 있다.

국제반부패대회 제8차 회의 리마선언(Lima Declaration, 1997)에서도 내부고발자의 보호를 위한 법제화[17] 노력에 각국 정부들이 적극적으로 나서 줄 것을 권고하였고, 국제적 협력체제의 이러한 권고와 더불어 내부고발정책은 이제 각국에 있어 하나의 중요한 의제가 되고 있다. 내부고발정책은 부패에 대한 것뿐만 아니라 공익침해가 일어날 수 있는 다양한 분야에서 고발의 특수한 위치를 법적으로 보호한다는 의미를 가지고 있기 때문에 우리나라도 부패방지법을 통하여 '내부고발자보호제도'를 도입하고 있다. 내부고발은 부패행위를 목격하거나 직접 가담했던 국민 또는 조직구성원이 자신의 자율적 의지에 따라 부패통제에 참여할 수 있도록 유도할 수 있다는 점에서 적은 비용으로 높은 효율을 낼 수 있는 부패방지 수단이자, 민주적·참여적 행정문화 이끌어 내는 유력한 방안이 되고 있다. 부패방지법상 부패행위 신고자 보호보상제도의

---

17) Brooks은 내부고발자를 보호하고 고무하는 법을 제정할 명백한 이유를 두 가지로 든다 (Brooks, 1993: 20). 첫째, 보호법은 내부고발자로 하여금 내부의 비리에 관한 정보를 가지고 밖으로 나오도록 유인한다. 둘째, 잠재적 비리자(potential wrongdoers)로 하여금 밖에 알려질 가능성이 높아 그러한 행위를 단념하도록 하는 효과가 있다는 것이다.

현황과 내용은 신고의 주체 및 보호대상, 적용범위, 신고의 대상, 신고채널(신고방법), 신고의 처리절차, 신분보장, 포상 및 보상, 책임의 감면, 보호의 예외 등을 중심으로 입법화되어 있다.

5) 행정인

개인적 차원에서의 윤리성 확보는 다양한 각도에서 접근될 수 있지만 무엇보다도 중요한 것은 개인이 갖추어야 할 윤리적 덕목을 찾아내고 이들의 정당성·타당성을 논리적으로 부여하는 일이며, 이를 공무원 개개인에게 내재화시키는 일이다. 그러나 이러한 윤리적 덕목은 개인의 욕구체계를 고려하지 않는다면 비현실적인 것이 되며 불만과 좌절을 경험하게 되어 결과적으로 윤리적 가치관을 손상시키게 된다. 그리고 욕구를 논리적으로 충족시킬 수 없을 때 윤리성을 훼손하게 된다. 즉 아무리 합리적인 정책결정과 계획이 수립되고 능률적인 조직이 존재하고 있다 하더라도 조직속에서 정책과 계획을 집행하는 관료들의 가치관, 태도 즉 의식구조가 공익성과 윤리성을 외면한다면 행정은 소기의 목적을 성취할 수 없다. 이러한 윤리성은 우리의 의식구조에 내재되어 있어 필요한 결정 또는 행동에 영향을 미치게 된다. 따라서 윤리성의 확립은 의식구조의 개혁을 통해서만 가능해진다.[18] 누구나 윤리성의 확립을 위해서는 새로운 가치관이 확립되어야 한다고 말한다. 그리고 소극적으로 부정부패해소라는 차원에서 보다 적극적으로 행정윤리를 확립하고자 하는 가치지향으로 개조하려는 노력이 행정인 개인뿐만 아니라 조직, 환경측면에도 요청된다.

6) 구조적 차원

관료제의 대표적 병리 중의 하나로 번문욕례(red tape)가 지적되듯이 행정절차의 복잡화로 인한 불만은 누구에게서나 지적되는문제이다. 이에 행정절차의 간소화는 건전한 행정윤리확보를 위해 필수적인 문제이다. 행정절차의 전산화 및 간소화를 통하여 시민편의 확보와 이른바 '급행료'나 '기름치기'가 없는 건전한 행정기능수행이 이루어질 수 있을 것이다. 이외에도 각종 관료제의 병폐들-선례의 맹목적 답습, 구태의연, 법규만능, 창의력 결여, 비밀주의, 무

---

18) 박응격, "공무원 윤리관 확립과 의식개혁," 「행정문제논집」, 제3집(한양대학교 행정문제연구소, 1982. 12), 141면.

사안일, 태만, 책임전가, 아첨, 획일주의-도 행정 절차의 간소화를 통해 어느 정도 해결될 수 있을 것으로 생각된다.

바람직하지 못한 행정윤리의 원천인 관료제의 병폐를 해결하는 또 다른 방법으로 규제중심의 행정탈피를 들 수 있다. 행정기능의 하부기관 또는 지역간 서로의 과감한 이양, 행정업무의 처리 방식은 대면접촉방식에서 벗어난 우편 등의 간접접촉방식의 사용 등이 세부사항이 될 수 있는데, 사실 행정업무상 인허가 등 행정 규제의 수준과 행정의 부패, 부조리는 높은 상관관계를 지니고 있으므로, 이에 대한 보다 적극적인 태도가 검토되어야 할 것이다.

5. 결론

지금까지 행정책임과 윤리의 가치와 저해요인 그리고 확립방안을 고찰하였다. 행정책임은 공직자가 지켜야 할 외적 성실성이라고 본다면 윤리는 내면의 도덕적 가치라고 본다. 행정의 다원화와 무한한 가치이념의 증대로 현대사회는 공직자의 책무는 그 어느 때보다도 중요하고 수기치인의 자세로서 대두되고 있는 것이 현실이다. 그러나 책임과 윤리의 저해요인으로 말미암아 공직자의 비리와 비합리적 가치가 전도되었고 한탕주의적 습성이 만연하여 그 책임을 다하지 못한 것이 사실이다.

국민이 바라는 것은 행정인이 행정의 봉사자로서 책임과 윤리의 재무장이고 행정서비스의 극대화를 창출하라는 것이다. 최근 한국행정이 혁신문화와 혁신정책이 국가정책 아젠다로 자리잡고 참여를 강요하고 있다. 행정혁신도 현대적 행정흐름에 행정의 책임을 가지고 신사고와 신가치, 신가치관을 학습화하라는 것이라고 본다면, 행정책임과 윤리의 내면 외적 성숙의 가치가 더 한층 요구된다고 본다.

유학의 아버지 주희는 인간의 인성과 자질을 차등적 사회와 밀접하게 관련시키는 재주를 발휘했는데 그는 "기질의 차이가 있으므로 사람은 나쁜 짓을 저지를 수 있고 착한 짓에 예민하지 않을 수 있다"고 한다. 그렇지만 이 기질의 차이는 후천적 노력에 의해 변화, 극복된다고 본다. 예컨대 성격이 바뀌고 가치관도 바뀔 수 있듯이 공직자들도 부정과 부패라는 악행을 하지 않고 선행과 가치로운 일에 전념하면 할수록 행정책임과 윤리성의 확립도 이루어진다고 확신한다.

　결론적으로 행정에 대한 시민의 통제와 함께 책임성을 확보하고 윤리를 확립하기위해서는 행정인들의 보다 확고한 주체의식이 필요하며 이는 행정인들의 가치관이나 도덕적 윤리성을 고양하는 첩경이 된다고 본다. 또한 행정인은 가슴에 내면화, 체화된 윤리성을 발현할 수 있는 행태나 행동의 양심이 필요하며 시민적 자유를 수호하고 보장하는 것이 중요한 행정과제요 관건이라 할 것이다.

제**7**장

공무원 부패

제7장 공무원 부패

1. 부패의 개념

특정한 問題의 연구나 조사에 있어 주요한 요소의 槪念化는 연구하고자 하는 목적을 달성함에 있어서 가장 중요한 일의 하나이다.[1] 명확한 개념 정의는 용어의 論理性이나 타당성을 높여 주는 중요한 역할을 하기 때문이다. 따라서 개념을 규정하는 일이 연구의 출발점임은 말할 필요도 없다.[2] 관료 부패 (bureaucratic corruption)의 부패 현상이 특정 국가·사회의 정치제도, 국민의 가치관 내지는 도덕성 그리고 사회적 경향을 반영하는 것이므로[1] 부패의 개념에 대한 학자들의 견해는 매우 다양하며, 통일적인 개념 정의가 이루어지지 못하여 왔다. 부패, 뇌물의 역사는 구약시대부터 시작되어 창녀와 함께 가장 오랜 역사를 지닌다고 한다. 로마 제국시 Corrupt(부패시키다. 타락하다)라는 말은 「여인을 유혹해 육체를 탐하다」와 「관료에게 돈을 바치다」의 두가지 뜻으로 개념 지워졌다. 부패의 영어 어원 Corruption은 라틴어 Cor(함께)라는 단어와 Rupt(파멸하다)라는 단어로 이루어졌는데 즉 공멸한다라는 의미를 내포하고 있다고 볼 수 있다. 결국 부패라는 개념은 깨끗지 못하고 더럽고 추악한 것으로 결국은 파멸에 이른다고 정의할 수 있다. 그러면 부패학자들의 견해는 어떠한지 살펴보기 위해 행정부패의 실체(reality)를 보는 대표적인 학설을 소개하고자 한다.

첫째는 사적 부문이 배제된 공직 중심적(public office centered)인 관점에서 정의한 것이다. 이는 금전이나 지위 획득 혹은 영향력의 확대나 사적 이득을 위해 법적·공공의 의무 규범에서 일탈하는 것을 말하는 것으로서 Bayley,

---

1) Thomas D. Cook(1979), etal.C, Quasi Experimentation (Chicago : Rand McNally College Publishing CO.) pp. 1~30. 재인용 : 김해동, 체제부패와 공공정책의 관계에 대한 연구, 서울대 행정대학원 행정논총, 제29권 1호, 1991, 6월호, p. 64.
2) 金光雄, 「사회과학 연구방법론」, (서울 : 박영사, 1987)

McMullan, Nye 등이 주장하고 있다. 이와 관련 Bayley는 부패를 특히 뇌물 수수 행위와 관련해서 이익에 치중한 나머지 공권력을 오용(misuse)하는 행위를 총칭하는 개념으로 파악하였다.[2] 다시 말하면 관료가 주어진 권한을 남용하여 개인적으로 뇌물을 수수하는 행위라고 볼 수 있다.

둘째, 부패 경제학의 관점에서 본 市場중심(market centered)의 정의라고 볼 수 있다. 시장이론을 기초로 한 경제학자들은 관료제가 경제에 대하여 광범위한 조정자의 역할을 수행하면서 공공의 이익을 분배함에 있어서[3] 부패 공무원이 자신의 지위를 개인의 이익을 극대화하는 수단으로 생각할 때 부패가 발생한다고 본다. 이러한 견해에는 Robert Tilman, Nathaniel H. Leff, Jacob Van Kleveren 등이 여기에 속한다.[4]

셋째, 국가나 사회에 있어 공익 중심(public interest centered)의 개념이다. Carl Friedrich, Arnold A. Rogow, H.D.Lasswell이 대표적인 학자로, 공익 개념이야말로 가장 폭 넓게 부패 개념의 본질을 파악하는 척도라고 생각되는데, 부패 행위는 적어도 공공 질서 체제에 대한 책임을 위반한 것이고 특수 이익을 공동 이익에 우선시킴으로써 실제로 그러한 체제와 양립할 수 없게 한다. 여기서 말하는 특수이익은 관료자신의 이익을 국가의 공적임무보다 우선시하여 이득을 탐하는 행위라고 볼 수 있다.

넷째, 제도적 접근설로서 부패현상을 특히 개발도상국이나 후진국에 있어서 제도적 취약성과 사회적 기강의 해이에서 기인된 연성국가(soft state)의 결과적 부산물로 보는 입장이다. 이것은 Goulder, Huntington, Roy, Myrdal 등이 주장하고 있다.

다섯째, 권력관계적 접근방법으로서 부패현상은 관료들이 권력남용적 병폐와 역기능의 결과적 부산물로 보는 입장인데 Riggs, Werlin, Scott 등이 주장하고 있다.

여섯째, 기능주의적 시각으로서 부패현상을 행위의 결과와 효과의 차원에서 순기능과 역기능의 역할로 보며, 특히 개발도상국에서는 부패를 발전과정에서 순기능과 역기능의 역할로 보며, 필연적으로 발생하는 부산물(byproducts)로 보는 입장이다. 이것은 Leff, Nye, Hoselitz 등이 주장하고 있다.

일곱째, 후기기능주의(post-functionalism)적 시각으로서 이것은 부패현상은 선진국이나 후진국이나 할 것 없이 발생하는 보편적 현상으로서 자기영속성(self-perpectuation)의 성격을 가진 것으로 보는 입장이다. S.Werner가 대표적이다.

여덟째, 사회문화적 규범의 일탈행위로 보는 입장으로서 부패현상은 사회문화적 환경과 역사적 전통의 부산물로 보는 입장이다. 이러한 시각에 의하면 부패현상은 주변 사회의 비난을 받으며 부패되었다고 보는 것이다. Wraith와 Simpkins가 이러한 입장을 주장하고 있다. 1960년대의 구조 기능주의 학파가 주장한 기능주의설은 개발도상국들의 정치, 경제적 발전에 대한 정치적, 관료적 부패의 기능적인 기여에 매우 관심을 가졌으며 부패를 성장－부패 사이클 (growth－decay life cycle)에 내재된 요소로 간주하였다. (<표 7－1> 참조)

〈표 7－1〉 行政腐敗의 개념정립에 관한 이론

접 근 방 법	주 요 내 용	분 석 단 위	대 표 학 자
윤리 및 도덕설 (Moral Approach)	공직의 비윤리적, 비도덕적 이용	관료와 사회 (관료의 행위)	E.C. Banfield J.T.C Liu
제도적 접근 (Institutional)	제도적 취약성 사회적 기강의 해이	후진국이나 개발도상국의 관료제도	S.P. Huntington G. Myrdal:E.V. Roy
시장/교환설 (Market/Exchange)	시장교환관계	관료와 고객집단	R. Tilman:H. Simon A. Heidenheimer
공 익 설 (Public Interest)	공익위반의 결과	관료의 형태, 의사결정과정	R.W. Friedrich H.D. Lasswell
기능주의설 (Functional)	발전과정의 부산물	관료제도, 기업가, 사회	N.H. Leff J.S. Nye
후기기능주의설 (post-funtionalism)	보편적 현상과 자기영속성의 현상	선·후진국의 관료 제도	S. B. Werner
권력관계설(power- relations approach)	관료의 권력남용과 역기능의 부산물	관료제의 권력	F. W. Riggs J. C. Scott
사회문화적 규범설(socio- cultural approach)	사회문화적 환경과 전통의 부산물	사회문화적 환경, 관료제의 역사성	E. Simpsons
통 합 설(integrated approach)	복합적 행정현상:선진국과 후진국의 공통성과 특수성, 부패의 제변수의 복합적, 다면적현상	선·후진국의 관료 제도비교 관료제도, 행태, 그리고 사회문화적 환경의 주요변수분석통합적 분석	김영종
탐재.탐욕설(covet for property approach)	관료의 부정한 행태. 탐재.탐욕, 가치관의 아노미	관료제의 병리현상 역기능. 관료문화	김택

출처: 김영종(1988), "민주사회발전을 향한 행정부패와 방지전략", 「민주사회의 성숙을 위한 공공행정」, 한국행정학회 발간, p.401.

상기와 같이 부패의 개념을 분석하는 접근방법이 다양하다. 우리는 여기에서 부패현상에 대한 실체분석은 보다 포괄적이고 통합적이 되지 않으면 안 된다고 보게 된다. 왜냐하면 부패현상은 원래 실체를 정확하게 알기 어려운 괴물(monster)적 존재이므로 보다 논리적이고 객관적 분석이 필요하되, 모든 행정현상이 인간의 내면과 의식, 그리고 가치의 세계에서 표출된 현상이므로 주관적 내면의 세계를 결코 무시할 수도 없다고 하겠다. 이러한 논거에서 부패현상은 보다 통합적 시각에서 개념정립화 되어야 한다고 보게 된다. 따라서이 통합적 시각에 의하면 행정부패는 공직자가 사회규범과 관계법규의 위반은 물론 공익(public interests)을 추구하기를 바라는 국민들의 기대 가능성을 저버리고 사익을 추구하거나 특정이익을 도모하는 행정형태라고 할 수 있다.[5] 결론적으로 부패는 "法을 집행하는 관료들이 법규를 남용하거나 재량권을 일탈하여 부정한 방법으로 재화 가치를 획득하거나 수수하는 행태"이며, "관료의 개인적 이득을 얻기 위해 탐욕스런 의식과 행태가 표출된 것"으로 정의 하고자 한다. 그리고 이와 같은 부정 부패가 성립되기 위한 요건으로는 권한의 남용이 의도적이고 비합리적이어야 하며, 특정인에 귀속되는 사적 이익 또는 불이익이 있어야 하고, 특정한 사적 이익 또는 불이익이 권한의 활용과 직·간접적으로 연결되어야 한다.[6]

2. 부패의 폐해

관료부패가 미치는 영향에 대해서 학자들 간에는 크게 두가지 논의가 진행되어 왔다. 그것은 곧 부패의 순기능과 역기능에 관한 것이다. 부패는 다양한 사회 현상의 산물이기 때문에 관점에 따라 인식도 상이하다. 일반적으로 부패는 정치적·경제적·사회문화적 환경의 측면에서 역기능적 역할을 하는 것으로 인식되고 있다. 그러나 다른 한편으로는 순기능적 역할도 한다고 주장하는 경우도 있다. 예를 들면, 근대화 과정에서 나타나는 문제의 해결책으로 부패를 보는 경우가 있다(Merton 1968, 126-136; Tilman 1968). 최근에 Werner는 관료부패의 연구방법에 대한 논의를 하면서, 1960년대의 연구경향을 기능주의라 하고, 1970년대의 그것을 후기기능주의(post functionalism)라 하여, 관료부패가 갖는 영향 또는 기능에 대해 논하였다.[7] 여기서 그는 기능주의자들에 있어서의 부패는 국가의 성숙과정에 있어서의 자기파괴적(self destruction) 현상으로 파악하여, 이들이 갖는 순기능과 역기능을 지적하였다.[8]

1) 부패의 순기능적인 측면

먼저 순기능의 면을 보자. 개발도상국가의 부패행태를 규범적·역사적 맥락에서 분석한 Expo는, 개발도상국의 권력은 특정 시점에 있어 정치권력을 장악한 극소수의 독점물인데, 이러한 나라에서의 관료부패는 국가발전에 기여할 수도 있다고 보았다. 즉 그는 관료부패는 관료적 red-tape나 경직성을 줄이는 기능을 담당한다고 주장하였다.[9] 그리고 Nye는 관료부패의 순기능과 역기능을 비용 - 편익의 분석시각에서 논하면서, 부패가 국민통합과 정부의 능력분야에서는 긍정적인 역할을 한다고 주장하였다.[10] 그 외에 특히 개발도상국가에서의 관료부패의 순기능적 역할로 지적되는 것으로서, 경제적 선택의 폭을 넓히는 경제적 시장의 형성과 시민과 관료를 통합시키는 기능[11], 정당형성과 제도화[12], 행정부의 경직성 완화[13], 자발적 단체나 이익집단의 존속[14] 등이 지적되었다. 우리나라의 경우에도 해방 후 자본축적과정에서 관료의 부패는 일시적인 도움을 주었다고 평가하는 사람들도 있다. 이와 관련 Tilman은 "부패는 저개발 국가나 발전 도상 국가들의 경제발전에 기여한다. 따라서 이 나라들에서는 정부의 통제로 인해 시장이 자유롭게 작동될 수 없게 되어 있기 때문에 경제적 생산성이 서구에 비해 상당히 낮다"고 하면서 "부정부패는 정부주도 경제체제하에서도 시장 메커니즘이 작동할 수 있게 해 주는 역할을 한다"고 주장하였다".

2) 부패의 역기능 측면

이제 역기능의 측면을 보자. 위와 같은 순기능적 주장에 대해서 가장 신랄한 비판을 한 학자는 Myrdal이다. 스웨덴의 군나르 뮈르달은 남아시아의 빈곤에 대한 10년간의 연구결과를 담은 '아시아 드라마'로 1974년 노벨 경제학상을 받았다. 이 연구에서 뮈르달은 빈곤의 원인으로 인구과잉이나 자원 부족 등 지금까지 논의돼오던 경제적 요인 말고도 부패가 경제발전에 미치는 영향을 경제학자로서는 처음으로 깊고 심각하게 다뤘다. 그는 경제개발에 있어서 경제적이고 수량적인 접근도 중요하지만 이에 못지않게 발전을 저해하며 저지하고 있는 비경제적인 요인에 대한 연구도 중요하다고 갈파했다. 그는 기능론자들의 증명되지 않는 가정들은 오류라고 지적하고 오히려 국가발전의 저해요소라고 주장한다. 그는 아시아 지역 국가 저발전의 원인으로서 관료부패를 첫번째로 꼽고 있다. 부정부패의 효과를 이처럼 기본적으로 규범적 관점에서 이해하는 것과는 달리, Carino(1986: 170−191)는 도덕적 판단을 배제한 상태에서 부정부패가 현실에 야기시키는 부정적인 효과들을 검토·제시하는 실증적 관점을 피력하고 있다. 그녀는 아시아 7개 국가들의 부정부패에 관한 실증적 연구에서 부패는 부정부패를 행한 개인에게는 경제적 부를 가져다주며, 신분 상승의 기회를 갖게 하지만, 발각되는 경우 유형, 무형의 큰비용을 물어야 하는 부담을 갖게 한다. 부정부패한 행위를 한 사람과 경쟁적 관계에 있으면서 부정부패에 가담하지 않은 다른 개인들에게는 상대적 불공평성으로 인한 유형, 무형의 비용을 부담케 한다. 조직에 대해 부정부패는 조직의 공식적인 권한−복종 구조를 왜곡시키는 결과를 초래하며, 부패하지 않은 유능한 인재들이 조직을 떠나게 만듦으로써 조직의 인적 역량의 질적 수준을 약화시키고, 수입과 지출 모두에 있어 조직의 물적 자원이 비효율적으로 운영되게 만들어서 결국 능률성 면과 효과성 면 모두에 있어 조직의 성능을 저하시킨다며, 부패는 정부의 세입 감소, 해외 자본에의 의존도 상승, 법규 해석의 모호성 증대 및 법규의 형식화, 그리고 이로 인한 정부 정책의 왜곡 및 혼선을 초래함으로써 사회 전체에 존재하는 유형, 무형의 모든 자원이 비효율적으로 생산, 사용되도록 만든다고 주장하였다.

또한 David H. Bayley는 부패의 역기능으로서 ① 다양한 계층에 대한 객관적 정치지도가 불가능하게 되고, ② 생산적 노력의 상실과 공신력의 감퇴, ③ 개인의 이기심을 채우기 위한 부정한 방법의 횡행, ④ 정부의 신뢰성과 권위의 추락과 국가들의 불신감 증대, ⑤ 도덕적 윤리적 기준의 쇠퇴, ⑥ 행정업무(administrative services)의 부진과 행정가격(price of administration)의 상승, ⑦ 행정의 업무가 인간의 필요에 의한 결정대신 화폐에 의하여 결정되므로 불공정한 행정공급의 성립이 되기 쉽다는 점이다. 이와 같이 부패가 초래하는 또하나의 해악은 그것이 정책목표를 왜곡 또는 축소시킨다는 사실이다. 이것은 전항의 해독과 중복되는 것이며 아마 전형적인 경우가 부실공사이다. 이러한 현상은 검은 거래에 대한 관심 때문에 야기되는 것이기는 하나 관료들의 저항이나 권태에서 오는 경우도 있다는 것에 주의하여야 할 것이다. 그리하여 정책목표는 용두사미가 되어 버리거나 그 목표와는 다른 결과가 초래된다는 것이다.

3) 결론

결국 부패의 연구방향에 대해 논한 Werner의 논문에서나, Marcos하의 필리핀을 논한 Tilman[15], 방글라데시의 정치부패를 논한 McHenry[16]의 견해 등을 종합할 때, 부패의 순기능은 극히 한계성을 지닌 일련의 부차적 효과로서 이해되는 것이 타당할 것이다. 우리나라 경우도 관료부패로 인하여 수차례 정권의 몰락을 가져온 경험과 공권력의 추락, 사회적 기강의 해이, 행정철학의 빈곤으로 인한 관료부패와 국민저항과 불만, 계층간의 갈등과 물질만능주의 사상의 팽배로 인한 민주주의 발전의 저해 등 많은 역기능에 시달려 온 것이 사실이다. 해방 이후 우리는 부패문제로 인하여 수차례의 정권의 몰락을 가져온 경험과 민주발전에 이 괴물적 존재의 커다란 위협으로 인하여 공신력의 추락, 불신의 풍조, 사회적 기강의 해이, 벼락출세주의와 찰나주의적 처세형 철학의 대두, 행정철학의 빈곤으로 인한 관료들의 부패로 인한 국민들의 저항감과 불만, 정책결정이나 집행에 대한 시민들의 불신 등 이루 헤아릴 수 없는 역기능을 초래하였다.

3. 원인

부패의 원인은 연구자의 연구시각과 방향에 따라 다양하다고 볼 수 있다. 본 백서에서는 크게 제도적인 측면, 구조적인 측면, 사회문화적인 측면, 윤리도덕적인 측면 등으로 나누어 살펴보고자 한다.

1) 제도적 측면

부패를 설명하는 또 하나의 입장으로서 제도적·관리적 결함을 드는 학자들이 있다. 말하자면 사회의 법과 제도상의 결함이나 또는 이러한 것들에 대한 관리기구들과 그 운영상의 문제들, 또는 이러한 것들의 예기치 않았던 부작용 등이 부정부패의 원인으로 작용한다는 것이다. 특히 후진국들에서 정부 각 기관의 관리와 그 과정이나 절차들이 너무나 이상에 치우쳐 있다거나 형식적이며, 현 실정을 무시하고 있어서 비현실적일 경우에는 각종 부정부패현상들이 야기된다는 것이다.[17]

이러한 요인으로 대표적인 것으로는 공무원의 낮은 보수, 신분의 불안정, 法적용의 재량행사 등이 해당된다. 공무원들이 공기업이나 사기업에 비하여 낮은 임금을 받는 현실에서 부정에 대한 유혹을 떨쳐 버리기는 상당히 어렵다고 볼 수 있다. 또한 신분의 불안정으로 인해 업무에 수동적 태도를 취하며 부패유혹과 한탕주의에 빠져들게 된다.

이러한 주장은 앞서의 사회문화적 입장과도 연결된다. 특히 이러한 제도적 측면에서의 부패는 관료의 상당한 재량권 행사를 수반하기도 한다. 즉 모호한 법령에 대한 공무원의 재량적·자의적 해석에 의해서 부패가 발생하기도 한다.[18]

또한 여러 가지 복잡하고 중복적 행정절차는 부패의 素地가 되며 불합리한 행정관리는 소위 '급행료'의 유발요인이 된다. 이러한 제도 및 관리론은 부정부패 현상이 단순히 피상적인 개인적 성격에 기인한다는 선을 넘어서서 보다 더 넓은 정책적 안목을 제시하여 준다. 즉 제도나 관리상의 개혁은 부패 상태에 있는 보다 많은 계층의 행태 변화를 가능케 할 것이다. 제도적 측면을 살펴보면 다음과 같다.

첫째, 관료제의 부작용 때문에 부패가 심화된다고 한다. 현대의 모든 국가가 공통적으로 안고 있는 문제점이다. 현대국가에서 행정관료는 막강한 권한을 가진다. 행정이 복잡해지고 전문화될수록 관료들의 권력독점현상은 심화된다. 관료들에 대한 외적 통제는 주로 선출직 공무원들에 의해 이루어진다. 그러나 정치인에 의해 결정된 정책도 결국 관료가 집행한다. 정치인의 관료집단에 대한 통제에는 한계가 있기 마련이다. 각종 정보를 독점하고 신분보장의 특혜를 누리는 관료집단은 점차 일반국민과는 이해관계를 달리하는 전문집단으로 변질된다. 관료집단이 자신들의 집단이익을 보호하기 위해 노력하는 과정에서 자연히 부패가 발생한다. 이른바 '관료주의'의 폐해가 나타나는 것이다.

관료주의의 폐해는 행정제도의 결함과 밀접하게 관련되어 있다 행정제도가 부실하면 관료들이 부정행위를 자행할 가능성도 커진다. 또한 관료들의 부정행위를 통제할 수도 없게 된다. 까다로운 행정절차, 인사제도의 결함, 관료들의 무사안일한 태도, 형식주의 등이 관료부패의 일반적 원인으로 지적되고 있다.

둘째, 경제활동과 국민생활에 대한 官의 규제와 인·허가가 등 행정규정과 절차 때문에 부패의 소지가 많다는 사실이다. 공무원이 재량권에 편승해 뇌물이 오가는 풍토는 기업경쟁력을 떨어뜨리는 요인이 되고 있다. 과거 주한 다국적기업최고경영자협회도 "기회가 있으면 한국을 떠나겠다는 사업가가 한둘이 아니다"라고 발표했던 적이 있다. 경제의 고비용 저효율구조는 여기에서도 연유한다. 기업과 주민은 관의 규제의 그물을 뚫어야 하고 그러기 위해서 손쉬운 뇌물공세에 호소하려는 유혹을 받게 된다. 문제는 규제의 단계마다 독점적인 권한을 가진 관료들이 너무 많다는 데 있다. 이들이 제각기 뇌물을 요구하다보면 기업이 부담하는 '추가세금'은 눈덩이처럼 불어난다. 규제가 많으면 상납과 같은 조직적인 부패구조가 탄생하는 것이다. 문제는 부패가 규제를 줄이는 효과가 있더라도 부패한 공무원들은 더 많은 규제를 만들어 이를 상쇄해 버린다. 일반적으로 뇌물과 정경유착에 능한 기업은 보다 나은 제품을 만드는 데 시간과 자원을 덜 쓰게 마련이다.[19] 독점적 권한을 확대하려는 관료들의 시도는 자연히 규제의 확대로 이어진다. 불필요한 규제가 많을수록 부패가능성이 높아진다는 점에 관해서는 이론의 여지가 없다. 과거 일본기업들의 대장성 관료에 대한 「과잉접대사건」도 불필요한 규제가 많이 때문에 발생한 것이라는 점에 의견이 일치했었다.

셋째, 공무원에게 지급되는 보수 수준의 저하로 인해 부정과 부패의 원인이 되고 있다. 후진국 행정일수록 공무원의 보수는 최소한의 생계비에 미달하는 경우가 많다. 이런 상황에서 공무원은 부정에로의 유혹을 받기 쉬울 뿐만 아니라 부정과 연계되지 않는다 하더라도 보수수준의 민·관의 심각한 격차로 인하여 우수인력의 공직에로의 유치가 어려워지고 공무원의 사기저하로 행정능률과 행정서비스의 質이 저하되게 되어있다. 현재 민간부문과의 평균치는 87%이고, 고위직은 중견기업의 58%를 차지하고 있다. 그러나 여타 부문의 경우 공무원 임금 인상률을 최소한의 수준으로 생각하여 자신들의 임금 인상률을 결정하기 때문에 결과적으로 공무원과 여타 부문의 급여격차는 더욱 커지고 있다. 국민의 정부들어 국가적으로 어렵게 되자 정부가 공무원 보수를 삭감 하게 되고, 결국 공무원들의 사기저하와 생계형비리가 속출하게 되었다.

그리고 최근의 개방형 임용제도도입과 조직 구조조정으로 인하여, 신분의 불안정이 가속화되어 부정부패를 낳는 한 요인이 되고 있다. 안정성이 결여되면 직접적으로 자기에게 이해가 없는 업무에 대해서는 수동적인 태도를 취하게 된다. 자기가 맡은 직책에서 언제 물러날지 모른다는 생각은 사회일반의 금전만능사상의 작용을 받아서 그 자리에 있는 동안 생활에 대한 최소한의 재정적인 기반만은 만들어 놓자는 생각을 하게끔 만들 수도 있다.

이에 따라 자신의 지위를 유지하기 위해서는 직·간접적으로 권력자에게 접근하게 되고 상관에 대해 지나치게 굴종하는 태도를 지니게 되며 무사안일과 복지부동함 그리고 비리에 죄의식 없이 빠져들게 된다. 도표에서 볼 수 있듯이 승진소요연수의 장기화에 따른 인사적체 현상에 불만이 더욱 가중되고 있다. 세무공무원이나 지방공무원들, 하위경찰관들은 이런 승진체계에 사기가 저하되고 있고, 실제로 부패범죄와도 상관성이 있다고 볼 수 있다. (<표 7-2> 참조)

〈표 7-2〉 국가 및 지방공무원 직급별 승진소요년수

(단위 : 년)

구 분	9급→8급	→7급	→6급	→5급	→4급	→3급	→2급	→1급
국 가	6.6	7.1	7.1	9.3	10.7	10.7	5.4	6.1
지 방 (강원도)	2.9	7.3	8.5	13.1	–	–	–	–

출처: 국가 – 총무처 1993국감자료, (서울신문 1994년 10월 8일)
　　　지방 – 강원도 1994도의회 행정감사자료, (강원도민일보 1994년 11월 17일)

넷째, 비효율적 행정제도를 거론할 수 있다. 부패를 유발하는 원인의 하나는 부패행위를 다루는 법령과 제도 등 반부패정책이 제대로 갖추어져 있지 않은 현실에서 찾을 수 있다. 물론 우리나라에서도 부패관련자를 처벌할 수 있는 법률들은 많이 있다. 부패를 유발하는 원인 중 또 하나는 부패행위를 통제하기 위해 설치된 정부기관들이 제대로 기능을 발휘하지 못하고 있는 데서도 찾을 수 있다. 우리나라에는 현재 부패문제를 다룰 사정(司正)기관들이 많이 존재한다. 검찰과 경찰, 국세청, 국무총리국무조정실, 감사원, 각급 정부에 설치되어 있는 자체 감사기구, 금융감독원, 공정위 등은 모두 정부부문과 민간부문에서 일어나는 부패행위를 처리할 권한을 가지고 있다. 그러나 이들 기관이 우리 사회의 부패통제에 기여한 점에도 불구하고 우리 사회의 부패현실을 고려할 때 많은 제약점을 노정하고 있는 것이 사실이다. 과거 이들 사정기관들의 기능발휘를 제약하는 가장 중요한 요소는 이들 기관들이 그 업무수행에 있어 독립성을 확보하지 못하고 있다는 점을 지적할 수 있다. 이점에 대하여는 정치적 압력에 굴하여 부패행위에 대한 사실규명작업을 제대로 수행하지 못하는 경우라든지, 사실규명은 이루어졌다 하더라도 그것을 공개하지 못하고 덮어버리는 경우 등에서 잘 볼 수 있다. 특히 공무원 부정에 대한 감사·수사 체계가 허술해 공직사회의 고질적인 상납구조와 기업체와의 유착이 계속 이어졌었다. 각급기관에 대한 감사원 감사의 경우 서류대조 등으로 공직자가 세금이나 공금을 횡령한 사실이 드러났을 때만 당사자를 검찰 등 수사기관에 고발할 뿐 나머지 사항에 대해서는 대부분 행정처분에 그쳤으며 또 고발을 받은 수사기관도 감사원이 통보한 비위사실을 재확인할 뿐 추가범죄나 상급자 관련여부 등을 더이상 캐지 않는 실정이었다. 관련기업이나 고객납세자와 짜고 과세대상 부동산을 고의로 빼주거나 과다보상 세금 감면 등으로 거액의 특혜를 준 사례가 적발되더라도 수사권이 없는 감사원으로서는 확대 수사할 수 없는 형편이었다.

2) 구조적 측면

官僚腐敗(bureaucratic corruption)의 경우 부패는 관료가 공공행정조직에서 구조적 관행으로 정착화되거나 내면화된 병적 도벽 관료제(kleptocracy)[20]에 기인한다고 할 수 있다.

공직자, 사회지도층, 시민 등의 다양한 계층에서 발생하는 부패행위는 그들의 비합리적이고 탐욕적인 욕구의 만족을 위한 일탈행위(deviant behavior)를 합리화하거나 정당화 또는 준공식화 하는 속성과 근성 등의 비윤리적 가치체계를 내면화(internalization)하는 조직구조나 개인의 가치구조 탓이라고 지적할 수 있다.[21] 그중에서도 공직자의 비윤리적 가치체계의 내면화가 가장 큰 문제이다. 체제론은 부패의 원인을 정부와 일반국민(public)과의 상호작용의 소산으로 보는 것이다. 이 설명은 개인이나 제도의 결함·실패가 아닌 부패현상을 중립적이고 분석적인 시각에서 보려는 시도이다. 또한 구조적인 측면에서는 오랜 동안의 비합리적인 관행과 풍토(ethos), 그리고 관료구조의 내적 수준과 조직 문화적인 차원에서의 그 원인을 추적할 수 있다.[22]

부패라는 것이 어느 하나의 단일변수에 의해서 설명될 수 없는 것이라고 한다면, 그러한 부패가 발생할 수 있는 체제적 혹은 구조적 메커니즘이나 관련 변수들 간의 관계를 파악하여 부패과정을 파악하는 것이 보다 적합할 것이다. 우리나라는 역사적으로 일제식민지 경험과 유교문화의 영향, 권위주의적 정권, 그리고 군사문화 등의 유산이 마치 용광로처럼 정치인들과 기업인 혹은 시민들의 상호 탐욕적인 금권과 권력의 야합에 의한 부도덕적이고 불법적인 복합적 원인변수가 용해되어 나타나고 있다고 볼 수 있다.[23] 정경 유착은 '이해관계를 바탕으로 한 권력과 기업의 야합'이라고 볼 수 있다. 따라서 돈이 필요하면, 그 과정에서 비리와 부정과 부패가 싹튼다. 부정부패가 만연하고 정치인·기업인·국민이 이에 대해 도덕적으로 무감각해지면 정부의 권위와 신뢰성을 추락시킨다. 우리 경제의 몰락이 정경유착에서 비롯되었다는 주장이 이래서 설득력이 있다. 정경유착은 막대한 돈을 필요로 하는 우리 정치구조에서 비롯된다. 그래서 우리 정치의 특성은 일본과 유사한 금권정치라고도 일컬어진다.[24]

정치경제학적 측면에서 정경유착문제는 부패의 소지가 되는 경우가 많다. 특히 이 경우는 정부의 고위공직자와 기업의 최고 의사결정자를 둘러싸고 유발되기 쉽다. 특히 한국과 같은 고도경제성장의 모형과 불균형발전 모형을 선택한 국가에서도 군엘리트가 정치권력을 장악한 후 그 정통성이나 정당성을 국민에게 설득하기 위해 경제성장 이데올로기를 내세우면서 정경유착으로 인해 부패의 결과를 초래하는 경우가 많다. 예컨대 6공들어서 최대의 부패사건의 하나인 소위 수서사건은 바로 정치, 기업, 그리고 관료 등의 제 관계요인들의 상호합작품이라 할 수 있다. 정경유착의 폐해가 어떠한 결과를 초래하는가의 문제는 다음과 같은 점을 지적할 수 있다. : ① 정상적인 기업 활동보다는 특혜금융에 의한 기업육성으로 그 수익을 비정상적인 면에 사용하기 쉽고 ② 시장경제의 합리성보다는 정치적 필요상품을 생산하게 되고 ③ 소비자 선호 아닌 상품생산으로 자원낭비의 가능성이 많으며 ④ 비정상적인 분배문제와 왜곡으로 비윤리적 반사회적으로 유도 될 경우가 많으며 ⑤ 기업의 이익추구를 위한 뇌물 등의 공세로서 권력 엘리트에 접근하게 되는 등 부패유발의 소지가 많아지는 경우 등이다. 정경유착의 대형사건 중 대표적인 사례로서 제5공화국의 경우 범양사건의 경우 약 100억원에 달하는 비자금은 아직도 행방이 묘연하며 이러한 것은 정치권력의 비호 하에 기업성장을 가져온 특혜경제와 정경유착에 의한 행정부패의 대표적인 사례이고, 앞서 언급한 6공의 수서사건은 정·경·관의 철저한 합작품의 대표적인 사건이라고 할 수 있고 이러한 사례들은 부패의 원인이 단순한 단면적인 행위주체라기보다는 관계변수들의 공동주체에 의한 부패소지와 서식처로서의 존재 의미가 있다는 것을 다시 한번 깨닫게 된다.

특히 최근 들어 나타나는 각종 부패는 단일변수에 의해서는 설명이 안되며 체제적·구조적으로만 파악이 가능하다는 점에서 더욱 이러한 체제적 입장이 요구된다. 결국 체제적 관점에서 도출될 수 있는 체제부패는 총체적 부패라고도 할 수 있으며, 앞서 제시한 개인적, 사회 문화적, 제도적 취약성을 바탕으로 할 때 더욱 발생가능성이 높다고 할 수 있다. 수서사건을 체제적·총체적 부패라고 할 수 있는 것도 이렇게 여러 측면에서 접근이 가능하기 때문이다.[25] 그러나 이러한 접근법에도 역시 한계는 존재한다. 즉 이러한 입장에서는 손쉬운 혹은 간단한 부패통제의 수단이나 방법의 강구가 어렵다는 것이다. 이러한 이유 때문에 체제론적 설명은 체계적·구조적 설명은 용이하지만 한편에서는 '결국 그렇게 될 수 밖에는 없었다'라는 체념적 결론을 내릴 경우도 많다.[26] 과거 홍콩의 문회보(文匯報)라는 신문이 한국사회에서는 뇌물을 주지 않으면 관청의 민원이 해결되지 않는다고 보도한 적이 있다. 이 신문은 그러한 비뚤어진 관행을 賄賂公行, 즉 「공공연한 뇌물분위기」라고 표현했다. 특히 "공무원들은 황제 이상으로 군림하고 있을 뿐 아니라 말단직원들 마저 기업과의 직접 접촉을 통한 수뢰가 손쉽기 때문에 승진조차 하지 않는다"고 보도했다. 이 기사가 사실이라면 우리나라에서는 돈만 주면 어떤 어려운 일이라도 다 해결될 수 있다는 것을 나타난다 하겠다. 결국 국가의 기둥인 공직사회가 오염되고 흔들리면 그 사회는 지탱하지 못하고 무너지게 된다.

부패의 구조는 부패활동의 정도와 그에 따른 경제적 폐해를 결정하는 사회의 정치·경제적 구조와 관련된 것으로, 부패와 관련된 뇌물의 크기와 부패에 따른 사회적 비용과 편익의 크기를 장·단기적으로 결정하는 데 지대한 영향을 미친다(Lui 1985; Lui 1986; Schleifer and Vishny 1995; Lui 1996; Braguinsky 1996). 따라서 부패의 경제적 비용과 편익을 분석함에 있어서 제도의 왜곡과 그에 따른 부패구조의 관계를 파악하는 것이 매우 중요하며, 특히 이들 관계의 역사적 변화를 파악함으로써 부패의 동적인 변화과정과 경제성장 및 발전 간의 상호관계를 보다 심도있게 이해할 수 있다고 하겠다.

부패의 구조를 결정하는 요소들로서는 왜곡된 제도, 부패활동의 경제적 유인,

그리고 부패활동의 경쟁적 구조를 들 수 있다. 특히 우리나라의 경우 중앙집중적 권력구조하에서 이념정치·정책정치보다는 보스·파벌정치에 의한 정치행태를 가지고 있는 경우에는 고비용의 정치구조를 유발하게 되고 이는 불법적이고 음성적인 정치자금을 필요로 하게 되어 정경유착에 의한 부패를 조장하게 된다. 또한 최근의 삼성의 자동차사업 진출 승인 및 기아그룹 처리문제 등에서 볼 수 있듯이 (불법적인 정치자금 제공에 영향을 받아) 권력이 중앙에 집중된 상황하에서 고비용의 정치구조는 정치논리로 경제문제를 해결하려는 정치적 부패의 유인을 제공하여 결과적으로 경제적 폐해를 가져올 수도 있다.

3) 행정문화적 측면

(1) 뇌물문화

부패가 사회문화적 소산이라고 주장하는 학자들도 있다. 특정한 지배적 관습이나 경험적 습성 같은 것이 바로 부패를 조장한다고 보는 것이다. 특히[27] 후진국 부패의 근원을 '선물증정'에 있다고 주장하기도 한다. 우리나라에서도 '선물관행'이 있어서 남의 집을 방문할 때 선물 꾸러미라도 들고 가야 예의이고 사회적 약속과 관행이 되어 버렸다. 이러한 선물문화는 부패환경과 토양을 조성하는 사회 구조적 뇌물문화의 특징처럼 고착화되어 버렸다. 특히 무엇을 청탁하러 갈 때에는 그 청탁과 신분에 상응하는 선물꾸러기를 들고 간다든가, 잘 아는 절친한 사람의 부탁이나 그가 곤란한 상태에 있을 때에는 규정 등의 원칙에 우선하여 그를 도와주어야 한다는 의리의식이나 보은의식이 따른다. 그리고 법규나 원칙을 어겨서라도 상급자나 기관장의 심기를 편하게 하여야 한다는 의식, 공식적 제도나 조직체보다 소집단 구성원 상호간의 친밀감에 치중하고 상부상조하여야 한다는 강한 비공식집단의식 등은 우리의 전통적·문화적 요인이기도 하며, 이것이 부패요인과도 직결될 수 있다고 보여 진다.

한국의 관료문화, 즉 총체적 의미에서의 한국관료들의 사고방식, 가치정향 및 행동양식에 대한 그동안의 지배적 견해는 부정적인 것이라고 볼 수 있다. 권위주의적이고, 형식주의적이며, 운명주의적이며, 이성적이기보다는 온정적이고, 향리적 파벌주의 성향이 강하다는 등 Max Weber가 상정하고 있는 서구식의 합리적 관료문화와는 거리가 멀다는 것이 전통적 관점이다.[28] 우리사회의 관료주의 병리현상과 뇌물문화는 신성한 학문의 장에서도 발견되는데 예를 들어 박사학위를 취득하고 대학교수임용이나 심지어 시간강사자리라도 하나 얻으려고 해도, 능히 실력을 갖추고 있어도 인사 청탁을 하지 않으면 철저한 진입장벽이 앞을 가로 막는다. 대학재단이나 학과교수의 철저한 담합으로 인해 어지간히 기름칠하지 않으면 허사가 되고 마는 것이 한국의 대학부패의 한 단면이다. 이외에도 건설 업체와 관계되는 인사에게 청탁을 하려고 하는 경향이 있다던지, 혹은 官에서 발주하는 공사에 참여할 수 있는 능력이 있으면서도 관련공직자에게 일정한 돈을 제공하는 행태는 바로 사회의 사회·문화적 경향을 반영하는 것이라고 할 수 있다. 물론 이러한 경향은 우리뿐만 아니라 후진국들에 상당히 공통된 현상이다.

그러나 이러한 입장에 치중할 경우, 앞서의 경우처럼 많은 한계를 지니고 있다. 후진국의 사회문화적 성향에 대한 비판은 이를 비판 내지 판단하는 근거가 바로 서구적 규범이라는 데 있는 것이다. 즉 후진국의 전통적 규범이나 행태가 서구적 규범의 측면에서 볼 때 매우 비합리적이라는 것으로서, 이러한 입장에서 볼 경우 비서구 사회에서는 서구적 합리성이 정착할 때까지는 부패가 성행할 수 밖에 없다는 결론이 되기도 한다.[29] 일찍이 춘원 이광수는 민족 개조론에서 우리나라 사람들의 병폐를 다음과 같이 지적했는데, "거짓말 잘하고, 공리공론을 일삼고, 표리부동한 성격, 공과 사를 구별하지 못하는 습관, 전문성의 결여, 낭비벽, 위생관념의 부족, 용기가 없고 우유부단하다"고 주장하였다. 이와 같이 사인주의적 문화의 팽배가 공공이익보다 더 큰 비중을 두고, 그것이 우리사회의 관행으로 고착되어질 때 부패문화는 공공연하게 당연시될 수 있다. 따라서 합리성을 저버리고 개인이나 가족 또는 특수한 이익을 추구하게 되며 정실주의, 연고주의, 가족주의 등의 공과 사의 무분별한 관료문화적 병폐가 부정을 야기하게 되는 것이다.[30]

합리적이고 도덕적인 시민문화가 결핍된 사회 문화적 환경은 관료제의 병폐와 역기능을 통제하지 못하고 오히려 관료들에게 뇌물을 제공하고 그 대가를 바라는 사회 분위기로 부패가 더욱 확장된다.[31]

(2) 유교적 권위주의

우리사회에서 긍정론과 부정론이 함께 지적되어왔던 유산은 아마도 유교적인 규범문화의 전통이라고 지적되고 있다. 이문화가 우리사회에서 오랫동안 지배적인 통치 이데올로기로서 확립되었다는 점이 중요하다. 유교문화의 실제적 행위 통제력은 물론 시대에 따라 집단에 따라 대상에 따라 다르게 나타날 것이다.

유교적 전통이외에 한국 행정과정에서의 비합리적 요인들의 문화적 진원으로는 하나로 사인주의(私人主義)[32]가 있으며, 그 특성으로 공물(公物)의 사물관(私物觀) 경향 조장, 지연·혈연·학연 등 인간관계에 입각한 비공식 집단 형성, 업적주의·보편주의 확립기반 배제 등이 있다. 같은 맥락에서 조선시대 정부형태는 집권성을 지니고 있었으나 이는 법제에 근거한 것이 아니라 사람, 즉 권력자에 의한 것이었으므로 조선시대 후반기로 갈수록 권력 남용이 증가하였다. 이 같은 봉건적 신분질서를 유지한 유교, 가산관료제적 사인주의, 법제에 근거하지 않은 권력의 남용은 우리나라 관료 부패의 역사적 유산이 되고 있다.

그러나 인간관계를 위계적으로 통제하고 합리화시키는 유교문화의 힘은 우리사회에서 매우 막강했다고 할 수 있다. 이 문화가 현대 한국 사회에서 관료적권위주의의 등장을 한결 용이하게 했으리라는 점도 쉽게 수긍할 수 있을 것이다.[33] 우리나라는 정치문화의 미성숙과 군사문화의 구조화로 인한 권위주의와 수직적 지배문화가 상당히 심각한 폐해를 가져왔다. 앞에서도 언급한 것처럼 동양의 유교문화권 국가의 사회규범으로 가족주의 의리주의 정실주의 연고주의 등이 있는데 그중 義理의식과 보은의식은 관료사회에 커다란 영향을 미치고 있다. 不正사건의[34] 크고 작음을 막론하고 많은 부패현상이 의리관계를 이용한 것들이다. 특히 일부 악덕기업가들은 이 의리관계를 극히 교묘하게 이용하고 있다. 例를 들면 퇴직한 기업체간부가 전직의 지위를 이용하여 일반적으로 이권을 받는다든가 퇴역장성을 중역으로 기용하여 이권청탁을 시킨다든지, 무기거래상으로 위장하여 커미션을 챙긴다. 또한 술자리를 같이 한다든가 골프나 마작을 하면서 친분을 쌓는다. 우리나라 대기업의 접대비는 상상을 초월한다. 각 기업마다 로비전담 부서가 있다는 것은 이것을 잘 말해준다.[35]

조선조 신하가 왕에게 바치는 진상품이나 공물은[36] 부패보다는 충성과 보은의식의 발로로 생각하였으며, 사회문화의 미풍양식이고, 상대방의 호의를 받아내는 기능을 하였다. 이러한 선물을 주고 받는 행위는 오늘날에도 예의라든가 인사라는 행태로 남아서 상대방의 호감을 얻는다든가 어떠한 관계를 유지하는 기능을 수행하고 있다. 이것이 오늘날에는 연말연시 등 전통적 명절이나 관혼상제시의 '떡값' 명목이나 '부조금봉투'의 행태로 남아있다. 이러한 유교문화에 바탕을 둔 관행이나 행태는 행정 관료부패의 토양이 되어 있는 것이다. 또 이 전통적인 유교문화는 관존민비와 권력지향적 가치관으로 공직자들의 의식구조를 지배하게 되고 권위주의적 관료행태가 권력오용과 남용이란 결과를 가져와서 역시 부패의 좋은 서식처가 된다는 것이다.[37] 한국 관료의 병리적 행정행태와 관련하여 볼 때 무엇보다 중요한 행정행태는 우리나라에 있어서 고질적인 권력의 집중화 현상이다. 이것은 관료의 의식면에서 볼 때 한국관료의 지나친 권력 소유 욕망으로 발생된 것이라 말할 수 있다.[38]

한국 관료들의 권위주의 성격과 강도는 영국이나 미국의 경우보다도 1.7배 가량 높은 것으로 보고 되고 있음을 볼 때 이러한 행정관료들의 권위주의적 관존민비 행태는 부패의 중요한 토양이 된다고 하겠다. 한국에 있어서의 이른바 官治行政은 바로 이 권위주의적 관료 행태에서 비롯되었다.

그런데 관치행정이란 원래의 의미는 국민을 위한 행정의 이념, 즉 위민이념을 강조한다.[39] 즉 공자는 「正」을 기준으로 행정의 본질을 설명했으며, 모든 사람이 평등하고 평화로운 생활을 할 수 있는 대동사회의 건설을 이상적 행정의 지표로 삼았다는 것이다.

『行政人이 도덕성에 기준해 정책을 결정하고 집행하면 국민들도 적극 협조하게 되지만, 「邪」에 집착하면 정부의 정상적 기능을 상실할 뿐 아니라 국민들도 行政人들의 부도덕성을 모방하게 된다』 (論語 子路篇)

목민관의 바람직한 몸가짐과 언행이야말로 만천하를 태평시대로 변화시키는 방법이라고 공자는 주장했었다. 그러나 관치행정의 위민이념이 가부장적인 권위주의로 변질되었고, 행정봉사는 정부가 베푸는 은사로 여겨진다. 정부는 은사를 베푸는 주체의 입장에서고, 국민을 은혜를 받는 객체의 입장에 세움으로써 윤리적으로 주는 자와 받는 자를 명백히 구분한다. 행정의 실제에서 관료부정과 행정관료가 이와 같은 위민이념의 논리와 무관하지 않음에 주목할 필요가 있다. 한국의 공공행정이 지닌 특성들, 예를 들면 권위주의, 기관편의적 법규행정, 형식적 능률주의, 관존민비의 행정문화화 행태, 공무원의 선민의식과 허구적 공복관, 특히 관직만능과 행정부패 등은 모두가 관치행정에서 그 요인을 찾을 수 있다고 보여진다. 이렇게 보아 올 때 우리의 전통적인 유교문화적 풍토는 오늘날까지의 관료부패를 조장한 社會文化的인 要因이 되질 않나 생각된다.(이에 대한 반론도 만만치 않다).

(3) 군사문화

1961년 5·16혁명 이후, 우리의 정치문화 혹은 행정문화에 미친 군사문화의 영향은 매우 컸고 군관료의 역할과 비중도 크게 증가되었다.[40] 흥미있는 것은 과거 큰 정치변동이 있을 때마다 軍최고 통치권자들은 부정부패의 척결을 주장하고 나왔다는 점이다. 5·16이후의 제3공화국도 그러하였고 제5공화국의 전두환 정권 역시 그랬었다. 제6공화국의 노태우 정권도 부정부패 척결을 강력하게 주장하였다. 이처럼 큰 정치적 변동이 있을 때마다 정치 지도자들은 부패척결을 외쳤으나 현실은 그렇지가 못했다.

사실 고도로 정치문화가 발달한 나라에서는 군의 정치관여와 방식은 정상적인 헌법적 절차에 따라서 나타나나, 정치문화가 저급한 미개국가에서는 관여를 행하는 것이 민간정부의 대치 또는 폐지이거나, 방식도 폭력을 행사하고 그 결과로서 군사정부나 사이비 민간정부가 수립된다.[41]

물론 군의 정치적 개입에 대하여 그 역기능을 논의하는 측면에서는 ① 사회의 기능화를 저해한다는 점, ② 민주주의 규범을 약화시킨다는 점, ③ 현대의 정치방식인 정치적 거래(poiltical bargaining)를 약화시킨다는 점, ④ 정치의 참여와 토론을 약화시킨다는 점, ⑤ 특혜를 통한 부패의 조장을 행할 우려가 크다는 점 등이 지적되기도 한다.[42]

군의 민주화가 실제로 한국의 민주화에 가장 중요한 요소인에도 불구하고, 군사문화는 군인들이 본질적 존재목적과 사명 그리고 국민들의 기대 가능성을 저버린 일탈행위로서 정치부패와 관료부패와 함께 이 땅의 민주화를 방해하는 암적인 역기능을 초래했던 것도 사실이다. 이 군사문화는 정치행정문화의 하위개념적 의미임을 떠나서 제3공화국 이후 한국의 정치 사회문화와 혼용 혹은 상위개념인 영향력을 발휘, 부패와 밀접한 관계를 갖게 되었다고 할 수 있다.[43]

군 관료의 부패는 군 관료들의 본질적 존재목적과 사명 그리고 국민들의 기대 기능성을 저버린 일탈행위라고 볼 수 있다. 이 군관료의 부패는 군사정권을 통하여 정부부패나 행정 관료부패와 매우 밀접한 관계를 갖게 되었다.[44] 사실 권력 만능과 명령 만능적 軍 관료행태의 실상은 제3공화국 이후에 빚어진 대형부패사건 대부분이 정치권력의 배후를 가지고 있었고 정치권력의 많은 부분이 군 관료엘리트의 권위주의적 행태를 배경으로 일어났던 것에서 찾아볼 수 있다. 이처럼 軍事文化는 우리나라 행정부패에 무시할 수 없는 영향을 미쳤던 것이다.

4) 윤리·도덕적 측면

이 입장에서 볼 때 부패라는 것은 개인들의 행동결과이다. 부패의 원인을 부패 행위에 참여한 개인들의 자질(qualities), 본성(nature), 윤리(ethics)에 있다고 보는 견해이다.[45)

즉 개인의 성격이라든가 독특한 습성이 부패행태와 밀접한 관계가 있다고 보는 입장이다.[46) 공무원의 범죄는 공무원 자신의 형태(behavior)적 요인이나 권위주의적 가치관 등의 차원에서 권력을 남용함으로써 발생하는 범죄현상으로 볼 수 있으며 이러한 경우에는 공무원의 범죄는 공무원 개개인의 일탈행위(deviant behavior) 자체를 연구의 대상으로 보아야 할 것이다.[47) 흔히 부패를 당사자의 비도덕성이나 비윤리성에 기인하는 것이라고 보는 사람들이 많으며 이러한 비도덕적 행위를 증오하고 처벌해야 된다고 하는 주장이 가장 많은 것으로 판단된다. 예를 들어서 월급이 적어서 부패행위를 한다든지 혹은 윤리의식수준이 낮아서 부패를 한다든지 하는 것이 바로 이러한 설명과 상당히 부합된다.

특히 부패현상이나 행위가 특정상황하에서 또는 어떠한 사람과의 관계에서 다른 사람과 달리 왜 그렇게 반응하였는가를 설명하고자 할 때는 이와 같은 개인적 성격이나 습성에서의 접근이 상당한 도움이 될 것으로 보인다. 아무리 합리적인 정책 결정과 계획이 수립되고 능률적인 조직이 존재하고 있다 하더라도 조직 속에서 정책과 계획을 집행하는 관료들의 가치관, 태도 즉 의식구조가 공익성과 윤리성을 외면한다면 행정은 곧 부패소지를 낳게 될 것이다.[48)

이러한 개인적 특성에 의한 접근에는 몇가지 약점이 있다. 첫째는 부패행위가 특정한 형의 인간의 고유한 행위가 아니라는 것이다. 즉 부패현상은 고학력이나 저학력, 농촌출신이나 도시출신, 혹은 모든 인종을 막론하고 발견되기 때문이다. 물론 통계적 분석들이 어느 정도의 차이를 제시하는 경우도 없지는 않지만, 그것이 일반성을 띤 것은 아니라고 할 수 있다.[49)

두번째 한계는 이러한 개인적 특성에 의하여 부패를 설명하는 것은 우리의 제도나 법률 및 운영에 대체로 완전하다는 것을 전제로 하는 것 같은 인상을 준다. 이러한 의미에서 개인적 특성에 의한 접근은 도덕주의자들(moralist)이 부패를 증오하고 비난하는 데 도움이 될 뿐이다. 그리고 정책적 측면과 관련하여 이러한 개인적·미시적 접근은 부패와 관련된 정책형성이나 부패현상의 사회적·정치적 조장을 풀어보는 데는 조금도 도움이 되지 못한다.[50]

윤리란 사회적 존재로서의 인간이 특정한 환경이나 상황에서 취하게 될 행동에 대한 도덕적 기초를 마련해 주는 것으로서 특정상황에서 인간의 행동을 규정하거나 금지하는 규범적 행동기준이라고 할 수 있다.[51]

정부조직은 윤리적 문제와 그 문제를 해결하기 위한 체계적 접근이 특별히 필요한 영역이다. 행정윤리는 정부조직에서의 공무원의 행동에 도덕적 원리를 적용시키는 것을 의미한다.[52]

정부조직은 전통적으로 개인책임보다는 소위 조직윤리를 강조한다. 조직윤리는 공무원이 조직내에서 구성원간의 친화, 승진 안전 공동의 이익을 공유하는 대가로 충성과 기관의 전술과 정책을 수용할 것을 요구한다.[53]

이 윤리는 공무원의 개인적 윤리나 동기와는 관계없이 충성심을 보여줄 것을 요구하며, 복종의 형태로 나타난다. 그결과 공무원은 조직에 대한 충성심을 가장 높은 단계의 도덕성으로 간주하게 되고 건설적인 이의제기나 반대는 위배되는 것이 되기 때문에 조직은 이를 허용하지 않게 된다.

조직윤리는 조직의 비공식적인 약속이 되고 조직구성원을 지배하게 되기 때문에 공무원은 이 윤리를 위배함으로써 자신의 지위와 수입을 잃게 되는 모험을 시도하려고는 하지 않게 된다. 비합리와 비리를 고발하면 배신자나 고자질쟁이, 투서쟁이로 낙인 찍혀 조직에서 영원히 매장되는 것이 한국 조직사회의 특성이다.

오늘날 우리는 정치·경제·사회·문화 등 모든 영역에서 대규모조직의 지도자들이 비윤리적이고 비도덕적인 행위를 너무 많이 목격하고 있다. 전직 대통령의 부패, 현직장관·지사의 부패, 재벌 회장의 부패, 대학 총장의 부패, 사회복지원장, 병원장, 종교인 등…… 이러한 비윤리의 세계에서 오직 관료들에만 공직윤리를 강조하는 것은 설득력을 지니지 못하고 있다. 그러나 행정이 국가발전을 주도하여 온 우리나라에서는 이러한 비리가 모두 다 관료의 문제라고 해도 과언이 아닐 것이다. 회사가 상품을 제조하면서 공해를 배출하듯이 행정도 발전을 제조하면서 부패를 배출하였던 것이다.[54]

이러한 행정·사회분위기의 도덕적 타락은 관료의 부정이 잉태되며 조직과 개인의 부패에 대해서 공무원 자신은 저항하지 않고 침묵한다.

전감사원 감사관 李文玉씨가 삼성그룹 감사중단 사실을 언론에 발표한 사실, 한준수 전 군수의 선거부정 사실을 공표한 것, 윤석양 이병이 보안사 민간인 사찰에 대한 양심선언을 한 것 등은 공무원이 자신의 의무를 다하기 위해서 조직윤리에 대항한 대표적 케이스라고 볼 수 있다. 그러나 대다수의 관료들은 침묵과 복종으로 행동한다. whistle-blower가 되기보다 조직윤리에 따른다. 그것이 전통적 미덕이고 조직윤리에 따르는 것이 올바른 처신이라고 대다수가 여긴다. 이것이 부패원인이 되고 마는 것이다.

지금까지 부패발생의 요인을 살펴보았다. 부패는 위에서도 살펴보았듯이 다양한 요인에 의해 부패가 발생한다고 볼 수 있다.

5) 범죄학적 분석

공무원 부패 및 범죄의 원인은 그 실체를 보는 시각에 따라서 상이할 수 있으나 일반적으로 미시적(micro) 또는 거시적(macro)으로 분석할 수 있고 또는 범죄사회학, 사회심리학 그리고 사회구조적 요인과 통제론적 입장에서 논의할 수 있다.

첫째, 미시적 분석에서는 공무원범죄는 공무원 자신의 행태(behavior)적 차원에서 공무원 자신의 권위주의적 가치관, 권력남용, 일탈행위(deviant behavior) 등을 그 중요한 요인으로 보게 된다. 환언하면 공무원의 도덕성의 결여나 사명감과 공직관의 해이, 또는 탐욕과 이권 등의 결과적 현상으로 보게 된다.

둘째, 거시적 원인으로서는 공무원 자신의 행태보다는 제도적 차원에서나 체제적 요인에서 그 원인을 찾아보게 된다.

이 경우에는 행정제도상의 미비점, 결함 또는 환경적 요인에 의하여 범죄의 유인변수가 적용되는 경우가 여기에 해당된다. 특히 이 경우는 주는 자가 있으니 받는 자가 있는 것이 아니겠느냐의 외부적 유인효과가 미치는 영향에 초점을 두게 된다.

셋째, 범죄사회학(Criminal Sociology)에서는 공무원의 범죄는 공무원이 처해있는 사회구조(social structure)적 현황에서 그 원인을 찾을 수 있다.

예를 들면 Merton의 사회구조와 Anomie 이론에 의하면 사회적 목표와 그 목표를 달성하는 수단이자 분배, 규제간의 괴리현상으로서 불일치(discrepancy)나 무규범상태(anomie)에서 원인을 찾게 된다. Richard Cloward와 Lloyd

Ohline은 이질적 사회구조론(theory of differential opportunity structure)에 의하여 일탈행위 발생의 전제조건으로서 그 원인을 찾게 된다.

넷째, 사회심리학적 또는 생물학적 분석에서는 공무원의 범죄는 사회적 집단에서 고립된 공무원 개개인의 행위에서 그 원인을 찾고 있다. 특히 실증주의 범죄학파의 창시자이며 주관주의적 범죄학파인 Cesare Lombroso의 범죄선천성 원인설이나 Freud의 정신분석학적 이론에 의한 본능적 욕구의 통제력 상실에서 그 원인을 찾게 된다.

다섯째, 사회통제론(social control)적 시각에서 대부분의 개발도상국이나 후진국에서 자주 찾아 볼 수 있는 사회적 기강(social discipline)의 차이로 인하여 통제조치가 완화됨에 따라 공직자들이 책임의식과 도덕성이 약화되고 다라서 범죄의 소지(opportunity)가 발생되고 범죄의 유발이 초래된다는 견해이다.

6) 부패의 유형

부정부패는 어떠한 기준을 적용시키냐에 따라 다양한 방식으로 분류될 수 있다. 첫째로 그 정도에 따라 백색부패(경미한 부패, petty corruption), 회색부패(일상화된 부패) 그리고 흑색부패(악성화된 부패) 등으로 나눌 수 있다. 둘째로 주체가 누구냐에 따라 또는 부패의 영역이 어디냐에 따라 관료부패·정치부패·기업부패·언론부패 등으로 나눌 수 있다. 그리고 그 주체가 단수냐 복수냐에 따라 개인형 부패와 조직형 부패로 나눌 수도 있다. 전자는 개인적인 사욕을 위하여 단독 의사에 의하여 이루어지는 경우이고, 후자는 둘 이상의 공공기관이나 조직이 집단적으로 저지르는 부패유형이다. 셋째로 부패의 범위와 거래방식에 따라 거래식(transactive) 부패와 강압식(extortive) 부패로 나눌 수도 있다(Alatas 1990; Kaufman 1997). 넷째로 부정부패의 내용에 따라 독직행위, 뇌물수수행위, 공금횡령행위, 그리고 족벌주의와 연구주의를 들 수 있다.

여기서는 여러 학자들이 제시한 부패의 각 類型들을 소개하고자 한다.

첫째, 부패의 주체가 개인이나 조직이냐에 따라 개인적 부패와 조직적 부패로 구분할 수 있는데, 조직적 부패가 발생되는 경우 조직내부의 규칙은 조직목표를 달성하는 데에 필요한 표준적 형태가 되지 못하고 조직내의 질서가 혼

란스럽게 된다는 점에서 그 심각성이 강조된다.[55]

둘째, 부패행위의 주체가 관료제상 어떤 직위를 차지하는가에 따라서 고위
층부패(top, high level corruption)와 하위층 부패(low level corruption)로 구분
할 수 있다[56]. 고위층 관료는 의원들과 결탁한다든지 재벌기업과의 유착을 통
해 부패행위를 하게 되는데 이러한 그들의 행동이 결국 입법적 결정에 나쁜
영향을 미치게 되는 것이다. 이러한 고위층 부패행위는 은밀히 진행되는 까닭
에 그 정도의 심각성과 규모의 방대함에도 불구하고 일반인들이 감지하기가
매우 힘들다.

셋째, 부패의 다양한 형태를 이해관계의 유형과 공급자의 수에 따라 시장부
패(market corruption), 후원조직(patronage organization), 연고주의(nepotism),
위기시부패(crisis corruption)의 네 가지로 유형화 할 수 있다.[57]

넷째, 부패의 정착화의 정도에 따라 제도화된 부패와 우발적 부패로 분류된
다. 전자는 부패의 방법이나 과정, 금액, 수준 등이 상당히 일반화되어 있어서
부패행위가 일정한 유형을 띠고 있는데, 이런 경우 대체로 부패행위가 장기간
성공적으로 이루어지는 가운데 비공식적으로 관례화되어 하나의 하위문화가
된 것이라고 할 수 있다. 이에 비해 우발적 부패는 부패행위가 일회에 그치거
나 일정한 행위의 유형이 보이지 않으며 제도화된 부패에 비해 덜 조직적이
다.[58]

다섯째, 먼저 부패를 통한 권력의 획득·신장 혹은 금전 및 물질적 이득취득
이라는 목적성이라는 측면, 그리고 자발적 행동 혹은 고객과의 직접적 거래
라는 부패의 형태적 측면이 상호 결합되어 권력지향·일방적, 경제적이익지향
·일방적, 권력지향적·쌍방적, 경제적 이익지향쌍방적－을 고려할 수 있다.

지금까지 부패의 유형을 여러 가지 각도에서 살펴보았는데, 요컨대 부패의
유형은 부패의 실체가 여러 가지 형태로 나타나는 현상적인 내용을 분석하는
경우로서 논리적으로 그 존재양식을 파악하려고 하지만, 실제 세계에서 부패
의 실체에 대한 유형별 분류는 매우 복합적으로 혼재하는 경우가 대부분이기
때문에 이러한 유형분류작업이 실질적으로 유의미하다고는 볼 수 없다.

(1) 권력형 부패

첫째, 정권주체(정치)의 부패이다. 이것은 대부분 무력이나 혁명 또는 쿠데
타 등과 같은 부당한 방법으로 정권을 쟁취한 독재자와 그의 추종자들에 의하

여 이루어진다. 이러한 정권 주체의 부패는 정치자금조달과 관련된 부패, 선거 부패, 반대세력의 역할과 관련된 부패[59]와 같은 세 가지 유형의 부패가 일반적이다. 둘째, 기관주체의 부패이다. 부패행위의 주체가 행정기관이 되는 경우로서, 이 경우 부패는 대체로 각종 행정관리기준이 비현실적이건, 보수수준이 현실적으로 미달되는 상태에서 야기되는 경우가 많다. 즉 기업활동에 관련된 행정기관으로부터 어떠한 혜택을 보거나 보기를 기대하는 기업이나 개인이 기관의 사무추진비 명목으로 금전을 제공하는 형태로 나타난다.[60]

(2) 관료부패

관료부패는 그 수단적 측면에서 생계형 부패와 권력형 부패로 나눌 수 있다. 생계형 부패란 하위직 공무원이 적당한 보수만으로는 기본적 생활을 영위하는데 위협을 느껴 양심을 가책을 느끼면서도 부정의 유혹을 뿌리치지 못하고 부패행위를 하며, 이러한 부정소득으로 기본적인 가계의 적자를 메꾸어가는 부패행위이다.

권력형 부패란 고위직 공무원들이 직접적 도는 간접적으로 그 직무와 관련하여 자신의 이익을 위해 직권을 남용하는 것을 말한다. 이들은 주로 신분의 불안 때문에 유사시의 경우에 대비하기 위한 수단으로 부패를 행하게 된다. 이는 처음부터 법을 무시하고 거액의 이권을 착복하는 부패행위로서, 이 행위를 저지르는 주된 주체가 하위직 공무원들의 직무수행을 감독하는 중요한 위치에 있는 자들이기 때문에 그 영향력은 국가정책의 각 분야와 불특정 다수인 전 국민에게까지 미칠 수 있다.

(3) 정경유착형 부패

고도경제성장 모형에서 파생된 정치권력(political power)과 경제권력(economic power)의 유착 또는 관료와 경제 elite들의 관경유착 등으로 인하여 발생한 부산물로서 그것은 공직자로 하여금 물량적 탐욕을 유발하는 유인효과를 가져와 급기야는 각종의 이권개입에 돌입되고 공직의 타락과 범죄의 유발의 원인으로 지적된다. 특히 성장이데올로기(growth ideology)의 합리화에 근거한 정치와 경제 elite들의 야합으로 인한 공직자의 타락과 범죄유발은 제3, 4공화국 이후 5, 6공화국을 거치는 동안 우리나라에서 계속 일어난 공무원범죄의 주요 원인이기도 하였다.

(4) 군.경 부패

군·경부패의 뿌리는 군납이라고 볼 수 있다. 6·25 전쟁을 계기로 군부세력이 사회적으로 큰 비중을 차지하게 되었으며 국가정책이 군 작전에 우선권을 주었고 군대의 발언권이 늘어났으며 국방예산이 엄청나게 증가되었다. 이와 같이 방대한 예산이 소요되는 군수품 분야는 우선 규모가 엄청날 뿐 아니라 계속적이고 안정적인 공급처가 되므로 어느 때나 군납을 둘러싼 경쟁은 치열할 수밖에 없었다. 특히 전쟁 직후의 50년대 우리 경제는 이렇다 할 발전계획을 갖지 못하였고 정부의 경제정책은 비능률적이었다. 따라서 자본축적은 기대할 수 없었고 수출규모나 경제규모는 영세하기 짝이 없었으며 관료 세력은 부정부패가 만연된 상태였고, 이같은 상황하에서 기업성장의 지름길은 軍納이었다고 볼 수 있다.[61]

특히 H그룹의 경우 1950년대 말 미군 군수품 수송을 맡은 것이 계기가 되어 1960년대 월남전의 와중에서 7백 80만 달러어치 물자수송 계약을 美軍과 체결하여 일약 수송재벌로 등장하였음은 주지의 사실이다.[62] 이와 같이 군납은 대규모의 안정적인 수요처가 되므로 일면은 각종 收賂사건, 이권화 등의 잡음이 끊이지 않았으며 다른 일면으로는 재벌형성에 크게 기여한 것으로 평가된다.

참고문헌

강성철 외 공저(1999), 인사행정론, 대영문화사

김번웅(1991), "행정부조리,조직의 민주화 및 간접유도형 행정", 조직과 복지사회－유종
    해교수 화갑기념논문집, 박영사

김중양(2005), 참여정부 인사개혁의 현황과 과제, 나남출판

김중양(2002), 한국인사행정론, 법문사

김판석 외(2000), "인적자원관리의 전문성 제고방안", CSC 정책연구보고서, 인사행정연구회

김해동(1990), "관료부패의 유형", 서울대학교 행정대학원 행정논총, Vol.28, No. 1, p.146.

김해동(1976), "서정쇄신과 사회병리." 「한국행정학보」, 제10집, 20－22면.

김해동(1991), "체제부패와 공공정책의 관계에 대한 연구", 서울대 행정대학원, 「행정논총」,
    제29권 제1호, pp.69－70.

김해동(1990), "관료부패의 유형", 서울대 행정대학원, 행정논총, 제28권 1호, pp.146～
    147.

김　택(2003), 관료부패이론, 한국학술정보

박종두(1991), "행정윤리에 관한연구", 현대사회와 行政, 제2집, 연세행정연구회, p 67.

박응격,공무원 "윤리관 확립과 의식개혁", 행정문제논집 제3집, 한양대학교

박천오(2004), 인사행정의 이해, 법문사

신현기·이영남(2003), 경찰인사관리론, 법문사

이원희(2001), 열린행정학, 고시연구사

이황우·김진혁·임창호, 경찰인사행정론(2003), 법문사

오석홍(2005), 인사행정론,박영사

유민봉·임도빈(2003) 인사행정론, 박영사

유종해·김택(2006), 행정의 윤리, 박영사

유종해·김택(2010), 공무원인사행정론, 한국학술정보

유종해(1995), 현대행정학, 박영사

유종해(2005), 현대조직관리, 박영사

윤우곤(1988), "현대 한국관료의 의식구조", 계간 경향, 봄호, 1988, pp. 210～218. 허 범,
    "새로운 공공행정의 모색", 「민주사회의 성숙을 위한 공공행정」, 한국행정학회

편, 고시원, pp. 103~105.

전종섭(1987), 「행정학 : 구상과 문제해결」, 박영사, p. 230.

진종순(2005), 정부인력규모의 국제비교분석, 한국행정연구원

중앙인사위원회(2003), 공무원인사실무

중앙인사위원회(2004), 공무원인사개혁백서

중앙인사위원회(2006), 정책자료집

황성돈(1994), "유교사상과 한국관료문화", 「한국관료제와 정책과정」, 안해균 외 공저,
　　　다산출판사, p. 27.

행정자치부(2004), 공무원통계

행정자치부(2004), 정부인력규모 예측모델개선

행정자치부(2005), 정부인력운영계획

행정자치부(2005), 2005-2008 중장기 정부인력운영계획

홍길표(2004), 공무원중앙교육 훈련기관의 발전방안연구, 중앙인사위원회 정책보고서

홍길표 서원석 이종수(2003), "참여정부 인사개혁 로드맵의 실천방안" CSC 정책연구보
　　　고서, 인사행정연구회

총무처직무분석기획단(1988), 신정부혁신론

기타
국가공무원법
행정안전부
국제투명성협회

Abraham, H.Maslow(1954), Motivation and Personnel,New York

Caiden(1997), "Administrative Corruption," Public Administration Review, Vol.37,
No.3, pp.306-308.

David H. Bayley(1966) "The Effects of corruption in a Developing Nations,"
Western political Quarterly, Vol.12 N.4, p. 719.

Decenzo, David A.&Robbins,Stephen P.(1999), Human Resource Management,
John Wiley &Sons

Flippo, Edwin B(1971).,Principle of personnel Management,Mcgraw-Hill
Book Co.1971

Gerald E. Caiden & Naomi J. Susan Rose Ackerman(1978), Corruption : A Study in Political Economy (New York : Acdamic Press Inc.), pp.60−73.

Gunar Myrdal(1971), "Corruption : It's Cause and effect", in Myrdal, Asian Drama, (N. Y : Pantheon)

Golembies, Robert T. and Cohen, Michael(eds.)(1970), People in Public Service:A Reader in Public Personnel Administration, Itasca,Ill.:ILL:Peacock,

Henry, Nicholas(1980),Public Administration and Public Affairs, Englewood Cliffs,New Jersey:Prentice−Hall

James C. Scott(1972), Comparative political Corruption (Englewood Cliffs, N.T. : Prentice −Hall), p. 3

Klinger, Donald E. & Nalbandian,John(2003),Public Presonnel Management, New Jersey: Prentice Hall

Michael Johnston(1982), Political Corruption and Public Policy in America, (Belmont, Calif : Brooks / Cole), pp.12−16.

Michael Johnston(1986), "The Political Consequences of Corruption : A Reassessment," Comparative Politics (July), pp.463−473.

Mosher, Frederic C.(1968),Democracy and the Public Service, New York:Oxford University Press

Nigro, Felix A., and Nigro, Lloyd G.(1981), The New public Personnel Administration,Itasca:F.E.Peacok

Samuel G. Fine, The man on Horse Back : The Role of the Military in Politics, (New York : Proeger, 1962),

Simcha B. Werner(1983), "New Directions in the Study of Administrative Corruption", PAR, Vol. 43, No. 2, p.146.28.

OECD(2002), OECD Public Management Service

O, Glen Stall(1962),Public Personnel Administration,New York: Harper &Row

제**8**장

경찰부패

제8장 경찰부패

제8장

1. 서론

우리가 살고 있는 한국사회에는 과거나 현재나 권력층의 부정부패로 인해서 국민들의 분노와 실망이 대단하였다. 과거 김대중 정부부터 박근혜 정부까지 권력형 부정부패로 여론이 흔들거렸다. 부패라는 말은 성경에도 나온다. 창세기부터 나타난 부패(corruption)라는 용어는 '썩어 공멸하다, 함께 망하다'라는 의미를 지니고 있다. 라틴어 corrumpere에서 나온 이 말은 공멸하다는 뜻으로 창녀와 함께 유구한 역사를 지니고 있다. 인간이 생존하는 한 부패는 사라지지 않고 요동친다고 한다. 나라도 망하게 한다. 소련이나 중국 장개석 정부, 베트남 티우 정권, 필리핀 마르코스 정권, 니카라구와의 소모사 정권 등은 권력부패로 부침했고 사라졌다. 우리나라도 고려시대 왕들의 무능과 부패로 몰락했고 조선시대 임진왜란이나 일제침략 등이 부패로 기인했다. 이승만 정권은 어떤가? 4·19혁명으로 무너졌다.

왕조시대에는 왕이나 군주에게 생살여탈권(生殺與奪權)이 있었다. 이조시대에도 삼사(三司)가 들고 일어나면 군주는 맘대로 권력을 휘두를 수 없었다고 한다. 만약 전횡을 일삼고 부패로 국권을 문란시키면 신하는 자신의 목숨을 걸고 충언과 고언으로 무능을 깨우치고 사악함을 바로잡으려 했다고 한다. 조선시대 신하는 군주로부터 녹(祿)봉을 받고 군주에 감읍했다. 하지만 작금의 관료들은 국민의 세금을 먹고 산다. 공직자 정신이나 공복관이 투철하지 않으면 견책해야 하는데 법은 느슨하다. 오늘날 관료들이 공복관을 지니고 국민들에게 무한 봉사를 해야 하지만 이들의 부패행태는 거간꾼처럼 전락해, 떡고물을 챙기고 호의호식하려고 한다. 이들은 국가와 국민에 대한 충성이나 공직윤리도 없고 영혼도 없다. 그저 개인의 영달과 축재만 생각하니 나라가 얼룩져 간다. 대통령이 아무리 반부패 청렴을 외치고, 솔선수범하고 나서봐야 측근이나 관료들이 부정한 돈을 챙기는 데 앞장서는 현실에서 척결은커녕 일선 관료 부패와 비리는 창궐할 수밖에 없다. 작년의 세월호 사태에서 보듯 공직자들의 얽히고 설킨 유착부패가 꽃다운 젊은이를 저세상으로 보냈지 않은가? 국민의 생명과 안전을 팽개치고 사리사욕을 챙기니 국민들은 정부를 어떻게 신뢰할 수 있겠는가 하는 의구심마저 들지 않을 수 없다.

국가치안을 담당하는 경찰관들은 평소 윤리관으로 무장하고 처신을 잘하도록 노력하여야 한다. 경찰공직자가 공직자로서 그 역할을 다 하지 못한다면 어찌 국민이 공직자를 신뢰하겠는가? 그 공직자밑에는 그 나라도 존재하지 않는 다는 사실을 알아야 할 것이다. 이와 같은 측면에서 본 연구는 경찰 공무원의 부패문제를 해소하고 국가윤리관 정립을 가로막고 있는 역기능적인 부패원인을 분석하고 바람직한 변화의 반부패 유발문화로 승화시킬 수 있는 대응방안은 무엇인지 모색하고자 한다. 본 연구는 부패발생요인을 개인적 측면과 조직 문화적 측면에 국한하여 연구하였으며 경찰의 반부패 청렴을 정립하기 위한 대안을 발굴하려는 데에 그 목적이 있다고 할 수 있다.

1) 선행연구 검토

일반적 관료부패를 연구한 김영종(1996)의 부패학과 전수일(2000)의 관료부패론은 공직부패의 원인과 유형별 대안을 선구적으로 제시했다고 본다. 먼저 김영종(1996)은 아시아 국가의 반부패정책을 비교하였으며, 관료부패 원인분석을 통합적 방법을 사용하여 한국에 적실한 반부패 대안을 창출하여야 한다고 주장했다. 그리고 전수일은 다양한 반부패 접근방법을 사용하여 관료부패의 원인을 분석하였다.

연성진(1999)의 국무총리실 "경찰부패연구보고서"는 경찰 조직 전 분야에 대하여 경찰부패의 원인과 대책을 제시했는데, 일선 경찰관의 실증적인 연구조사를 통해 그 대책을 제시했다. 최상일(2006)의 "경찰부패 통제전략 효과성 연구"는 계층절차의 조사방법을 활용하여 부패통제 전략들 간 상대적 중요성을 강조하였다. 즉 반부패 정책효과의 극대화를 달성하기 위한 방안으로 우선순위가 높은 통제 전략을 사용할 필요가 있다고 강조했다. 남형수(2009)의 "경찰공무원 부패인식연구"는 경찰부패 영향요인을 분석하였고 경찰부패의 통제요인의 실효성을 검증하고 정책적 우선순위를 도출하였다는 데 그 의의가 있다고 본다. 경찰관의 윤리와 책임, 일탈, 부패 등을 연구한 조철옥의 "경찰윤리학연구"(2012)는 경찰관으로서 윤리적으로 바람직하지 못한 행위가 경찰에 대한 신뢰 상실의 주된 요인이라고 주장했으며 바람직한 경찰윤리를 정립하기 위해 동서양 이론을 제시하였다는 데 그 특징과 의의가 있다. 그러나 이들 연구가 경찰부패의 실태와 인식도를 기준으로 하지 않은 점이라든지 상황맥락적 측면에서 부패요인이 상이하다는 점이 지적된다.

2) 연구방법

본 연구의 주요 연구방법은 다음과 같다.

첫째, 먼저 부패관련 문헌연구를 통해 자료를 수집하려고 노력했다. 경찰부패만이 아니라 일반 행정부패, 권력 부패, 정경 유착 관련 논문 그리고 정부보고서 등을 중심으로 분석하였다.

둘째, 외국의 경찰부패이론과 반부패 대안 등을 분석하였다. 외국이론은 미국경찰 부패이론이나 번역한 자료를 중심으로 검토하였다.

셋째, 정부 부처나, 연구기관에서 실태 조사한 설문조사를 고찰하였고, 경찰부패에 대한 대학생들의 인식도를 살펴보기 위해서 설문 조사를 분석하였다. 이와 같은 연구방법을 토대로 하여서 경찰부패의 개인적인 면과 조직적인 원인을 분석하였고 바람직한 통제방안이 무엇인지 도출하고자 하였다.

2. 경찰부패의 논리

부패가 갖는 다양하고 복합적인 속성 때문에 경찰부패를 단일한 개념으로 일반화된 정의를 찾기는 어렵다고 할 것이다. 경찰부패 현상은 복합적이고 다면적 현상이며 주관과 객관의 세계가 혼합된 행정 현상이며, 경찰제도·경찰공무원 그리고 경찰의 특수한 문화적 환경의 주요 변수의 부적응에서 발생되는 일탈 행위이다. 따라서 부패 문제를 통합적 시각에서 개념 정립화하여야 한다는 시각도 있다.(김영종,1988) 경찰부패는 "법을 집행하는 경찰관들이 법규를 남용하거나 재량권을 일탈하여 부정한 방법으로 재화 가치를 획득하거나 수수하는 행태"라고 본 연구자는 정의하고자 한다. 그리고 이와 같은 부정 부패가 성립되기 위한 요건으로는 권한의 남용이 의도적이어야 하며 특정인에 귀속되는 사적 이익 또는 불이익이 있어야 하고 특정한 사적 이익 또는 불이익이 권한의 활용과 직·간접적으로 연결되어야 한다. 에드윈 델라트르(Edwin J. Delattre)는 경찰부패의 원인을 전체사회가설, 구조적원인, 썩은 사과이론, 윤리적 냉소주의가 있다고 주장한다. 조철옥의 연구를(2012) 중심으로 살펴보면 다음과 같다.

먼저 전체사회가설이다. 사회전체가 부패를 용인한다거나 부패문화로 인하여 사회전체가 부패하게 되며 부패를 묵인한다든지 조장할 때 자연스럽게 부패행위를 하게 된다고 한다. 1960년대 시카고 경찰국장 윌슨은 시민들이 작은 대가를 치르고 받는 대우는 범죄인들과 조직들이 더 큰 액수를 주고서 사는 특별한 대우와 마찬가지로 나쁜 것이라고 하면서 작은 호의가 부패현상으로 발전한다고 주장했다.(조철옥,2012:398) 전체사회가설과 유사한 것으로서 "미끄러지기 쉬운 경사로" 논증이 있는데 사소한 행위가 점차적으로 큰 부패로 이어지며 작은 호의의 수용은 경사로 위에 행위자를 올려놓는 것과 같이 미끄러지듯 빠진다는 이론이다.(조철옥,2012:398)

구조적 원인으로 대표적인 학자는 니더호퍼(Niederhoffer)와, 뢰벅(Roebuck) 바커(Barker)가 있다. 니더호퍼는 신참 경관이 나이든 경찰관의 뇌물부패에 세뇌된다고 보았고, 뢰벅은 경찰부패는 각 경관이 저지르는 것이 아니라 조직의 모순과 규범의 일탈로 비롯된다고 보았다.(조철옥,2012: 399) 그리고 썩은 사과가설(rotten apple's theory)은 윤리성이나 인성 등 자질이 부족한 경찰관이 경찰이 됨으로써 부패를 저지르게 되며, 이러한 자질을 가진 경찰관은 모집과정에서부터 배제되어야 한다고 주장한다 이 이론은 개인에게만 부패원인을 찾으려는 문제점이 있다.(조철옥,2012:400) 점진적 흑화가설은 경찰조직부패의 특징인 의리주의나, 정리주의가 지나쳐 경찰부패발생시 경찰징계가 경징계나, 사면 복권 등으로 다시 비리경찰관이 조직에 복귀하게 되어 경찰부패가 내부통제의 문제점과 사면 제도 탓으로 인하여 모든 경찰이 점진적으로 검은 부패고리를 나타난다고 보았다.(최상일:136,조철옥,2005:397-412)

그런데 연성진의 연구에 의하면(1999), 경찰의 부패는 경찰조직 및 업무의 특수성에서 비롯된다고 인식되고 있다고 한다. 문제는 이러한 부패문제를 개인적 특성의 문제로 파악할 것인가 하는 점이다. 1970년 뉴욕경찰부패를 조사한 「Knapp 위원회」는 부패문제를 소위 '썩은 사과이론'으로 설명하려는 것은 잘못이었다고 결론지었다. 부패는 도덕적으로 문제있는 소수의 사람들이 다른 사람들까지 부패시키기 때문이 아니고, 그것은 바로 구조의 결과라는 것이다.

즉, 불법적 행위에 대한 보상이 합법적 행위에 따른 보상보다 더 크게 나타나는 상황에 경찰이 처하게 된 구조적 결함 때문이다. 거기에서는 부적절한 행위를 인식하고 고발하고자 하는 동기와 메커니즘이 매우 약하거나 아예 존재하지 않는다고 한다.

이 위원회에서는 무엇보다 부패행위를 근절하기 위해서는 경찰조직의 전근대성과 관료주의를 타파하고, 부패 조장적이거나 부패통제에 무기력한 제도 및 운영상의 문제점을 개혁하여 조직의 유인체계를 합리화함으로써, 부패저항력을 강화해야 한다고 보았다.(연성진,1999)

3. 실태와 원인분석

1) 경찰부패실태

경찰부패는 과거부터 현재에 이르기까지 별반 달라진 게 없다. 1994년에 발간된 경찰통계연보에 의하면 1993년 경찰의 전체 징계자는 2,398명이 징계를 받았고 1994년에는 2,322명이 금품수수 직권남용 위신실추 등으로 징계조치를 받은 것으로 나타났다. 또한 1995년 행정자치부가 발표한 공직자 비리 중 경찰공무원이 1,486명이 징계를 받은 것으로 나타났다. <표 8−1>의 2012년 경찰백서의 내용을 보면 2009년 경찰관의 징계가 전체 1169명을 차지하고 있고 경위, 경사계급이 가장 많이 차지하고 있다.

또한 2011년에는 전체 1256건 중 경위, 경사가 다수를 점하고 있다.

〈표 8−1〉 경찰공무원 징계현황

	계	계급별						
		총경이상	경정	경감	경위	경사	경장	순경
2009	1169	6	32	44	384	511	155	37
2010	1154	7	15	56	339	500	181	56
2011	1256	11	18	69	429	429	192	68

출처: 2012년 경찰백서, pp363−365

경찰부패 유형은 금품수수뿐만 아니라 다양하게 나타나고 있다. <표 8-2>의 경찰부패 유형을 보면 직무태만과 근무규율 위반으로 징계를 받았는데 금품수수도 2009년 178건, 2011년 100건을 차지하고 있다.

〈표 8-2〉 경찰부패 유형

연도	유형별					조치별					
	금품수수	부당처리	직무태만	품위손상	규율위반	파면	해임	강등	정직	감봉	견책
2009	178	12	236	286	461	150	174	2	209	237	397
2010	94	5	319	256	480	104	101	7	171	246	525
2011	100	5	365	320	466	87	116	28	196	312	517

출처: 2012년 경찰백서

2013년 한국행정연구원 공직부패 조사에서 우리나라 일반기업인과 자영업자 등 1,000여명은 정치인이 가장 부패한 집단이라고 응답했는데, (<표 8-3> 참조) 경찰부패도 69%를 차지하고 있다.

〈표 8-3〉 정부부문부패실태조사

기업인이 생각하는 공직분야 부정부패

분야	심한 정도(%)
정치인	91.9
고위공직자	82.6
법조인	78.0
건축 건설공무원	71.5
세무공무원	69.9
경찰관	69.4
조달 발주공무원	65.1
공기업임직원	59.5
식품위생공무원	53.1
교육공무원	48.7
관세공무원	45.0
보건 의료공무원	40.4
군인	40.3
교정공무원	38.9
환경공무원	36.5
사회복지공무원	34.5
소방관	33.4

출처: 한국행정연구원, 정부부문부패실태조사, 2013

이와 같이 경찰부패사건은 상당하고 국민들도 이들이 저지른 부정부패에 대해 상당한 혐오감 내지 불만을 인식하고 표출하고 있는 실정이다. 경찰의 부정부패는 상당히 오랫동안 축적되어 왔고 그들이 검은 커넥션이나 비리는 근절되지 못하고 있는데 이는 그들 스스로 한국사회의 부패집단화 되어 구조적 부패병에 오염되고 있는 실정이다. 이런 경찰부패 환경하에서 개혁이나 처벌 법안을 입안한 들 아무런 개선이나 효과가 없는 것은 당연하다고 본다.

우리나라 경찰부패에 대하여 100명의 대학생들의 부패인식도조사를 보면 다음과 같다.(<표 8-4> 참조) 먼저 설문조사를 실시에 응답한 186명의 인식도 내용을 분석한 결과에 따르면 응답자의 95%가 '경찰 부패가 존재한다'고 답하였다. 그리고 그 원인에 있어서는 (28.6%) 등의 구조적 요인을 지적하고 있다.

〈표 8-4〉 대학생들의 경찰부패인식 설문조사분석

질문 : 우리 경찰 부패가 존재한다고 보는가 ?	
존재한다	95%
존재하지 않는다	5%
질문 : 경찰부패의 부패원인은 ?	
개인의 탐욕과 욕심	43%
경찰부패를 용인하는 경찰조직사회적 풍토	26.3%
경찰의 재량권	3.2%
편의를 바라는 구조적 모순점	8.6%
경찰사회의 구조적 모순점	6%
불필요한 경찰규제	3.2%
인사 및 승진불만	10%

출처 : 김택, 대학생의 경찰부패인식조사(2013년 10월)

2) 원인 분석

경찰부패의 원인은 여러 분야에서 그 원인을 찾을 수 있겠지만 본고에서는 경찰조직문화, 경찰개인윤리에 주안점을 두고자 한다.

(1) 썩은 사과상자: 조직구조적 측면[1]

경찰조직은 전통적으로 개인책임보다는 소위 조직윤리를 강조한다. 조직윤리는 공무원이 조직내에서 구성원간의 공동의 이익을 공유하는 대가로 충성과 기관의 정책을 수용할 것을 요구한다.(윤재풍,1987:458)이 윤리는 경찰공무원의 개인적 윤리나 동기와는 관계없이 충성심을 보여줄 것을 요구하는데 그것의 가장 정형화된 형태는 복종의 형태이다. 그 결과 경찰공무원은 조직에 대한 충성심을 가장 높은 차원의 도덕성으로 간주하게 되고 건설적인 이의제기나 반대는 위배되는 것이 되기 때문에 조직은 이를 허용하지 않게 된다. 결국 경찰부패는 개인의 일탈이 아니라 조직의 일탈로 보고 신참경찰관들이 고참 경찰관들의 부패관행과 충성심, 의리, 영향에 주목받고 부패의 길로 빠져들게 되는 것이다. 조직윤리는 조직의 비공식 규범이 되고 조직구성원을 지배하게 되기 때문에 공무원은 이 윤리를 위배함으로써 자신의 지위와 수입을 잃게 되는 모험을 시도하려고 하지 않게 된다. 사회분위기의 도덕적 타락은 경찰의 부정이 잉태되며 조직과 개인의 부패에 대해서 공무원 자신은 저항하지 않고 침묵한다. 대다수의 경찰관들은 침묵과 복종으로 행동한다. 우리나라의 행정문화는 관료제 역기능이라고 할 수 있는 권위주의적 요소가 자리잡아 공직자가 국민에게 봉사하는 공복의 정신이 아니라 인허가 등의 행정권력을 가진 집단으로서 행동하려는 속성을 가지고 있다고 한다.(조철옥,2012:35-327) 그런데 경찰조직의 거대화와 관료제화는 상하계층으로 복잡한 수직적 문화를 형성하곤 하였고 경찰권위주의, 형식주의, 동조과잉, 할거주의 경향이 경찰조직문화로 자리 잡았다. 경찰조직은 상명하복문화가 중요한데 상관과 부하가 의리주의를 중시하고 조직의 투명성을 저해하는 병폐로 드러나곤 한다. 경찰문화가 한국행정이 지닌 지배적인 통치 이데올로기를 그대로 수용했다는 점이다. 우리나라 공직부패의 대부분이 개인적 청탁이나[2] 의리관계를 이용한 것

---

1) 사회문화적 측면에서 보면 사회의 역사성이나 가치규범 특수성 그리고 시민의 행태 또는 정치문화적 특수성 등이 어울어져 부패현상을 발생시킨다고 본다. 부패원인이 관료개인의 행태에만 원인을 규정할 수 없다고 본다. 결국 관료의 부패행태는 사회 환경적 변수의 측면을 고려하지 않을 수 없다고 본다.

2) Henderson의 유교문화가 권위주의적 관료행태의 주요한 요인으로 보고 있고 이것이 관료부패의 한 원인중의 하나라고 지적하고 있다. Henderson, Gregory, Korea : The Politics of the Vortex Cambridge : Harvard university Press, 1968, p. 921, 김영종 교수는 최고 지도자들의 장기집권의 병폐와 카리스마적 leadership 또는 권력 남용으로 인한 역기능이 관료부패의 주요 변수라고 주장한다.

들이 대부분이다. 특히 경찰의 지나친 패거리적 가족주의관과 동료애를 강조하는 의리온정주의가 부패를 더욱 조장케 한다. 경찰의 동료애는 어떤 조직보다 강한 것으로 알려져 있는데 이것은 경찰하위문화를 통해서 경찰관들이 동료애를 형성시키고 유지하기 때문이라고 한다. 경찰하위문화는 경찰그룹내부의 독특한 가치와 행동패턴이고 경찰관들은 경찰의 독특한 전통과 업무수행 때문에 고유한 나름대로의 문화를 형성시킨다고 한다. 이런 조직문화로 인하여 동료경찰관들의 비리행위를 용인 또는 묵과하는 경우가 많고 동료경찰관과의 긴밀한 관계를 가진다고 볼 수 있다.(윤일홍,2009:6)

경찰의 폐쇄적이고 수직적인 의사체계라든지 경직된 경찰조직구조, 덜 민주화된 명령 만능주의가 문제라고 볼 수 있다. 또한 경찰내부의 비밀우선주의와 상급기관의 무사안일한 행태도 부패를 발생케 할 수 있다.

오늘날에도 경찰서, 지구대나 파출소에서 근무하는 경찰관들이 순찰이라는 명목으로 돈을 거두어 조직활동비로 쓰고 연말연시 등 전통적 명절이나 관혼상제시의 '떡값' 명목이나 '촌지'의 행태로 경찰부패가 잔존하고 있는 실정이다. 이러한 경찰조직문화에 바탕을 둔 관행이나 행태는 공무원과 경찰부패의 토양이 되어 있는 것이다.(윤우곤,1988:210-218)

(2) 썩은 사과: 개인 윤리적 측면

경찰관은 법의 테두리 내에서 경찰업무를 수행하여야 하고 경찰업무의 수행과정상에 나타나는 오류가능성에 책임을 져야 한다.(조철옥,2012:280) 경찰이 경찰법에 규정된 법과 규정에 복종할 시 윤리적 의사결정을 준수해야 한다. 경찰이 법집행 과정상에 뇌물이나 편의를 시민들에게 행한다면 개인적 일탈행위로서 비난받게 되므로 공정한 업무수행이 필수적이라고 본다. 결국 경찰관 개인의 청렴,의지,윤리,도덕,자질 등이 중요하다고 본다.

경찰부패를 신참경찰관들이 기존 구성원의 부패한 문화에서 학습된 결과라고 주장한 니더호퍼(Auther Niederhoffer)[3]는 "경찰관들은 탐욕 등의 이유로 뇌물을 받는다. 경찰관의 탈선은 사소한 과오로부터 갈취와 중범죄로 이어진다"고 주장했다. 반면에 썩은 사과 가설에 따르면 윤리관이나 가치관 등 자질

---

3) 니더호퍼는 구조가 부패원인이라고 주장하고 있으며 로벅이나 바커도 구조적인 측면을 한 원인으로 보았다. 이에 반해 시카고 경찰국장 윌슨은 작은 호의가 더 큰 부패로 발전하게 되는 전체 사회가설을 주장하였다.

없는 경찰관들이 문제이고 기본 인성이 결여된 경찰관은 모집과정에서 면접 등으로 걸러내고 배제되어야 한다고 강조한다. 사과상자의 사과라는 것이 원래 흠이 있어서 곧 썩어버리기 때문에 인성이나 자질, 윤리관이 없는 사람은 배제되어야 한다고 보는 것이다. 이것은 경찰의 조직문화에 원인이 아니라 개인의 비윤리나 탐욕에서 찾으려는 시각이다.(조철옥:326-327) 결국 경찰 개개인의 윤리적인 소양, 국가관, 공직서비스를 강조하고 경찰책임과 의무를 준수하는 것이 중요하다고 본다. 원래 부패라는 것이 전체 공무원의 일탈이 아니라 개인의 위법과 탈선적 비리행태라고 주장하는 것이다. 과거 생계형비리가 만연했을 때는 경찰개인의 문제보다도 공무원 전체 조직구조에 초점을 두고 부패원인을 찾지만 최근에는 개개인의 윤리의식저하, 탐욕, 그릇된 배금주의 의식이 문제라는 지적이다. 이와 같은 측면에서 공무원행동강령이나 치안서비스 헌장같은 규정은 개인의 책임을 이행하라는 포괄적 권고를 담고 있는데, 법적 규율이 자율적인 윤리관 형성을 위해 필요하다고 본다. 경찰 윤리교육은 공직자로서의 태도와 자질함양을 위한 기본적이고 비리를 사전 예방할 수 있는 통제기능을 지닌다. 경찰업무가 시민들의 자유와 권리를 제한하고 침해하는 권한이 많고 외근 근무 중 긴박한 상황에 자주 노출되고 상급자의 지휘없이 단독적인 의사결정을 해야 하는데 불공정 수사나 금품수수와 같은 명확한 부패행위라면 모르지만 재량권에 관련되거나 단순 일탈행위는 경찰관 스스로 바른 가치판단을 내리기가 어렵기 때문에 청렴윤리교육이 중요하지만 우리나라 경찰 경위이하 비간부에 대한 청렴윤리교육은 매우 부실한 점이 문제라고 본다. 따라서 청렴윤리교육의 실종은 개인적 부패요인을 키우는 한 측면이라고 본다.(홍태경,2011:116) <표 8-5>를 보면 총경의 윤리교육은 전체 1%도 채 되지 않고 있으며 경위나 경사도 7%, 3%를 차지하고 있을 정도로 윤리교육이 저평가 되고 있는 실정이다. 썩은 사과가설에 따라 모집과정에서 윤리성도 중요하지만 재직중인 경찰관들의 윤리성 함양교육도 더욱 필요하다고 본다.

〈표 8-5〉 윤리 교육 교과목 현황

과정	대상	구분	교과목	시간	계(%)
치안 정책 과정	총경 총경승진 후보자 (770시간)	직무핵심교육	자체사고예방을 위한 지휘관 역할	2	8(1.0)
		기본소양교육	조직갈등관리	2	
			경찰과 인권	2	
			관리자의 리더쉽	2	
기본 교육 과정	경정 (142시간)	소양과목	인권의 현주소,피해자 인권보호	4	9(6.3)
		직무과목	부조리예방과 감독자 역할	3	
			리더쉽향상방안	2	
	경감 (107시간)	소양과목	인권의 현주소,피해자 인권보호	4	12(11.2)
		직무과목	지역경찰과 지구대장의 역할	2	
			부조리예방과 감독자의 역할	2	
			리더쉽향상방안	2	
			조직갈등관리	2	
	경위 (70시간)	소양과목	공직윤리	2	5(7.1)
		직무과목	리더쉽개발	3	
	경사 (70시간)	소양과목	공직윤리	2	2(2.9)

출처: 경찰대학,경찰교육원자료(2010), 홍태경 앞의 논문에서 재인용(2011), 117쪽

4. 경찰부패 방지를 위한 대안

1) 법·제도적 방안

(1) 처벌 및 감찰강화

경찰부패를 통제하기 위한 현행 제도는 감사원의 직무감찰, 청와대, 국무총리실, 행정자치부, 경찰청 등의 감찰이 주로 실시되고 있지만 효율적인 집행이나 엄정한 감찰이 이루어지고 있다고 보는 경찰관은 드물다. 신상필벌의 시스템을 정착해야 하지만 우리나라 감찰부서는 끼리끼리 봐주기식의 감사로 인하여 부패근절의 경각심이 부족하고 감사 부작용이 많다는 시각이다. 이른바 감감비리가 자리잡고 있다고 한다. 이를 시정하기 위해서는 외부통제장치가 새롭게 마련되어야 한다. 시민단체출신의 시민감사관제도의 신설, 부패로 징계 받는자를 구제하지 않도록 외부인사위주로 경찰청내 부패방지위원회를

구성하여 엄정하게 처리하여야 한다. 경찰조직의 평가뿐만 아니라 경찰간부의 청렴도 평가를 통해 간부의 리더쉽과 청렴도를 진단하고 체계화하여 부패방지에 노력하여야 한다고 본다.

경찰청렴도 강화를 위한 방안을 마련하여 시행하여야 하는데 다음과 같은 제도를 시행해 보는 것도 필요하다고 본다.

- 지방경찰청 청렴지수 개발 시행 발표
- 경찰공무원 청렴윤리원(가칭) 설치
- 경찰공무원행동강령 적용의 적실성 내실화
- 반부패 경찰청렴위원회 설치(가칭) 징계강화
- 총경이상 고위간부 청렴성 강화 및 청렴순위발표
- 경찰 정보공개강화
- 경찰부패 익명신고제 실시
- 경찰관의 이익충돌예방 및 전관 예우금지강화: 전직원 재산등록 DB화

<표 8-6>은 대학생들의 경찰부패인식을 설문조사한 것인데 우리나라 대학생들의 경찰부패 근절방안으로 처벌이나 감찰을 응답한 비율이 40%로 가장 높았다. 또한 불필요한 규제개혁(20%),경찰윤리강화(19.3%), 경찰보수(17.7)순으로 나타났다.

〈표 8-6〉 대학생들의 경찰부패인식 설문조사분석

경찰의 윤리강화	19.3
경찰청탁문화 풍토 개선	12.9
경찰의 재량권 축소	3.2
내부고발강화	6.4
경찰의 처벌 강화	25.9
불필요한 경찰규제개혁	20
감찰강화	15
대책: 경찰 부패 방지를 위해서 바람직한 방안?	
경찰의 보수강화	17.7

출처 : 김택, 대학생의 경찰부패인식조사(2013년 10월)

(2) 인사개선

우리나라는 그동안 필기 성적위주로 경찰승진을 실시하다가 경찰 사기제고 등을 위해 심사성적을 반영하여 승진에 반영하고 있다. 또한 2006년부터는 경사계급에서 8년 재임기간 중 3년간 근무성적이 40점 이상일 경우 경위로 자동 근속 승진하는 제도를 실시하고 있다.(최상일,2006:141)이 제도는 경찰의 인사 적체를 해소하는 데 유용하고 상당수의 경사들이 경찰간부라고 할 수 있는 경위로 승진하여 승진 적체를 해소하였다고 볼 수 있다. 그러나 현재도 50대 경사가 있는 등 경위계급 진출은 쉽지 않다. 경찰승진의 스트레스는 이만저만이 아니다. 특히 경사에서 경위로 경위에서 경감으로 승진하는 데 수천만원의 뇌물이 오간다고 한다.[4] 경찰대 졸업생들이 경정에서 또는 총경에서 계급정년으로 끝나 버려 그 불만도 상당하다고 한다. 이를 개선하기 위해서는 총경까지 계급정년제도를 폐지한다든지 대폭적으로 경감승진을 늘려 사기 앙양이나 불만을 차단해야 한다. 경찰대나 경찰간부후보생 출신의 경우 곧바로 경위계급을 달고 임관하는데 이같은 경우 기존 직원들과의 위화감을 조성하고 계급간 부조화를 가져오기 때문에 이를 개선하는 작업도 필요하다. 이제는 경찰행정학과출신 대졸자들을 훈련시켜 순경으로 임관하고 경찰간부나 경찰대출신들을 최소화하는 방안이 필요하다. 현재의 경찰대학을 경찰대학원으로 개편한다든지 재직자 교육훈련기관으로 바꿔야 할 것이다. 또한 경찰 보직 인사 시 객관적 검증을 강화하여 업무능력을 중시하는 인사제도가 필요하다. 일부경찰관의 부패문제가 경찰 조직의 사기와 직결되고 있으므로 각별한 유의가 필요하다.

---

4) 경찰 간부가 경찰 내부의 인사비리에 돈거래가 만연해 있다는 내용의 유서를 남기고 자살했다. 이 간부는 자신에 대한 수사가 불공정하게 이뤄졌다며 억울함을 호소하기도 했다. 광주지방경찰청은 14일 광역수사대 소속 ㄱ경감이 스스로 목숨을 끊어 경위 파악에 나섰다고 밝혔다. ㄱ경감은 이날 오후 1시쯤 광주 북구 자신의 집에서 농약을 마시고 쓰러진 채 발견돼 병원으로 옮겨졌지만 숨졌다. ㄱ경감은 A4용지 6장의 유서에서 "경찰 심사승진에서 빽은 필수요 돈은 당연한 거래가 된 것이 공공연한 사실이다"며 "각 심사 승진을 확인해보면 사실로 드러날 것이다. 일 잘해서 심사 승진하는 직원은 단 한 명도 없다. 돈은 필수 지참금이다"라고 썼다. 그는 "고졸인 탓에 시험 승진은 어려워 특진을 위해 열심히 일을 했다"며 "특진은 열심히 하면 진급할 수 있는 길이 열려 있지만 심사 승진은 그렇지 않다"고 덧붙였다. ㄱ경감은 자신을 음해하거나 무고한 경찰 동료와 사건관계자, 일부 언론에 대한 철저한 조사를 통해 진실을 밝혀 줄 것을 사건 담당 검사에게 요청하기도 했다.(강현석,경향신문,2014년8월14일)

(3) 내부고발 활성화

　　내부비리의 부정적 인식이 많은 한국행정 내에서 조직부패의 고발은 쉽지 않다. 그러나 청렴하고 투명한 조직을 만들기 위해서 이들의 활성화와 고발자의 제도적 인적 보호가 필요하다. 이를 위해 익명고발의 법제도 장치가 새로 만들어져야 하고 활성화돼야 한다. 작년에 행정자치부는 지방공기업의 비리에 대하여 익명고발을 실시하였는데 공직기관에도 확대해야 할 것이다. 경찰 구성원간의 온정주의, 신고자에 대한 배타적 시선 등으로 인하여 신고 자체에 소극적인 분위기를 해소하기에는 한계가 있고 신고자의 신분노출은 부패 신고의 주요 장애요인으로 작용하고 있다. 이를 위해 익명보장을 강화하고 내부고발을 경찰청내 조직에서만 접수할 것이 아니라 제 3의 독립된 기관이나 시민단체가 받아 처리하도록 하는 장치가 제도적으로 보장되어야 한다. 또한 내부고발자에 대해서 신분보장과 고발 후 소송을 제기한 경우에는 내부비리 고발과 관련하여 불이익을 당한 것으로 추정하여 변호사의 소송보호 및 강제주의 제도를 실시해야 한다.(경찰청,2012:30)

2) 조직청렴문화의 개선

　　경찰관의 청렴성은 국민의 신뢰와 직결되고 경찰발전을 위한 가장 기초가 되는 덕목이라고 할 수 있다. 경찰의 질서화합, 리더십, 경쟁력, 생산성 등이 청렴성과 직결되기 때문에 이를 제고하는 방안이 필요하다고 본다.

　　국민권익위원회가 조사한 공무원의 부패문제 해결 최우선 과제로(<표 8-7> 참조) 연고주의, 온정주의 사회문화 척결'(18.8%), 사회지도층 및 고위공직자의 부패 감시활동 강화(18.2%), 부패행위적발 처벌강화(16.4%)순으로 응답하였고, 부패를 유발하는 법제도와 각종행정규제의 개선'을 선택한 비율은 전년보다 4.4%p 감소하였다.

〈표 8-7〉 부패문제 해결을 위한 최우선 과제

항목	08년	10년	전년대비
연고주의, 온정주의 사회문화척결	19.1	18.8	0.3
사회지도층 및 고위공직자의 부패 감시활동 강화	18.7	18.2	0.5
부패행위에 대한 적발, 처벌의 강화	13.6	16.4	2.8

투명한 기업활동을 위한 제도적 장치마련	14.3	15.5	1.2
부패를 유발하는 법 제도와 각종 행정규제의 개선	19.0	14.6	4.4
공직자의 부패범죄에 대한 사전 예방활동	14.0	13.1	0.9
기타	0.7	1.6	0.9
없음/모름	0.6	1.9	1.3

출처: 국민권익위원회 부패인식도자료, 2011

3) 윤리교육적 방안

우리사회의 생활 전반에 관행화 되고 일상화 되어 버린 경찰부패문화를 일소하는 첫번째 개혁과제는 경찰의 의식전환이라고 볼 수 있다. 의식의 변혁이 없는 부정 부패의 척결은 단지 형식적이고 일과성이 될 가능성이 크다. 아무리 철저하게 부정과 부패, 그리고 비리를 찾아내어 척결한다고 하여도 왜곡된 의식이 상존하는 한 그것은 계속적으로 부정 부패와 비리를 만들어 낼 것이기 때문이다.(공보처,1995:8-21) 윤리의식이 높은 개인을 경찰로 채용하기 위해서 채용시점부터 적성검사와 심층면접을 강화하는 방안을 마련해야 한다. 그리고 재직경찰관에 대한 직무적성이나 검사방법을 정교화하고 근무기간이 긴 경찰관과 대민부서에 근무하는 경찰관에 대한 윤리교육에 중점을 두어야 한다.(홍태경,2011) 반부패 교육은 경찰 개개인의 의식개혁을 활성화하는 데 유용한 방안이라고 본다. <표 8-8>은 경찰인성교육 현황인데 인성교육과 함께 반부패청렴교육도 필요하다고 본다. 따라서 경찰이 운영하고 있는 교육과정에 경찰공무원의 행동강령이나, 내부비리신고 교육프로그램을 반드시 이수하도록 하는 방안이 모색되어야 한다. 청렴교육은 부패예방차원뿐만 아니라 내부조직의 공감대를 확산시키는 기능도 할 수 있다. 독일의 경우, 공공기관이나 정부기관에 근무하는 공직자들이 반부패 행동규범을 숙지하도록 하는 교육훈련을 하고 있다고 한다.(경찰청,2012:22) 경찰인성교육도 강화하여 공복관, 국가관, 가치관, 경찰혼 등을 함양하고 제고할 수 있도록 경찰관의 교육프로그램을 강화하여야 한다. 국민들이 뇌물을 주지도 않고 경찰공무원 역시 받지도 않는 자세가 확립되는 의식개혁의 전환이 중요하다고 볼 수 있다.지속적인 반부패교육을 통해서 경찰의 가치관과 의식을 바꾸어야 할 것이다. 경찰관의 공복의식과 도덕적 윤리관을 함양하고 반부패의식을 고취시키기 위하여 경찰공무원교육의 혁신과 변화가 필요하다.

〈표 8-8〉 경찰인성교육 현황

구분		내용
경찰대학(신임)		· 전체 시간 중 인성관련 교육은 688시간(18%) · 인성교육은 주로 훈육시간을 통해 이루어지며 매 학기 48시간 교육 · 학기당 봉사활동 16시간
경찰 교육원	신임간부 후보생	· 인성교육은 총 185시간(10%) · 봉사활동 총35시간
	재직	· 교육 과정별 다르나 시책교육 특강,공직가치,안보교육 등 강의가 전체 교육과정 중 약 10%차지
경찰중앙학교 (신임)		· 인성교육 324시간(27%) · 교육기간 확대에 따라 인성교육시간을 195시간 추가편성 · 월2회 이상 자기 주도적 봉사활동 실시 수사
연수원		· 과정별 차이가 있으나 공직가치 등 인성교육의 비율은 10%내외

출처: 경찰청. 2012년 경찰쇄신권고안, p66

5. 결 론

　　지금까지 경찰부패를 고찰하였다. 경찰부패의 실태, 요인 및 대응방안 등을 연구하였다. 부패원인이 개인적인 측면인가, 조직구조적 측면인가 하는 문제는 경찰의 특수성을 고려해야 하고 경찰이 추구하는 목적과 가치나 조직문화, 공익적인 판단을 생각해야 한다. 경찰관 개개인의 일탈과 권력오용은 개인의 성격이나 습성에서 비롯된다고 볼 수 있겠지만 경찰조직의 복종이나 조직문화로 기인한 부패발생은 구조 원인에 비유할 수도 있다. 즉 어느 한 측면만을 그 요인으로 간주할 수도 없다고 본다. 부패라는 것이 다양한 속성을 내포하기 때문에 거시적이고 통합적인 요인 고찰이 필요하다고 본다. 또한 부패라는 것이 단시일에 해결되는 것이 아니기 때문에 지속적인 중장기 반부패 프로그램을 실행하여야 한다. 최근 경찰관들의 부패행위에 대하여 많은 국민들이 비판하고 있다. 이것은 선진경찰상을 구현하려는 취지에도 맞지 않고 경찰관료의 자세나 도리가 아닌 부끄러운 행위라고 볼 수 있다.

조선시대 다산 정약용은 목민심서에서 "관리는 너그럽고 엄정하게 처리하라"고 하였다. 그는 "엄정하게 하는 근본은 자기 몸을 바르게 하는 것이다. 자기 몸이 바르면 명령을 내지 않아도 바로 행해질 것이고, 그 자신이 바르지 못하면 명령은 행해지지 않는다"(.束吏之本 在於律己 其身正 不令而行 其身不正 雖令不行)고 주장했다. 또한 다산은 이끌어주어도 깨우치지 못한다면, 가르쳐도 개전이 나타나지 않는다면 마침내 거짓을 행해 큰 해악을 끼치거나 농간을 부리는 자는 형벌로써 처리해야 한다"(誘之不牖 敎之不悛 怙終欺詐 爲元惡大奸者 刑以臨之)고 강조했다. 일제 및 미군정시의 경찰문화 잔재라고 볼 수 있는 찰라주의, 권력지상주의, 이기주의, 경찰만능주의, 무사안일주의, 권위주의, 연고주의, 배금주의 등 부정적인 의식과 관행을 버리고 새로운 탈권력 탈권위주의를 형성하여 공익과 서비스 정신, 공복관, 민주주의, 합리주의, 시민우선주의, 투명한 경찰행정으로 변화 개혁해야 하는 것은 시대적 요구이고 당위라고 본다.

　　부패문제는 이제 경찰 내부의 문제가 아니라 국가생존의 문제요 세계의 문제로 부각되고 있다. 이러한 상황에서 우리 정부가 경찰부패문제를 해결함으로써 점증적으로 국가투명성을 제고하는 견인차 역할을 하여야 하고, 향후 국가 치안경쟁력을 강화 및 주도해 나갈 수 있는 전기를 마련하도록 하는 것이 필요하다고 본다.

참고문헌

국민권익위원회(2012) 정책보고서

경향신문(2014), 강현석, 8월14일

경찰청(2012), 「경찰백서」

경찰청(2012), 경찰쇄신권고안, 경찰쇄신위원회 30면

김병진 외(1999), 「생활과 직업윤리」, 법문사, 285－295면

김영종(1988), "민주사회발전을 향한 행정 부패의 방지 전략", 「민주 사회의 성숙을 위한
　　　공공 행정」, 한국행정학회 제1차 국제학술대회, 400면

김영종(1993), 「부패학:원인과 대책」, 숭실대출판부

김해동(1994), 「관료 부패와 통제」, 집문당, 24면.

김인영 외(1999), 「비리와 합리의 한국사회」, 소화,

김 택(2010), 「공직윤리와 관료부패」, 한국학술정보

김 택(1999), "경찰공무원의 부패에 관한 연구", 한국부패학회보3권, 한국부패학회

김해동(1978), "한국관료형태의 전통문화적 요인," 「행정논총」 제16권1호, 57－68면

남형수(2009), 경찰공무원의 부패인식에 관한 연구", 동국대박사학위논문

동아일보, 2010.4.19, 1996.1.16

박종두(1991), "행정윤리에 관한연구", 「현대사회와 行政」, 제2집, 연세행정연구회, 67면.

신유근(1992), 「한국의 경영 : 그 현상과 전망」, 법문사, 172면

연성진(1999), "경찰분야 부패방지 대책" 국무조정실 경찰부패연구보고서

유종해(2010), 「행정의 윤리」, 박영사, 187면.

윤일홍(2009), "경찰비리에 대한 경찰관의 견해 연구", 장기유학훈련 연구보고서, 행정안
　　　전부 교육훈련정보센터, 6면

윤우곤(1988), "현대 한국관료의 의식구조", 「계간 경향」, 봄호, 210～218면

조철옥(2012), 「경찰윤리학」, 대영문화사, 2012

정진헌·박상규(1999), "복잡성 이론의 조직환경연구에 대한 적용가능성," 한국행정논집
　　　제11집 2호, 267－286면

최상일(2006), "경찰부패 통제전략의 효과성 제고에 관한 연구". 한국정책과학학회보.제
　　　10권제2호, 129－152면

테리 L. 쿠퍼, 신재명 역(1993), 「공직자의 행정책임과 윤리」, 대학사

한국부패학회(1997), "기업부패 : 원인과 대책", 제3회 부패학회 학술대회 논문집

한상진(1988), 「한국사회와 관료적 권위주의」, 문학과 지성사, 93면.

홍태경 류준혁(2011), "경찰일탈에 영향을 미치는 요인에 관한 연구", 한국지방정부학회

홍태경(2011), "경찰일탈 통제제도의 개선방안에 관한 연구"-경찰관 인식조사를 중심으
로. 한국부패학회보 제16권 제1호, 한국부패학회, 111면

Bayley, David H.(1966), "The Effects of Corruption in a Developing Nations," Western
Political Quality, vol.12, no.4

G. Myrdal.(1968), Asian Drama (N.Y. : Pantheon Books), pp 200-210.

Henderson.(1968), The Politics of The Vortex, Cambridge : Harvard University Press,p
921

James C. Scott.(1972), Comparative political Corruption (Englewood Cliffs, N.T. : Prentice
-Hall), p 3.

Johnston, Michael.(1982) Political Corruption and Public Policy in America. Brooks and
Cole.

Simcha B. Werner.(1983), "New Directions in the Study of Administrative Corruption",
PAR, Vol. 43, No. 2, p.146

Transparency International.(2012), "The Corruption Perception Index".

제**9**장

조선시대의 형사정책에
관한 연구

제9장 조선시대의 형사정책에 관한 연구

1. 서론

조선의 통치기본은 전제 군주제를 옹호함으로써 왕권을 강화하며 공권력에 의해 지배체제를 더욱 견고하게 하는 것을 목표로 하였다. 따라서 경국대전을 비롯한 법률은 민중을 감독하고 지배하는 수단이었다고 본다. 이와 같은 측면에서 형법체계는 보장적 기능을 가지는 것이 아니라 질서유지와 국가 보호적 기능을 가졌다고 볼 수 있다(이종호, 2008:249).

조선시대에는 국왕의 명령이 법률이 되고 행정사무나 재판업무에 적용되었다고 한다. 또한 왕은 백성을 통치하기 위하여 관료들에게 권력을 위임 통할하였고, 법전은 법을 시행하는 관료들에게 행정 재량권을 주지 않기 위해 모든 인간생활에서 발생할 수 있는 범죄 사례를 수록하는 데 집중하였으며, 법 제정 과정에서 우리나라보다 규모가 크고 송사도 많은 중국의 법전을 기초로 한 것은 당연하다고 볼 수 있다(이서행, 1992:109)

이 당시 형법체계의 근간을 표방하였던 중국 명나라에서 만들어진 대명률은 조선시대 전 기간을 통해 깊은 영향을 준 법전이었다. 영조 22년(1746)년에 편찬된 속대전 역시 원칙적으로 대명률을 사용하고 경국대전과 속대전에 특별조항이 있을 경우 그것을 따르도록 하였다. 조선 태조 이성계도 즉위교서에서 모든 공사 범죄에 대한 과형과 단죄는 대명률에 따르도록 지시하였다(이종호, 2008: 249-250).

그런데 조선시대 각종 강력사건과 수사는 무원록과 심리록을 중심으로 참고했고 무원록은 원나라 왕 여(1261-1346)가 송의 세원록, 평원록, 결안정식(結案程式)을 통일시켜 편찬한 것이다. 세종대왕 22년(1140) 주석을 붙여 신주무원록이 간행되었고, 정조16년에 서유린이 한글 주석을 덧붙여 증수무원록언해를 편찬하였다. 또한 영조는 구택규에 지시하여 당시 조선시대의 실정에 맞는 형정서를 편찬하라고 지시하였고, 구택규의 아들 구윤명은 정조 1796년 중수무원록대전을 발간하였다.(이수광, 2009:320)

이와 같이 조선의 형률관은 형정서에 기초하여 수사와 재판심리, 교도행정 등에 수용하였다. 당시의 조선 추관이나 별순검들은 재판이나 과학수사에 상당한 전문지식과 혜안을 지녔고 법의학적 바탕에 의거 살인, 강도, 강간 등 강력사건의 해결에 노력하였다. 본 연구는 조선시대 형사정책과 형법사상을 분석하고 고찰함에 있어 조선후기 영정조시대의 형사사건의 유형과 수사절차를 분석하고자 한다. 이를 위해 형법전반의 체계와 판례 내용을 분석한 추관지, 흠흠신서, 목민심서를 중심으로 형사정책사상을 개괄적으로 조명하고자 한다.

1) 선행연구와의 비교

박석무(1997)의 "역주 흠흠신서"는 다산의 법사상을 철저한 필사본을 대조함으로써 판례 해석집으로 평가받았다고 볼 수 있다. 박석무는 다산의 과학수사연구를 단순한 판례해석에 그친 것이 아니라 비교 법칙적 연구, 법 사상적 연구, 법의학과 과학수사학적 연구를 망라하여 조선시대 형정사상을 인문학적으로 해석하였다고 본다. 김 호(2003)의 "신주무원록"은 조선 시대 과학과 의학 분야의 생활사 연구를 통해 괄목할만한 연구 성과를 내었다고 본다. 특히 원저의 검시의 구체적인 절차, 검시 과정의 엄밀성과 주의사항 등에 대한 행정 절차상의 규식을 정확하게 해석하였고, 저자가 축적된 인문적 지식을 동원하여 다양한 방법으로 해석하였다고 본다.

심희기(1985)는 "흠흠신서의 법학사적 해부"에서 흠흠신서에서 배울 것은 과거의 법문화뿐만 아니라 법을 우리의 현실에 바탕을 두고 독창적인 자세로 탐구해 들어간 방법론이라고 주장했다. 저자는 흠흠신서 연구가 우리나라에서 최초로 성립된 법학다운 법학저서가 판례연구의 형태를 띠었다고 주장했다. 심희기는 방법론적인 측면에서 독창적인 면이 돋보인 연구라고 본다.

이종호(2008)는 "조선 최대의 과학수사 X파일"을 연구에서 조선 시대의 과학적인 수사 기법이 시작된 것이 유럽의 셜록 홈즈가 등장하기 훨씬 전이라는 점을 지적하며, 수사에 능한 셜록 홈즈라 해도 조선의 수사진 앞에서는 감히 수사 실력을 자랑할 수 없었을 것이라는 말로 당시 과학 수사의 우수성을 대변하고 있다. 이종호의 연구는 옛날 사람들의 생활·문화·전통 속에 스며들어 있는 과학 지식은 놀라운 수준이며 그런 높은 과학 지식수준을 범죄 현장에서 동원하는 수사 기법을 통해 여실히 보여 주었다고 본다. 심준섭(2010: 133-159)의 "다산사상의 의사결정론"은 정약용이 주장한 목민관의 중요 덕목 중 하나가 올바른 판단과 의사결정임을 강조하였다. 특히 정약용이 언급한 살려야 되는 사람을 죽이는 경우인 거짓긍정과 죽어야 할 사람을 살리는 경우인 거짓부정의 문제는 극단적인 형태의 판단오차를 나타낸다고 보았으며 이러한 판단오차를 줄이기 위해 흠흠신서가 중요하다고 주장하였다.

목민관의 청렴과 철학을 논한 목민심서에서 형률관으로서 집행해야 할 형사행정 직무에 대하여 구체적인 지침을 제시하였지만 특히 형사정책적 과학수사론은 인명의 생살을 다루는 막중한 일이라고 주장한 조성을의 "다산 정약용의 형정관"과 임창순(1965)의 "흠흠신서 해제연구"는 특수한 접근방법이라고 볼 수 있다.

심재우(1999)의 "세원록 연구"는 "조선후기 국가권력과 범죄의 통제"를 연구하였는데, 조선시대 형사범죄의 유형이나 사건처리절차, 재판과정 등을 상세하고 분석적으로 연구하였는데 형사범죄의 연구는 조선 후기 형사정책의 변화과정을 일목요연하게 조명하였다고 본다.

이외 법제처(1987)에서 연구 분석한 "흠흠신서 1-3권"도 목민관의 형사정책관 자세를 강조하였는데, 목민관은 각 고을의 인명사건시 죄인을 관대하게 처벌하고 항상 어긋나지 않도록 신중한 판단을 강조하였다. 법제처 연구는 최초로 흠흠신서의 해석을 상세하게 뜻을 풀이하여 주석하였다는데 그 의의가 있다. 법제처의 추관지 해제는 조선시대 형사사건처리의 구체적인 지침서라고 볼 수 있고 수사판례의 내용을 볼 수 있어 그 의의가 있다고 본다.

위와 같은 선행연구를 바탕으로 본 연구는 추관지, 흠흠신서, 심리록, 목민심서를 중심으로 하여 이에 나타난 내용을 인문학적, 문헌 연구 방법에 따라 해석하고 비교하고자 한다. 이를 통해 조선시대 형정사상을 조명하며 형사정책 통제시스템을 심도 있게 분석하고자 한다.

2) 연구범위 및 방법론

본 연구는 조선 후기 영정조시대의 형사판례집인 흠흠신서, 추관지, 심리록을 중심으로 연구하고자 한다. 조선전기는 중국의 대명률을 계수하여 독자적인 형법체계가 잡혀 있지 않았고 중기 또한 임진왜란이나 병자호란 등 전란으로 인하여 각종 문서나 자료가 소실되었기에 조선 후기로 연구범위를 잡았다. 조선 정조 영조시대에는 형법체계가 잘 운영되고 있었고 이 당시 발생했던 각종 범죄도 목민관들이 사건에 직접 개입하여 취조하고 수사하였으므로 이 당시의 범죄유형과 사례를 고찰하는 데 유용하리라 생각된다. 그러나 조선시대 전반적인 형법사상이 경국대전이나 중국의 대명률을 계수하였으므로 이를 중심으로 형정원칙이나 형정사상을 분석하고 고찰하는 것도 중요하다고 본다. 본 연구는 조선 후기 발생한 여러 형사사건의 범죄유형을 당시 형사판례집인 추관지, 흠흠신서를 중심으로 고찰하고자 한다.

본 연구방법은 조선시대 형사판례집 등 문헌조사를 통해 조선 후기 형사판례의 유형이나 법규정을 분석하고자 한다. 조선시대 법사회문화적 특징이나 생활상, 당시 형정관들의 수사원리 등을 고증적인 문헌 연구를 통해 조명하고자 한다.

2. 조선시대의 형법사상(刑法思想) 고찰

1) 국왕의 형정사상

(1) 흠휼애민사상

다산 정약용은 흠흠신서의 집필동기를 다음과 같이 말했는데, "오직 하늘만이 사람을 살리고 죽이고 살릴수 있으니 인명은 하늘에 달려있다. 사목은 그 사이에서 선량한 사람을 편안하게 하여 살리고, 죄있는 자를 잡아 죽이니 이는 현현한 천권을 사람이 잡은 것뿐이다. 그런데도 긍외(조심하고 두려워함) 하지 않고 부호석망(착오 없도록 밝혀냄)하지 않고 만흔(방심하여 사리에 어두움)하여 혹 살려야 할 자를 죽이고 죽여야 할 자를 살리고서도 오히려 편안히 여긴다. 혹은 재물이나 여색을 탐내 참통하게 울부짖는 소리를 듣고도 불쌍히 여길 줄을 모르니 참으로 한심스럽다. 인명에 대한 사건은 고을마다 있는 일이요. 목민관이 항상 당면하는 일이다. 그래서 상세하게 항상 죄인을 관대하게 하고 항상 어긋나기 쉬운 곳을 판단하여야 한다"고 주장했다.[1] 즉, 유교적 인명관을 강조한 대목이라고 볼 수 있다(심희기, 1985:33-35) 치자의 궁극적 목표는 평천하인데 천하를 얻지 못할지언정 한 사람의 무고한 사람도 죽일 수 없다는 것이다. 이것은 살인자는 반드시 색출하여 상응하는 형벌로 처벌해야 하고, 살인자의 색출과정에서 오판으로 말미암아 무고한 생명을 희생시켜서는 안 되며, 위와 같은 사상이 살인사건에 대한 조사 심리 재판에 대하여는 특별히 복잡하고 엄중한 절차를 진행시켜야 한다는 것이다(심희기, 1985:34).

(2) 흠흠신서 권지의 형정관

형사 사건의 처리 기본은 흠휼에 있다. 흠휼이란 그 사건을 신중히 다루고 그 사람을 불쌍히 여기라는 뜻이다. 그러나 형사 사건 처리방법에는 원칙과 융통성이 있어야 하고, 교주가 되어서는 아니 된다. 법률에 명문이 없는 경우에는 고훈 고사를 인용하여 참작의 자료로 삼아야 하므로 이에 경사요의를 간추려 채용에 도움이 되게 한다(흠흠신서, 1985:4)

다산 정약용은 생호 흠휼지의에서 과실은 용서하고 고의로 범죄를 일으키는 것은 엄중하게 처벌할 것을 주장하였다. 특히 싸우다 살인한 경우 고의와 과실을 분명하게 가려 과실인 경우 이미 죽은 자라도 용서하고 고의는 반드시 처벌(조성을, 2002:3)하라고 생호 흠혈(眚怙欽恤之義)에서 지적되었다. 다산은 상서와 궁형에서 기초하여 양쪽의 말을 잘 살피고 형서를 참조하여야 한다고 하였으며 궁형에서 말하는 형서는 무원록과 같은 역할을 한다고 하면서 초사 애경에서 강조(辭聽哀敬之義)했다(조성을, 2002:3). 무엇보다 다산은 범죄는 용서할 수 없다고 하였다.[2]

---

1) 惟天生人而又死之 人名繫乎天 酒司牧 又以其間 安其善良而生之 執有罪者而死之 是顯見天權耳 人代操天權 罔知兢畏 不剖毫析芒 酒漫酒昏 或生而致死之 亦死而致生之 尙恬焉安焉 厥或黷貨媚婦人 聽號嗷 慘痛之聲 而莫之知恤 斯深孽哉 人命之獄 郡縣所恒起 牧臣恒值之 酒審覈恒疏 決擬恒舛 昔在我健陵之世(법제처,1985:1)

2) 亂倫無赦之義 康誥曰 天惟與我民彝大泯亂 曰乃其速由文王作罰 刑玆無赦. 흠흠신서에 나타난 내용은 다음과 같다. ① 過殺諧和之義: 과실에 의한 살인과 해화의 뜻은 다산은 과실로 사람을 죽인자는 화해하고 용서하라고 하였다(過殺諧和之義 地官調人 掌司萬民之難而諧和之 凡過而殺傷人者 以民成之(節) 凡有鬪怒者 成之 不可成者則書之 先動者 誅之). ② 仇讎擅殺之義: 구수 천살의 뜻은 부모를 살인한 원수라도 복수해서는 안 된다는 원칙을 강조하여 국법질서의 의지를 밝

정약용은 재판이나 옥사 등에 뇌물이 많다고 보고 뇌물을 금지할 것을 강조하였다(獄貨降殃之義). 이와 같이 흠흠신서 경사요의 1은 형사원칙의 근본과 이념을 강조하였다고 본다. 경사요의 2에서는 경사요의 1에서 밝힌 형정원리의 구체적인 사례를 가지고 논의하였다. 특히 경사요의 2에서는 형정원칙으로서 무고를 금지하고 무고죄를 反坐律을 적용하도록 하였다. 권귀, 관장, 호족 등이 사람을 죽이는 일이 없도록 하였고 노비를 죽일 때는 관청에서 하도록 하였다. 이는 다산의 법과 인권존중의 정신을 나타낸 것이라고 볼 수 있다(조성을, 2002:7). 지금까지 살펴본 흠흠신서의 내용의 형정이념은 다음과 같다.

첫째, 인권사상이다. 정약용은 죄인을 다룰 때는 흠흠사상에 따라 사법관은 인권을 존중해야 한다고 명시했다. 고의로 범죄를 저지른 사람은 형법에 의해 처벌하였고 과실의 경우에는 용서하는 것이 마땅하다고 보았다. 노비, 부녀자, 노약자, 어린이의 처벌은 신중하게 수사한다든지 이들을 풀어주도록 하였다. 여자노비를 첩으로 하는 양반들의 비윤리적 행태도 금지하기 위해 노력하였으며 여죄수 체형은 금지하고, 부인에 대한 폭력행위를 법과 원칙에 따라 처벌토록 했다. 또한 죄수의 목에 칼을 씌우는 것은 반대했다(조성을, 2002:7).

둘째, 생명존중사상이다. 정약용의 생명존중사상은 당시의 실학사상, 중상주의 사상, 천주교전래 등 신분제도의 변화나 사회적 변천의 시대적 상황과도 맥락이 결부되었다고 한다. 당시의 사회적 분위기에 따라 조선 후기 사법제도도 생명존중사상이 발아되었고 확산되었다고 본다. 연좌제도나 악형 등 형사정책의 변화가 돋보였고 감옥의 죄수들이 보석금을 내고 풀어주는 제도도 이당시에 나타났다고 본다. 셋째, 인본주의와 덕치사상이다. 정약용이 인본주의사상과 덕치주의 사상을 논할 때 중국 尙書古訓 宮刑편에서 공자의 예를 소개했는데, "예로써 가지런히 하면 백성이 형벌을 면하고서 부끄러움이 없다" 형벌은 모두 백성을 가지런히 하는 도구다. 예법으로 규율하되 그래도 가지런하지 않으면 형관에게 돌린다."고 하면서 먼저 형사절차에 임하는 추관은 예로

했다(秋官 朝士凡報仇讎者書於士殺之 無罪). ③ 義殺勿讎之義: 의롭게 사람을 죽인 경우에 다산은 복수하지 말고 다른 지역에 살아야 한다고 주장했다(地官調人 凡殺人而義者 不同國 令勿讎讐之則死). ④ 受誅不復之義: 수주는 복수하지 못한다의 뜻은 복수하지 못한다는 의미인데 사사로운 복수를 금지하였다(受誅不復之義, 公羊子曰 父不受誅 子復讎可也 父受誅 子復讎 推刃之道也 復讎不除害 朋友相衛 而不相迿 古之道也(定四年)) ⑤ 亂倫無赦之義: 난륜은 용서될 수 없다는 뜻은 근친간 범죄, 부자간 형제간의 범죄는 용서할 수 없다고 하였다(亂倫無赦之義 康誥曰 天惟與我民彝大泯亂 曰乃其速由文王作罰 刑玆無赦). ⑥ 弑逆絶親之義: 임금이나 아버지를 죽인 경우에 그 살인자가 자기 부모라도 의를 끊어야 한다는 뜻이다.

서 정성을 다하고 다음으로 형벌을 사용해야 한다고 주장했다(조성을, 2002:7-9). 정약용은 덕치주의를 수용하여 백성의 교화가 곧 목민관의 직책이라 하였으니 법의 집행과 향약의 시행, 권농, 고른 전산, 균평한 부세 등 목민관의 모든 일은 백성을 교화하기 위함이라고 하였다. 또한 목민자라 하여 백성을 사랑으로 대할 것을 강조하였는데 곧 사랑의 실천인 덕치라고 할 수 있다. 정약용은 법치나 형정서라든지 유가사상에만 고집하지 않고 인본주의 사상에 따라 추관들의 덕과 예를 중시하여야 한다고 강조하였다(곽효문, 1995: 108).

2) 형률관의 철학이념

목민관은 모름지기 먼저 자기 몸을 닦고 행동을 절도 있게 하여 백성들에게 모범을 보이고 백성들을 바른 길로 가르치고 경계함으로써, 그 마음을 정화시켜 처음부터 송사라는 문제가 일어나지 않도록 하라고 강조하고 있다. 다산 선생은 청송에 대하여 논하고 있는데, 청송이라고 하는 것은 백성들의 소송을 처리하는 것으로서 과거 동양 여러 나라에서는 목민관이 재판권까지 장악하고 있었다고 한다. 송사를 처리할 때는 성의를 다하여 세밀히 조사하고 원고와 피고 쌍방의 심리를 정확하게 파악하여 두 번 다시 소송을 하는 일이 없도록 판결의 신중을 기하라고 하고 있다.

억울한 일이 있어서 송사를 하려는 백성이 있을 때는 언제든지 목민관을 만나서 호소할 수 있는 길을 터주어야 하며, 원고나 피고 쌍방에 있어서 어느 한쪽의 말을 편파적으로 믿어서는 안 된다고 하였다. 또한 모든 송사의 처리는 지극히 공정하여 털끝만큼도 납득되지 않는 점이 없도록 할 것을 주장하고 있다. 그러면 다산선생의 형정관과 형률관을 살펴보면 다음과 같다(노태준, 2007:271-302).

(1) 진상의 정확한 파악: 聽訟

청송이라는 것은 송사를 당한 사람들의 억울함을 정확하게 진상을 파악하고 성심을 다하여 노력하라는 것이다. 이러한 근본자세는 홀로 삼간다는 신독에 있다고 한다. 신독함으로써 억울한 백성을 경계하며 가르쳐서 굽은 것은 바르게 펴줌으로써 또한 송사하는 일이 없도록 해야 한다.

송사 처리는 물이 흘러가는 것처럼 하는데 이것은 천재나 할 수 있고 그 방법은 위험하다고 보았다. 송사 처리는 반드시 백성들의 마음을 깊이 헤아려 파헤쳐야만 그 법이 사실에 부합하게 된다. 그러므로 간단히 하면 그 판결이 반드시 늦는데, 이는 한 번 판결을 내린 다음에는 다시 발생하지 않게 하는데(聽訟之本 在於誠意 誠意之本 在於愼獨. 其次律身 戒之誨之) 있다(노태준, 2007:269).

(2) 몸가짐은 절도 있게: 飭躬

기거에 절도가 있으며 관대를 정제하고 백성을 대할 때 장중한 태도를 취하는 것은 옛날의 도이다. 공사에 틈이 있거든 반드시 정신을 모아 생각을 고요히 하여 백성을 편안케 할 방책을 연구하며 지성으로 선을 구해야 한다. 말을 많이 하지 말며 사납게 성내지 말아야 한다. 아랫사람을 대할 때 너그럽게 하면 따르지 않을 백성이 없을 것이다. 그러므로 공자가 말하기를 "위에 있으면서 너그럽지 않고 예를 행할 때 있어서 공경함이 없으면 내가 무엇을 보랴."라고 하였으며, 또 말하기를, "너그러우면 많은 사람을 얻는다."라고 하였다.

관부의 체모를 지키기 위하여 엄숙함에 힘써야 하므로 수령의 곁에 다른 사람이 있어서는 안 된다. 군자가 무겁지 않으면 위엄이 없으니 백성의 윗사람이 된 자는 무거운 태도를 취하지 않으면 안 된다. 술을 끊고 색을 끊으며 소리와 풍류를 물리치고, 공손하고 단정하며 엄숙하여 큰 제사를 받들 듯하며, 감히 유흥에 빠져서 정사를 어지럽히며 시간을 헛되이 보내는 일이 없도록 한다(노태준, 2007:51).

(3) 청렴결백한 마음가짐: 淸心

염결이란 목민관의 본무이며 모든 선의 원천이요, 모든 덕의 근본이다. 염결하지 않고서 능히 목민을 할 수 있었던 자는 지금까지 한 사람도 없었다. 염결은 천하의 큰 장사이다. 그러므로 크게 탐하는 자는 반드시 염결한 것이니, 사람이 염결하지 못한 것은 그 지혜가 짧기 때문이다. 옛날부터 무릇 지혜가 깊은 자는 염결로써 교훈을 삼고 탐욕으로써 경계를 삼지 않은 자가 없었다. 목민관이 염결하지 않으면 백성들이 도둑으로 지목하여 마을을 지날 때 더러운 욕설이 비등할 것이므로 또한 부끄러운 일이다. 뇌물을 주고받음에 있어서 누가 비밀을 지키지 않으랴만 한밤중에 한 일이 아침이면 드러난다(노태준,2007:58).[3]

(4) 집안의 법도를 바르게: 齊家

몸을 닦은 뒤에 집을 정제하고, 집을 정제한 뒤에 나라를 다스린다는 것은 천하의 공통된 이치이니, 그 고을을 다스리려는 자는 먼저 그 집을 정제해야 한다. 국법에 어머니가 아들을 따라가서 봉양을 받을 때는 나라에서 비용을 지급하고, 아버지가 아들을 따라가서 봉양을 받을 때는 그 비용을 지급하지 않는데 그것은 뜻이 있는 것이다.(노태준, 2007:68)[4]

(5) 사사로운 손님은 물리치라: 屛客

무릇 관부에는 손이 있어서는 안 된다. 오직 서기 한 사람이 안의 일까지 겸해서 살펴야 한다. 무릇 고을 사람이나 이웃 고을 사람들을 인접해서는 안 된다. 무릇 관부 안은 마땅히 엄숙하고 맑아야 한다. 혼금은 엄하게 하지 않을 수 없다.[5](노태준, 2007:76)

---

3) 廉者 牧之本務 萬善之源 諸德之根 不廉而能牧者 未之有也. 廉者 天下之大賈也 故 大貪必廉 人之所以不廉者 其智短也. 故 自古以來 凡智深之士 無不以廉爲訓 以貪爲戒. 牧之不淸 民指爲盜 閭里所過 醜罵以騰 亦足羞也. 貨賂之行 誰不秘密. 中夜所行 朝已昌矣. 饋遺之物 雖若微小 恩情旣結 私已行矣. 所貴乎廉吏者 其所過山林泉石 悉被淸光. 凡珍物産本邑者 必爲邑弊 不以一杖歸 斯可曰廉者也. 若夫矯激之行 刻迫之政 不近人情 君子所黜 非所取也. 淸而不密 損而無實 亦不足稱也. 凡買民物 其官式太輕者 宜以時直取之. 凡謬例之沿襲者 刻意矯革 或其難革者 我則勿犯. 凡布帛貿入者 宜有印帖. 凡日用之簿 不宜注目 署尾如流. 牧之生朝 吏校諸廳 或進殷饌 不可受也. 凡有所捨 毋聲言毋德色 毋以語人 毋說前人過失. 廉者寡恩 人則病之 躬自厚而薄責於人 斯可矣. 干囑不行焉 可謂廉矣. 淸聲四達 令聞日彰 亦人世之至榮也(목민심서, 58쪽 참조할 것)

4) 修身而後齊家 齊家而後治國 天下之通義也 欲治其邑者 先齊其家. 國法 母之就養 則有公賜 父之就養 不會其費 意有在也. 淸士赴官 不以家累自隨 妻子之謂也. 昆弟相憶 以時往來 不可 以久居也. 貧從雖多 溫言留別 臧獲雖多 良順是選 不可以牽纏也. 內行下來之日 其治裝 宜十分儉約. 衣服之奢 衆之所忌 鬼之所嫉 折福之道也. 飮食之侈 財之所靡 物之所珍 招災之術也. 閨門不嚴 家道亂矣 在家猶然 況於官署乎 立法申禁 宜如雷如霜. 干謁不行 苞苴不入 斯可謂正家矣. 貿販不問其價 役使不以其威 則閨門尊矣. 房之有嬖 閨則嫉之 擧措一誤 聲聞四達 早絶邪慾 毋俾有悔. 慈母有敎 妻子守戒 斯之謂法家 而民法之矣(목민심서, 68쪽 참조할 것)

5) 凡官府 不宜有客 唯書記一人 兼察內事. 凡邑人及隣邑之人不可引接 大凡官府之中 宜肅肅淸淸 親戚故舊 多居部內 宜申嚴 約束 以絶疑謗 以保情好. 凡朝貴私書 以關節相託者 不可聽施. 貧交窮族 自遠方來者 宜卽延接 厚遇以遣之. 閣禁 不得不嚴(목민심서, 76쪽 참조할 것)

(6) 자기 일은 자기가: 徭役

인명의 옥사에 검관이 되기를 기피한다면 나라에 항률이 있으므로 이를 용서하지 않을 것이다. 추관이 편리한 길을 택하여 문서를 거짓으로 꾸며서 상사에게 보고하는 것은 옛날의 도리가 아니다. 살옥에 있어서 검관이 되어 달라는 요청을 받았을 때는 이를 받아들여서 일에 임해야 하며 회피할 생각을 해서는 안 된다. 죽이든 살리든 빨리 결정을 내려야 하는데 이처럼 덮어두고 질질 끌어서는 안 된다고 하였다. 수령이 추관이 되어 비록 법대로 한 달에 세 번씩은 못하더라도 한 번쯤은 직접 나가서 그들의 실정을 캐어 밝힘으로써 속히 판결을 하도록 하는 것이 좋다고 하였다.(노태준,2007:131-138)

(7) 너그러우면서도 엄정하게: 束吏

아전을 단속하는 근본은 자기 몸을 다스리는 데 있다. 그 몸이 바르면 명령하지 않아도 행해질 것이고, 그 몸이 바르지 못하면 비록 명령을 하더라도 행해지지 않을 것이다. 예로써 정제하고 은혜로써 대한 뒤에 법으로써 단속해야 한다. 만일 업신여기고 짓밟으며 학대하고 혹사하며 거꾸로 세워놓고 심하게 다룬다면 아전들은 단속을 받지 않을 것이다. 이끌어주어도 깨우치지 못하고 가르쳐도 고치지 못하며 마침내 사기를 일삼아서 원악이나 대간이 된 자는 형벌로써 임해야 한다. 원악이나 대간은 모름지기 포정사 밖에다 비를 세우고 이름을 새겨서 영원히 복속하지 못하게 해야 한다. 수령의 기호에 영합하지 않는 아전은 없는 법이다. 내가 재물을 좋아하는 것을 안다면 반드시 이로써 유혹할 것이니 한 번 유혹당한다면 함께 죄에 빠지게 되는 것이다.(노태준, 2007:161)[6]

---

6) 束吏之本 在於律己 其身正 不令而行 其身不正 雖令不行. 齊之以禮 接之有恩 然後 束之以法 若陵轢虐使顚 倒詭遇者 不受束也. 居上不寬 聖人攸誡寬而不弛 仁而不懦 亦無所廢事矣. 誘之掖之 敎之誨之 彼亦人性 未有不格 威不可先施矣. 誘之不誘 敎之不悛 호終欺詐 爲元惡大奸者 刑以臨之. 元惡大奸須於布政司外 立碑鑴名 永勿復屬 牧之所好 吏無不迎合 知我好財 必誘之以利 一爲所誘 則興之同陷矣. 性有偏벽 吏則窺之 因以激之 以濟其奸 於是乎墮陷矣. 不知 以爲知 酬應知流者 牧之所以墮於吏也. 吏之求乞 民則病之 禁之束之 無벽縱惡 員額少 則開居者寡 而虐斂未甚矣. 今之鄕吏 締交宰相 關通察使 上侮官長 下剝生民 能不爲是所屈者 賢牧也. 首吏權重 不可偏任 不可數召 有罪必罰 使民無惑 吏屬參謁 宜禁白布衣帶. 吏屬遊宴 民所傷也 嚴禁屢戒 敢戲豫. 吏屬用笞罰者. 亦宜嚴禁 上官旣數月 作下吏履歷表 置之案上 吏之作奸 史爲謨主 欲防吏奸 尤其史 欲發吏奸 鉤其史 史者書客也(목민심서, 161쪽 참조할 것).

3. 조선시대 형사사건 판례 유형 내용분석

1) 흠흠신서, 추관지, 목민심서 연구

조선시대는 관료 집권체제를 수립하기 위해 명나라 대명률을 계수하였고 성종시 경국대전을 제정하는 등 국가통치체제를 조직화하였다. 중앙의 의금부, 형조, 한성부 등과 지방의 관찰사, 수령 등에 이르기까지 각 사법기구의 조직과 관할 등에 대한 규정이 갖추어졌다(심재우, 1999:32-33). 조선시대 삼법사라고 일컫는 형조, 한성부, 사헌부는 재판권과 사법권을 가진 중앙의 핵심 사법기관이고, 이 가운데 형조는 재판과 법률 사무를 총괄하였다. 의금부와 형조는 범죄 행위를 통제하는 사법 기관라고 볼 수 있다. 의금부는 양반 관리들의 처벌과 정치범을 주로 담당하였고, 형조는 중죄수 등 각종 형사범죄와 사법행정을 다루었다.

오늘날 경찰기관과 같은 성격의 기관으로는 포도청이 담당하였는데 조선초기에는 병조, 형조, 한성부 및 지방의 관찰사, 수령 등이 경찰 사무를 겸하였다. 포도청은 조선 중기 16세기에 설립되어 수도 서울의 치안을 담당하였다(심재우, 1999:32-34[7]). 오늘날 교도소 기능은 전옥서가 담당하였고 지방에는 감영과 군현에서도 구금시설을 만들어 죄수를 수용하였다. 중앙에선 의금부가 죄수들을 구금하였다(심재우, 1999:35).[8]

(1) 경국대전과 대명률직해

조선시대 형사 법규는 대명률과 경국대전이라고 볼 수 있는데 대명률은 일

---

7) 심재우의 연구에 의하면 포도청의 역할은 범죄를 예방하고 감시하는 순찰업무와 이미 발생한 도적을 단속하는 업무로 크게 나눌 수 있다고 한다. 이 가운데 도적을 잡는 업무는 포도청의 업무 중 가장 큰 비중을 차지하는 것이며, 조선후기에 오면 포도 업무가 단순히 도적을 잡는다는 개념에서 서울의 모든 범죄를 단속한다는 포괄적인 개념으로 확대되었다. 이에 따라 일반적인 도적과 강도, 명화적의 체포와 같은 치안 활동, 괘서 및 투서 등 변란과 모역 사건과 같은 정치범죄 단속, 사주조와 밀무역 및 도박 등 사회경제 범죄 단속의 역할도 함께 수행하였다. 지방에서는 진영의 영장이 도적을 다스리는 업무를 수행하였다. 원래 진영은 속오군의 조련을 위해 인조 대에 처음 설치되었는데, 17세기 후반부터 청나라와의 대외관계가 안정되자 진영에서는 군사적 기능과 함께 도적 체포 등 치안 유지 업무도 함께 수행하였다. 즉 영장이 치병뿐 아니라 치도의 직무도 아울러 수행하게 되었다.

8) 처벌 그 자체가 아닌 구금의 확보라는 목적을 가진 보조기관에 불과하였기 때문에 국가의 사회 통제 기구에서 감옥 기구가 차지하는 비중과 규모가 상대적으로 높지는 않았다고 심재우 교수는 주장했다.

반법의 속성을 지녔고 경국대전은 특별법의 기능을 가지고 있다(심재우, 1999:42).[9]

특히 대명률은 국초부터 공식으로 형벌법의 보통법으로서 적용하였고 법 해석에 있어서 육전과 함께 보충적으로 법원으로서 효력이 있었다(박병호, 1998:1-3). 조선시대 형벌은 笞刑, 杖刑, 徒刑, 流刑, 死刑 등 5형을 부과했다. 태형은 가벼운 죄를 지은 경우 작은 형장으로 때리는 벌이다. 10대에서 50대 까지 10대 단위로 다섯 등급이 있었다(박병호, 1998:18).

태란 수취로서 무릇 작은 허물은 매질을 해서 수취를 느끼도록 하는 것이 다. 한나라에서는 대나무를 사용했지만 후세에는 가시나무로 바꾸었다. 상서 의 회초리는 교화의 형벌이라고 한다(추관지, 1975:96).

장은 큰 형장으로 치는 것으로 형벌로 60대에서 100대까지 치는 것으로, 들 고서 치는 것을 말하며 상서에 보면 "채찍은 관아의 형벌이다"라고 적시됐다.

도는 노예라는 뜻으로 주례에 보면 "노예 가운데 남자는 조례로 편입하고 감옥에 안치하고 교화시키되 연수가 차면 석방한다고 한다.

유는 먼 지방으로 귀양을 보내 죽을 때까지 돌아오지 못하게 하는 형벌이 다. 거리에 따라 3등급으로 나누고 도형과 마찬가지로 반드시 장형(杖刑)이 함께 따랐다(심재우,2003:247). 유형에는 1000리부터 3000리까지이다.

사형은 옛날의 대벽형이다. 여기에는 두 가지가 있는데 絞刑과 斬刑이다. 교형은 그 지체를 온전히 하는 것이고, 참형은 동체와 머리가 떨어지는 것으 로 극형이다(추관지, 1975:97). 사형 집행 방법과 관련해서 또 하나 언급할 것 은 능지처사, 효시, 사약 등이다. 대역죄를 범한 역적 등 당대인의 관념상 극 악무도한 죄를 지은 자에게는 교형, 참형보다 더 잔혹한 사형 집행 방법으로 능지처사에 처하도록 규정하고 있다. 조선에서도 실제로 처형사례가 일부 확 인되는데, 조선에서는 능지처사를 수레에 몸을 결박하여 팔다리와 목을 찢어 죽이는 거열로 대신하였다. 효시는 효수라고도 한다. 효시는 베어낸 머리를 성문에 매달거나 장대에 꽂아 걸어두는 것으로, 군법에서 집행한 사형 방식이 었다. 마지막으로 사약은 법전에 등장하는 사형 집행 방법은 아니다. 반란을

---

9) 『대명률』에는 동일한 범죄행위라 하더라도 범죄자와 범죄 대상의 관계가 어떠한가에 따라서 범 죄에 대한 형량 규정에 상당한 차이를 보이고 있었다. 첫째 존장과 비유로 표현되는 가부장제 적 질서의 친족관계에 따라, 둘째 양인과 천인, 노주와 노비, 고주와 고공 등 사회적 신분 차이 에 따라, 셋째 국왕, 왕실, 관리와 일반민, 하리 등 국가 관직체계 내에서 어떤 지위에 있는가에 따라 범죄에 대한 평가가 달라져 형벌이 가중되거나 경감되었다고 한다(심재우, 1999:42).

도모하는 등 특수한 경우를 제외하면 대개 양반 관리의 사형 집행은 교형이나 참형 대신 사약으로 대신하였다(심재우, 2003:48).

자손의 부모 구타와 같은 행위는 극형에 처하도록 규정하고 있다. 즉 자손이 조부모와 부모를 구타한 자와 처첩이 부의 조부모와 부모를 구타한 자는 모두 참형에 처하며, 살해한 자는 능지처사형에 처하고, 과실치사의 경우도 장일백 유삼천리, 과실치상한 자는 장일백 도삼년에 처했다. 마찬가지로 노비의 주인에 대한 폭행은 결코 용납할 수 없는 행위로 인식하였음은 물론이다(심재우, 2003:42).[10]

(2) 추관지

추관이란 6조의 하나인 형조를 의미한다. 옛말에 의하면 자연섭리에 따라 만물의 생장은 춘기우로의 혜택이고 만물의 성숙은 추기상설의 공덕이라고 했는데, 국가는 국민을 통치함에 있어 예의로서 국민을 보호 지도하는 것으로 예의의 소관을 춘관이라 하고 형률로서 범죄의 예방과 처결 사회질서를 유지하는 것이므로 이 형률의 소관을 추관이라고 하였다. 조선 시대의 형법은 중국 대명률을 준용하고 국내에 특유한 범죄는 경국대전과 속대전 대전통편 등 기본법전에 별도의 형률을 규정하여 왔었다. 그러나 이러한 관장사무, 판결 및 처형에 관한 절차의 관리를 통일적으로 체계화 한 것은 없었다. 정조대왕 5년(1781)년에 형조판서 김노진이 낭관 박일원에게 정리케하여 편찬하였다. 그 후 수차례 수저오가 증보를 하여 1791년 에 완성하였다. 추관지는 1편 관제 및 기본법전의 취향, 2편 상복부(祥覆部,상복을 관장), 3편 고률부(考律部, 율령의 안핵을 관장),4 편 장금부(掌禁部, 형옥과 금령을 관장), 5편장례부(掌隷部, 노예와 포로를 관장)로 나누고 상복부와 고률부에 역점을 두었다. 즉 범죄사실에 대한 확증을 찾아내고 재판과 처형의 신중을 기하기 위한 상복제도와 형률적용의 정확성을 기하기 위한 고률 조치는 인명을 존중하고 죄수를 불

---

10) 심재우의 42면을 보면 다음과 같이 기록하고 있다. 대명률에 규정된 '십악'과 '팔의'는 앞서 이야기한 형법의 신분 형법적 특징과 함께 형법전 내부에 깊숙이 침투한 삼강오륜으로 대표되는 유교적 덕목을 잘 보여준다. 먼저 십악은 사회적으로 용납할 수 없는 중대한 범죄 행위 열 가지를 말하는데, 사면이 단행되더라도 사면의 대상에서 제외되는 모반(謀反), 모대역, 모반(謀叛), 악역, 부도, 대불경, 불효, 불목, 불의, 내란 등 10가지 범죄를 말한다. 팔의는 의친, 의고, 의공, 의현, 의능, 의근, 의귀, 의빈 등을 말하는데, 대체로 조선왕조에서는 왕족, 외척, 공신, 당상관 이상 고급관료 등이 이에 해당하였다. 이들은 범죄 행위를 범하더라도 그 범죄에 해당하는 형법으로 처벌받지 않고 죄를 경감받을 수 있는 등 형법상의 여러 특권을 부여받았다.

쌓히 여기는 한편 "형은 형을 받을 자가 없기를 기한다", "그죄에 그 형을 과하지 못하는 한이 있더라도 지나치게 처형해서는 안 된다"라는 법언의 정신과 같이 수사의 신중함과 과학화를 강조하였다(추관지, 1975:1).[11]

(3) 흠흠신서

흠흠신서는 경사요의 3권, 비상준초 5권, 의율차례 4권, 상형추의 15권, 전발무사 3권 총30권으로 구성되어 있다. 경사요의 1권은 당시 법률의 기본원리와 지도이념을 제공했던 유교경전중의 법률과 관련되는 중요부분을 뽑아서 논술한 것이고 나머지 2권과 3권은 중국과 우리나라의 사서에서 참고할 만한 선례를 선별하여 유형화한 것이다. 전통적인 중국법의 독특한 개념과 형성에 가장 큰 영향을 미친 것이 유교임을 말할 나위도 없지만 이를 중국법의 유교화라고 부르기도 한다. 조선시대 형법은 대명률이고 이것은 당률을 계승한 것이고 당률은 유교이념의 형법적 구체화라고 심희기 교수는 주장한다(심희기, 1985:1).

제2부인 비상준초는 우리나라에서 수령이 작성할 검보, 그 중에서도 발사와 관찰사가 작성해야 할 제사의 올바른 모습을 제시하기 위하여 당시 사정이 비슷했던 중국에서의 비판(조선의 제사에 해당)과 신상(조선의 검보에 해당)중에서 우수한 것들을 선별하여 해설과 비평을 덧붙여 도자로 하여금 이러한 제반문서의 이상적인 형식과 문장기법 그리고 여러 가지 밝혀진 사실로부터 당해 살인사건의 실정을 캐내는 사실인장기술, 등 여러 가지 문제와 이에 대한 법례를 종합적으로 논하고 있다(심희기, 1985:20).

제3부인 의율차례는 중국과 우리나라는 같은 살인이라도 살인행위에 태양에 따라 6가지로 분류하고 각각 처벌을 달리할 뿐만 아니라 유교법적 법리에 따라 정상을 참작하여 감동하는 경우가 있는데 그러한 차등 있는 법례를 체계적으로 질서 있게 보여준 것이라 해석된다고 본다(심희기,1985:24). 4부인 형상추의는 정조가 영조51년(1775)에 왕세손으로서 대청한 때부터 재위 25년간에 걸쳐 심리했던 실제의 사건기록 중에서 142건을 골라 중요한 대목을 축약하여 드러내고 중간 중간에 필요한 주석과 비평을 덧붙이는 서술방법을 취하고 있다. 여기에서 행하여진 사건축약의 요령을 보면 검안, 사안의 발사, 관찰사의 제사, 형조의 회계, 군주의 재판을 중심으로 전개하고 있다.

---

11) 상복은 사형수를 다시 상세히 심판하는 일로 상복법에서는 3심 한 뒤 다시 심판했음.

5부인 전발무사는 다산 자신이 수령, 기타 자격으로 직접 사건에 관여했던 의견과 비평, 유락 이후 배소에서 살인사건이 발생했다는 소식을 듣고 사건에 대한 논단을 해 본 것, 길고 마지막에 당시 굴검법(이미 매장한 시체에 대하여는 원칙적으로 검험을 금지하였는데 예외적으로 무덤을 파헤쳐서라도 검험하는 경우가 있고 이를 굴검이라고 함)에 관하여 해석상 혼란 있었기 때문에 이를 명백하게 해설하려는 의도에서 편집한 것이다(심희기, 1985:29).

(4) 목민심서

　목민심서의 형전에는 斷獄과 愼刑 그리고 血囚가 있다. 단옥은 형률관의 판결내용을 나타냈고, 신형은 형벌을 가하는 방법, 혈수는 교도소의 죄수문제를 지적했다(노태준, 2007:277). 다음은 목민심서에 논의된 내용을 고찰하고자 한다.

　먼저 단옥(斷獄)은 형률관의 판결자세와 태도를 적시한 것인데 판결시에 형률서를 잘 읽어 식견이 풍부하도록 했고 억울하게 잡혀온 자나 연좌자를 처벌하지 말 것을 주장하였다. 특히 옥사에서의 빠른 석방, 고문금지 등을 주장하였다.[12](노태준,2007:277) 다음은 신형(愼刑)인데 신형은 체벌을 가하는 방법 등을 상세하게 밝혔는데 형벌의 남발을 금지하였다(노태준, 2007:282).[13]

　마지막으로 수인에게 온정을 가지라는 혈수인데(恤囚) 수인은 죄수의 처우,

---

12) 斷獄之要 明愼而已 人之死生 係我一察 可不明乎 人之死生 係我一念 可不愼乎. 大獄蔓延 冤者什九 己力所及 陰爲救拔 種德激福 未有大於是者也. 誅其首魁 宥厥株連 斯可以無冤矣. 疑獄難明 平反爲務 天下之善事也 德之基也 久囚不釋 淹延歲月 除免其債 開門放送 亦天下之快事也. 明斷立決 無所濡滯 則如陰에震霆 而淸風掃滌矣. 錯念誤決 旣覺其非 不敢文過 亦君子之行也. 法所不赦 宜以義斷 見惡而不知惡 是又婦人之仁也. 酷吏慘刻 專使文法 以逞其威明者 多不善終. 士大夫 不讀律 長於詞賦 闇於刑名 亦今日之俗弊也. 人命之獄 古疎今密 專門之學 所宜務也. 獄之所起 吏校恣橫 打家劫舍 其村遂亡 首官慮者此也 上官之初 宜有約束. 獄體至重 檢場取招 本無用刑之法. 今之官長 不達法例 雜施刑杖 大非也. 誣告起獄 是名圖賴 嚴治勿赦 照律反坐. 檢招彌日 同日 此宜改之法也. 大小決獄 咸有日限 經年閱歲 任其老瘦 非法也 保辜之限 隨犯不同 認之不淸 議或失平. 殺人匿埋者 皆當掘檢 大典之註 本是誤錄 不必枸也(노태준 역해, 「목민심서」, 277쪽을 참조할 것)

13) 牧之用刑 宜分三等 民事用上刑 公事用中刑 官事用下刑 私事無刑焉 可也. 執杖之卒 不可當場怒叱 平時約束申嚴 事過懲治必信 則不動聲色 而杖之寬猛 唯意也. 守令所用之刑 不過笞五十自斷 自此以往 皆濫刑也. 今之君子 嗜用大棍 以二笞三杖 不足以快意也. 刑罰之於以正民 末也 律己奉法 臨之 則民不犯 刑罰雖廢之可也. 古之仁牧 必緩刑罰 載之史策 芳徽馥然. 一時之忿 濫施刑杖 大罪也. 列祖遺戒 光于簡冊. 婦女 非有大罪 不宜決罰 訊杖猶可 苔臀尤藝 老幼之不拷訊 載於律文. 惡刑 所以治盜 不可經施於平民也(노태준 역해, 「목민심서」, 282쪽을 참조할 것)

교화문제를 다룬 교정정책이라고 볼 수 있다. 죄수에 관한 내용을 살펴보면 다음과 같다. 옥은 양계의 귀부이다. 옥에 갇힌 죄수의 괴로움을 어진 사람은 마땅히 살펴주어야 한다. 목에 칼을 씌우는 것은 후세에 나온 것이니 선왕의 법이 아니다. 옥중에서 토색을 당하는 것은 남모르게 당하는 원통한 일이다. 능히 이 원통함을 살필 수 있다면 밝다고 말할 수 있을 것이다. 늙고 약한 자를 대신 가두는 것도 오히려 불쌍한 노릇인데 부녀자를 대신 가두는 일은 더욱 어렵게 생각하고 삼가야 할 것이다. 유배되어 있는 사람은 집을 떠나 멀리 귀양살이를 하는 것이므로 그 정상이 슬프고 측은하니 집과 곡식을 주어 편안히 살게 하는 것도 또한 목민관의 책무이다(노태준, 2007:286).[14] 폭력을 엄하게 단속하라(禁暴)는 것인데 다산은 목민관은 민을 편안하게 하는 것이 중요하며 호족들이 백성에게 폭력을 행사하는 것을 금해야 한다고 주장했다(노태준, 2007:290).[15] 또한 사회의 정화(除害)를 위해서 다산은 목민관이 백성을 위하여 위해를 제거하는 것이 중요하며 도적의 피해, 호랑이의 피해를 예방하고 방지해야 한다고 하였다. 다음은 목민심서에 드러난 내용이다. 백성을 위하여 해를 제거하는 것은 목민관으로서 힘써야 할 것이다. 그 첫째는 도적이요, 둘째는 귀신이요, 셋째는 호랑이다. 이 세 가지가 없어져야만 백성의 근심이 덜어질 것이라고 주장했다(노태준, 2007:294).[16]

---

14) 獄者 陽界之鬼府也. 獄囚之苦 仁人之所宜察也. 枷之施項 出於後世 非先王之法也. 獄中討索 覆盆之冤也. 能察此冤 可謂明矣. 疾痛之苦 雖安居燕寢 猶云不堪 況於안陛之中乎. 獄者無隣之家也. 囚者 不行之人也. 一有凍뇌 有死而已. 獄囚之待出 如長夜之待晨 五苦之中 留滯 其最也. 牆壁疎豁 重囚以逸 上司督過 亦奉公者之憂也. 歲時 佳節 許其還家 恩信旣孚 其無逃矣. 久囚離家 生理遂絶者 體其情願 以施慈惠. 老弱代囚 尙在矜恤 婦女代囚 尤宜難愼 流配之人 離家遠謫 其情悲惻 館穀安揷 牧之責也(노태준 역해, 「목민심서」, 286쪽을 참조할 것).

15) 禁暴止亂 所以安民 搏擊豪强 毋憚貴近 亦民牧之攸勉也. 權門勢家 縱奴豪橫 以爲民害者 禁之. 禁軍豪寵 內官橫恣 種種憑藉 皆可禁也. 土豪武斷 小民之豺虎也. 去害存羊 斯謂之牧. 惡少任俠 剽奪爲虐者 亟宜戢之 不戢將爲亂矣. 豪强之虐 毒부下民 其竇尙多 不可枚擧. 狹邪奸淫 携妓宿娼者 禁之. 市場酗酒 掠取商貨 街巷酗酒 罵리尊長者 禁之. 賭博爲業 開場 群聚者 禁之. 俳優之戱 傀儡之技 儺樂募緣 妖言賣術者 병禁之. 私屠牛馬者 禁之懲贖 則不可. 印信僞造者 察其情犯 斷其輕重. 族譜僞造者 罪其首謀 宥其從者(노태준 역해, 「목민심서」, 290쪽을 참조할 것)

16) 爲民除害 牧所務也. 一曰盜賊 二曰鬼魅 三曰虎狼 三者息 而民患除矣. 盜所以作 厥有三繇 上不端表 中不奉命 下不畏法 雖欲無盜 不可得也. 宣上德意 赦其罪惡 棄舊自新 各還其業 上也. 如是然後 改行屛跡 道不拾遺 有恥且格 不亦善乎 奸豪相聚 호惡不悛 剛威擊斷 以安平民 抑其次也. 懸賞許赦 使之相捕 使之相告 以至殘滅 又其次也. 朱墨之識 表其衣裾 以辨禾秀 以資鋤拔 亦小數也. 僞擧運喪 諉盜之恒例也 僞訃察哀 洞盜之小數也. 運智出謀 鉤深發其幽隱 唯能者 爲之. 察理辨物 物莫遁情 唯明者 爲之. 凶年 子弟多暴 草竊小盜 不足以大懲也. 枉執平民 緞之爲盜 能察其冤 雪之爲良 斯之謂仁牧也(노태준 역해, 「목민심서」, 294쪽을 참조할 것)

2) 犯罪類型分析

(1) 殺人

살인죄의 경우 『대명률』에 대체로 6가지로 구분하고 있는데, 모살, 고살, 투구살, 희살, 오살, 과실살 등이 있다. 사람을 모살하거나 고살한 자는 참형에 처하도록 하였으며, 싸우다가 사람을 구타하여 죽인 투구살의 경우도 흉기를 사용했는지 여부에 관계없이 모두 교형에 처하였다. 다만 과실치사의 경우 속전을 징수하여 피해자의 집에 주도록 하여 그 형을 면제하도록 하였다(심재우, 2003:52−53).[17]

(2) 女性 性犯罪

조선시대 성규범은 혼외의 성관계를 일체 범죄로 규정하고 있다. 남녀가 서로 뜻이 맞아 행한 일반 성관계, 법률상 용어로 '화간'도 범죄에 해당하였다. 즉 오늘날에는 기혼남녀가 배우자 이외의 이성과 성관계를 갖는 경우를 간통죄로 처벌하고 있지만, 조선시대에는 미혼 남녀의 화간도 기혼의 경우보다 처벌이 가벼울 뿐 함께 간통으로 취급, 처벌받았다. 화간과 강간이 동일하게 성관련 범죄 행위에 포함된다는 점에서 당시인의 성에 대한 인식의 일단을 확인할 수 있다. 단순한 간통 행위도 사형으로 처단하는 경우가 있었다(심재우, 2003:54−55).[18]

신분이 다른 남녀 사이의 간통은 그 신분에 따라 형량에 차이가 있었다. 즉 노비나 고공이 가장의 처나 딸을 간통한 경우 화간일지라도 극형인 참형에 처하였고 노비가 양민의 부녀자와 간통한 경우에도 일반인 사이의 간통죄보다 1

---

17) 간음이나 도둑질이 원인이 되어 피해자의 자살을 유발케 한 자는 참형이라는 극형에 처하도록 하였다. 동일한 살인이라 하더라도 조선후기에는 가족 구성원의 가장 살해, 노비의 주인 살해, 관노의 관장 살해는 강상윤리를 기저에서 흔드는 '강상죄인'이라 하여 죄인 외에 가족까지 연좌시켜 처벌하는 등 별도의 조항을 마련하였다. 즉 이들 범죄인들을 사형시킴은 물론 처와 자녀를 노비로 삼고 집을 부수고 그 터를 파서 웅덩이로 만들고 범죄인이 거주했던 고을의 읍호를 강등하고 수령까지도 파직시켰다고 한다(심재우, 2003:52-53).

18) 당시 남녀간의 화간은 장팔십으로 처벌하되, 남편이 있는 여자가 화간한 경우에만 한 등급을 높여 장구십의 형에 처하였다. 또한 조간의 경우는 화간보다 약간 높은 장일백에 처하였다. 반면 강간범은 교형의 극형에 처하고 강간 미수범은 한 등급 낮추어서 장일백 유삼천리의 형을 과하였다. 물론 강간일 때는 피해 여성은 처벌하지 않는다. 또 남녀가 간통을 해서 아이를 낳은 경우에는 아이의 양육은 간부(姦夫)가 책임지되, 간부(奸婦)는 본 남편의 마음대로 가매(嫁賣)할 수 있었다고 한다.(심재우, 2003:54-55).

등을 높여 처벌하였다.[19] (심재우,2003:55)

(3) 관료범죄분석

조선시대 관료부패는 지방관리 등 토호세력과 결탁한 관료들의 부정 부패가 심각했다. 조선시대 양반층은 범죄인의 비율이 낮았지만 생각보다 높았다고 한다. 중인과 이향층 이서와 하급관리의 범죄가 많았는데 이들은 지방통치의 실무자들로서 대민접촉이 많았기 때문이다(심재우, 2003:132). 조선 후기 이들의 범죄를 통제하기 위해 중앙에서 암행어사를 지방에 파견하기도 하였지만 조선 후기로 가는 시점에서 관료부패가 심각하게 국가재정을 훼손하였다. 영조와 정조는 관료부패를 금지하기 위해 국가 형벌권을 강화하고 뇌물죄를 단속하기 위해 노력하였다.

4. 조선시대 범죄통제 내용분석

1) 수사 통제방법

(1) 무원록(無冤錄)

원나라 왕여가 송나라의 세원록, 평원록, 결안정식을 참작하여 1308년에 편찬하였다. 명나라 영종 3년 1438년에 완성되었는데 숙종어제무원록인에는 다음과 같이 편찬 동기를 밝혔다. "어렵다 어렵다 해도 옥사를 심리하는 것보다 어려운 것이 없다지만 옥사를 판결하는 것은 더욱 어려우며 억울하다 해도 원죄를 쓰는 것보다 억울한 것이 없지만 원죄로 죽는 것은 더욱 억울하다"고 하였다. 옥사란 인명에 관계되는 것이고, 죽으면 다시 살아날 수 없고 형벌하면 다시 복구할 수 없다고 주장했다. 가장 긴요하고 중요한 것은 검험에 있다고 한다(추관지, 1975:74). 검복할시 자세히 살피지 아니하고 증거가 불명하게 된다면 죽는 것과 사는 것이 여기에 걸리게 되고 억울함과 원망스러움이 여기서 일어나게 된다. 이것이 왕여가 세원록과 평원록을 참고하여 편집함으로써 후

---

19) 조선후기에 오면 평천민의 사족 부녀자와의 성 관련 범죄 행위에 대한 처벌 법규를 추가로 제정하여 규제를 강화하였다. 즉 비부가 처상전과 간통한 경우 남녀 모두 부대시처참하도록 하거나, 사족의 처와 딸을 겁탈한 자는 미수일지라도 관련자 전원을 부대시 처참하도록 한 규정이 있다.(심재우:55)

세에 밝히기 어려운 옥사와 예상 밖의 사상을 분명히 모두 기재하였으니 참으로 법률을 맡은 사람의 지침이 된다고 하였다. "후세의 옥관이 진실로 이를 열심히 연구하여 이해한다면 한 나라의 백성은 마음으로부터 억울함을 느끼지 아니할 것이다"라고 밝혔다(추관지, 1975:75).

(2) 증수무원록 탄생 배경

조선시대의 검시지침서인 무원록은 원래 중국 원나라 왕여(1261-1346)가 1308년에 저술한 책으로 중국을 비롯하여 조선, 일본등지에 전해져 널리 활용되었다. 무원록이 간행된 지 100여년이 지난 1435년(세종 17) 조선의 조정에서 이를 적극적으로 활용하자는 주장이 제기되었다. 세종은 최치운을 중심으로 한 여러 신하들에게 무원록의 해설을 명하였다. 최치운 등은 명나라에서 간행된 무원록 중간본을 저본으로하고 세원록, 평원록 등을 참고로하여 1438년(세종20) 겨울에 신주무원록을 완성하였다. 그리고 1년 여 인쇄와 과정을 거쳐 1440년 봄 드디어 강원도 원주에서 초판이 발행되었다(이종호, 2008:93).

이후 여러번의 증판을 거치면서 신주무원록은 조선시대 검시의 표준서적이 되었다. 그러나 점차 조선의 사회구조가 중국과는 달라 발생하는 새로운 문제들이 나타나기 시작하였다. 가령 독살 항목에서 무원록의 경우 비상을 먹고 죽은 조항은 없었다. 중국에서 비상으로 인명을 해하는 사례가 드물었는데, 조선의 경우에는 비상을 먹고 죽는 사례가 빈번하였던 것이다. 임금들의 명령이 문제가 되기도 하였다. 가령 숙종은 무덤을 파내어 검험(조선 시대에 검관이 현장에 가서 변사체를 검사하던 일)하지 못하도록 규제하는 수교를 내린 적이 있는데 이후 사건관련자들이 사건 발생 후 사체를 재빨리 묻어버리고 검험을 방해하는 폐단이 끊이질 않았다. 조선후기에는 변화하는 현실을 법의학에 반영할 필요성이 늘어가고 있었다(김 호, 2007:17-19).

1748년(영조24) 구택규가 간행한 증수무원록은 그의 아들 구윤명에 의해 무원록의 쓸데없는 것을 덜어내고 빠진 것은 보충함으로써 책을 펼치면 강령과 절목이 일목요연할 뿐만 아니라 어렵고 의심스러운 부분에 대한 해설이 적절하였다고 평가했다(김 호, 2007:19). 정조가 수사집에 대단한 관심을 있었다는 것은 서유린(1738-1802)에게 증수무원록대전을 언해하도록 명령하여 1796년에 한문본 증수무원록대전과 한글본 증수무원록 언해 3권 2책이 출간되도록 명령했다는 사실이다(이종호, 2008:99).

(3) 증수무원록의 주요내용

다음은 증수무원록에 나타난 사망과 관련한 사례를 살펴보면 다음과 같다. 첫째, 화소사(火燒死)는 불에 타죽은 사람을 검험할 경우는 다음과 같이 설명했다. 시신이 불가운데 있으면 주위의 재와 숯과 불에 타 손상된 것이 있는지 없는지 살펴본다.(시체가 땅에 붙어서 있었던 쪽에 타서 손상한 흔적과 재나 숯이 있으면 바른 것이고, 살이 타지 않았으면 그 아래에 재도 없고 죽은 후에 불을 지른 것이다). "시신의 뼈가 보이거든 행인으로 하여금 차례로 백골을 주어낸 뒤 바람을 불어 재와 띠끌을 없게 하라. 눈섭과 모발 등 오그라진 털이 있고 손톱과 발톱이 타서 누렇다"고 주장했다(송철의, 2011:388).

생전과 사후에 불탄 것 구분하는 것―생전에 불에 타 죽은 경우는 그 시신이 입과 코 안에 재가 있고 두 손과 발이 다 오그라져 있고, 사람이 죽기 전에 불의 핍박을 입어 달아나며 다툼으로 입이 열리고 기맥이 왕래한 까닭으로 호흡할 때에 재가 입과 코 안에 들어갔고 만일 죽은 후에 탄 자는 그 사람이 비록 손발이 오그라들어 줄어들었지만 입안에는 재가 없고 만일 두 팔꿈치와 무릎뼈가 타지 않았다면 손발이 오그라들어 줄지 않는다. 타서 상한 빛이 타고 검으면 사후의 상처이고 기름이 나고 누러면 생전의 상처이다(송철의, 2011:400).

둘째, 탕발사(湯潑死)는 끓는 물을 뿌려 상함을 당한자는 시신이 살갗과 살이 터지고 살이 벗어져 흰색이고 살에 붙은 것도 또한 희고 살이 대부분 데어서 붉다고 설명했다. 만일 끓는 물과 불속에 있으면 거꾸러져 있다고 했다. 상처가 팔다리와 얼굴과 가슴의 앞에 있고 만일 싸우면서 때린 것으로 인하여 머리로 받거나 발로 밟거나 손으로 밀쳐 탕화 속에 있으면 상처가 두오금과 엉덩이나 넓적다리위에 있고 혹 때려서 손상된 곳이 있으면 그 물집이 심하게 일어나지 않으니 다른 데가 탕해진 것과 같지 않다(송철의, 2011:404).

셋째, 중독사(中毒死)는 독을 먹고 죽은 때에는 은차를 쓰고 조각수로 씻은 뒤 죽은 사람의 입 속 목구멍 안에 넣고 종이로 빽빽하게 봉했다가 오래된 뒤에 꺼내어 청흑색이 되었으면 조각수로 씻어 그 색이 없어지지 않아야 독으로 죽은 것이고, 만일 없으면 독기가 없다고 지적했다. 백반 한덩어리를 가져다가 죽은 사람의 입 안 목구멍 안에 넣고서 종이로 덮어 한두 시간 정도 두었다가 밥을 꺼내어 닭에게 주어 먹여서 닭이 죽어야 독으로 죽었다고 하였다. 독을 먹은지 오래되어 쌓인 채 속에 있어 시험해도 나오지 않는 것이 있으면 모름지기 먼저 은비녀로 죽은 사람의 목구멍에 넣기를 마쳤을 때에 빨리 뜨거운 술지게미와 식초를 사용하여 아래에서부터 덮고 씻어 차차 위쪽을 향하여 모름지기 기운이 사무치게 하면 그 독기가 훈증하여 검은색이 보이고, 만일 뜨거운 술지게미와 식초를 위로부터 내리면 그 더운 기운이 독기를 핍박하여 아래로 향하여 다시 볼 수 없다(송철의, 2011:411−412).

넷째, 병환사(病患死)는 병사한 사람의 얼굴빛은 시들어 누렇고 몸의 살이 여위는데 만일 몸에 상처가 없으면 갑자기 죽은 것이다. 시신이 살찌고 굳세고 상처가 없고 누르거나 여의지 않았으면 병환사로 삼지 못할 것이고 또 시신이 상처가 없고 오직 누렇고 여위면 또한 소견에만 의거하여 다만 병환사로 삼지 못할 것이다. 갑자기 사마에 죽은 자는 그 시신이 살찌거나 여윔에 있지 않고 두 손이 쥐어져 있고 손발톱이 많이 퍼렇다. 중풍으로 죽은 것은 눈이 열리고 눈동자가 역시 열리고 아관이 단단하고 혹 입과 눈이 와사하고 입아귀와 코속에 침거품이 흘러나오고 손발이 오그라들어 굽고 살이 꺼지지 않고 얼굴빛이 자적색(紫赤色)이다(송철의, 2011:444)

남자가 작과(방사)하여 죽은 것은 정기가 소진하여 부녀자의 몸 위에서 죽은 자를 말하는데 입술과 손톱이 매우 검푸르고 독사한 것 같이 색이 약간 엷고 심한 자는 혹 온몸이 다 검붉고 입과 눈이 닫혀있고 두 손이 쥐어졌고 양물이 줄어들어 조그맣고 남은 정수가 흘러나와 있다고 지적했다(송철의, 2011:451−452).

[그림 9−1] 증수무원록언해의 모습

증수무원록언해
출처: 송철의 외. 전게서, p.1.

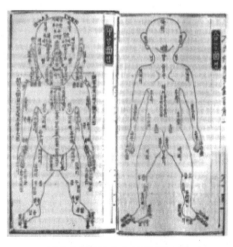

증수무원록언해의 신체부위표시
출처: 김 호. 전게서, p.124.

2) 과학수사 시스템

(1) 증수무원록에서 나타난 과학적 수사기법의 모습과 한계점

증수무원록에서는 살인에 쓴 칼이 오래돼 핏자국을 찾기 어렵거든 숯불에 달군 후 고초(高醋)라는 강한 식초를 뿌리면 핏자국이 드러난다고 말하고 있다. 이는 '오래된 피에 남아있던 철이온은 소량이라도 티오시안산과 반응하면 붉은색이 드러난다'라는 현대의 과학적 지식과 상통한다. 즉 한 방울도 채 안되는 혈흔을 탐지할 수 있는 현대의 루미놀 기법에 못지않은 과학수사기법인 셈이다. 현대의 루미놀 기법에서는 루미놀에 과산화수소수를 혼합한 용액을 사용한다. 혈흔을 찾고자 하는 곳에 이 혼합액을 뿌리면 과산화수소수가 혈흔의 혈색소와 만나 산소가 떨어져 나가고 이 산소가 루미놀을 산화시킴으로써 파란 형광 빛을 낸다. 범죄 현장이 실내인 경우 어둡게 한 후 루미놀 기법을 쓰면 아무리 작은 혈흔이라도 루미놀을 만나 반딧불처럼 빛난다(이종호, 2008:107).

증수무원록에 나타난 다음 대목 또한 당시에 얼마나 과학적인 수사를 했는지 알 수 있다. '상처가 드러나지는 않았지만 흔적이 의심스러운 부위가 있으면, 먼저 그 부위에 물을 뿌려 적신 후에 파의 흰 부분을 짓찧어 상흔이 있는 곳에 넓게 퍼 바르고 초에 담가 두었던 종이를 그 위에 덮어둔 채 한 시간이 지난 후에 이를 걷어내고 물로 씻으면 상처가 바로 나타날 것이다.

다음으로 시신의 추정 사망일자도 계절에 따라 다르게 측정하고 있다. '성한(盛寒, 한추위) 때에는 5일이 한더위 때의 1일과 같고, 반달이 여름의 3~5일과 같다. 봄·가을은 기후가 온화해서 2, 3일이 가히 여름의 1일에 비견될 수 있고, 8, 9일이 가히 여름 3, 4일에 비견될 수 있다. 그러나 살찌고 어린 사람은 상하기 쉽고 여위고 늙은 사람은 상하기 쉽지 않으며, 또 남쪽과 북쪽은 기후가 같지 않고 산 속은 춥고 덥기가 두돈(陡頓, 빠르게 변하는 것)하여 일정하지 않으니 그때 가서 변화를 두루 살피는 일에 요체가 있다(이종호, 2008:109).

반면, 증수무원록의 한계점은 해부하지 않고 겉모습만 살핀 한계에서 오는 것이다. 예를 들어 무원록에 보면 젖은 종이에 질식사한 경우 시체의 배가 부어오른다는 내용이 있다. 서울대 이윤성 교수는"이는 질식사의 경우 혈액이

고여 내부 장기가 부을 수 있지만 시체의 배가 부어오를 정도는 아니다"고 밝히고 있다. 시체를 해부하지 않고 시체의 겉모습만 살폈던 조선시대의 한계를 보여주는 예인 것이다(이종호, 2008:161). 무원록에서 "친자나 형제가 어려서부터 나뉘어 떠나 있어서 기억해 내어 알고자 하지만 진짜와 거짓을 가리기 어렵거든, 각기 찔러서 피를 내어 한 그릇 안에 떨어뜨리면 진짜는 서로 합쳐져 하나가 되고 진짜가 아니면 합쳐지지 않는다"라고 말하고 있다. 친자의 진위를 판단하기 어려운 경우, 각각 피를 내어 한그릇 안에 떨어드리는데 친자라면 하나로 응결되고 아니면 응결되지 않는다고 설명되어 있다(이종호, 2008:164). 심재우의 심리록 연구(2009)에 의하면 조선 후기 신분별 형량분포는 범죄인의 신분과 최종 형량과의 관계가 어떠했는지 알 수 있는데 양반층은 전체 77건 가운데 사형은 2건에 불과하고 감형 34건, 석방 22건, 확정 판결받기 전의 옥사한 물고가 8건으로 나타났다. 범죄 유형별 판결을 보면 조선 정조시 전체형량은(심재우:2009) 사형 36건, 물고 99건, 감형 489건, 석방343건인데 인명범죄는 사형 20건, 물고 86건, 감형448건 등으로 나타났다고 한다.

5. 결론 및 시사점

본 연구는 형사정책을 연구하는 전문가, 학계, 학생들에게 조선시대 형사정책과 형법사상의 법해석의 한 방법을 제시해 준다는 측면에서 의미가 있다고 본다. 조선시대 형사법 연구가 기성의 권위에 복종하지 않고 새로운 안목과 철저한 비판정신을 가지고 철저하게 연구하고 분석함으로써 형사정책의 대안을 제시할 수 있다고 본다. 무원록의 뜻풀이는 "원통함이 없게 하라"라는 것이다. 여기 이를 나타내주는 다산의 좋은 구절이 있다. "오직 하늘만이 사람을 살리기도 하고 또 죽이기도 하니 사람의 생명이 하늘에 매어있는 법이다. 그런데 목민관이 그 중간에서 선량한 사람은 편안히 살게 해주고 죄지은 사람은 잡아다 죽이는 것이니 이는 하늘의 권한을 드러내 보이는 것뿐이다. 사람이 하늘의 권한을 대신 쥐고서도 삼가고 두려워할 줄 모르고 털끝만한 일도 세밀하게 처리하지 않고서 소홀하게 하고 흐릿하게 하여 살려야 되는 사람을 죽이기도 하고 죽여야 할 사람을 살리기도 한다. 어찌 삼가고 또 삼가야 하지 않겠는가?" 이 구절은 죄수를 다루는 데 있어서 인본주의사상과 생명존중사상이 극명하게 나타난 구절이라고 볼 수 있으며 하늘만이 인간의 삶과 죽음을 결정

짓는 다는 인권사상이 드러난 것이라고 볼 수 있다(김효건, 2013:143)

인간의 천부인권사상은 상존하지 않고 마땅히 존중받고 대접받지 못한 시대에, 죄수의 인권이 없었던 시대에 정약용의 형정사상은 인본적 온고지신의 귀감이 아닐 수 없다. 백성들의 억울한 사정을 바르게 성의 있게 인식하고, 민초들의 초개와 같던 생명의 억울함을 해원하는 것이야 말로 하늘의 뜻이고 형정윤리 근본이라고 보았다. 이러한 생명사상과 해원사상은 오늘날 수사관들의 태도이고 윤리적 가치라고 보며 이와 같은 인권존중정신이 체화되어야 할 덕목이라고 보았다.

현대처럼 화학, 해부학 등의 과학이 발전하지 못한 상태였을지라도 그 상황에 맞는 수사 방법을 찾으려고 최선의 노력을 다 하였다고 본다. 본 연구는 한문 원문 고전 연구를 통해, 형정사상이나 형사판례를 분석함으로써 오늘날 형사정책의 원리를 계수하고 틀을 제공하는 하나의 시사점을 제공한다고 본다. 원서 해석의 다의성, 중복성이라는 한계점에도 불구하고, 형사정책을 연구하는 연구가들에게 선조들의 형법사상의 의미를 통시적으로 접근해 볼 수 있는 계기가 된다고 본다.

참고문헌

강정훈(2008), 「정약용의 형정사상연구」, 동국대 박사학위논문.

강혜종(2009), 「흠흠신서(欽欽新書)의 구성과 서술방식 연구」, 연세대 박사학위논문.

곽효문(1995), "정약용의 복지이념에 관한 연구", 「한국행정사학지」 4.

김종수(2009), 「역사적 사고력 신장을 위한 학습지 개발 방안 연구」, 경인교대 석사학위
논문.

김 호(2010), "흠흠신서의 일고찰", 「조선시대사학보」, 경인교대.

_____(2004), "조상들의 '범죄수사 슬기': '무원록의 과학'으로 선정 펼쳤다", 「과학과기
술」, 한국과학기술단체총연합회.

_____(2003), 「신주무원록」, 서울: 사계절.

김효건(2013), "정약용의 사회복지사상에 관한 연구", 「한국행정사학지」 33.

노태준(2007), 「목민심서」, 서울: 홍신문화사.

박석무(1999), 「흠흠신서」, 서울: 현대실학사.

법제처(1975), 「추관지」.

_____(1987), 「흠흠신서」.

송철의 외(2011), 「역주 증수무원록언해」, 서울대학교출판부.

심준섭(2006), "의사결정과 결정오차에 관한 정약용의 사상 연구", 「고려대학교 논집」
12, 고려대학교 정부학연구소.

심재우(1998), "조선후기 목민서의 편찬과 수령의 형정운영", 「규장각」 21.

_____(2003), "조선시대 법전 편찬과 형사정책의 변화", 「진단학보」 96, 진단학회.

_____(2009), 「조선후기 국가권력과 범죄통제－심리록 연구」, 서울: 태학사.

심희기(1997), 「한국법제사강의」, 삼영사.

서울대학교 규장각. (2001), 「대명률직해」.

윤국일(2000), 「역주 경국대전」, 서울: 여강.

이익성(1997), 「경세유표」, 서울: 한길사.

이성무(2000), 「조선의 부정부패 어떻게 막았을까」, 서울: 청아출판사.

이정규(1996), 「한국법제사」, 국학자료원.

이정훈(2008), "흠흠신서를 통해 본 정약용의 양형론", 「성균관법학」 3, 성균관대학교법

학연구소.

이서행(1992), "다산 정치행정사상에 관한 일고찰", 「한국행정사학지」 1.

윤재현(2000), 「다산의 유교적 자연법: 흠흠신서를 중심으로」, 성균관대학원 석사학위
　　　논문.

이재상(2012), 「형사소송법」, 서울: 박영사.

이종호(2008), 「조선 최대의 과학수사 X파일」, 서울: 글로연.

이황우(2007), 「경찰행정학」, 서울: 법문사.

임준태(2011), 「임준태 교수의 법과학과 범죄수사」, 서울: 21세기사.

임창순(1965), "흠흠신서 해제", 「국회도서관보」.

임도빈(2008), 「글로벌 공공윤리」, 서울: 법문사.

정긍식(2007), "법서의 출판과 보급으로 본 조선사회의 법적 성격", 「서울대학교 法學」
　　　48(4).

정원수(2012), 「다산정약용의 행정사상연구」, 경북대 행정대학원 석사학위논문.

조성을(2002), "정약용의 형정관", 「학림」 23.

조지만(2009), 「조선시대의 형사법－대명률과 국전－」, 서울: 경인문화사.

최병선·심준섭. (2010), 「다산의 행정사상」, 서울: 대영문화사.

최상규(1998), 「과학수사」, 국립과학수사연구소, 서울: 법문사.

하태영(2008), 「형사철학과 형사정책」, 서울: 법문사.

조선왕조실록 홈페이지(http://sillok.history.go.kr, 검색일: 2014.10.01.－2014.12.30)

제**10**장

수사권

제10장 수사권

1. 검사의 권한 [1]

1) 헌법

헌법12조 16조에는 구속영장뿐만 아니라 체포 압수 수색의 모든 영장청구권은 검사에게만 부여하고 있다.

우리나라 헌법은 국민의 인신보호를 위한 적법절차의 준수 및 사전영장주의를 명문화함으로써 경찰, 국정원 등 수사기관은 반드시 준사법기관인 검사의 영장지휘를 받도록 하고 있고 검사는 영장을 검토하고 구속사유가 필요성이 판단될 때 법원에 영장을 청구하도록 하여 신체자유 및 인권을 침해받지 않도록 하고 있다.

헌법에는 다음과 같은 수사지휘권이 있다.

적법절차의 원칙, 고문금지 불이익진술거부권, 영장주의, 변호인 조력받을 권리, 체포구속적부심사청구권, 자백배제법칙과 자백의 보강법칙, 일사부재리의 원칙, 신속한 공개재판을 받을 권리, 피고인의 무죄추정, 형사보상청구권 등이 있다.

2) 형사소송법

형소법에는 검사의 수사지휘권을 명문화하고 있다. 검사작성 피의자심문조사와 사법경찰관의 피의자 신문조서의 증거능력차이를 두고 있다. 사법경찰관의 영장청구 배제, 검사지휘에 의해 영장집행 관할 구역외의 수사시 관할 지검장 또는 지청장에게 보고한다. 또한 사법경찰관에게 변사체 검시를 명한다. 고소고발을 받은때에는 신속히 조사하여 관계서류와 증거물을 검사에게 송부

---

1) 정웅석,검사의 수사지휘에 관한 연구 대명출판사,2007년, 9~13면

하여야 한다. 사법경찰관리는 검사의 지휘에 의하여 형집행장을 집행하여야 한다. 체포 구속장소에 대한 감찰을 실시한다.

3) 검찰청법

사법경찰관리는 범죄수사에 있어서 검사의 직무상 발한 명령에 복종하여야 한다. 경정이하의 사법경찰관리가 직무집행에 부당한 행위시 해당 검사장은 당해사건의 수사중지를 명하고 임용권자에게 그 교체임용을 요구할 수 있다.

2. 경찰의 권한

형사소송법에는 사법경찰관에게 조사권, 피의자 참고인 출석요구권, 피의자 신문권, 피의자와 참고인과의 대질권, 10일간의 구속수사, 사후승인 조건부 긴급체포권, 제한된 범위의 영장에 의하지 아니한 강제처분, 고소고발 자수의 접수 조사 송치권이[2] 있다.

경찰법2조- 경찰의 직무로서 범죄진압 및 수사를 명시
사법경찰관집무규칙2조-사법경찰관은 범인 범죄사실과 증거를 수사함을 그 직무로 한다.

형사소송법 196조 사법경찰관리
① 수사관, 경무관, 총경, 경정, 경감, 경위는 사법경찰관으로서 모든 수사에 관하여 검사의 지휘를 받는다.
② 사법경찰관은 범죄의 혐의가 있다고 인식하는 때에는 범인, 범죄사실과 증거에 관하여 수사를 개시·진행하여야 한다.
③ 사법경찰관리는 검사의 지휘가 있는 때에는 이에 따라야 한다. 검사의 지휘에 관한 구체적 사항은 대통령령으로 정한다.
④ 사법경찰관은 범죄를 수사한 때에는 관계 서류와 증거물을 지체 없이 검사에게 송부하여야 한다.
⑤ 경사, 경장, 순경은 사법경찰리로서 수사의 보조를 하여야 한다.

---

2) 정웅석, 전게서,8면

⑥ 제1항 또는 제5항에 규정한 자 이외에 법률로써 사법경찰관리를 정할 수 있다.

3. 외국의 검사제도 [3)](#)

- 미국
  - 독립적인 수사주체
  - 경찰의 독자적 수사종결권 인정
  - 검사는 기소와 공소유지

- 영국
  - 사법경찰의 독자적 수사권 및 종결권
  - 상호협력관계
  - 스코틀랜드는 검사의 수사지휘 감독권인정

- 일본
  - 검경상호협력관계
  - 경찰의 독자적수사권
  - 공소에 관해서는 검사지휘 수사종결권 및 구류청구권은 검사만 가지고 있음

- 프랑스
  - 상명하복관계
  - 검사의 지휘
  - 사법경찰은 수사의 보조자

- 독일
  - 상명하복관계
  - 검사는 수사의 주재자

---

3) 이상훈, 경찰학개론,고시각 2016 308면-309면

- 경찰은 수사의 보조자이지만 수사권 인정
- 모든범죄에 대한 수사의 개시 집행은 경찰이 담당

4. 검경수사권조정

　우리나라는 대륙법계 국가로서, 특히 프랑스 검사제도가 일본 강점기에 계수되었다. 한국검찰은 기소권과 수사권을 가지고 있어 해외 어느 나라보다도 검찰권이 강하다. 가까운 일본은 2차 세계대전 이후 맥아더가 검찰이 수사를 하지만 경찰을 지휘하지 못하도록 제도를 바꿨고 미국도 수사는 경찰이 하고 있고 검찰은 기소권을 가지고 있다. 우리나라와 비슷한 제도를 가진 곳이 독일인데 검찰이 경찰을 협조할 수 있지만 지휘권은 없다. 형법과 검찰청법을 보면 검사는 법무부에 속하는 단독제의 행정관청이며, 자기 이름으로 검찰사무를 행할 권한을 가진다. 다만, 검사동일체의 원칙에 따라 상명하복의 관계에 있지만, 직무상으로는 상사의 보조기관이 아니며, 각자 독립된 국가행정관청이다. 또한 검사는 국가 또는 공익의 대표자로서의 지위를 가지며, 원고로서 피고를 소추하고 구형하는 피고인의 반대 당사자이지만, 동시에 법령의 정당한 적용을 청구하고, 피고인의 정당한 권리와 이익을 보호하며, 인권옹호에 관한 직무도 수행해야 할 지위도 가진다.

　대한변호사협회가 변호사들이 검사를 평가하는 '검사평가제'를 시행하겠다고 밝히면서 검찰 권력의 부당한 독주를 견제하겠다고 벼르고 있다. 즉 평가를 통해 우수검사와 하위검사를 내놓겠다는 것이다. 검사평가를 통해서 검사의 윤리성, 인권 의식, 적법 절차 준수, 정치적 중립성 등 여러 항목을 평가하는 것은 검찰 발전을 위해서라도 긍정적인 장치라고 볼 수 있다. 그동안 검찰권의 견제가 제대로 작동하지 않아 언론이나 국민들의 비판적인 시각이 대세였다. 이와 같은 측면에서 김대중 정부부터 추진되어온 검찰과 경찰의 수사권조정이 쟁점화 되었고 아직도 휴화산처럼 언제 터질지 모르는 이슈이고 대통령 후보들의 단골 공약이 돼 버렸다.

　검찰의 사명은 무엇보다도 부패척결이다. 추상같은 사정을 통해 정의를 바로세우는 역사적 과업을 수행하는 것은 당연한 책무라고 본다. 그러나 검찰권이 정치적 중립성을 보장하지 않고 수사에 편파성이 개입된다면 검찰제도의 본질을 훼손하는 것이라 볼 수 있다.

1) 검사의 권한 조정

법률전문가인 검사의 수사전문화 필요

인권존중

경찰권력화 견제

2) 경찰의 수사권한부여

검사의 권력 집중과 독점문제

검찰 경찰의 이중조사로 인한 국민의 불편

수사의 효율성이 저하

5. 수사 [4)]

다음은 형사소송법에 규정된 수사관련 조항을 살펴본다.

1) 195조 검사의 수사권

검사는 범죄의 혐의 있다고 사료하는 때에는 범인, 범죄사실과 증거를 수사하여야 한다.

2) 196조 사법경찰관리

수사관, 경무관, 총경, 경정, 경감, 경위는 사법경찰관으로서 모든 수사에 관하여 검사의 지휘를 받는다. 사법경찰관은 범죄의 혐의가 있다고 인식하는 때에는 범인, 범죄사실과 증거에 관하여 수사를 개시·진행하여야 한다. 사법경찰관리는 검사의 지휘가 있는 때에는 이에 따라야 한다. 검사의 지휘에 관한 구체적 사항은 대통령령으로 정한다. 사법경찰관은 범죄를 수사한 때에는 관계 서류와 증거물을 지체 없이 검사에게 송부하여야 한다. 경사, 경장, 순경은 사법경찰으로서 수사의 보조를 하여야 한다. 법률로써 사법경찰관리를 정할

---

4) 국가법령정보센터, 형사소송법, 법제처

수 있다.

3) 197조 특별사법경찰관리

삼림, 해사, 전매, 세무, 군수사기관 기타 특별한 사항에 관하여 사법경찰관리의 직무를 행할 자와 그 직무의 범위는 법률로써 정한다.

4) 198조 준수사항

피의자에 대한 수사는 불구속 상태에서 함을 원칙으로 한다. 검사·사법경찰관리와 그 밖에 직무상 수사에 관계있는 자는 피의자 또는 다른 사람의 인권을 존중하고 수사과정에서 취득한 비밀을 엄수하며 수사에 방해되는 일이 없도록 하여야 한다.

검사·사법경찰관리와 그 밖에 직무상 수사에 관계있는 자는 수사과정에서 수사와 관련하여 작성하거나 취득한 서류 또는 물건에 대한 목록을 빠짐 없이 작성하여야 한다.

5) 제198조-2 검사의 체포·구속장소감찰

지방검찰청 검사장 또는 지청장은 불법체포·구속의 유무를 조사하기 위하여 검사로 하여금 매월 1회 이상 관하수사관서의 피의자의 체포·구속장소를 감찰하게 하여야 한다. 감찰하는 검사는 체포 또는 구속된 자를 심문하고 관련서류를 조사하여야 한다.

검사는 적법한 절차에 의하지 아니하고 체포 또는 구속된 것이라고 의심할 만한 상당한 이유가 있는 경우에는 즉시 체포 또는 구속된 자를 석방하거나 사건을 검찰에 송치할 것을 명하여야 한다.

수사에 관하여는 그 목적을 달성하기 위하여 필요한 조사를 할 수 있다. 다만, 강제처분은 이 법률에 특별한 규정이 있는 경우에 한하며, 필요한 최소한도의 범위 안에서만 하여야 한다. 수사에 관하여는 공무소 기타 공사단체에 조회하여 필요한 사항의 보고를 요구할 수 있다. 검사 또는 사법경찰관은 수사에 필요한 때에는 피의자의 출석을 요구하여 진술을 들을 수 있다.

6) 제200조-2 영장에 의한 체포

피의자가 죄를 범하였다고 의심할 만한 상당한 이유가 있고, 정당한 이유없이 제200조의 규정에 의한 출석요구에 응하지 아니하거나 응하지 아니할 우려가 있는 때에는 검사는 관할 지방법원판사에게 청구하여 체포영장을 발부받아 피의자를 체포할 수 있고, 사법경찰관은 검사에게 신청하여 검사의 청구로 관할지방법원판사의 체포영장을 발부받아 피의자를 체포할 수 있다. 다만, 다액 50만원이하의 벌금, 구류 또는 과료에 해당하는 사건에 관하여는 피의자가 일정한 주거가 없는 경우 또는 정당한 이유없이 제200조의 규정에 의한 출석요구에 응하지 아니한 경우에 한한다. 청구를 받은 지방법원판사는 상당하다고 인정할 때에는 체포영장을 발부한다. 다만, 명백히 체포의 필요가 인정되지 아니하는 경우에는 그러하지 아니하다.

지방법원판사가 체포영장을 발부하지 아니할 때에는 청구서에 그 취지 및 이유를 기재하고 서명날인하여 청구한 검사에게 교부한다. 검사가 청구를 함에 있어서 동일한 범죄사실에 관하여 그 피의자에 대하여 전에 체포영장을 청구하였거나 발부받은 사실이 있는 때에는 다시 체포영장을 청구하는 취지 및 이유를 기재하여야 한다. 체포한 피의자를 구속하고자 할 때에는 체포한 때부터 48시간 이내에 제201조의 규정에 의하여 구속영장을 청구하여야 하고, 그 기간내에 구속영장을 청구하지 아니하는 때에는 피의자를 즉시 석방하여야 한다.

7) 제200조4 긴급체포

검사 또는 사법경찰관은 피의자가 사형·무기 또는 장기 3년 이상의 징역이나 금고에 해당하는 죄를 범하였다고 의심할 만한 상당한 이유가 있고, 다음 각 호의 어느 하나에 해당하는 사유가 있는 경우에 긴급을 요하여 지방법원판사의 체포영장을 받을 수 없는 때에는 그 사유를 알리고 영장없이 피의자를 체포할 수 있다. 이 경우 긴급을 요한다 함은 피의자를 우연히 발견한 경우 등과 같이 체포영장을 받을 시간적 여유가 없는 때를 말한다.

1. 피의자가 증거를 인멸할 염려가 있는 때
2. 피의자가 도망하거나 도망할 우려가 있는 때

사법경찰관이 제1항의 규정에 의하여 피의자를 체포한 경우에는 즉시 검사의 승인을 얻어야 한다.검사 또는 사법경찰관은 제1항의 규정에 의하여 피의자를 체포한 경우에는 즉시 긴급체포서를 작성하여야 한다. 긴급체포서에는 범죄사실의 요지, 긴급체포의 사유 등을 기재하여야 한다. 검사 또는 사법경찰관이 제200조의3의 규정에 의하여 피의자를 체포한 경우 피의자를 구속하고자 할 때에는 지체 없이 검사는 관할지방법원판사에게 구속영장을 청구하여야 하고, 사법경찰관은 검사에게 신청하여 검사의 청구로 관할지방법원판사에게 구속영장을 청구하여야 한다. 이 경우 구속영장은 피의자를 체포한 때부터 48시간 이내에 청구하여야 하며, 제200조의3제3항에 따른 긴급체포서를 첨부하여야 한다.

구속영장을 청구하지 아니하거나 발부받지 못한 때에는 피의자를 즉시 석방하여야 한다.

석방된 자는 영장없이는 동일한 범죄사실에 관하여 체포하지 못한다.

검사는 제1항에 따른 구속영장을 청구하지 아니하고 피의자를 석방한 경우에는 석방한 날부터 30일 이내에 서면으로 다음 각 호의 사항을 법원에 통지하여야 한다. 이 경우 긴급체포서의 사본을 첨부하여야 한다.

1. 긴급체포 후 석방된 자의 인적사항
2. 긴급체포의 일시·장소와 긴급체포하게 된 구체적 이유
3. 석방의 일시·장소 및 사유
4. 긴급체포 및 석방한 검사 또는 사법경찰관의 성명

긴급체포 후 석방된 자 또는 그 변호인·법정대리인·배우자·직계친족·형제자매는 통지서 및 관련 서류를 열람하거나 등사할 수 있다. 사법경찰관은 긴급체포한 피의자에 대하여 구속영장을 신청하지 아니하고 석방한 경우에는 즉시 검사에게 보고하여야 한다.

검사 또는 사법경찰관은 피의자를 체포하는 경우에는 피의사실의 요지, 체포의 이유와 변호인을 선임할 수 있음을 말하고 변명할 기회를 주어야 한다.

8) 제201조 구속

피의자가 죄를 범하였다고 의심할 만한 상당한 이유가 있고 제70조제1항 각 호의 1에 해당하는 사유가 있을 때에는 검사는 관할지방법원판사에게 청구하여 구속영장을 받아 피의자를 구속할 수 있고 사법경찰관은 검사에게 신청

하여 검사의 청구로 관할지방법원판사의 구속영장을 받아 피의자를 구속할 수 있다. 다만, 다액 50만원 이하의 벌금, 구류 또는 과료에 해당하는 범죄에 관하여는 피의자가 일정한 주거가 없는 경우에 한한다.

구속영장의 청구에는 구속의 필요를 인정할 수 있는 자료를 제출하여야 한다. 청구를 받은 지방법원판사는 신속히 구속영장의 발부여부를 결정하여야 한다.

청구를 받은 지방법원판사는 상당하다고 인정할 때에는 구속영장을 발부한다. 이를 발부하지 아니할 때에는 청구서에 그 취지 및 이유를 기재하고 서명날인하여 청구한 검사에게 교부한다. 검사가 제1항의 청구를 함에 있어서 동일한 범죄사실에 관하여 그 피의자에 대하여 전에 구속영장을 청구하거나 발부받은 사실이 있을 때에는 다시 구속영장을 청구하는 취지 및 이유를 기재하여야 한다.

9) 제201조의2 구속영장 청구와 피의자 심문

제200조의2·제200조의3 또는 제212조에 따라 체포된 피의자에 대하여 구속영장을 청구받은 판사는 지체 없이 피의자를 심문하여야 한다. 이 경우 특별한 사정이 없는 한 구속영장이 청구된 날의 다음날까지 심문하여야 한다. 피의자에 대하여 구속영장을 청구받은 판사는 피의자가 죄를 범하였다고 의심할 만한 이유가 있는 경우에 구인을 위한 구속영장을 발부하여 피의자를 구인한 후 심문하여야 한다. 다만, 피의자가 도망하는 등의 사유로 심문할 수 없는 경우에는 그러하지 아니하다.

판사는 제1항의 경우에는 즉시, 제2항의 경우에는 피의자를 인치한 후 즉시 검사, 피의자 및 변호인에게 심문기일과 장소를 통지하여야 한다. 이 경우 검사는 피의자가 체포되어 있는 때에는 심문기일에 피의자를 출석시켜야 한다. 검사와 변호인은 제3항에 따른 심문기일에 출석하여 의견을 진술할 수 있다. 판사는 제1항 또는 제2항에 따라 심문하는 때에는 공범의 분리심문이나 그 밖에 수사상의 비밀보호를 위하여 필요한 조치를 하여야 한다.

피의자를 심문하는 경우 법원사무관등은 심문의 요지 등을 조서로 작성하여야 한다.

피의자심문을 하는 경우 법원이 구속영장청구서·수사 관계 서류 및 증거물을 접수한 날부터 구속영장을 발부하여 검찰청에 반환한 날까지의 기간은 제

202조 및 제203조의 적용에 있어서 그 구속기간에 이를 산입하지 아니한다. 심문할 피의자에게 변호인이 없는 때에는 지방법원판사는 직권으로 변호인을 선정하여야 한다. 이 경우 변호인의 선정은 피의자에 대한 구속영장 청구가 기각되어 효력이 소멸한 경우를 제외하고는 제1심까지 효력이 있다.

법원은 변호인의 사정이나 그 밖의 사유로 변호인 선정결정이 취소되어 변호인이 없게 된 때에는 직권으로 변호인을 다시 선정할 수 있다.

10) 제202조 사법경찰관의 구속기간

사법경찰관이 피의자를 구속한 때에는 10일 이내에 피의자를 검사에게 인치하지 아니하면 석방하여야 한다. 검사가 피의자를 구속한 때 또는 사법경찰관으로부터 피의자의 인치를 받은 때에는 10일 이내에 공소를 제기하지 아니하면 석방하여야 한다.

11) 제204조(영장발부와 법원에 대한 통지)

체포영장 또는 구속영장의 발부를 받은 후 피의자를 체포 또는 구속하지 아니하거나 체포 또는 구속한 피의자를 석방한 때에는 지체없이 검사는 영장을 발부한 법원에 그 사유를 서면으로 통지하여야 한다.

지방법원판사는 검사의 신청에 의하여 수사를 계속함에 상당한 이유가 있다고 인정한 때에는 10일을 초과하지 아니하는 한도에서 제203조의 구속기간의 연장을 1차에 한하여 허가할 수 있다.전항의 신청에는 구속기간의 연장의 필요를 인정할 수 있는 자료를 제출하여야 한다.

검사 또는 사법경찰관에 의하여 구속되었다가 석방된 자는 다른 중요한 증거를 발견한 경우를 제외하고는 동일한 범죄사실에 관하여 재차 구속하지 못한다.전항의 경우에는 1개의 목적을 위하여 동시 또는 수단결과의 관계에서 행하여진 행위는 동일한 범죄사실로 간주한다.

11) 제210조 사법관할구역 외의 수사

사법경찰관리가 관할구역 외에서 수사하거나 관할구역 외의 사법경찰관리의 촉탁을 받아 수사할 때에는 관할지방검찰청 검사장 또는 지청장에게 보고하여야 한다. 다만, 제200조의3, 제212조, 제214조, 제216조와 제217조의 규정에 의한 수사를 하는 경우에 긴급을 요할 때에는 사후에 보고할 수 있다.

12) 제211조 현행범인과 준현행범인

범죄의 실행 중이거나 실행의 즉후인 자를 현행범인이라 한다.

다음 각 호의 1에 해당하는 자는 현행범인으로 간주한다.

1. 범인으로 호창되어 추적되고 있는 때
2. 장물이나 범죄에 사용되었다고 인정함에 충분한 흉기 기타의 물건을 소지하고 있는 때
3. 신체 또는 의복류에 현저한 증적이 있는 때
4. 누구임을 물음에 대하여 도망하려 하는 때

현행범인은 누구든지 영장없이 체포할 수 있다. 검사 또는 사법경찰관리 아닌 자가 현행범인을 체포한 때에는 즉시 검사 또는 사법경찰관리에게 인도하여야 한다.

사법경찰관리가 현행범인의 인도를 받은 때에는 체포자의 성명, 주거, 체포의 사유를 물어야 하고 필요한 때에는 체포자에 대하여 경찰관서에 동행함을 요구할 수 있다. 다액 50만원이하의 벌금, 구류 또는 과료에 해당하는 죄의 현행범인에 대하여는 범인의 주거가 분명하지 아니한 때에 한하여 제212조 내지 제213조의 규정을 적용한다.

13) 제214조의2 체포와 구속의 적부심사

체포 또는 구속된 피의자 또는 그 변호인, 법정대리인, 배우자, 직계친족, 형제자매나 가족, 동거인 또는 고용주는 관할법원에 체포 또는 구속의 적부심사를 청구할 수 있다.

피의자를 체포 또는 구속한 검사 또는 사법경찰관은 체포 또는 구속된 피의자와 제1항에 규정된 자 중에서 피의자가 지정하는 자에게 제1항에 따른 적부심사를 청구할 수 있음을 알려야 한다.

법원은 제1항에 따른 청구가 다음 각 호의 어느 하나에 해당하는 때에는 제4항에 따른 심문 없이 결정으로 청구를 기각할 수 있다.

1. 청구권자 아닌 자가 청구하거나 동일한 체포영장 또는 구속영장의 발부에 대하여 재청구한 때
2. 공범 또는 공동피의자의 순차청구가 수사방해의 목적임이 명백한 때

법원은 청구서가 접수된 때부터 48시간 이내에 체포 또는 구속된 피의자를 심문하고 수사관계서류와 증거물을 조사하여 그 청구가 이유없다고 인정한 때에는 결정으로 이를 기각하고, 이유있다고 인정한 때에는 결정으로 체포 또는 구속된 피의자의 석방을 명하여야 한다. 심사청구후 피의자에 대하여 공소제기가 있는 경우에도 또한 같다.

법원은 구속된 피의자(심사청구후 공소제기된 자를 포함한다)에 대하여 피의자의 출석을 보증할 만한 보증금의 납입을 조건으로 하여 결정으로 제4항의 석방을 명할 수 있다. 다만, 다음 각 호에 해당하는 경우에는 그러하지 아니하다.

1. 죄증을 인멸할 염려가 있다고 믿을만한 충분한 이유가 있는 때
2. 피해자, 당해 사건의 재판에 필요한 사실을 알고 있다고 인정되는 자 또는 그 친족의 생명·신체나 재산에 해를 가하거나 가할 염려가 있다고 믿을만한 충분한 이유가 있는 때

석방결정을 하는 경우에 주거의 제한, 법원 또는 검사가 지정하는 일시·장소에 출석할 의무 기타 적당한 조건을 부가할 수 있다.

검사·변호인·청구인은 제4항의 심문기일에 출석하여 의견을 진술할 수 있다. 체포 또는 구속된 피의자에게 변호인이 없는 때에는 제33조의 규정을 준용한다.

법원은 제4항의 심문을 하는 경우 공범의 분리심문이나 그 밖에 수사상의 비밀보호를 위한 적절한 조치를 취하여야 한다.

체포영장 또는 구속영장을 발부한 법관은 제4항부터 제6항까지의 심문·조사·결정에 관여하지 못한다. 다만, 체포영장 또는 구속영장을 발부한 법관외에는 심문·조사·결정을 할 판사가 없는 경우에는 그러하지 아니하다.

14) 제214조의3 재체포 및 재구속의 제한

제214조의2제4항의 규정에 의한 체포 또는 구속적부심사결정에 의하여 석방된 피의자가 도망하거나 죄증을 인멸하는 경우를 제외하고는 동일한 범죄

사실에 관하여 재차 체포 또는 구속하지 못한다. 제214조의2제5항에 따라 석방된 피의자에 대하여 다음 각 호의 1에 해당하는 사유가 있는 경우를 제외하고는 동일한 범죄사실에 관하여 재차 체포 또는 구속하지 못한다.

1. 도망한 때
2. 도망하거나 죄증을 인멸할 염려가 있다고 믿을만한 충분한 이유가 있는 때
3. 출석요구를 받고 정당한 이유없이 출석하지 아니한 때
4. 주거의 제한 기타 법원이 정한 조건을 위반한 때

15) 제215조 압수, 수색, 검증

검사는 범죄수사에 필요한 때에는 피의자가 죄를 범하였다고 의심할 만한 정황이 있고 해당 사건과 관계가 있다고 인정할 수 있는 것에 한정하여 지방법원판사에게 청구하여 발부받은 영장에 의하여 압수, 수색 또는 검증을 할 수 있다.

사법경찰관이 범죄수사에 필요한 때에는 피의자가 죄를 범하였다고 의심할 만한 정황이 있고 해당 사건과 관계가 있다고 인정할 수 있는 것에 한정하여 검사에게 신청하여 검사의 청구로 지방법원판사가 발부한 영장에 의하여 압수, 수색 또는 검증을 할 수 있다.

검사 또는 사법경찰관은 제200조의2·제200조의3·제201조 또는 제212조의 규정에 의하여 피의자를 체포 또는 구속하는 경우에 필요한 때에는 영장없이 다음 처분을 할 수 있다.

1. 타인의 주거나 타인이 간수하는 가옥, 건조물, 항공기, 선차 내에서의 피의자 수사
2. 체포현장에서의 압수, 수색, 검증

범행 중 또는 범행직후의 범죄 장소에서 긴급을 요하여 법원판사의 영장을 받을 수 없는 때에는 영장없이 압수, 수색 또는 검증을 할 수 있다. 이 경우에는 사후에 지체없이 영장을 받아야 한다.

16) 제217조 영장에 의하지 아니하는 강제처분

검사 또는 사법경찰관은 제200조의3에 따라 체포된 자가 소유·소지 또는

보관하는 물건에 대하여 긴급히 압수할 필요가 있는 경우에는 체포한 때부터 24시간 이내에 한하여 영장 없이 압수·수색 또는 검증을 할 수 있다.

검사 또는 사법경찰관은 제1항 또는 제216조제1항제2호에 따라 압수한 물건을 계속 압수할 필요가 있는 경우에는 지체 없이 압수수색영장을 청구하여야 한다. 이 경우 압수수색영장의 청구는 체포한 때부터 48시간 이내에 하여야 한다.

검사 또는 사법경찰관은 제2항에 따라 청구한 압수수색영장을 발부받지 못한 때에는 압수한 물건을 즉시 반환하여야 한다.

검사, 사법경찰관은 피의자 기타인의 유류한 물건이나 소유자, 소지자 또는 보관자가 임의로 제출한 물건을 영장없이 압수할 수 있다.

17) 제221조 제3자의 출석요구 등

검사 또는 사법경찰관은 수사에 필요한 때에는 피의자가 아닌 자의 출석을 요구하여 진술을 들을 수 있다. 이 경우 그의 동의를 받아 영상녹화할 수 있다.

검사 또는 사법경찰관은 수사에 필요한 때에는 감정·통역 또는 번역을 위촉할 수 있다.

18) 제221조의2 증인신문의 청구

범죄의 수사에 없어서는 아니될 사실을 안다고 명백히 인정되는 자가 전조의 규정에 의한 출석 또는 진술을 거부한 경우에는 검사는 제1회 공판기일 전에 한하여 판사에게 그에 대한 증인신문을 청구할 수 있다.

19) 제222조 변사자의 검시

변사자 또는 변사의 의심있는 사체가 있는 때에는 그 소재지를 관할하는 지방검찰청 검사가 검시하여야 한다.②전항의 검시로 범죄의 혐의를 인정하고 긴급을 요할 때에는 영장없이 검증할 수 있다.검사는 사법경찰관에게 전2항의 처분을 명할 수 있다.

20) 제223조 고소권자

범죄로 인한 피해자는 고소할 수 있다. 자기 또는 배우자의 직계존속을 고소하지 못한다.

피해자의 법정대리인은 독립하여 고소할 수 있다.피해자가 사망한 때에는 그 배우자, 직계친족 또는 형제자매는 고소할 수 있다. 단, 피해자의 명시한 의사에 반하지 못한다. 피해자의 법정대리인이 피의자이거나 법정대리인의 친족이 피의자인 때에는 피해자의 친족은 독립하여 고소할 수 있다.

사자의 명예를 훼손한 범죄에 대하여는 그 친족 또는 자손은 고소할 수 있다. 친고죄에 대하여 고소할 자가 없는 경우에 이해관계인의 신청이 있으면 검사는 10일 이내에 고소할 수 있는 자를 지정하여야 한다. 「형법」 제241조의 경우에는 혼인이 해소되거나 이혼소송을 제기한 후가 아니면 고소할 수 없다. 전항의 경우에 다시 혼인을 하거나 이혼소송을 취하한 때에는 고소는 취소된 것으로 간주한다. 친고죄에 대하여는 범인을 알게 된 날로부터 6월을 경과하면 고소하지 못한다. 단, 고소할 수 없는 불가항력의 사유가 있는 때에는 그 사유가 없어진 날로부터 기산한다. 고소할 수 있는 자가 수인인 경우에는 1인의 기간의 해태는 타인의 고소에 영향이 없다. 고소는 제1심 판결선고 전까지 취소할 수 있다. 고소를 취소한 자는 다시 고소하지 못한다. 피해자의 명시한 의사에 반하여 죄를 논할 수 없는 사건에 있어서 처벌을 희망하는 의사표시의 철회에 관하여도 전2항의 규정을 준용한다. 친고죄의 공범 중 그 1인 또는 수인에 대한 고소 또는 그 취소는 다른 공범자에 대하여도 효력이 있다.

누구든지 범죄가 있다고 사료하는 때에는 고발할 수 있다. 공무원은 그 직무를 행함에 있어 범죄가 있다고 사료하는 때에는 고발하여야 한다. 고소 또는 그 취소는 대리인으로 하여금 하게 할 수 있다. 고소 또는 고발은 서면 또는 구술로써 검사 또는 사법경찰관에게 하여야 한다.

검사 또는 사법경찰관이 구술에 의한 고소 또는 고발을 받은 때에는 조서를 작성하여야 한다. 사법경찰관이 고소 또는 고발을 받은 때에는 신속히 조사하여 관계서류와 증거물을 검사에게 송부하여야 한다.

21) 제241조 피의자신문

검사 또는 사법경찰관이 피의자를 신문함에는 먼저 그 성명, 연령, 등록기준지, 주거와 직업을 물어 피의자임에 틀림없음을 확인하여야 한다. 검사 또는 사법경찰관은 피의자에 대하여 범죄사실과 정상에 관한 필요사항을 신문하여야 하며 그 이익되는 사실을 진술할 기회를 주어야 한다. 검사가 피의자를 신문함에는 검찰청수사관 또는 서기관이나 서기를 참여하게 하여야 하고 사법경찰관이 피의자를 신문함에는 사법경찰관리를 참여하게 하여야 한다. 검사 또는 사법경찰관은 피의자 또는 그 변호인·법정대리인·배우자·직계친족·형제자매의 신청에 따라 변호인을 피의자와 접견하게 하거나 정당한 사유가 없는 한 피의자에 대한 신문에 참여하게 하여야 한다. 신문에 참여하고자 하는 변호인이 2인 이상인 때에는 피의자가 신문에 참여할 변호인 1인을 지정한다. 지정이 없는 경우에는 검사 또는 사법경찰관이 이를 지정할 수 있다.

신문에 참여한 변호인은 신문 후 의견을 진술할 수 있다. 다만, 신문 중이라도 부당한 신문방법에 대하여 이의를 제기할 수 있고, 검사 또는 사법경찰관의 승인을 얻어 의견을 진술할 수 있다. 제3항에 따른 변호인의 의견이 기재된 피의자신문조서는 변호인에게 열람하게 한 후 변호인으로 하여금 그 조서에 기명날인 또는 서명하게 하여야 한다. 검사 또는 사법경찰관은 변호인의 신문참여 및 그 제한에 관한 사항을 피의자신문조서에 기재하여야 한다. 피의자의 진술은 조서에 기재하여야 한다. 제1항의 조서는 피의자에게 열람하게 하거나 읽어 들려주어야 하며, 진술한 대로 기재되지 아니하였거나 사실과 다른 부분의 유무를 물어 피의자가 증감 또는 변경의 청구 등 이의를 제기하거나 의견을 진술한 때에는 이를 조서에 추가로 기재하여야 한다. 이 경우 피의자가 이의를 제기하였던 부분은 읽을 수 있도록 남겨두어야 한다. 피의자가 조서에 대하여 이의나 의견이 없음을 진술한 때에는 피의자로 하여금 그 취지를 자필로 기재하게 하고 조서에 간인한 후 기명날인 또는 서명하게 한다. 피의자의 진술은 영상녹화할 수 있다. 이 경우 미리 영상녹화사실을 알려주어야 하며, 조사의 개시부터 종료까지의 전 과정 및 객관적 정황을 영상녹화하여야 한다.

1항에 따른 영상녹화가 완료된 때에는 피의자 또는 변호인 앞에서 지체 없이 그 원본을 봉인하고 피의자로 하여금 기명날인 또는 서명하게 하여야 한다.

제2항의 경우에 피의자 또는 변호인의 요구가 있는 때에는 영상녹화물을 재생하여 시청하게 하여야 한다. 이 경우 그 내용에 대하여 이의를 진술하는 때에는 그 취지를 기재한 서면을 첨부하여야 한다.

22) 244조의3 진술거부권 등의 고지

검사 또는 사법경찰관은 피의자를 신문하기 전에 다음 각 호의 사항을 알려주어야 한다.

1. 일체의 진술을 하지 아니하거나 개개의 질문에 대하여 진술을 하지 아니할 수 있다는 것
2. 진술을 하지 아니하더라도 불이익을 받지 아니한다는 것
3. 진술을 거부할 권리를 포기하고 행한 진술은 법정에서 유죄의 증거로 사용될 수 있다는 것
4. 신문을 받을 때에는 변호인을 참여하게 하는 등 변호인의 조력을 받을 수 있다는 것

검사 또는 사법경찰관은 제1항에 따라 알려 준 때에는 피의자가 진술을 거부할 권리와 변호인의 조력을 받을 권리를 행사할 것인지의 여부를 질문하고, 이에 대한 피의자의 답변을 조서에 기재하여야 한다. 이 경우 피의자의 답변은 피의자로 하여금 자필로 기재하게 하거나 검사 또는 사법경찰관이 피의자의 답변을 기재한 부분에 기명날인 또는 서명하게 하여야 한다. 검사 또는 사법경찰관은 피의자가 조사장소에 도착한 시각, 조사를 시작하고 마친 시각, 그 밖에 조사과정의 진행경과를 확인하기 위하여 필요한 사항을 피의자신문조서에 기록하거나 별도의 서면에 기록한 후 수사기록에 편철하여야 한다.

검사 또는 사법경찰관은 피의자를 신문하는 경우 다음 각 호의 어느 하나에 해당하는 때에는 직권 또는 피의자·법정대리인의 신청에 따라 피의자와 신뢰관계에 있는 자를 동석하게 할 수 있다.

1. 피의자가 신체적 또는 정신적 장애로 사물을 변별하거나 의사를 결정·전달할 능력이 미약한 때
2. 피의자의 연령·성별·국적 등의 사정을 고려하여 그 심리적 안정의 도모와 원활한 의사소통을 위하여 필요한 경우

23) 참고인과의 대질

검사 또는 사법경찰관이 사실을 발견함에 필요한 때에는 피의자와 다른 피의자 또는 피의자 아닌 자와 대질하게 할 수 있다. 검사는 공소제기 여부와 관련된 사실관계를 분명하게 하기 위하여 필요한 경우에는 직권이나 피의자 또는 변호인의 신청에 의하여 전문수사자문위원을 지정하여 수사절차에 참여하게 하고 자문을 들을 수 있다. 전문수사자문위원은 전문적인 지식

에 의한 설명 또는 의견을 기재한 서면을 제출하거나 전문적인 지식에 의하여 설명이나 의견을 진술할 수 있다. 검사는 제2항에 따라 전문수사자문위원이 제출한 서면이나 전문수사자문위원의 설명 또는 의견의 진술에 관하여 피의자 또는 변호인에게 구술 또는 서면에 의한 의견진술의 기회를 주어야 한다. 제245조의2제1항에 따라 전문수사자문위원을 수사절차에 참여시키는 경우 검사는 각 사건마다 1인 이상의 전문수사자문위원을 지정한다.

검사는 상당하다고 인정하는 때에는 전문수사자문위원의 지정을 취소할 수 있다.

피의자 또는 변호인은 검사의 전문수사자문위원 지정에 대하여 관할 고등검찰청검사장에게 이의를 제기할 수 있다.

전문수사자문위원에게는 수당을 지급하고, 필요한 경우에는 그 밖의 여비, 일당 및 숙박료를 지급할 수 있다. 전문수사자문위원의 지정 및 지정취소, 이의제기 절차 및 방법, 수당지급, 그 밖에 필요한 사항은 법무부령으로 정한다.

참고문헌

김택, "검찰권의 견제", 동양일보, 2015,10.29

정웅석, 검사의 수사지휘에 관한 연구 대명출판사, 2007, 9-13면

이상훈, 경찰학개론, 고시각 2016, 308면-309면

형법, 형사소송법

부록

경찰법

[시행 2012.2.22] [법률 제11335호, 2012.2.22, 일부개정]

제1장 총칙 〈개정 2011.5.30〉

제1조(목적) 이 법은 국가경찰의 민주적인 관리·운영과 효율적인 임무수행을 위하여 국가경찰의 기본조직 및 직무 범위와 그 밖에 필요한 사항을 규정함을 목적으로 한다.
[전문개정 2011.5.30]

제2조(국가경찰의 조직) ① 치안에 관한 사무를 관장하게 하기 위하여 행정안전부장관 소속으로 경찰청을 둔다.
② 경찰청의 사무를 지역적으로 분담하여 수행하게 하기 위하여 특별시장·광역시장 및 도지사(이하 "시·도지사"라 한다) 소속으로 지방경찰청을 두고, 지방경찰청장 소속으로 경찰서를 둔다. 이 경우 인구, 행정구역, 면적, 지리적 특성, 교통 및 그 밖의 조건을 고려하여 시·도지사 소속으로 2개의 지방경찰청을 둘 수 있다. 〈개정 2012.2.22〉
[전문개정 2011.5.30]

제3조(국가경찰의 임무) 국가경찰의 임무는 다음 각 호와 같다.
1. 국민의 생명·신체 및 재산의 보호
2. 범죄의 예방·진압 및 수사
3. 경비·요인경호 및 대간첩작전수행
4. 치안정보의 수집·작성 및 배포
5. 교통의 단속과 위해의 방지
6. 그 밖의 공공의 안녕과 질서유지
[전문개정 2011.8.4]

제4조(권한남용의 금지) 국가경찰은 그 직무를 수행할 때 헌법과 법률에 따라 국민의 자유와 권리를 존중하고, 국민 전체에 대한 봉사자로서 공정·중립을 지켜야 하며, 부여된 권한을 남용하여서는 아니 된다.

[전문개정 2011.5.30]

제2장 경찰위원회 〈개정 2011.5.30〉

제5조(경찰위원회의 설치) ① 경찰행정에 관하여 제9조제1항 각 호의 사항을 심의·의결하기 위하여 행정안전부에 경찰위원회(이하 "위원회"라 한다)를 둔다.

② 위원회는 위원장 1명을 포함한 7명의 위원으로 구성하되, 위원장 및 5명의 위원은 비상임(非常任)으로 하고, 1명의 위원은 상임(常任)으로 한다.

③ 제2항에 따른 위원 중 상임위원은 정무직으로 한다.

[전문개정 2011.5.30]

제6조(위원의 임명 및 결격사유) ① 위원은 행정안전부장관의 제청으로 국무총리를 거쳐 대통령이 임명한다.

② 행정안전부장관은 위원 임명을 제청할 때 국가경찰의 정치적 중립이 보장되도록 하여야 한다.

③ 위원 중 2명은 법관의 자격이 있는 사람이어야 한다.

④ 다음 각 호의 어느 하나에 해당하는 사람은 위원이 될 수 없다.

1. 당적(黨籍)을 이탈한 날부터 3년이 지나지 아니한 사람

2. 선거에 의하여 취임하는 공직에서 퇴직한 날부터 3년이 지나지 아니한 사람

3. 경찰, 검찰, 국가정보원 직원 또는 군인의 직(職)에서 퇴직한 날부터 3년이 지나지 아니한 사람

4. 「국가공무원법」 제33조 각 호의 어느 하나에 해당하는 사람

[전문개정 2011.5.30]

제7조(위원의 임기 및 신분보장) ① 위원의 임기는 3년으로 하며, 연임(連任)할 수 없다. 이 경우 보궐위원의 임기는 전임자 임기의 남은 기간으로 한다.

② 위원은 정당에 가입하거나 제6조제4항제2호 또는 제3호의 직에 취임 또는 임용되거나 제4호에 해당하게 된 때에는 당연히 퇴직된다.

③ 위원은 중대한 신체상 또는 정신상의 장애로 직무를 수행할 수 없게 된 경우를 제외하고는 그 의사에 반하여 면직되지 아니한다.

[전문개정 2011.5.30]

제8조(「국가공무원법」의 준용) 위원에 대하여는 「국가공무원법」 제60조 및 제65조를 준용한다.

[전문개정 2011.5.30]

제9조(위원회의 심의·의결 사항) ① 다음 각 호의 사항은 위원회의 심의·의결을 거쳐야 한다.

1. 국가경찰의 인사, 예산, 장비, 통신 등에 관한 주요정책 및 국가경찰 업무 발전에 관한 사항

2. 인권보호와 관련되는 국가경찰의 운영·개선에 관한 사항

3. 국가경찰 임무 외에 다른 국가기관으로부터의 업무협조 요청에 관한 사항

4. 제주특별자치도의 자치경찰에 대한 국가경찰의 지원·협조 및 협약체결의 조정 등에 관한 주요 정책사항

5. 그 밖에 행정안전부장관 및 경찰청장이 중요하다고 인정하여 위원회의 회의에 부친 사항

② 행정안전부장관은 제1항에 따라 심의·의결된 내용이 적정하지 아니하다고 판단할 때에는 재의(再議)를 요구할 수 있다.

[전문개정 2011.5.30]

제10조(위원회의 운영 등) ① 위원회의 사무는 경찰청에서 수행한다.

② 위원회의 회의는 재적위원 과반수의 출석과 출석위원 과반수의 찬성으로 의결한다.

③ 이 법에 규정된 것 외에 위원회의 운영 및 제9조제1항 각 호에 따른 심의·의결 사항의 구체적 범위, 재의 요구 등에 필요한 사항은 대통령령으로 정한다.

[전문개정 2011.5.30]

제3장 경찰청 〈개정 2011.5.30〉

제11조(경찰청장) ① 경찰청에 경찰청장을 두며, 경찰청장은 치안총감(治安總監)으로 보한다. 〈개정 2011.5.30〉

② 경찰청장은 경찰위원회의 동의를 받아 행정안전부장관의 제청으로 국무총리를 거쳐 대통령이 임명한다. 이 경우 국회의 인사청문을 거쳐야 한다. 〈개정 2011.5.30〉

③ 경찰청장은 국가경찰에 관한 사무를 총괄하고 경찰청 업무를 관장하며 소속 공무원 및 각급 국가경찰기관의 장을 지휘·감독한다. 〈개정 2011.5.30〉

④ 삭제 〈2003.12.31〉

⑤ 경찰청장의 임기는 2년으로 하고, 중임(重任)할 수 없다. 〈개정 2011.5.30〉

⑥ 경찰청장이 직무를 집행하면서 헌법이나 법률을 위배하였을 때에는 국회는 탄핵 소추를 의결할 수 있다. 〈개정 2011.5.30〉

[제목개정 2011.5.30]

[2003.12.31 법률 제7035호에 의하여 1999.12.23 헌법재판소에서 위헌 결정된 이 조를 삭제함.]

제12조(차장) ① 경찰청에 차장을 두며, 차장은 치안정감(治安正監)으로 보한다.

② 차장은 경찰청장을 보좌하며, 경찰청장이 부득이한 사유로 직무를 수행할 수 없을 때에는 그 직무를 대행한다.

[전문개정 2011.5.30]

제13조(하부조직) ① 경찰청의 하부조직은 국(局) 또는 부(部) 및 과(課)로 한다.

② 경찰청장·차장·국장 또는 부장 밑에 정책의 기획이나 계획의 입안(立案) 및 연구·조사를 통하여 그를 직접 보좌하는 담당관을 둘 수 있다.

③ 경찰청의 하부조직의 명칭 및 분장 사무와 공무원의 정원은 「정부조직법」 제2조제4항 및 제5항을 준용하여 대통령령 또는 행정안전부령으로 정한다.

[전문개정 2011.5.30]

제4장 지방경찰 〈개정 2011.5.30〉

제14조(지방경찰청장) ① 지방경찰청에 지방경찰청장을 두며, 지방경찰청장은
치안정감·치안감(治安監) 또는 경무관(警務官)으로 보한다.

② 지방경찰청장은 경찰청장의 지휘·감독을 받아 관할구역의 국가경찰사무를 관
장하고 소속 공무원 및 소속 국가경찰기관의 장을 지휘·감독한다.

[전문개정 2011.5.30]

제15조(차장) ① 지방경찰청에 차장을 둘 수 있다.

② 차장은 지방경찰청장을 보좌하여 소관 사무를 처리하고 지방경찰청장이 부득
이한 사유로 직무를 수행할 수 없을 때에는 그 직무를 대행한다.

[전문개정 2011.5.30]

제16조(치안행정협의회) ① 지방행정과 치안행정의 업무조정과 그 밖에 필요한
사항을 협의·조정하기 위하여 시·도지사(제주특별자치도지사는 제외한다) 소
속으로 치안행정협의회를 둔다.

② 치안행정협의회의 조직·운영과 그 밖에 필요한 사항은 대통령령으로 정한다.

[전문개정 2011.5.30]

제17조(경찰서장) ① 경찰서에 경찰서장을 두며, 경찰서장은 경무관, 총경(總警)
또는 경정(警正)으로 보한다. 〈개정 2012.2.22〉

② 경찰서장은 지방경찰청장의 지휘·감독을 받아 관할구역의 소관 사무를 관장하
고 소속 공무원을 지휘·감독한다.

③ 경찰서장 소속으로 지구대 또는 파출소를 두고, 그 설치기준은 치안수요·교통
·지리 등 관할구역의 특성을 고려하여 행정안전부령으로 정한다. 다만, 필요한
경우에는 출장소를 둘 수 있다.

[전문개정 2011.5.30]

제18조(직제) 지방경찰청 및 경찰서의 명칭, 위치, 관할구역, 하부조직, 공무원
의 정원, 그 밖에 필요한 사항은 「정부조직법」 제2조제4항 및 제5항을 준용하

여 대통령령 또는 행정안전부령으로 정한다.

[전문개정 2011.5.30]

제5장 삭제 〈1996.8.8〉

제19조 삭제 〈1996.8.8〉

제20조 삭제 〈1996.8.8〉

제21조 삭제 〈1996.8.8〉

제22조 삭제 〈1996.8.8〉

제6장 국가경찰공무원 〈개정 2006.7.19, 2011.5.30〉

제23조(국가경찰공무원) ① 국가경찰공무원의 계급은 치안총감·치안정감·치안감·경무관·총경·경정·경감(警監)·경위(警衛)·경사(警査)·경장(警長)·순경(巡警)으로 한다.

② 국가경찰공무원의 임용·교육훈련·복무·신분보장 등에 관한 사항은 따로 법률로 정한다.

[전문개정 2011.5.30]

제24조(직무수행) ① 국가경찰공무원은 상관의 지휘·감독을 받아 직무를 수행하고, 그 직무수행에 관하여 서로 협력하여야 한다.

② 국가경찰공무원은 구체적 사건수사와 관련된 제1항의 지휘·감독의 적법성 또는 정당성에 대하여 이견이 있을 때에는 이의를 제기할 수 있다.

③ 국가경찰공무원의 직무수행에 필요한 사항은 따로 법률로 정한다.

[전문개정 2011.5.30]

제7장 비상사태 시의 특별조치 〈개정 2011.5.30〉

제25조(비상사태 시 자치경찰에 대한 지휘·명령) ① 경찰청장은 전시·사변,

천재지변, 그 밖에 이에 준하는 국가 비상사태, 대규모의 테러 또는 소요사태
가 발생하였거나 발생할 우려가 있어 전국적인 치안유지를 위하여 긴급한 조치
가 필요하다고 인정할 만한 충분한 사유가 있는 경우에는 제2항에 따라 제주특
별자치도의 자치경찰공무원(이하 "자치경찰공무원"이라 한다)을 직접 지휘·명
령할 수 있다. 다만, 제주특별자치도 지역 단위의 치안유지를 위하여 필요한
경우에는 제주특별자치도지방경찰청장이 지휘·명령할 수 있다.

② 경찰청장 또는 제주특별자치도지방경찰청장은 제1항에 따른 조치가 필요한 경
우에는 미리 제주특별자치도지사에게 자치경찰공무원을 직접 지휘·명령하려는
사유 및 내용 등을 구체적으로 제시하여 통보하여야 한다. 이 경우 제주특별자
치도지사는 정당한 사유가 없으면 즉시 소속 자치경찰공무원에게 경찰청장 또
는 제주특별자치도지방경찰청장의 지휘·명령을 받을 것을 명하여야 한다.

③ 경찰청장 또는 제주특별자치도지방경찰청장이 제1항에 따라 지휘·명령권을
인수한 경우에는 경찰청장은 경찰위원회에 즉시 보고하여야 하고, 제주특별자
치도지방경찰청장은 「제주특별자치도 설치 및 국제자유도시 조성을 위한 특별
법」 제113조에 따른 관할 치안행정위원회에 즉시 통보하여야 한다.

④ 제3항에 따라 자치경찰공무원에 대한 지휘·명령권자가 변동된 사실을 보고받
은 경찰위원회는 제1항에 규정된 사유에 해당되지 아니한다고 인정하면 그 지
휘·명령권을 반환할 것을 의결할 수 있으며, 같은 사실을 통보받은 치안행정위
원회는 제1항에 규정된 사유에 해당되지 아니한다고 인정하면 경찰청장 또는
제주특별자치도지방경찰청장에게 그 지휘·명령권의 반환을 건의할 수 있다.

⑤ 경찰청장 또는 제주특별자치도지방경찰청장은 제1항에 따라 경찰청장 또는 제
주특별자치도지방경찰청장이 자치경찰공무원을 지휘·명령할 수 있는 사유가
해소된 때에는 자치경찰공무원에 대한 지휘·명령권을 즉시 제주특별자치도지
사에게 반환하여야 한다.

⑥ 제1항 및 제2항에 따라 제주특별자치도의 자치경찰공무원이 경찰청장 또는 제
주특별자치도지방경찰청장의 지휘·명령을 받는 경우 그 지휘·명령의 범위에서
는 국가경찰공무원으로 본다.

[전문개정 2011.5.30]

부칙 〈법률 제4369호, 1991.5.31〉

제1조 (시행일) 이 법은 공포후 60일이 경과한 날부터 시행한다.

부칙 〈법률 제5153호, 1996.8.8〉 (정부조직법)
제1조 (시행일) 이 법은 공포후 30일이내에 제41조의 개정규정에 의한 해양수산
　부와 해양경찰청의 조직에 관한 대통령령의 시행일부터 시행한다.

부칙 〈법률 제5260호, 1997.1.13〉
①(시행일) 이 법은 공포한 날부터 시행한다.

부칙 〈법률 제5454호, 1997.12.13〉 (정부부처명칭등의변경에따른건축법등의정
　비에관한법률)
이 법은 1998년 1월 1일부터 시행한다. 〈단서 생략〉

부칙 〈법률 제5529호, 1998.2.28〉 (정부조직법)
제1조(시행일) 이 법은 공포한 날부터 시행한다. 〈단서 생략〉

부칙 〈법률 제5681호, 1999.1.21〉 (국가정보원법)
제1조 (시행일) 이 법은 공포한 날부터 시행한다.

부칙 〈법률 제6279호, 2000.12.20〉
이 법은 공포한 날부터 시행한다.

부칙 〈법률 제6855호, 2003.2.4〉 (국회법)
제1조 (시행일) 이 법은 공포한 날부터 시행한다. 〈단서 생략〉

부칙 〈법률 제7035호, 2003.12.31〉
①(시행일) 이 법은 공포한 날부터 시행한다.

부칙 〈법률 제7247호, 2004.12.23〉
제1조 (시행일) 이 법은 공포한 날부터 시행한다.

부칙 〈법률 제7968호, 2006.7.19〉
이 법은 공포한 날부터 시행한다.

부칙 〈법률 제8852호, 2008.2.29〉 (정부조직법)

제1조(시행일) 이 법은 공포한 날부터 시행한다. 다만, ···〈생략〉···, 부칙 제
6조에 따라 개정되는 법률 중 이 법의 시행 전에 공포되었으나 시행일이 도래
하지 아니한 법률을 개정한 부분은 각각 해당 법률의 시행일부터 시행한다.

부칙 〈법률 제9114호, 2008.6.13〉
이 법은 공포한 날부터 시행한다.

부칙 〈법률 제10745호, 2011.5.30〉
이 법은 공포한 날부터 시행한다.

부칙 〈법률 제11032호, 2011.8.4〉
이 법은 공포한 날부터 시행한다.

부칙 〈법률 제11335호, 2012.2.22〉
이 법은 공포한 날부터 시행한다.

경찰공무원법

[시행 2012.7.1] [법률 제11042호, 2011.9.15, 타법개정]

제1조(목적) 이 법은 국가경찰공무원의 책임 및 직무의 중요성과 신분 및 근무 조건의 특수성에 비추어 그 임용, 교육훈련, 복무(服務), 신분보장 등에 관하여 「국가공무원법」에 대한 특례를 규정함을 목적으로 한다.
[전문개정 2011.5.30]

제1조의2(정의) 이 법에서 사용하는 용어의 정의는 다음과 같다.
1. "임용"이란 신규채용·승진·전보·파견·휴직·직위해제·정직·강등·복직·면직· 해임 및 파면을 말한다.
2. "전보"란 경찰공무원의 동일 직위 및 자격 내에서의 근무기관이나 부서를 달리 하는 임용을 말한다.
3. "복직"이란 휴직·직위해제 또는 정직(강등에 따른 정직을 포함한다) 중에 있는 경찰공무원을 직위에 복귀시키는 것을 말한다.
[본조신설 2010.3.22]

제2조(계급 구분) 국가경찰공무원(이하 "경찰공무원"이라 한다)의 계급은 다음과 같이 구분한다.
　　치안총감(治安總監)
　　치안정감(治安正監)
　　치안감(治安監)
　　경무관(警務官)
　　총경(總警)
　　경정(警正)
　　경감(警監)
　　경위(警衛)
　　경사(警査)
　　경장(警長)

순경(巡警)

[전문개정 2011.5.30]

제3조(경과 구분) ① 경찰공무원은 그 직무의 종류에 따라 경과(警科)에 의하여 구분할 수 있다.

② 경과의 구분에 필요한 사항은 대통령령으로 정한다.

[전문개정 2011.5.30]

제4조(경찰공무원인사위원회의 설치) ① 경찰공무원의 인사(人事)에 관한 중요 사항에 대하여 경찰청장 또는 해양경찰청장의 자문에 응하게 하기 위하여 경찰청과 해양경찰청에 경찰공무원인사위원회(이하 "인사위원회"라 한다)를 둔다.

② 인사위원회의 구성 및 운영에 필요한 사항은 대통령령으로 정한다.

[전문개정 2011.5.30]

제5조(인사위원회의 기능) 인사위원회는 다음 각 호의 사항을 심의한다.

1. 경찰공무원의 인사행정에 관한 방침과 기준 및 기본계획
2. 경찰공무원의 인사에 관한 법령의 제정·개정 또는 폐지에 관한 사항
3. 그 밖에 경찰청장 또는 해양경찰청장이 인사위원회의 회의에 부치는 사항

[전문개정 2011.5.30]

제6조(임용권자) ① 총경 이상의 경찰공무원은 경찰청장 또는 해양경찰청장의 추천을 받아 행정안전부장관 또는 국토해양부장관의 제청으로 국무총리를 거쳐 대통령이 임용한다. 다만, 해양경찰청장은 국토해양부장관의 제청으로 국무총리를 거쳐 대통령이 임명하고, 총경의 전보, 휴직, 직위해제, 강등, 정직 및 복직은 경찰청장 또는 해양경찰청장이 한다.

② 경정 이하의 경찰공무원은 경찰청장 또는 해양경찰청장이 임용한다. 다만, 경정으로의 신규채용, 승진임용 및 면직은 경찰청장 또는 해양경찰청장의 제청으로 국무총리를 거쳐 대통령이 한다.

③ 경찰청장 또는 해양경찰청장은 대통령령으로 정하는 바에 따라 경찰공무원의 임용에 관한 권한의 일부를 소속 기관의 장, 지방경찰청장 또는 지방해양경찰

관서의 장에게 위임할 수 있다.

④ 경찰청장, 해양경찰청장 또는 제3항에 따라 임용권을 위임받은 자는 행정안전
부령 또는 국토해양부령으로 정하는 바에 따라 소속 경찰공무원의 인사기록을
작성·보관하여야 한다.

[전문개정 2011.5.30]

제7조(임용자격 및 결격사유) ① 경찰공무원은 신체 및 사상이 건전하고 품행이
방정(方正)한 사람 중에서 임용한다.

② 다음 각 호의 어느 하나에 해당하는 사람은 경찰공무원으로 임용될 수 없다.

1. 대한민국 국적을 가지지 아니한 사람

2. 「국적법」 제11조의2제1항에 따른 복수국적자

3. 금치산자 또는 한정치산자

4. 파산선고를 받고 복권되지 아니한 사람

5. 자격정지 이상의 형(刑)을 선고받은 사람

6. 자격정지 이상의 형의 선고유예를 선고받고 그 유예기간 중에 있는 사람

7. 징계에 의하여 파면 또는 해임처분을 받은 사람

[전문개정 2011.5.30]

제8조(신규채용) ① 경정 및 순경의 신규채용은 공개경쟁시험으로 한다.

② 경위의 신규채용은 경찰대학을 졸업한 사람 및 대통령령으로 정하는 자격을
갖추고 공개경쟁시험으로 선발된 사람(이하 "경찰간부후보생"이라 한다)으로서
교육훈련을 마치고 정하여진 시험에 합격한 사람 중에서 한다.

③ 다음 각 호의 어느 하나에 해당하는 경우에는 특별채용시험으로 경찰공무원을
신규채용(이하 "특별채용"이라 한다)할 수 있다.

1. 퇴직한 경찰공무원을 퇴직한 날부터 2년 이내에 퇴직 시에 재직하였던 계급의
경찰공무원으로 재임용하는 경우

2. 공개경쟁시험으로 임용하는 것이 부적당한 경우에 임용예정 직무에 관련된 자
격증 소지자를 임용하는 경우

3. 임용예정직에 상응하는 근무실적 또는 연구실적이 있거나 전문지식을 가진 사
람을 임용하는 경우

4. 「국가공무원법」에 따른 5급 공무원의 공개경쟁채용시험이나 「사법시험법」에 따른 사법시험에 합격한 사람을 경정 이하의 경찰공무원으로 임용하는 경우

5. 「국가공무원법」 제85조에 따라 재학 중에 장학금을 받고 졸업한 사람을 임용하는 경우

6. 섬, 외딴곳 등 특수지역에서 근무할 사람을 임용하는 경우

7. 외국어에 능통한 사람을 임용하는 경우

8. 제주특별자치도의 자치경찰공무원(이하 "자치경찰공무원"이라 한다)을 그 계급에 상응하는 경찰공무원으로 임용하는 경우

④ 제3항에 따른 특별채용을 할 때에는 동일한 사유에 해당하는 여러 사람을 제한경쟁의 방법으로 채용할 수 있다.

⑤ 제2항에 따른 경찰간부후보생의 교육훈련, 제3항에 따라 특별채용할 수 있는 경찰공무원의 계급, 임용예정직에 관련된 자격증의 구분, 근무실적 또는 연구실적, 전보 제한 등에 관한 사항은 대통령령으로 정한다.

[전문개정 2011.5.30]

제8조의2(부정행위자에 대한 제재) 경찰청장 또는 해양경찰청장은 경찰공무원의 채용시험 또는 경찰간부후보생 공개경쟁선발시험에서 부정행위를 한 응시자에 대하여는 해당 시험을 정지 또는 무효로 하고, 그 처분이 있은 날부터 5년간 시험응시자격을 정지한다.

[본조신설 2011.5.30]

제9조(채용후보자 명부 등) ① 경찰청장 또는 해양경찰청장(제6조제3항에 따라 임용권을 위임받은 자를 포함한다)은 신규채용시험에 합격한 사람(경찰대학을 졸업한 사람과 경찰간부후보생을 포함한다)을 대통령령으로 정하는 바에 따라 성적 순위에 따라 채용후보자 명부에 등재(登載)하여야 한다.

② 경찰공무원의 신규채용은 제1항에 따른 채용후보자 명부의 등재 순위에 따른다. 다만, 채용후보자가 경찰교육기관에서 신임교육을 받은 경우에는 그 교육 성적 순위에 따른다.

③ 제1항에 따른 채용후보자 명부의 유효기간은 2년의 범위에서 대통령령으로 정한다. 다만, 경찰청장 또는 해양경찰청장은 필요에 따라 1년의 범위에서 그 기

간을 연장할 수 있다.

④ 경찰청장 또는 해양경찰청장은 채용후보자 명부의 유효기간을 연장하기로 결정한 경우에는 그 사실을 공고하여야 한다.

⑤ 제1항에 따른 채용후보자 명부의 작성 및 운영에 필요한 사항은 대통령령으로 정한다.

⑥ 임용권자는 경찰공무원의 결원을 보충할 때 채용후보자 명부 또는 승진후보자 명부에 등재된 후보자 수가 결원 수보다 적고, 인사행정 운영상 특히 필요하다고 인정할 때에는 그 결원된 계급에 관하여 다른 임용권자가 작성한 자치경찰공무원의 신규임용후보자 명부 또는 승진후보자 명부를 해당 기관의 채용후보자 명부 또는 승진후보자 명부로 보아 해당 자치경찰공무원을 임용할 수 있다. 이 경우 임용권자는 그 자치경찰공무원의 임용권자와 협의하여야 한다.

[전문개정 2011.5.30]

제10조(시보임용) ① 경정 이하의 경찰공무원을 신규채용할 때에는 1년간 시보(試補)로 임용하고, 그 기간이 만료된 다음 날에 정규 경찰공무원으로 임용한다.

② 휴직기간, 직위해제기간 및 징계에 의한 정직처분 또는 감봉처분을 받은 기간은 제1항에 따른 시보임용기간에 산입하지 아니한다.

③ 시보임용기간 중에 있는 경찰공무원이 근무성적 또는 교육훈련성적이 불량할 때에는 「국가공무원법」 제68조 및 이 법 제22조에도 불구하고 면직시키거나 면직을 제청할 수 있다.

④ 다음 각 호의 어느 하나에 해당하는 경우에는 시보임용을 거치지 아니한다.

1. 경찰대학을 졸업한 사람 또는 경찰간부후보생으로서 정하여진 교육을 마친 사람을 경위로 임용하는 경우

2. 경찰공무원으로서 대통령령으로 정하는 상위계급으로의 승진에 필요한 자격요건을 갖추고 임용예정 계급에 상응하는 공개경쟁 채용시험에 합격한 사람을 해당 계급의 경찰공무원으로 임용하는 경우

3. 퇴직한 경찰공무원으로서 퇴직 시에 재직하였던 계급의 채용시험에 합격한 사람을 재임용하는 경우

4. 자치경찰공무원을 그 계급에 상응하는 경찰공무원으로 임용하는 경우

[전문개정 2011.5.30]

제10조의2(경찰공무원과 자치경찰공무원 간의 인사 교류) ① 경찰청장은 경찰공무원의 능력을 발전시키고 국가경찰과 자치경찰 사무의 연계성을 높이기 위하여 국가경찰과 자치경찰 간에 긴밀한 인사 교류가 될 수 있도록 노력하여야 한다.

② 제8조제3항제8호에 따라 자치경찰공무원을 경찰공무원으로 채용할 때에는 특별채용시험을 거치지 아니할 수 있다.

[전문개정 2011.5.30]

제11조(승진) ① 경찰공무원은 바로 아래 하위계급에 있는 경찰공무원 중에서 근무성적평정, 경력평정, 그 밖의 능력을 실증(實證)하여 승진임용한다. 〈개정 2011.5.30〉

② 경무관 이하 계급으로의 승진은 승진심사에 의하여 한다. 다만, 경정 이하 계급으로의 승진은 대통령령으로 정하는 비율에 따라 승진시험과 승진심사를 병행할 수 있다. 〈개정 2011.5.30〉

③ 삭제 〈1994.12.22〉

④ 총경 이하의 경찰공무원에 대하여는 대통령령으로 정하는 바에 따라 계급별로 승진대상자 명부를 작성하여야 한다. 〈개정 2011.5.30〉

⑤ 경찰공무원의 승진에 필요한 계급별 최저근무연수, 승진 제한에 관한 사항, 그 밖에 승진에 관하여 필요한 사항은 대통령령으로 정한다. 〈개정 2011.5.30〉

[제목개정 2011.5.30]

제11조의2(근속승진) ① 경찰청장 또는 해양경찰청장은 제11조제2항에도 불구하고 해당 계급에서 다음 각 호의 기간 동안 재직한 사람을 경장, 경사, 경위, 경감으로 각각 근속승진임용 할 수 있다.

1. 순경을 경장으로 근속승진임용하려는 경우: 해당 계급에서 5년 이상 근속자

2. 경장을 경사로 근속승진임용하려는 경우: 해당 계급에서 6년 이상 근속자

3. 경사를 경위로 근속승진임용하려는 경우: 해당 계급에서 7년 6개월 이상 근속자

4. 경위를 경감으로 근속승진임용하려는 경우: 해당 계급에서 12년 이상 근속자

② 제1항에 따라 근속승진한 경찰공무원이 근무하는 기간에는 그에 해당하는 직

급의 정원이 따로 있는 것으로 보고, 종전 직급의 정원은 감축된 것으로 본다.

③ 제1항에 따른 근속승진임용의 기준, 절차 등에 관하여 필요한 사항은 대통령령으로 정한다.

[전문개정 2011.8.4]

제12조(승진심사위원회) ① 제11조제2항에 따른 승진심사를 하기 위하여 경찰청과 해양경찰청에 중앙승진심사위원회를 두고, 경찰청·해양경찰청·지방경찰청과 대통령령으로 정하는 경찰기관 및 지방해양경찰관서에 보통승진심사위원회를 둔다.

② 제1항에 따라 설치된 승진심사위원회는 제11조제4항에 따라 작성된 승진대상자 명부의 선순위자(제11조제2항 단서에 따른 승진시험에 합격된 승진후보자는 제외한다) 순으로 승진시키려는 결원의 5배수의 범위에 있는 사람 중에서 승진후보자를 심사·선발한다.

③ 승진심사위원회의 구성·관할 및 운영에 필요한 사항은 대통령령으로 정한다.

[전문개정 2011.5.30]

제13조(승진후보자 명부 등) ① 경찰청장 또는 해양경찰청장(제6조제3항에 따라 임용권을 위임받은 자를 포함한다)은 제11조제2항 및 제3항에 따른 승진시험에 합격한 사람과 제12조제2항에 따라 승진후보자로 선발된 사람을 대통령령으로 정하는 바에 따라 승진후보자 명부에 등재하여야 한다.

② 경무관 이하 계급으로의 승진은 제1항에 따른 승진후보자 명부의 등재 순위에 따른다.

③ 승진후보자 명부의 유효기간과 작성 및 운영에 관하여는 제9조를 준용한다.

[전문개정 2011.5.30]

제14조(특별유공자 등의 특별승진) ① 경찰공무원으로서 다음 각 호의 어느 하나에 해당되는 사람에 대하여는 제11조에도 불구하고 1계급 특별승진시킬 수 있다. 다만, 경위 이하의 경찰공무원으로서 모든 경찰공무원의 귀감이 되는 공을 세우고 전사하거나 순직한 사람에 대하여는 2계급 특별승진시킬 수 있다.

1. 「국가공무원법」 제40조의4제1항제1호부터 제4호까지의 규정 중 어느 하나에

해당되는 사람

2. 전사하거나 순직한 사람

3. 직무 수행 중 현저한 공적을 세운 사람

② 특별승진의 요건과 그 밖에 필요한 사항은 대통령령으로 정한다.

[전문개정 2011.5.30]

제15조(시험실시기관 및 응시자격 등) ① 경찰공무원의 신규채용시험 및 승진시험과 경찰간부후보생 선발시험은 경찰청장 또는 해양경찰청장이 실시한다. 다만, 경찰청장 또는 해양경찰청장이 필요하다고 인정할 때에는 대통령령으로 정하는 바에 따라 그 권한의 일부를 소속 기관의 장, 지방경찰청장 또는 지방해양경찰관서의 장에게 위임할 수 있다.

② 제1항에 따른 각종 시험의 응시자격, 시험방법, 그 밖에 시험의 실시에 필요한 사항은 대통령령으로 정한다.

[전문개정 2011.5.30]

제16조(보훈) 경찰공무원으로서 전투나 그 밖의 직무 수행 또는 교육훈련 중 사망한 사람(공무상 질병으로 사망한 사람을 포함한다) 및 부상(공무상의 질병을 포함한다)을 입고 퇴직한 사람과 그 유족 또는 가족은 「국가유공자 등 예우 및 지원에 관한 법률」에서 정하는 바에 따라 예우를 받는다.

[전문개정 2011.5.30]

제17조(교육훈련) ① 경찰청장 또는 해양경찰청장은 모든 경찰공무원에게 균등한 교육훈련의 기회가 주어지도록 교육훈련에 관한 종합적인 기획 및 조정을 하여야 한다.

② 경찰청장 또는 해양경찰청장은 경찰공무원의 교육훈련을 위한 교육훈련기관을 설치·운영할 수 있다.

③ 경찰청장 또는 해양경찰청장은 교육훈련을 위하여 필요하면 대통령령으로 정하는 바에 따라 경찰공무원을 국내외의 교육기관에 위탁하여 일정 기간 교육훈련을 받게 할 수 있다.

④ 제2항에 따른 경찰공무원 교육훈련기관의 설치 및 운영에 필요한 사항과 제3

항에 따라 교육훈련을 받은 경찰공무원의 복무에 관한 사항은 대통령령으로 정한다.

[전문개정 2011.5.30]

제18조(거짓 보고 등의 금지) ① 경찰공무원은 직무에 관하여 거짓으로 보고나 통보를 하여서는 아니 된다.

② 경찰공무원은 직무를 게을리하거나 유기(遺棄)해서는 아니 된다.

[전문개정 2011.5.30]

제19조(지휘권 남용 등의 금지) 전시·사변, 그 밖에 이에 준하는 비상사태이거나 작전수행 중인 경우 또는 많은 인명 손상이나 국가재산 손실의 우려가 있는 위급한 사태가 발생한 경우, 경찰공무원을 지휘·감독하는 사람은 정당한 사유 없이 그 직무 수행을 거부 또는 유기하거나 경찰공무원을 지정된 근무지에서 진출·퇴각 또는 이탈하게 하여서는 아니 된다.

[전문개정 2011.5.30]

제20조(복제 및 무기 휴대) ① 경찰공무원은 제복을 착용하여야 한다.

② 경찰공무원은 직무 수행을 위하여 필요하면 무기를 휴대할 수 있다.

③ 경찰공무원의 복제(服制)에 관한 사항은 행정안전부령 또는 국토해양부령으로 정한다.

[전문개정 2011.5.30]

제21조(당연퇴직) 경찰공무원이 제7조제2항 각 호의 어느 하나에 해당하게 된 경우에는 당연히 퇴직한다. 다만, 같은 항 제6호에 해당하게 된 경우에는 그러하지 아니하다.

[전문개정 2011.5.30]

제22조(직권면직) ① 임용권자는 경찰공무원이 다음 각 호의 어느 하나에 해당될 때에는 직권으로 면직시킬 수 있다.

1. 「국가공무원법」 제70조제1항제3호부터 제5호까지의 규정 중 어느 하나에 해

당될 때

2. 경찰공무원으로는 부적합할 정도로 직무 수행능력이나 성실성이 현저하게 결여된 사람으로서 대통령령으로 정하는 사유에 해당된다고 인정될 때

3. 직무를 수행하는 데에 위험을 일으킬 우려가 있을 정도의 성격적 또는 도덕적 결함이 있는 사람으로서 대통령령으로 정하는 사유에 해당된다고 인정될 때

4. 해당 경과에서 직무를 수행하는 데 필요한 자격증의 효력이 상실되거나 면허가 취소되어 담당 직무를 수행할 수 없게 되었을 때

② 제1항제2호·제3호 또는 「국가공무원법」 제70조제1항제5호의 사유로 면직시키는 경우에는 제26조에 따른 징계위원회의 동의를 받아야 한다.

③ 「국가공무원법」 제70조제1항제4호의 사유로 인한 직권면직일은 휴직기간의 만료일이나 휴직 사유의 소멸일로 한다.

[전문개정 2011.5.30]

제23조(실종된 경찰공무원의 휴직기간 등) ① 「국가공무원법」 제71조제1항제4호의 사유로 인한 경찰공무원의 휴직기간은 같은 법 제72조제3호에도 불구하고 법원의 실종선고를 받는 날까지로 한다.

② 제1항에 따른 휴직자가 있는 경우에는 그 휴직자의 계급에 해당하는 정원이 따로 있는 것으로 보고, 결원을 보충할 수 있다.

[전문개정 2011.5.30]

제24조(정년) ① 경찰공무원의 정년은 다음과 같다.

1. 연령정년: 60세

2. 계급정년

　치안감: 4년

　경무관: 6년

　총경: 11년

　경정: 14년

② 징계로 인하여 강등(경감으로 강등된 경우를 포함한다)된 경찰공무원의 계급정년은 제1항제2호에도 불구하고 다음 각 호에 따른다.

1. 강등된 계급의 계급정년은 강등되기 전 계급 중 가장 높은 계급의 계급정년으

로 한다.

2. 계급정년을 산정할 때에는 강등되기 전 계급의 근무연수와 강등 이후의 근무 연수를 합산한다.

③ 수사, 정보, 외사(外事), 보안 등 특수 부문에 근무하는 경찰공무원으로서 대 통령령으로 정하는 바에 따라 지정을 받은 사람은 총경 및 경정의 경우에는 3 년의 범위에서 대통령령으로 정하는 바에 따라 제1항제2호에 따른 계급정년을 연장할 수 있다.

④ 경찰청장 또는 해양경찰청장은 전시·사변이나 그 밖에 이에 준하는 비상사태 에서는 2년의 범위에서 제1항제2호에 따른 계급정년을 연장할 수 있다. 이 경 우 경무관 이상의 경찰공무원에 대하여는 행정안전부장관 또는 국토해양부장관 과 국무총리를 거쳐 대통령의 승인을 받아야 하고, 총경·경정의 경찰공무원에 대하여는 국무총리를 거쳐 대통령의 승인을 받아야 한다.

⑤ 경찰공무원은 그 정년이 된 날이 1월에서 6월 사이에 있으면 6월 30일에 당연 퇴직하고, 7월에서 12월 사이에 있으면 12월 31일에 당연퇴직한다.

⑥ 제1항제2호에 따른 계급정년을 산정할 때 자치경찰공무원으로 근무한 경력이 있는 경찰공무원의 경우에는 그 계급에 상응하는 자치경찰공무원으로 근무한 연수(年數)를 산입한다.

[전문개정 2011.5.30]

제25조(고충심사위원회) ① 경찰공무원의 인사상담 및 고충을 심사하기 위하여 경찰청, 해양경찰청, 지방경찰청, 대통령령으로 정하는 경찰기관 및 지방해양 경찰관서에 경찰공무원 고충심사위원회를 둔다.

② 경찰공무원 고충심사위원회의 심사를 거친 재심청구와 경정 이상의 경찰공무 원의 인사상담 및 고충심사는 「국가공무원법」에 따라 설치된 중앙고충심사위 원회에서 한다.

③ 경찰공무원 고충심사위원회의 구성, 심사 절차 및 운영에 필요한 사항은 대통 령령으로 정한다.

[전문개정 2011.5.30]

제26조(징계위원회) ① 경무관 이상의 경찰공무원에 대한 징계의결은 「국가공무

원법」에 따라 국무총리 소속으로 설치된 징계위원회에서 한다.

② 총경 이하의 경찰공무원에 대한 징계의결을 하기 위하여 대통령령으로 정하는 경찰기관 및 해양경찰관서에 경찰공무원 징계위원회를 둔다.

③ 경찰공무원 징계위원회의 구성·관할·운영, 징계의결의 요구 절차, 그 밖에 필요한 사항은 대통령령으로 정한다.

[전문개정 2011.5.30]

제27조(징계의 절차) 경찰공무원의 징계는 징계위원회의 의결을 거쳐 징계위원회가 설치된 소속 기관의 장이 하되, 「국가공무원법」에 따라 국무총리 소속으로 설치된 징계위원회에서 의결한 징계는 경찰청장 또는 해양경찰청장이 한다. 다만, 파면·해임·강등 및 정직은 징계위원회의 의결을 거쳐 해당 경찰공무원의 임용권자가 하되, 경무관 이상의 강등 및 정직과 경정 이상의 파면 및 해임은 경찰청장 또는 해양경찰청장의 제청으로 행정안전부장관 또는 국토해양부장관과 국무총리를 거쳐 대통령이 하고, 총경 및 경정의 강등 및 정직은 경찰청장 또는 해양경찰청장이 한다.

[전문개정 2011.5.30]

제28조(행정소송의 피고) 징계처분, 휴직처분, 면직처분, 그 밖에 의사에 반하는 불리한 처분에 대한 행정소송의 경우에는 경찰청장 또는 해양경찰청장을 피고로 한다. 다만, 제6조제3항에 따라 임용권을 위임한 경우에는 그 위임을 받은 자를 피고로 한다.

[전문개정 2011.5.30]

제29조(경찰간부후보생의 보수 등) 교육 중인 경찰간부후보생에게는 대통령령으로 정하는 바에 따라 보수와 그 밖의 실비(實費)를 지급한다.

[전문개정 2011.5.30]

제30조(「국가공무원법」과의 관계) ① 경찰공무원에 대하여는 「국가공무원법」 제73조의4, 제76조제2항부터 제5항까지의 규정을 적용하지 아니하며, 치안총감과 치안정감에 대하여는 「국가공무원법」 제68조 본문을 적용하지 아니

한다.

② 「국가공무원법」을 경찰공무원에게 적용할 때에는 다음 각 호에 따른다.

1. 「국가공무원법」 제32조의5 및 제43조 중 "직급"은 "계급"으로 본다.

2. 「국가공무원법」 제42조제2항, 제85조제1항 및 제2항 중 "행정안전부장관"은 "경찰청장 또는 해양경찰청장"으로 본다.

3. 「국가공무원법」 제67조, 제68조, 제78조제1항제1호 및 제2항, 제80조제7항 및 제8항 중 "이 법"은 "이 법 및 「국가공무원법」"으로 본다.

4. 「국가공무원법」 제71조제2항제3호 중 "중앙인사관장기관의 장"은 "경찰청장 또는 해양경찰청장"으로 본다.

[전문개정 2011.5.30]

제31조(벌칙) ① 경찰공무원으로서 전시·사변, 그 밖에 이에 준하는 비상사태이거나 작전 수행 중인 경우에 제18조제2항 또는 제19조, 「국가공무원법」 제58조제1항을 위반한 사람은 3년 이상의 징역이나 금고에 처하며, 제18조제1항, 「국가공무원법」 제57조를 위반한 사람은 7년 이하의 징역이나 금고에 처한다.

② 제1항의 경우 외에 집단 살상의 위급 사태가 발생한 경우에 제18조 또는 제19조, 「국가공무원법」 제57조 및 제58조제1항을 위반한 사람은 7년 이하의 징역이나 금고에 처한다.

③ 경찰공무원으로서 「국가공무원법」 제44조 또는 제45조를 위반한 사람은 1년 이하의 징역 또는 100만원 이하의 벌금에 처하고, 같은 법 제65조 또는 제66조를 위반한 사람은 2년 이하의 징역 또는 200만원 이하의 벌금에 처한다.

[전문개정 2011.5.30]

부칙 〈법률 제3606호, 1982.12.31〉
제1조 (시행일) 이 법은 1983년 1월 1일부터 시행한다.

부칙 〈법률 제3799호, 1985.12.28〉
①(시행일) 이 법은 공포한 날로부터 시행한다. 다만, 제24조제1항제1호의 경감·경위의 연령정년에 관한 규정은 1987년 1월 1일부터 시행한다.

부칙 〈법률 제4369호, 1991.5.31〉 (경찰법)
제1조 (시행일) 이 법은 공포후 60일이 경과한 날부터 시행한다.

부칙 〈법률 제4406호, 1991.11.30〉
제1조 (시행일) 이 법은 공포한 날부터 시행한다.

부칙 〈법률 제4798호, 1994.12.22〉
①(시행일) 이 법은 공포한 날부터 시행한다.

부칙 〈법률 제5153호, 1996.8.8〉 (정부조직법)
제1조 (시행일) 이 법은 공포후 30일 이내에 제41조의 개정규정에 의한 해양수산
　부와 해양경찰청의 조직에 관한 대통령령의 시행일부터 시행한다.

부칙 〈법률 제5291호, 1997.1.13〉 (국가유공자등예우 및지원에관한법률)
제1조 (시행일) 이 법은 공포후 6월이 경과한 날부터 시행한다.

부칙 〈법률 제5570호, 1998.9.19〉
제1조(시행일) 이 법은 공포한 날부터 시행한다. 다만, 제24조제1항제2호의 계급
　정년에 관한 개정규정은 1999년 1월 1일부터 시행한다.

부칙 〈법률 제6436호, 2001.3.28〉 (사법시험법)
제1조 (시행일) 이 법은 공포한 날부터 시행한다. 〈단서 생략〉

부칙 〈법률 제6897호, 2003.5.29〉
이 법은 공포한 날부터 시행한다.

부칙 〈법률 제7187호, 2004.3.11〉 (국가공무원법)
제1조 (시행일) 이 법은 공포후 3월이 경과한 날부터 시행한다. 다만, ···〈생
　략〉···부칙 제2조는 공포한 날부터 시행한다.

부칙 〈법률 제7249호, 2004.12.23〉
이 법은 공포한 날부터 시행한다.

부칙 〈법률 제7428호, 2005.3.31〉 (채무자 회생 및 파산에 관한 법률)
제1조 (시행일) 이 법은 공포 후 1년이 경과한 날부터 시행한다.

부칙 〈법률 제7803호, 2005.12.29〉
이 법은 2006년 3월 1일부터 시행한다.

부칙 〈법률 제7967호, 2006.7.19〉
①(시행일) 이 법은 공포한 날부터 시행한다.

부칙 〈법률 제8852호, 2008.2.29〉 (정부조직법)
제1조(시행일) 이 법은 공포한 날부터 시행한다. 다만, ···〈생략〉···, 부칙 제
    6조에 따라 개정되는 법률 중 이 법의 시행 전에 공포되었으나 시행일이 도래
    하지 아니한 법률을 개정한 부분은 각각 해당 법률의 시행일부터 시행한다.

부칙 〈법률 제8857호, 2008.2.29〉 (국가공무원법)
제1조(시행일) 이 법은 공포한 날부터 시행한다.

부칙 〈법률 제9295호, 2008.12.31〉
①(시행일) 이 법은 2009년 1월 1일부터 시행한다.

부칙 〈법률 제10145호, 2010.3.22〉
①(시행일) 이 법은 공포한 날부터 시행한다.

부칙 〈법률 제10743호, 2011.5.30〉
이 법은 공포한 날부터 시행한다.

부칙 〈법률 제11030호, 2011.8.4〉

이 법은 공포 후 6개월이 경과한 날부터 시행한다.

부칙 〈법률 제11042호, 2011.9.15〉 (보훈보상대상자 지원에 관한 법률)

제1조(시행일) 이 법은 2012년 7월 1일부터 시행한다.

제2조(다른 법률의 개정) ① 및 ② 생략

③ 경찰공무원법 일부를 다음과 같이 개정한다.

제16조 중 "「국가유공자 등 예우 및 지원에 관한 법률」이 정하는 바에 따라 예우를"을 "「국가유공자 등 예우 및 지원에 관한 법률」 또는 「보훈보상대상자 지원에 관한 법률」에 따라 예우 또는 지원을"로 한다.

④부터 〈27〉까지 생략

경찰관직무집행법

[시행 2011.8.4] [법률 제11031호, 2011.8.4, 일부개정]

제1조(목적) ① 이 법은 국민의 자유와 권리의 보호 및 사회공공의 질서유지를 위한 경찰관(국가경찰공무원에 한한다. 이하 같다)의 직무수행에 필요한 사항을 규정함을 목적으로 한다. 〈개정 2006.2.21〉

②이 법에 규정된 경찰관의 직권은 그 직무수행에 필요한 최소한도 내에서 행사되어야 하며 이를 남용하여서는 아니된다.

제2조(직무의 범위) 경찰관은 다음 각호의 직무를 행한다. 〈개정 2011.8.4〉

1. 국민의 생명·신체 및 재산의 보호
2. 범죄의 예방·진압 및 수사
3. 경비·요인경호 및 대간첩작전수행
4. 치안정보의 수집·작성 및 배포
5. 교통의 단속과 위해의 방지
6. 기타 공공의 안녕과 질서유지

제3조(불심검문) ① 경찰관은 수상한 거동 기타 주위의 사정을 합리적으로 판단하여 어떠한 죄를 범하였거나 범하려 하고 있다고 의심할 만한 상당한 이유가 있는 자 또는 이미 행하여진 범죄나 행하여지려고 하는 범죄행위에 관하여 그 사실을 안다고 인정되는 자를 정지시켜 질문할 수 있다.

②그 장소에서 제1항의 질문을 하는 것이 당해인에게 불리하거나 교통의 방해가 된다고 인정되는 때에는 질문하기 위하여 부근의 경찰서·지구대·파출소 또는 출장소(이하 "경찰관서"라 하되, 지방해양경찰관서를 포함한다)에 동행할 것을 요구할 수 있다. 이 경우 당해인은 경찰관의 동행요구를 거절할 수 있다. 〈개정 1988.12.31, 1996.8.8, 2004.12.23〉

③경찰관은 제1항에 규정된 자에 대하여 질문을 할 때에 흉기의 소지여부를 조사할 수 있다.

④제1항 또는 제2항의 규정에 의하여 질문하거나 동행을 요구할 경우 경찰관은 당해인에게 자신의 신분을 표시하는 증표를 제시하면서 소속과 성명을 밝히고 그 목적과 이유를 설명하여야 하며, 동행의 경우에는 동행장소를 밝혀야 한다. 〈개정 1991.3.8〉

⑤제2항의 규정에 의하여 동행을 한 경우 경찰관은 당해인의 가족 또는 친지등에게 동행한 경찰관의 신분, 동행장소, 동행목적과 이유를 고지하거나 본인으로 하여금 즉시 연락할 수 있는 기회를 부여하여야 하며, 변호인의 조력을 받을 권리가 있음을 고지하여야 한다. 〈신설 1988.12.31〉

⑥제2항의 규정에 의하여 동행을 한 경우 경찰관은 당해인을 6시간을 초과하여 경찰관서에 머물게 할 수 없다. 〈신설 1988.12.31, 1991.3.8〉

⑦제1항 내지 제3항의 경우에 당해인은 형사소송에 관한 법률에 의하지 아니하고는 신체를 구속당하지 아니하며, 그 의사에 반하여 답변을 강요당하지 아니한다. 〈신설 1988.12.31〉

제4조(보호조치등) ① 경찰관은 수상한 거동 기타 주위의 사정을 합리적으로 판단하여 다음 각호의 1에 해당함이 명백하며 응급의 구호를 요한다고 믿을 만한 상당한 이유가 있는 자를 발견한 때에는 보건의료기관 또는 공공구호기관에 긴급구호를 요청하거나 경찰관서에 보호하는 등 적당한 조치를 할 수 있다. 〈개정 1988.12.31〉

1. 정신착란 또는 술취한 상태로 인하여 자기 또는 타인의 생명·신체와 재산에 위해를 미칠 우려가 있는 자와 자살을 기도하는 자

2. 미아·병자·부상자등으로서 적당한 보호자가 없으며 응급의 구호를 요한다고 인정되는 자. 다만, 당해인이 이를 거절하는 경우에는 예외로 한다.

②제1항의 긴급구호요청을 받은 보건의료기관이나 공공구호기관은 정당한 이유없이 긴급구호를 거절할 수 없다.

③제1항의 경우에 피구호자가 휴대하고 있는 무기·흉기등 위험을 야기할 수 있는 것으로 인정되는 물건은 경찰관서에 임시영치할 수 있다.

④경찰관이 제1항의 조치를 한 때에는 지체없이 이를 피구호자의 가족·친지 기타의 연고자에게 그 사실을 통지하여야 하며, 연고자가 발견되지 아니할 때에는 피보호자를 적당한 공중보건의료기관이나 공공구호기관에 즉시 인계하여야 한

다.

⑤경찰관은 제4항의 규정에 의하여 피구호자를 공중보건의료기관 또는 공공구호
기관에 인계한 때에는 즉시 그 사실을 소속 경찰서장 또는 지방해양경찰관서의
장에게 보고하여야 한다. 〈신설 1988.12.31, 1996.8.8〉

⑥제5항의 보고를 받은 소속 경찰서장 또는 지방해양경찰관서의 장은 대통령령이
정하는 바에 의하여 피구호자를 인계한 사실을 지체없이 당해 공중보건의료기
관·공공구호기관의 장 및 그 감독행정청에 통보하여야 한다. 〈신설 1988.12.31,
1996.8.8〉

⑦제1항의 규정에 의한 경찰관서에서의 보호는 24시간을, 제3항의 임시영치는 10
일을 초과할 수 없다. 〈개정 1988.12.31〉

제5조(위험발생의 방지) ① 경찰관은 인명 또는 신체에 위해를 미치거나 재산에
중대한 손해를 끼칠 우려가 있는 천재, 사변, 공작물의 손괴, 교통사고, 위험물
의 폭발, 광견·분마류등의 출현, 극단한 혼잡 기타 위험한 사태가 있을 때에는
다음의 조치를 할 수 있다.

1. 그 장소에 집합한 자, 사물의 관리자 기타 관계인에게 필요한 경고를 발하는
것

2. 특히 긴급을 요할 때에는 위해를 받을 우려가 있는 자를 필요한 한도 내에서
억류하거나 피난시키는 것

3. 그 장소에 있는 자, 사물의 관리자 기타 관계인에게 위해방지상 필요하다고 인
정되는 조치를 하게 하거나 스스로 그 조치를 하는 것

②경찰관서의 장은 대간첩작전수행 또는 소요사태의 진압을 위하여 필요하다고
인정되는 상당한 이유가 있을 때에는 대간첩작전지역 또는 경찰관서·무기고등
국가중요시설에 대한 접근 또는 통행을 제한하거나 금지할 수 있다.

③경찰관이 제1항의 조치를 한 때에는 지체없이 이를 소속경찰관서의 장에게 보
고하여야 한다.

④제2항의 조치를 하거나 제3항의 보고를 받은 경찰관서의 장은 관계기관의 협조
를 구하는 등 적당한 조치를 하여야 한다.

제6조(범죄의 예방과 제지) ① 경찰관은 범죄행위가 목전에 행하여지려고 하고

있다고 인정될 때에는 이를 예방하기 위하여 관계인에게 필요한 경고를 발하고, 그 행위로 인하여 인명·신체에 위해를 미치거나 재산에 중대한 손해를 끼칠 우려가 있어 긴급을 요하는 경우에는 그 행위를 제지할 수 있다.

② 삭제 〈1988.12.31〉

제7조(위험방지를 위한 출입) ① 경찰관은 제5조제1항·제2항 및 제6조제1항에 규정한 위험한 사태가 발생하여 인명·신체 또는 재산에 대한 위해가 절박한 때에 그 위해를 방지하거나 피해자를 구조하기 위하여 부득이 하다고 인정할 때에는 합리적으로 판단하여 필요한 한도 내에서 타인의 토지·건물 또는 선차 내에 출입할 수 있다.

②흥행장·여관·음식점·역 기타 다수인이 출입하는 장소의 관리자 또는 이에 준하는 관계인은 그 영업 또는 공개시간 내에 경찰관이 범죄의 예방 또는 인명·신체와 재산에 대한 위해예방을 목적으로 그 장소에 출입할 것을 요구한 때에는 정당한 이유없이 이를 거절할 수 없다.

③경찰관은 대간첩작전수행에 필요한 때에는 작전지역안에 있어서의 제2항에 규정된 장소안을 검색할 수 있다.

④제1항 내지 제3항의 규정에 의하여 경찰관이 필요한 장소에 출입할 때에는 그 신분을 표시하는 증표를 제시하여야 하며, 함부로 관계인의 정당한 업무를 방해하여서는 아니 된다.

제8조(사실의 확인등) ① 경찰관서의 장은 직무수행에 필요하다고 인정되는 상당한 이유가 있을 때에는 국가기관 또는 공사단체등에 대하여 직무수행에 관련된 사실을 조회할 수 있다. 다만, 긴급을 요할 때에는 소속경찰관으로 하여금 현장에 출장하여 당해 기관 또는 단체의 장의 협조를 얻어 그 사실을 확인하게 할 수 있다.

②경찰관은 미아를 인수할 보호자의 여부, 유실물을 인수할 권리자의 여부 또는 사고로 인한 사상자를 확인하기 위하거나 행정처분을 위한 교통사고조사상의 사실을 확인하기 위하여 필요한 때에는 관계인에게 출석을 요하는 사유·일시 및 장소를 명확히 한 출석요구서에 의하여 경찰관서에 출석할 것을 요구할 수 있다.

제9조(유치장) 경찰서 및 지방해양경찰관서에 법률이 정한 절차에 따라 체포·구속되거나 신체의 자유를 제한하는 판결 또는 처분을 받은 자를 수용하기 위하여 유치장을 둔다. 〈개정 1996.8.8, 1999.5.24〉

제10조(경찰장비의 사용등) ① 경찰관은 직무수행중 경찰장비를 사용할 수 있다. 다만, 인명 또는 신체에 위해를 가할 수 있는 경찰장비에 대하여는 필요한 안전교육과 안전검사를 실시하여야 한다.

②제1항의 "경찰장비"라 함은 무기, 경찰장구, 최루제 및 그 발사장치, 감식기구, 해안감시기구, 통신기기, 차량·선박·항공기등 경찰의 직무수행을 위하여 필요한 장치와 기구를 말한다.

③경찰장비를 임의로 개조하거나 임의의 장비를 부착하여 통상의 용법과 달리 사용함으로써 타인의 생명·신체에 위해를 주어서는 아니된다.

④제1항 단서의 경찰장비의 종류 및 그 사용기준, 안전교육·안전검사의 기준등에 대하여는 대통령령으로 정한다.

[본조신설 1999.5.24]

제10조의2(경찰장구의 사용) ① 경찰관은 현행범인인 경우와 사형·무기 또는 장기 3년 이상의 징역이나 금고에 해당하는 죄를 범한 범인의 체포·도주의 방지, 자기 또는 타인의 생명·신체에 대한 방호, 공무집행에 대한 항거의 억제를 위하여 필요하다고 인정되는 상당한 이유가 있을 때에는 그 사태를 합리적으로 판단하여 필요한 한도내에서 경찰장구를 사용할 수 있다. 〈개정 1991.3.8, 1999.5.24〉

②제1항의 "경찰장구"라 함은 경찰관이 휴대하여 범인검거와 범죄진압등 직무수행에 사용하는 수갑·포승·경찰봉·방패등을 말한다. 〈신설 1999.5.24〉

[제목개정 1999.5.24]

제10조의3(분사기등의 사용) ① 경찰관은 범인의 체포·도주의 방지 또는 불법집회·시위로 인하여 자기 또는 타인의 생명·신체와 재산 및 공공시설안전에 대한 현저한 위해의 발생을 억제하기 위하여 부득이한 경우 현장책임자의 판단으로 필요한 최소한의 범위안에서 분사기(총포·도검·화약류등 단속법의 규정

에 의한 분사기와 최루등의 작용제) 또는 최루탄을 사용할 수 있다. 〈개정 1999.5.24〉

② 삭제 〈1999.5.24〉

[본조신설 1989.6.16]

[제목개정 1999.5.24]

제10조의4(무기의 사용) ① 경찰관은 범인의 체포·도주의 방지, 자기 또는 타인의 생명·신체에 대한 방호, 공무집행에 대한 항거의 억제를 위하여 필요하다고 인정되는 상당한 이유가 있을 때에는 그 사태를 합리적으로 판단하여 필요한 한도 내에서 무기를 사용할 수 있다. 다만, 형법에 규정한 정당방위와 긴급피난에 해당하는 때 또는 다음 각호의 1에 해당하는 때를 제외하고는 사람에게 위해를 주어서는 아니 된다. 〈개정 1988.12.31, 1999.5.24〉

1. 사형·무기 또는 장기 3년 이상의 징역이나 금고에 해당하는 죄를 범하거나 범하였다고 의심할 만한 충분한 이유가 있는 자가 경찰관의 직무집행에 대하여 항거하거나 도주하려고 할 때 또는 제삼자가 그를 도주시키려고 경찰관에게 항거할 때에 이를 방지 또는 체포하기 위하여 무기를 사용하지 아니하고는 다른 수단이 없다고 인정되는 상당한 이유가 있을 때

2. 체포·구속영장과 압수·수색영장을 집행할 때에 본인이 경찰관의 직무집행에 대하여 항거하거나 도주하려고 할 때 또는 제삼자가 그를 도주시키려고 경찰관에게 항거할 때 이를 방지 또는 체포하기 위하여 무기를 사용하지 아니하고는 다른 수단이 없다고 인정되는 상당한 이유가 있을 때

3. 범인 또는 소요행위자가 무기·흉기등 위험한 물건을 소지하고 경찰관으로부터 3회 이상의 투기명령 또는 투항명령을 받고도 이에 불응하면서 계속 항거하여 이를 방지 또는 체포하기 위하여 무기를 사용하지 아니하고는 다른 수단이 없다고 인정되는 상당한 이유가 있을 때

4. 대간첩작전수행에 있어 무장간첩이 경찰관의 투항명령을 받고도 이에 불응하는 경우

②제1항의 "무기"라 함은 인명 또는 신체에 위해를 가할 수 있도록 제작된 권총·소총·도검등을 말한다. 〈신설 1999.5.24〉

③대간첩·대테러작전등 국가안전에 관련되는 작전을 수행할 때에는 개인화기외

에 공용화기를 사용할 수 있다. 〈신설 1999.5.24〉

제11조(사용등록의 보관) 제10조의3의 규정에 의한 분사기나 최루탄 또는 제10조의4의 규정에 의한 무기를 사용하는 경우 그 책임자는 사용일시·사용장소·사용대상·현장책임자·종류·수량 등을 기록하여 보관하여야 한다.

[본조신설 1999.5.24]

제12조(벌칙) 이 법에 규정된 경찰관의 의무에 위반하거나 직권을 남용하여 다른 사람에게 해를 끼친 자는 1년 이하의 징역이나 금고에 처한다.

[전문개정 1988.12.31]

제13조(시행령) 이 법 시행에 관하여 필요한 사항은 대통령령으로 정한다.

부칙 〈법률 제3427호, 1981.4.13〉
이 법은 공포한 날로부터 시행한다.

부칙 〈법률 제4048호, 1988.12.31〉
이 법은 공포후 30일이 경과한 날로부터 시행한다.

부칙 〈법률 제4130호, 1989.6.16〉
이 법은 공포한 날부터 시행한다.

부칙 〈법률 제4336호, 1991.3.8〉
이 법은 공포한 날부터 시행한다.

부칙 〈법률 제5153호, 1996.8.8〉 (정부조직법)
제1조 (시행일) 이 법은 공포후 30일 이내에 제41조의 개정규정에 의한 해양수산부와 해양경찰청의 조직에 관한 대통령령의 시행일부터 시행한다.

부칙 〈법률 제5988호, 1999.5.24〉

①(시행일) 이 법은 공포후 6월이 경과한 날부터 시행한다

부칙 〈법률 제7247호, 2004.12.23〉 (경찰법)
제1조 (시행일) 이 법은 공포한 날부터 시행한다.

부칙 〈법률 제7849호, 2006.2.21〉 (제주특별자치도 설치 및 국제자유도시 조성
  을 위한 특별법)
제1조 (시행일) 이 법은 2006년 7월 1일부터 시행한다. 〈단서 생략〉

부칙 〈법률 제11031호, 2011.8.4〉
이 법은 공포한 날부터 시행한다.

1) James C. Scott(1972), <u>Comparative political Corruption</u> (Englewood Cliffs, N.T. : Prentice -Hall), p. 3.
2) David H. Bayley(1966) "The Effects of corruption in a Developing Nations," <u>Western political Quarterly</u>, Vol.12 N.4, p. 719.
   劉鍾海(1992), 전게서, p. 187.
   Daniel H. Lowenstein은 "Legal effort to Define Political Bribery"에서 부패라는 용어는 다음과 같은 네가지 조건을 포함하여야 한다고 주장한다. ① 부정한 행위를 하고자 하는 자의적 의향이 있어야 ② 공무원에게 이익이라는 가치가 생겨야 하며 ③ 공무원의 행위와 가치있는 사물간 에는 관계가 있어야 하고 ④ 그 관계에는 공무를 수행함에 있어 영향을 주고 또는 받는 의향이 포함되어 있어야 한다고 주장했다. 金海東 외 공저, 「관료 부패와 통제」, (서울 : 집문당, 1994), p. 24.
3) Nathaniel H. Leff, "Economic Dervelopment through Bureaucratic Corruption" in Heidenhei- mer, pp. 510~512.
4) Tilman은 부패를 강제적 가격모형에서 → 자유시장모형으로 Klaveren은 "The concept of cor- ruption"에서 부패한 공무원은 자신의 직책수행을 하나의 사업으로 보고 그곳에서의 수입을 극 대화하려고 한다고 주장. Jacob Van Klaveren, "The concept of corruption" in Heidenheimer. Robert O. Tilman(1968) "Bureaucracy : Administration, Development and corruption in the New states", Public Administration Review Vol.28, no.5, pp 440-442
5) 김영종 교수는 부패 현상과 경제발전과의 관계를 경제학의 도움을 정치과정에서 부패 문제가 어 떠한 영향을 미치는가는 정치학을, 부패 현상이 사회구조와 변동에서 차지하는 의미는 사회학의 지원을, 심리적 갈등이나 상태에서 도출되는 것으로 파악할 때는 심리학적 연구의 지원이, 부패 문제를 사회 규범을 일탈한 범죄의 행위로 보는 차원에서는 범죄학적 접근이 그리고 부패 현상 을 법률적인 규범학과의 접목을 고려하여서는 법학적인 지원도 필요하다고 보았다. 그리고 부패 의 실체를 종교적 차원의 죄(sin)까지 취급하게 될 경우는 종교학적 지원도 필요하다고 보면서 심층적으로 체계화, 분석화, 종합화 되어야 하며 이런 의미에서 Corruptionology의 성립을 가능 하다고 주장한다.
   김영종 "민주사회발전을 향한 행정 부패의 방지 전략", 「민주 사회의 성숙을 위한 공공 행정」, 한국행정학회 제1차 국제학술대회, 1988. p. 400.
6) 보통 부정 행위와 부패를 합쳐서 부정 부패 또는 부정 부패 행위로 사용한다. 엄격하게 말하면 부패란 부정행위의 결과적인 상태를 말한다. 정부의 기관들이 녹이 쓸고 부식하여 제기능을 정 상적으로 발휘하지 못하는 상태를 말한다. 즉 不正은 동적인 측면을, 腐敗는 정적인 측면을 의 미한다고 金海東교수는 설명하고 있다.
   그러면 政經癒着은 무엇인가 이에 대해 전철환(全哲煥)교수는 다음과 같이 설명한다. 부정부패· 정경유착 등은 거의 모두 위법 또는 가장된 合法性에 의하여 권력을 이용한 경제적 이익의 사 적 내지 집단적 취득을 의미하지만 매우 유사한 성격을 지닌다. 그러나 특혜의 정치경제 혹은 정격유착이란 개념은 부정부패의 개념보다도 더욱 모호하다. 유착이란 말속에 「직접, 간접의 특 혜」가 포함되는 것으로 이해하고 癒着을 字典의 의미에서 일단 「한 器官이 생리적으로 보면 아 무런 관계가 없는 다른 기관에 대하여 조직적으로 결합하는 것」의 유기체적 의의를 원용하여 정 치·경제의 상호관계 변화를 중심으로 논의한다. 전교수는 정경 유착이 발생하기 위해서 특혜의 授受 집단 또는 개체간에는 반드시 어떤 행위와 양자에 대하여 다같이 이익을 주거나 손해를 끼 칠 수 있어야 한다고 보았다. 全哲煥, "정경유착과 민주화의 과제", 「季刊京鄕」 봄호, 1988, P. 132.
7) Simcha B. Werner, "New Directions in the Study of Administrative Corruption", PAR, Vol.

43, No. 2, 1983, p.146.
8) Ibid., pp.149~152.
9) Monday V. Expo, <u>Bureaucratic in Subsaharan Africa</u> (Washington, D.C : Univ. Press of American, Inc., 1979), pp.1~222.
10) J.S. Nye, "Corruption and Political Development : A Cost-Benefit Analysis" APSR, Vol. LXII, No. 2, (June, 1967), pp.411~433.
11) Scott, <u>Comparative Political Corruption</u>, (N. Y : Prentice – Hall, 1972), p.11.
12) R.Braibanti "Public Bureaucracy and Judiciary in Pakistan." in J. LaPalombara(ed.), <u>Bureaucracy and Political Development</u>, (Princeton: Princeton Univ. Press, 1963).
13) Nye, op. cit., p.417.
14) O. P. Dwivedi, "Bureaucratic Corruption in Developing Countries", <u>Asian Survey</u>, F/4 (196 6~1967), p.246.
15) Robert O. Tilman, "The Phillipines under martial Law", <u>Current History</u>, Vol. 71, No. 422, (1979), pp.201~204.
16) F. McHenry, "Food Bungle in Bangladesh", <u>Foreign Policy</u>, Vol. 27 (1972), pp.72~80.
17) Gunar Myrdal, "Corruption : It's Cause and effect", in Myrdal, <u>Asian Drama</u>, (N. Y : Pantheon, 1971)
48) 중소기업을 운영하는 J산업의 이영수 사장은 지난 97년 2월 14일 경총 강연에서 다음과 같이 부패실태를 고발했다.

1억 3천만원짜리 공장을 짓는데 3천만원을 뇌물로 바쳐야 했던 일이며, 이유 없이 수출품을 불합격 판정으로 묶어 놓았다가 뇌물을 주니까 합격 도장을 찍어주던 수출검사소장, 그밖에도 경찰·특허청·세무서·소방서 어느 한 곳도 썩지 않은 곳은 없다고 그는 고발하고 있다.

그는 또 다음과 같이 말하고 있다.

『우리나라 공직자들의 부정부패는 구조적 병폐의 산물입니다. 이러한 부패관리들로 인한 부정한 「검은 돈」의 뿌리를 뽑으려면 기업들의 모든 수입과 지출을 수표로 해야 합니다. 그래야 돈의 흐름이 맑아져 부정이 발붙이지 못할 것입니다』

그는 우리나라 공직사회의 부패상을 폭풍 폭설 폭우를 들어 비유했다. 새로운 정부가 들어서서 한바탕 휩쓸고 지나가면 순간 말끔해지지만 시간이 지나면언제 그랬느냐는 식으로 본래의 흉한 모습을 보인다는 것. 동아일보, 1997년, 2월 16일, 중앙일보 1997년 2월 16일
19) 중앙일보, 1994년 11월 3일자 "불합리한 규제가 부패부른다" 참조 하바드대학교 안드레이슐라이퍼 교수와 로버트 비시니 교수가 발표한 부패연구의 일부분이다. 조선일보 萬物相(95년 5월 31일) 에는 관의 규제와 정부간섭이 부패를 늘어나게 한다 면서 다음과 같은 내용을 실었다. 이집트에서는 '바크쉬쉬'라고 한다. 케냐에서는 「다시」라고 한다. 멕시코에서는 「몰디다」라고 부른다. 중국에서는 加速費(가속비)라고 말한다. 우리나라에서는 上納(상납), 인사, 기름칠 등 경우에 따라 여러 가지로 부른다. ▷시카고대학 교수이자 노벨 경제학상 수상자인 게리 베커 박사는 이렇게 설명한다. 「부정부패는 경제에 대한 정부 간섭의 결과로 나타난다. 어느 나라에서나 규제가 심할수록 부패는 늘어나게 마련이다.」 그에 따르면, 간섭이 심할 때에는 「기름칠」이 유용할 수도 있다. 가령 과일을 통관시킬 수 있다면 그 만큼 경제적으로 이익이 된다. ▶ 컬럼비아 대학의 바르와티 교수도 「정부의 불합리한 간섭이 심할 때에는 뇌물은 필요악」이라고 보고 있다.
20) 전종섭, 「행정학 : 구상과 문제해결」, (서울 : 박영사, 1987), p. 230.
21) 김영종, "부패문화의 개혁정책론", 「부패학」, (서울 : 숭실대출판부, 1996), pp. 298~299.
22) 김영종, 「부패학 : 원인과 대책」, (서울 : 숭실대 출판부, 1996), p. 366.
23) 김영종,정경유착의 구조적 실태,제15회정신문화포럼 주제발표논문,정문연,p2
24) 중앙일보, 1998년 1월 9일
25) 1991년 수서택지비리 사건을 보자. 수서비리는 1986년 건설부와 서울시가 노른자위 땅인 이 지역에 대규모 택지개발을 계획하면서 시작됐다. 관계당국은 당초 이 지역을 땅 소유자가 직접 주택을 지어 분양하는 구획정리사업을 통해 택지를 개발하려 했다. 그러나 투기꾼들이 몰려들

고 무주택 서민들에게 혜택이 돌아가야 한다는 여론이 비등하면서 공영개발 방식으로 정책이
전환됐다. 이에 따라 구획정리사업을 예상하고 땅을 구입해 주택조합까지 만든 한보측은 청와
대와 정치권 등에 접근 공영개발 방침을 변경시키기 위해 집요한 로비를 벌였다. 한보 정태수
회장은 청와대 비서관 J씨를 통해 구획정리와 공영개발을 절충한 방식으로 개발이 가능토록
관계기관에 압력을 넣어 달라고 청탁 J씨는 노태우 대통령과 정회장을 뇌물을 매개로 연결
1990년 8월 17일 한보측에 수서지구 특별분양을 허용하는 결정을 내리게 된다.

26) 김해동, "체제부패와 공공정책의 관계에 대한 연구", 서울대 행정대학원, 「행정논총」, 제29권
   제1 호, (1991. 6), pp.69-70.
27) Brasz, H. A, "Sociology of Corruption", in A.J. Heidenheimer, (ed.) Political Corruption (N.J.
   : Transaction Books) pp.41-46.
28) 황성돈, "유교사상과 한국관료문화", 「한국관료제와 정책과정」, 안해균 외 공저, (서울 : 다산출
   판사, 1994), p. 27.
29) 김해동, "체제부패와 공공정책의 관계에 대한 연구", 서울대학교 행정대학원, 「행정논총」, 제29
   권 제1호(1991. 6), pp. 67-69.
30) 김영종, 부패학,(서울:숭실대출판부),1996년,p96
31) 김영종, 전게서, p. 284.
32) 안병영(1987, 92-96)은 한국 행정문화의 특성을 일반주의와 사인주의로 구분한다. 일반주의란
   전문적 영역이나 능력, 지식보다는 일반적 지식 내지 일반 행정가적 역할이 중시되는 경향으로
   행정의 전문화·합리화·과학화를 저해하는 요인인 동시에 현대 관료조직이 기본적 전제와 어
   긋나는 것이고, 사인주의는 전근대적 사회행동유형에서 강하게 표출되는 원초적 관계의 반영
   을 의미하는 것으로 공과 사의 무분별, 공적 역할에 대한 사적 관계의 우선, 각종의 점액성의
   원초적 연고관계에 대한 집착 등을 의미한다.
33) 한상진, 「한국사회와 관료적 권위주의」, (서울 : 문학과 지성사, 1988), p. 93.
34) 관료문화의 측면에서 관료행태에 끼친 영향과 그 철학적 기초를 이룬 유교문화에 대하여
   Henderson은 권위주의적 관료행태의 주요한 요인으로 보고 있으며 이러한 것은 관료부패의
   주요 원인의 하나라고 지적한다.
   Henderson, Gregory, Korea : The Politics of the Vortex Cambridge : Harvard university
   Press, 1968. p. 921.
   김영종 교수는 최고 지도자들의 장기집권의 병폐와 카리스마적 leadership 또는 권력 남용으
   로 인한 역기능이 관료부패의 주요 변수라고 주장한다.
35) 金海東, "한국 관료행태의 전통문화적 제요인", 「행정논총」, 제16권 1호, 1978, pp. 57~68. : 김
   해동, "관료부패의 유형, 서울대 행정논총", 제28권 제1호, 1990, 6월호, p. 148.
36) 조선시대 경저리나 지방의 양반, 관리들의 방납의 폐는 농민에게 큰 고통이 되어 쌀로 통일하
   는 대공수미법의 필요에 따라 大同法이 선조(1608) 41년에 이원익의 주장으로 경기도에 처음
   실시되었다. 대동법의 실시로 국가수입은 증대되었으나 농민의 부담(대동미 1결당 12말)은 커
   졌고 정부의 수요는 공납청부업자인 공인의 손을 거쳐 국가에 납부하게 되었는데 공인은 국가
   와 농민의 중간착취인으로 그 폐해가 극심해졌다. 또한 영조7년(1731)에 계획을 세워 1750년에
   실시된 균역법도 관리들의 착취로 농민의 원성이 높았다. 중요한 사실은 조선시대 鄕吏들의 무
   보수로 부정이 극심했다는 사실. 변태섭(1994), 「수험한국사」 참조.
37) 김영종, 상게서, p. 286.
38) 유우곤, "현대 한국관료의 의식구조", 「계간 경향」, 봄호, 1988, pp. 210~218.
39) 허 범, "새로운 공공행정의 모색", 「민주사회의 성숙을 위한 공공행정」, 한국행정학회편, (서울
   : 고시원, 1988), pp. 103~105.
40) 김영종, 부패학, (서울 : 숭실대학교 출판부, 1996), p. 155.
41) Samuel G. Fine, The man on Horse Back : The Role of the Military in Politics, (New York
   : Proeger, 1962), p. 28.
42) 한용원, 「군사발전론」, (서울 : 박영사, 1981), pp. 67~68.
43) 김영종, 전게서, p. 142.
44) 김영종, 상게서, pp. 162~163.

45) Michael Johnston, Political Corruption and Public Policy in America, (Belmont, Calif : Brooks / Cole, 1982), pp.12-16.
46) 김해동, "관료부패의 유형", 서울대학교 행정대학원 행정논총, Vol.28, No. 1(1990. 6), p.146.
47) 이규이, 「범죄학」, (서울 : 세종각, 1969), pp. 51~83.
48) 유종해, 「행정의 윤리」, (서울 : 박영사, 1992), p. 301.
49) M. Colin, "A Critique of Criminology", America Journal of Sociology, vol. 89, No. 3, 1983.
50) 김해동, "관료부패의 유형", 서울대 행정대학원, 행정논총, 제28권 1호, (1990), pp.146~147.
51) 정헌영, "행정윤리의 성립가능성 및 확립방안", 「한국행정학보」, 24권 2호, 1990, p 837.
52) 박종두, "행정윤리에 관한연구", 「현대사회와 行政」, 제2집, 연세행정연구회, 1991, p 67.
53) Jong S. Jun, public Administration, 윤재풍, 정용덕 공역, 「행정학」, (서울 : 박영사, 1987), p. 458.
54) 유종해, "민주사회에서의 행정윤리의 기능", 「민주사회의 성숙을 위한 공공행정」, 한국행정학회 편, (서울 : 고시원, 1988), p. 443.
55) Gerald E. Caiden & Naomi J. Caiden, "Administrative Corruption," Public Administration Review, Vol.37, No.3 (1997), pp.306-308.
56) Susan Rose Ackerman, Corruption : A Study in Political Economy (New York : Acdamic Press Inc., 1978), pp.60-73.
57) Michael Johnston, "The Political Consequences of Corruption : A Reassessment," Comparative Politics (July, 1986), pp.463-473.
58) 김해동, "서정쇄신과 사회병리." 「한국행정학보」, 제10집 (1976), 20-22면.
59) 이것은 일반적으로 독재정권들이 하는 일반적인 정치 탄압행위를 총칭한다. 중요한 점은 이러한 정치적 탄압이 정부의 공식적 기능의 일부로서 수행된다는 점이다. 무솔리니와 나찌 정권, 동남아의 독재 정권, 라틴아메리카의 여러 독재 국가의 경우에 이런 현상을 잘 나타내고 있다.
60) 특히 권력부패에서 고위직 관료는 하위직을 지도, 감독하고 국민의 준법정신과 도덕관을 계도하는 책임이 있으며, 국가의 주요 정책을 결정하거나 직접적으로 보좌하는 역할을 하기 때문에 부패에 관여하게 되면 사회적으로 미치는 악영향이 매우 크다는 점에 유의해야 할 것이다.
61) 안병만, 전게서, pp. 327~328.
62) 조선일보 경제부, 「재벌 25시」, (서울 : 동광출판사, 1983), pp. 152~155.

Samuel G. Fine, The man on Horse Back : The Role of the Military in Politics, (New York : Proeger, 1962), p. 28.

Michael Johnston, Political Corruption and Public Policy in America, (Belmont, Calif : Brooks / Cole, 1982), pp.12-16.

James C. Scott(1972), Comparative political Corruption (Englewood Cliffs, N.T. : Prentice -Hall), p. 3

Simcha B. Werner, "New Directions in the Study of Administrative Corruption", PAR, Vol. 43, No. 2, 1983, p.146.

Robert O. Tilman(1968) "Bureaucracy : Administration, Development and corruption in the New states", Public Administration Review Vol.28, no.5, pp 440-442

Gerald E. Caiden & Naomi J. Susan Rose Ackerman, Corruption : A Study in Political Economy (New York : Acdamic Press Inc., 1978), pp.60-73.

Michael Johnston, "The Political Consequences of Corruption : A Reassessment," Comparative Politics (July, 1986), pp.463-473.

Caiden, "Administrative Corruption," Public Administration Review, Vol.37, No.3 (1997), pp.306- 308.

Gunar Myrdal, "Corruption : It's Cause and effect", in Myrdal, Asian Drama, (N. Y : Pantheon, 1971)

David H. Bayley(1966) "The Effects of corruption in a Developing Nations," Western political Quarterly, Vol.12 N.4, p. 719.

찾아보기

김 택

[학력]

- 중원대학교 경찰행정학과 교수(현재)
- 동국대학교 대학원 경찰학박사
- 미국 워싱턴 디시 American University 국제범죄부패연구소 초빙교수
- 미국 워싱턴 디시 American UniversityPost Doc. 과정 수료
- 독일 Speyer행정대학원 비지팅스칼러
- 강원대학교 대학원 행정학박사
- 한국학중앙연구원 연구교수
- 서울시립대 SIT 수석연구원, 한국외대, 서울시립대, 경찰대, 중앙대, 단국대, 한림대, 숭실대, 강원대, 국민대, 세종대, 강원도공무원교육원, 서울시공무원교육원, 경기도 공무원교육원, 방송통신대 등 강사역임

[시험출제 및 면접위원]

- 경찰간부후보생시험 출제위원, 경찰사무관채용 출제위원, 경찰승진 면접위원, 소방공무원 채용면접위원, 질병관리본부, 산림청, 농림축산검역본부 채용면접위원, 국민권익위원회 채용면접위원, 지방공무원 채용면접위원, 세종청사 채용면접위원, 교도소 채용면접위원, 교육공무원채용면접위원, 감정평가사시험 출제위원

[주요 저서]

- 경찰인사행정론, 경찰조직론, 공직윤리와 청백리사상, 행정의 윤리, 지방행정론, 행정학개론 등

경찰학의 이해

초판인쇄	2017년 3월 10일
초판발행	2017년 3월 17일
지은이	김 택
펴낸이	안종만
기획/마케팅	김한유
표지디자인	권효진
제 작	우인도·고철민
펴낸곳	(주) **박영사**
	서울특별시 종로구 새문안로 3길 36, 1601
	등록 1959. 3. 11. 제300-1959-1호(倫)
전 화	02)733-6771
f a x	02)736-4818
e-mail	pys@pybook.co.kr
homepage	www.pybook.co.kr
ISBN	979-11-303-0423-6 93350

*잘못된 책은 바꿔드립니다. 본서의 무단복제행위를 금합니다.
*저자와 협의하여 인지첩부를 생략합니다.

정 가   25,000원